Christine Hatzky, Barbara Potthast

Lateinamerika seit 1930

Grundriss der Geschichte

Herausgegeben von Hans Beck, Karl-Joachim Hölkeskamp, Achim Landwehr, Steffen Patzold und Benedikt Stuchtey

Band 49

Christine Hatzky, Barbara Potthast

Lateinamerika seit 1930

DE GRUYTER
OLDENBOURG

ISBN 978-3-11-073522-2
e-ISBN (PDF) 978-3-11-073024-1
e-ISBN (EPUB) 978-3-11-073032-6

Library of Congress Control Number: 2021942799

Bibliografische Information der Deutschen Nationalbibliothek
Die Deutsche Nationalbibliothek verzeichnet diese Publikation in der Deutschen Nationalbibliografie; detaillierte bibliografische Daten sind im Internet über http://dnb.dnb.de abrufbar.

Satz: bsix information exchange GmbH, Braunschweig
Druck und Bindung: CPI books GmbH, Leck

MIX
Papier aus verantwortungsvollen Quellen
FSC® C083411

www.degruyter.com

Inhaltsverzeichnis

I Darstellung

1 Einleitung

Lateinamerika ist durch vielfältige sich überlagernde historische Entwicklungen geprägt, die die Faszination der Region ausmachen. Dieser Facettenreichtum bringt eine Reihe von Schwierigkeiten mit sich: Wie die Entwicklung von vielen, so unterschiedlichen Staaten über etwa zweihundert Jahre hinweg darstellen, ohne unzulässig zu verallgemeinern oder eine unübersichtliche Aneinanderreihung von Einzelfallanalysen zu produzieren? Wie die zumeist national ausgerichteten Forschungsdebatten in großen Linien für den gesamten Subkontinent nachzeichnen, ohne wichtige nationale Besonderheiten auszulassen?

Die vorliegenden zwei Bände zur Geschichte Lateinamerikas (OGG 48: Lateinamerika 1800–1930 und OGG 49: Lateinamerika seit 1930) arbeiten mit einer Kombination aus chronologischer und themenorientierter Analyse, sowohl im Darstellungs- als auch im Forschungsteil. Die Unterteilung der Bände ist im Wesentlichen chronologisch orientiert, d. h. der erste Band widmet sich der Geschichte Lateinamerikas von der Unabhängigkeit bis zur Weltwirtschaftskrise, der zweite Band reicht von den 1930er Jahren bis zur Gegenwart. Allerdings wird in einigen thematisch ausgerichteten Kapiteln, vor allem im Forschungsteil, auf den jeweils anderen Teil vor- oder zurückgegriffen. Die beiden Bände sind daher komplementär. Damit sie jedoch auch unabhängig voneinander gelesen werden können, sind die Einleitung sowie die allgemeinen Literatur- und Quellenhinweise im Forschungsteil weitgehend identisch.

Begriff Lateinamerika

Einleitend ist zunächst einmal zu klären: Was bedeutet Lateinamerika und welche Länder gehören dazu? Es handelt sich nicht um einen geographischen Terminus, denn – obwohl häufig mit Südamerika gleichgesetzt – werden unter dem Begriff Lateinamerika auch Mittelamerika, Teile Nordamerikas und Teile der Karibik zusammengefasst. Vielmehr verweist die Bezeichnung auf eine sprachliche Verbindung: die Latinität. Doch auch diese ist nicht wirklich treffend, denn Québec, Guadeloupe, Martinique oder Französisch-Guayana sind französischsprachig, werden aber nicht zu Lateinamerika gezählt. Will man auch die Inseln und die

https://doi.org/10.1515/9783110730241-001

ehemals europäischen Kolonien in Guayana sowie Belize einbeziehen, so spricht man von Lateinamerika und dem (zirkum-)karibischen Raum. Der karibische Raum umfasst die spanisch-, französisch- und englischsprachigen sowie die holländisch- und zum Teil kreolsprachigen karibischen Inseln. Der zirkum-karibische Raum bezieht darüber hinaus die Teile des Kontinents mit ein, die an das karibische Meer angrenzen und teilweise durch eine ähnliche sprachliche und kulturelle Heterogenität geprägt sind wie die karibischen Inseln. Diese grundlegenden Unklarheiten zeigen die Schwierigkeit, die Region auf einen Nenner zu bringen, sowie die Vermischung von geographischen und historisch-kulturellen Kriterien.

Karibik und Zirkumkaribik

Idee der Einheit Lateinamerikas

Lateinamerika repräsentiert eine kulturell und historisch definierte Vision von Einheit, die seit der zweiten Hälfte des 19. Jahrhunderts entstand. Seither hat der Begriff viele Wandlungen erfahren, ein gewisser Kern jedoch ist geblieben. Trotz oder gerade wegen der historisch-politischen Konnotationen und seiner Vagheit hat er sich in der Alltagssprache durchgesetzt. Daher sei unseren Ausführungen eine kurze Erläuterung vorangestellt, wie sich die kulturellen und die geographischen Termini zueinander verhalten und wie wir Lateinamerika in diesem Band eingrenzen. (Näheres zur Entstehung des Begriffs sowie anderer Bezeichnungen findet sich in OGG 48: Lateinamerika 1800–1930, Kap. I.4.3).

Iberoamerika

Zuvorderst bezeichnet der Begriff Lateinamerika diejenigen Länder, die von den iberischen Mächten (Spanien und Portugal) um 1500 erobert und kolonisiert wurden (Iberoamerika), sowie die französischsprachigen Inseln der Karibik, vor allem Haiti. Iberoamerika kann noch unterteilt werden in Hispano- und Lusoamerika, also die jeweils von Spanien bzw. Portugal geprägten Länder. In Brasilien wird *América Latina* allerdings oft als Synonym für Hispanoamerika gebraucht. Dies ist vielleicht ein Relikt aus der Entstehungszeit, als einer der frühen Verfechter des Begriffs, der Chilene Francisco Bilbao, Brasilien und Paraguay aus *América Latina* ausgenommen wissen wollte, da sie nicht dem Bild der liberalen Republiken entsprachen, die er mit dem Begriff verband.

Hispano- und Lusoamerika

Andere Einteilungen

Man könnte aber auch andere Einteilungen vornehmen, etwa nach den vorkolonialen Großräumen der Völker Nahua, Maya, Chibcha, Inka, Tupí-Guaraní oder Mapuche. Diese vorkolonialen Kulturen prägen die Region nach wie vor, wenn auch in unterschiedlichem Maße. Sie sind, neben den Einflüssen von Migranten[1] aus verschiedenen Regionen Europas, z. B. zwangsverschleppten afrikanischen Sklaven, chinesischen Kontraktarbeitern sowie Einwanderern aus der Levante (um nur die größten Gruppen zu nennen), die Ursache für eine kulturelle Vielfalt, die die Region, aber auch die einzelnen Staaten bis heute prägen.

Schwerpunkt der Darstellung

Dies macht eine allgemeine Darstellung der Geschichte Lateinamerikas ausgesprochen schwierig und führt dazu, dass meist – und so auch in diesem Band – die größeren, politisch und wirtschaftlich mächtigeren Staaten (Argentinien, Brasilien, Mexiko) in der Darstellung großen Raum einnehmen. Ist es für die Kolonialzeit noch möglich, aufgrund der gemeinsamen Prägung durch die iberischen Verwaltungen Hispanoamerika und Brasilien zumindest grob zusammenzubinden, so kommt mit der Unabhängigkeit der lateinamerikanischen Staaten (mit Ausnahme von Kuba und Puerto Rico, die erst Ende des Jahrhunderts unabhängig wurden) ab dem Beginn des 19. Jahrhunderts zu den kulturellen Unterschieden noch die jeweils eigene historische Prägung. Dennoch gibt es gemeinsame Linien, die wir versuchen, in unserer Darstellung aufzuzeigen.

Geographische Großräume

Quer zu den staatlichen Grenzen oder den indigenen Territorien verlaufen die geographischen Großeinteilungen, auch wenn es vor allem im Hinblick auf letztere einige Überschneidungen gibt. Der südamerikanische Subkontinent wird im Allgemeinen eingeteilt in den Andenraum, der sich von Kolumbien bis nach Chile erstreckt. In seinem Zentrum war und ist er von Quechua- und Aymarakulturen geprägt. Chile gehört aber auch (nimmt man seine nördlichen Regionen, die z. T. erst Ende des 19. Jahrhunderts hinzu kamen, einmal aus), zum sogenannten *Cono Sur*, dem südlichen Kegel des Halbkontinents. Eine andere Großregion, das Amazonasgebiet, ist im Wesentlichen brasilianisches Territorium, aber auch Peru, Ecuador, Venezuela und Kolumbien haben Gebietsanteile im Flusssystem des nördlichen Tieflands. Der savannenartige Chaco im Herzen des südamerikanischen Subkontinents, ebenso wie Patagonien, war bis Ende des 19. Jahrhunderts noch von indigenen Völkern beherrscht und gehört heute zu Argentinien, Bolivien und Paraguay. Die mittelamerikanische Land-

Andenraum

Cono Sur

Amazonasgebiet

Chaco

Patagonien

1 Aus Gründen des begrenzten Umfangs sowie der besseren Lesbarkeit benutzen wir die Sprachform des generischen Maskulinums, das aber geschlechtsunabhängig verstanden werden soll.

Mittelamerika
Mexiko

brücke zieht sich von Panama bis nach Mexiko. Sie umfasst die zentralamerikanischen Staaten sowie Teile des mexikanischen Südens. Das übrige Mexiko erstreckt sich bis in den Norden des amerikanischen Kontinents. Bis 1848 zählten zu seinem Staatsgebiet auch noch weite Teile der heutigen USA.

Lateinamerika
Karibik

Angesichts solcher Vielfalt an geographischen und kulturellen Räumen, historischen Prägungen und Entwicklungen fällt eine konkrete Definition Lateinamerikas schwer, man könnte sogar behaupten, sie existiere gar nicht. Da der Begriff aber seine Alltagstauglichkeit seit mehr als einem Jahrhundert bewiesen hat, verwenden wir ihn auch hier. Wir beschränken uns dabei allerdings auf die traditionell zu Lateinamerika gezählten ehemaligen iberischen Kolonialgebiete sowie, da für die Unabhängigkeitsbewegung zentral, auf Haiti. Die nicht spanisch- oder portugiesischsprachigen Staaten des Festlands und die Karibik finden nur insoweit Erwähnung, als es für das Verständnis der Entwicklungen in „Lateinamerika" unerlässlich ist.

Danksagung

In Anbetracht dieser Herausforderung, eine sich über mehr als zwei Jahrhunderte erstreckende Geschichte eines gesamten Kontinents zu schreiben, dabei der Diversität seiner Regionen und seiner Menschen gerecht zu werden und sozial-, wirtschafts- und kulturhistorische Zugriffe mit politikgeschichtlichen zu vereinbaren, konnten wir auf die Unterstützung etlicher Kolleginnen und Kollegen zählen. Insbesondere die Forschungsdebatten sind durch viele Hinweise aus ihren jeweiligen Spezialgebieten und ihre kritischen Blicke bereichert worden. Unser besonderer Dank gilt Walther Bernecker, Wolfgang Gabbert, Stefanie Gänger, Silke Hensel, Karen Macknow Lisboa, Ulrich Mücke und Ulrike Schmieder. Unsere wissenschaftlichen Mitarbeiter Sarah Albiez-Wieck, Hinnerk Onken, Mario Peters, Jessica Prenzyna, Katharina Schembs, Sofie Steinberger, Eçem Temürtürkan und Melina Teubner haben uns bei unseren Recherchen in verschiedenen Themenfeldern unterstützt und die Manuskripte in verschiedenen Stadien kommentiert. Ihnen allen verdanken wir neben zahlreichen kritischen Fragen und Begriffsschärfungen auch wertvolle Hinweise auf ergänzende Informationen. Für alle Unzulänglichkeiten und Irrtümer tragen selbstverständlich wir die Verantwortung.

Die studentischen Hilfskräfte Aileen Böckmann, Silke Bremer, Sara Broda, Julian Nazaruk und Aline Schmidl, haben sich vor allem bei der Erfassung der umfangreichen Bibliographie engagiert.

Schließlich haben Eva Martinsdorf-Rüther und Bettina Neuhoff das Manuskript verständig und sorgfältig lektoriert. Ihnen allen sei herzlich gedankt.

Für ihre Unterstützung der Publikation bei Oldenbourg/de Gruyter und ihre Geduld seien Claudia Heyer und Martin Rethmeier herzlich gedankt. Hans-Joachim Hölkeskamp hat zusammen mit den anderen Reihenherausgebern des „Oldenbourg Grundriss der Geschichte" die Entstehung der Publikation wohlwollend begleitet. Auch ihnen gilt unser beider Dank.

2 Demokratie, Autoritarismus und Entwicklung: Von der Weltwirtschaftskrise bis zum Ende des Jahrhunderts

2.1 Importsubstitution

Die Weltwirtschaftskrise stellte im Vergleich zum Ersten Weltkrieg die weitaus bedeutendere Zäsur für die Ökonomien der lateinamerikanischen Länder dar und beeinflusste in der Folge auch deren politische Verhältnisse. Neben dem Zusammenbruch des Geld-, Kredit- und Aktienmarkts der Industriemetropolen ab 1929 belastete der dramatische Preisverfall für agrarische und mineralische Erzeugnisse auf dem Weltmarkt die Volkswirtschaften Lateinamerikas in vielerlei Hinsicht. Die meisten Staaten wurden von diesem Einbruch des Welthandels in Mitleidenschaft gezogen, das Exportvolumen ging in den Jahren 1929 bis 1932 um durchschnittlich 27 % zurück, ebenso das Bruttoinlandsprodukt. Hinzu kam die Verschlechterung der *terms of trade* in globalem Ausmaß, denn die Industriestaaten etablierten protektionistische Maßnahmen, errichteten Zollschranken und schlossen Handelsabkommen, die die Einfuhr lateinamerikanischer Erzeugnisse erheblich erschwerten. Die Länder Lateinamerikas bzw. deren Exportprodukte waren allerdings in unterschiedlichem Ausmaß davon betroffen: Die Ausfuhr von argentinischem Weizen, brasilianischer Baumwolle, venezolanischem Erdöl und mexikanischem Silber erholte sich schneller als die von chilenischem Kupfer, brasilianischem Zucker oder Kaffee aus Zentralamerika. Die globale Krise zog nicht nur den Außenhandel in Mitleidenschaft, sondern betraf das gesamte

Weltwirtschaftskrise

Auswirkungen auf Lateinamerika

Wirtschaftsleben. So stagnierte etwa die Produktion in der Konsumgüterindustrie, beeinträchtigt durch die steigenden Importpreise für Halbfertigprodukte und Investitionsgüter. Sämtliche Auswirkungen der Krise manifestierten sich auch auf dem Arbeitsmarkt durch einen beträchtlichen Anstieg der Erwerbslosigkeit. Mit den sinkenden Erlösen aus dem Export verringerten sich die Deviseneinnahmen, die verminderten Importe bedeuteten einen Einbruch bei den Einfuhrsteuern. Letztere gehörten in vielen Ländern mittlerweile zu den wichtigsten Einnahmequellen der Staatshaushalte. Aufgrund dieser sich verschlechternden Zahlungsbilanz verließen zunächst Argentinien und Uruguay und in den folgenden Jahren zahlreiche weitere Staaten den Goldstandard, wodurch der Geldwert etlicher Länder teilweise um die Hälfte fiel. Die daraus resultierende Reduzierung oder gar Einstellung der Schuldenzahlungen führten zum Abzug ausländischer Kredite und dem Ausbleiben neuer Anleihen. Viele Regierungen versuchten jetzt, das Außenhandelsgleichgewicht mit währungspolitischen Maßnahmen, etwa Abwertungen oder Devisenkontrollen wiederherzustellen.

Schlechte Zahlungsbilanzen

Auch wenn die Erholung von der Weltwirtschaftskrise ab 1932 eng mit den erneut ansteigenden Ausfuhren zusammenhing, hatte die nachhaltige Erschütterung des Exportsektors sehr weitreichende Auswirkungen auf die lateinamerikanischen Ökonomien. Dem begegneten die meisten Regierungen mit starken staatlichen Impulsen zur Entwicklung eines auf den Binnenmarkt ausgerichteten Industriesektors. Die Finanzierungs- und Entwicklungspläne umfassten beispielsweise die Steigerung der staatlichen Bautätigkeit, Investitionen in die öffentliche Infrastruktur oder gezielte Fördermaßnahmen für den industriellen Aufbau. Vielerorts wurden staatliche Entwicklungsorganisationen gegründet, um die Maßnahmen gezielt zu steuern. In etlichen Fällen, etwa bei der nationalen Erdölförderung, die in Argentinien bereits 1922 etabliert worden war, in Uruguay 1931, in Bolivien 1936, in Mexiko 1938 sowie in Chile und Brasilien ab 1950 resp. 1953 trat der Staat sogar selbst als Unternehmer auf.

Starke staatliche Impulse

Diese aus der Erfahrung der Weltwirtschaftskrise resultierenden Maßnahmen, die die meisten lateinamerikanischen Regierungen jetzt ergriffen, waren jedoch weder Ausdruck einer kohärenten Entwicklungsstrategie, die auf eine grundlegende wirtschaftspolitische Neuorientierung abzielte, noch handelte es sich um eine beabsichtigte Abkoppelung von der Weltwirtschaft. Es waren vielmehr pragmatische Reaktionen zur Lösung zahlreicher Probleme, die die große Depression in Lateinamerika hervorgerufen hatte: Protektionismus der Handelspartner, eine stagnierende Binnenmarktentwicklung und vor allem die hohe Abhängigkeit von den Weltmarktpreisen. Die neuen staatlichen Initiativen, die die Regierungen als Gegenmaßnahmen einleiteten, passen in die Beschreibung einer importsubsituierenden Industrialisierung, wie sie dann Ende der 1940er Jahre die lateinamerikanische Wirtschaftskommission (*Comisión Económica para América Latina*, CEPAL) angeregte, die von den Vereinten Nationen 1948 zur wirtschaftlichen und sozialen Entwicklung der Region eingerichtet wurde. In ihrer Gesamtheit bedeutete dies eine längerfristige wirtschaftspolitische und entwicklungsstrategische Neuorientierung, den Übergang zu einer „Entwicklung nach innen". Die Maßnahmen im Zuge dieser neuen nationalistischen Wirtschaftsstrategie ähnelten denjenigen, die auch in den USA ab Mitte der 1930er Jahre unter der Regierung Franklin Delano Roosevelts zur unmittelbaren Bekämpfung der Auswirkungen der Weltwirtschaftskrise ergriffen wurden und die als *New Deal* in die Geschichte eingingen.

Entwicklung nach Innen

Vor allem die Länder, in denen sich bereits vor der Weltwirtschaftskrise eine eigenständige Industrie entwickelt hatte, wiesen nach dem Wiederaufschwung der Weltwirtschaft 1932 erhebliche industrielle Wachstumsraten auf. Zwischen 1932 und 1939 wuchs die Industrieproduktion Brasiliens, Argentiniens und Chiles um jährlich mehr als 7 %, diejenige Mexikos und Kolumbiens sogar um fast 12 %. Damit ging auch eine Diversifizierung der Produktion einher: Neben Nahrungsmittel- und Textilindustrie entstanden neue Industriezweige wie die Metallverarbeitung, die Papierherstellung und die Chemie- und die Konsumgüterindustrie. Der allgemeine Aufschwung basierte u. a. auf der steigenden Inlandsnachfrage sowie der aktiven staatlichen Wirtschaftspolitik, die teilweise den von dem britischen Wirtschaftswissenschaftler John Maynard Keynes (1883–1946) vertretenen Grundsätzen der Makroökonomie folgte. Diese positive Wirtschaftsentwicklung wurde durch den Zweiten Weltkrieg unterbrochen, der nach dem Ersten Weltkrieg und der Depression des Jahres 1929 den dritten großen extern verursachten Schock für die lateinamerikanischen Ökonomien in der ersten Hälfte des 20. Jahrhunderts bedeutete. Der erneute Rückgang des Handels mit Europa traf jetzt die Industrie

Wirtschaftlicher Aufschwung

Aufbau der Industrie

Wirtschaftlicher Einbruch durch Zweiten Weltkrieg

Lateinamerikas, die auf die Lieferung von Halbfertigprodukten und Investitionsgütern angewiesen war.

Handelspartner USA

Weniger schwer wogen die eingeschränkten Exportmöglichkeiten in den alten Kontinent, die zum Teil durch die gestiegene Nachfrage der USA nach strategischen Rohstoffen ausgeglichen wurde. Davon abgesehen war die US-Regierung insbesondere nach ihrem Kriegseintritt 1941 an einer Nord- und Südamerika umfassenden Allianz gegen die Achsenmächte interessiert. Allein deshalb waren bereits zuvor die Wirtschafts- und Handelsbeziehungen in Lateinamerika durch erhebliche Investitionen ausgebaut worden. Eines der bekanntesten Beispiele für dieses kriegsbedingte Engagement ist das mit Unterstützung der US-Regierung aufgebaute Stahlwerk in Volta Redonda im brasilianischen Bundesstaat Rio de Janeiro. Auch die Außenhandelsbeziehungen der Länder Lateinamerikas richteten sich jetzt stärker auf die US-Wirtschaft aus: Während in den 1920er Jahren 43 % des Außenhandels mit den USA abgewickelt wurden, waren es 1950 bereits 56 %. Daneben baute auch der US-amerikanische Finanzsektor seine dominierende Stellung in Lateinamerika weiter aus mit dem Ergebnis, dass 1949 fast 90 % aller in Lateinamerika erwirtschafteten Kapitalerträge in die USA flossen.

Export strategischer Rohstoffe

Abkehr von der Außenorientierung

Während des Zweiten Weltkriegs entwickelte sich in Lateinamerika eine verstärkte Kooperation zwischen Staat und Privatwirtschaft, ein Trend, der sich nach Kriegsende fortsetzte und ein bedeutendes Fundament für die Nachkriegsindustrialisierung darstellte. Auf der anderen Seite verlor Lateinamerika für die USA nach dem Zweiten Weltkrieg an strategischer und politischer Bedeutung. Angesichts der Systemkonkurrenz mit der Sowjetunion und dem einsetzenden Kalten Krieg richteten sich die geostrategischen Interessen der USA zunächst auf Europa. Die Vereinigten Staaten entschieden sich nach Kriegsende für eine liberale Wirtschaftspolitik auf Grundlage des freien Güter- und Kapitalverkehrs. Dies stand den protektionistischen, auf staatlicher Lenkung basierenden Industrialisierungsplänen der lateinamerikanischen Regierungen entgegen, für die nach den Erfahrungen der letzten Jahrzehnte eine Rückkehr zu einem reinen Freihandelssystem nicht mehr in Frage kam. Hingegen rückte in Lateinamerika die Vorstellung wirtschaftlicher Unabhängigkeit auf der Grundlage einer eigenen Industrie immer stärker in den Vordergrund, was die radikale Abkehr vom bisherigen außenorientierten Wirtschaftsmodell unterstrich.

Lateinamerikanische Wirtschaftsorganisation, CEPAL

Diese neue Wirtschaftsstrategie wurde entscheidend von der 1948 als Unterorganisation der Vereinten Nationen gegründeten CEPAL unterstützt. Die CEPAL entwickelte eine aus den spezifischen Erfahrungen „peripherer" Länder abgeleitete Wirtschaftstheorie. Die auf dem neoklassischen Freihandelssystem beruhende internationale Arbeitsteilung zwischen industrialisierten und entwickelten „Zentren" und den rohstoffexportierenden und agrarerzeugenden „Peripherien" führte – diesem neuen Theorem zufolge – zu strukturell ungleichen Verteilungs- und Entwicklungschancen und zu Abhängigkeit, Dependenz. Die Ökonomen der CEPAL, allen voran Generalsekretär Raúl Prebisch (1901–1986), rieten den lateinamerikanischen Regierungen, angesichts der aus dieser Theorie abgeleiteten, längerfristig sinkenden realen Austauschverhältnisse für rohstoffexportierende Länder, zu einer entschlossenen „Entwicklung nach innen". Die Schwäche eines nach außen gerichteten Entwicklungsmodells, das primär auf Rohstoffexporte ausgerichtet war, lag Prebisch zufolge einerseits an dessen extremer Anfälligkeit gegenüber negativen äußeren Einflüssen sowie anderseits an der asymmetrischen Verteilung der Wachstums- und Entwicklungseffekte zugunsten der industriellen Zentren und auf Kosten der rohstoffliefernden Peripherie. Er vertrat die Auffassung, dass sich Lateinamerikas Außenwirtschaftspolitik bereits über einen langen Zeitraum zu ihren Ungunsten entwickelt hatte, da Rohstoffe und Agrarerzeugnisse zu vergleichsweise niedrigen Preisen verkauft und im Gegenzug die veredelten Importwaren (Konsum- und Verbrauchsgüter) zu teuer eingekauft worden waren.

„Zentren" und „Peripherien"

Importsubstitution

Die Importsubstitutionspolitik (ISI) setzte sich in den 1950er Jahren in den meisten lateinamerikanischen Ländern durch. Bis zur lateinamerikanischen Wirtschaftskrise zu Beginn der 1980er Jahre verzeichnete die Industrie ein durchschnittliches jährliches Wachstum von über 6 %. Im Vergleich zu der Zeit vor der Weltwirtschaftskrise wurde der Industriesektor jetzt zum wichtigsten Wachstumsmotor, während die traditionell bevorzugten Ausfuhren eher vernachlässigt wurden. Diese forcierte Industrialisierung wirkte sich insgesamt positiv auf die Volkswirtschaften aus, zwischen 1951 und 1980 wuchs Lateinamerikas Bruttoinlandsprodukt (BIP) um durchschnittlich 5,3 % und übertraf damit sogar das der westlichen Industriestaaten. Den Wegfall von Importen und externer Finanzierung glichen die Länder durch den Aufbau einer eigenen Industrie aus – insbesondere durch den Ausbau eines staatlichen industriellen Sektors zur Kapitalakkumulation. Auch in den Finanzsektor griffen die Regierungen wesentlich stärker ein als bisher: Öffentliche Entwicklungsbanken stellten jetzt Kapital für den Aufbau strategisch wichtiger Industriesektoren zur Verfügung, die Kosten für diese Schlüsselindustrien wurden durch Zinsobergrenzen reguliert und Kredite mittels Vergabequoten in prioritäre Entwicklungsbereiche gelenkt, z. B. in den Wohnungsbau zur Förderung von Kleinunternehmen oder Handwerk und kleinbäuerlicher Landwirtschaft. Darüber hinaus wurden auch soziale Projekte subventioniert. Diese staatsinterventionistische Phase war extern durch fixierte Wechselkurse und die Regulierung internationaler Kapitalflüsse flankiert. Tempo und Umfang der Industrialisierung fielen in den einzelnen Regionen und Industriezweigen allerdings unterschiedlich aus. Das stärkste industrielle Wachstum wiesen in den drei Jahrzehnten nach dem Ende des Weltkriegs Mexiko und Brasilien auf, wohingegen Argentinien, dessen Industrie im lateinamerikanischen Vergleich noch 1950 führend war, deutlich zurückfiel. In vielen der kleineren Staaten, beispielsweise in Zentralamerika, setzte die Industrialisierung deutlich später ein und war insgesamt weniger prägend für die Volkswirtschaften.

Beschleunigte Industrialisierung

Der Höhepunkt der Importsubstitutionspolitik war zu Beginn der 1960er Jahre erreicht und die Grenzen der Industrialisierung, die vor allem auf einer Konsumgüterproduktion basierte und fast ausschließlich auf die nationalen Märkte ausgerichtet war, zeichneten sich deutlich ab. Die Regierungen versuchten, das industrielle Wachstum weiter voranzutreiben, einerseits durch den Aufbau einer eigenen Kapitalgüterindustrie, andererseits durch die Erschließung neuer Märkte. Darüber hinaus gab es Initiativen zur regionalen Wirtschaftsintegration, die auch vom europäischen Beispiel inspiriert waren: 1960 wurde in Montevideo die „Lateinamerikanische Freihandelsvereinigung“ (*Asociación Latinoamericana de Libre Comercio*, ALCALC) gegründet, der in wenigen Jahren sämtliche Staaten Lateinamerikas beitraten. Allerdings wurde aufgrund der großen Unterschiede der einzelnen Volkswirtschaften, nationaler Rivalitäten und unterschiedlicher wirtschaftspolitischer Ordnungsvorstellungen das Ziel einer ganz Lateinamerika umfassenden Freihandelszone nicht erreicht. Auch weitere im Anschluss daran anknüpfende Versuche einer regionalen Integration, darunter der in Konkurrenz zur ALCALC 1969 gegründete Andenpakt zwischen Chile, Bolivien, Ecuador, Kolumbien und Peru, vermochten insgesamt keine starken und nachhaltigen Wachstumsschübe auszulösen. Daher erfolgte in den 1970er Jahren eine allmähliche Abkehr vom Modell der Importsubstitution. Dafür wurden jetzt wieder verstärkte Anstrengungen zur Erschließung neuer Absatzmärkte im Ausland unternommen.

2.2 Die *Good Neighbor Policy* und der Zweite Weltkrieg

Nach dem Ende des Ersten Weltkriegs führten die US-Regierungen den Einsatz ihrer Wirtschaftskraft zur Durchsetzung politischer Ziele gegenüber den Ländern Lateinamerikas fort. Diese interventionistische Stoßrichtung, die zu Anfang des Jahrhunderts unter US-Präsident William Howard Taft (1857–1930) als *Dollar Diplomacy* formuliert worden war (siehe OGG 48: Lateinamerika 1800–1830), wich in den 1920er Jahren einer *Open Door Policy*. Jetzt sollten mit politisch-diplomatischem Druck die Bedingungen für eine ungehinderte Ausbreitung US-amerikanischer Wirtschaftsinteressen geschaffen werden. Diese Politik der „offenen Tür" sollte auch dem Auf- und Ausbau leistungsfähiger Rohstoff- und Absatzmärkte dienen. Ein weiteres Ziel war die politisch-gesellschaftliche Modernisierung, um auch den Bevölkerungen weniger industrialisierter Regionen eine Partizipation am gesellschaftlichen Wohlstand zu eröffnen. In den Zwischenkriegsjahren gewannen die Länder Lateinamerikas allerdings durch ihre Mitgliedschaft im Völkerbund außenpolitischen Handlungsspielraum gegenüber den USA, die dem Völkerbund nicht beigetreten waren. Lateinamerikanische Vertreter nutzten das Forum, um dort grundsätzliche Forderungen zu adressieren, die sich gegen die US-Hegemonie auf dem Kontinent richteten.

Open Door Policy

Mitgliedschaft im Völkerbund

Ab den 1930er Jahren bis in die 1950er Jahre hinein nahmen die US-Regierungen Abstand von direkten militärischen Eingriffen in der westlichen Hemisphäre und praktizierten gegenüber den Ländern Lateinamerikas eine Politik, die als *Good Neighbor Policy* in die Geschichte eingehen sollte. Einer ihrer Hauptexponenten war US-Präsident Franklin Delano Roosevelt (1882–1945), der die

Vereinigten Staaten zwischen 1933 und 1945 regierte. Allerdings stand auch die Politik der guten Nachbarschaft gegenüber Lateinamerika grundsätzlich in der Kontinuität der alten *Open Door Policy* und orientierte sich einseitig an den wirtschaftspolitischen und strategischen Interessen der Vereinigten Staaten. Sie unterschied sich aber fundamental von den aggressiv-imperialistischen Drohgebärden eines Theodore Roosevelt. Franklin D. Roosevelt definierte die Monroe-Doktrin jetzt als Dogma der Verteidigung ganz Amerikas gegen Bedrohungen von außen und betonte die Gemeinschaft aller Amerikaner im Sinne des Panamerikanismus. Schon US-Präsident Herbert Hoover (1874–1964) hatte 1930 den *Roosevelt Corollary* revidiert, jenen Zusatz zur Monroe-Doktrin, auf dessen Basis Präsident Theodore Roosevelt 1904 den USA eine Schutz- und Kontrollfunktion gegenüber den lateinamerikanischen Staaten zugebilligt und seine *Big Stick Policy* begründet hatte. Eine Ursache für diese Kehrtwende waren die erheblichen Auswirkungen der Weltwirtschaftskrise in den Vereinigten Staaten und die Furcht vor weiteren tiefgreifenden ökonomischen Konsequenzen. Ein anderer Grund war die Entscheidung, der in Europa erneut heraufziehenden Kriegsgefahr diesmal aktiv entgegenzutreten. Daher verringerte sich die außenpolitische Aufmerksamkeit der USA gegenüber Lateinamerika ab Mitte der 1930er Jahre.

Rücknahme des *Platt Amendments*

Eine der ersten Maßnahmen seiner Präsidentschaft, die der Demokrat Roosevelt ergriff, um die Glaubwürdigkeit seiner Ankündigung der *Good Neighbor Policy* zu unterstreichen, war die Rücknahme des *Platt Amendments*, des Interventionsrechts der USA auf Kuba. Dies war eine der Hauptforderungen, die im Zuge der nationalistisch-antiimperialistischen Revolution in Kuba im Jahre 1933 aufgestellt worden waren. Weitere Maßnahmen folgten im Jahre 1936, als die US-Regierung im *Hull-Alfaro*-Vertrag auch ihr Interventionsrecht in Panama außerhalb der Kanalzone zurücknahm, ihre Zahlungen für die Nutzung des Panama-Kanals erheblich erhöhte und die Marine aus Haiti abzog, wo sie seit 1915 stationiert war.

Die größten Herausforderungen für die Politik der guten Nachbarschaft, die ihre Ernsthaftigkeit auf eine harte Probe stellten, kamen aus Mexiko: Präsident Lázaro Cárdenas (1895–1970) führte mit seinem Amtsantritt im Jahre 1934 eine in der Verfassung von 1917 verankerte, weitreichende Agrarreform zugunsten von Kleinbauern und landwirtschaftlichen Genossenschaften (*eji-*

dos) durch. Dabei wurden riesige Agrarflächen, die zu einem nicht unerheblichen Teil zum Großgrundbesitz des agrarexportierenden Sektors gehörten, entweder nationalisiert oder umverteilt. Die mit Abstand einschneidendste Maßnahme war die ebenfalls in der Revolutionsverfassung verankerte Nationalisierung der mexikanischen Erdölvorkommen im Jahre 1938, die US-amerikanische, britische und niederländische Konzerne betraf. Cárdenas konnte diesen risikoreichen Schritt wagen, weil seine Regierung durch die vorangegangenen Reformen innenpolitisch gestärkt war; andererseits spitzte sich die internationale Krise, die 1939 in den Zweiten Weltkrieg münden sollte, bereits 1938 erheblich zu: Japanische Invasoren waren in China einmarschiert und das nationalsozialistische Deutschland hatte den Anschluss Österreichs erzwungen. Die mexikanische Regierung war sich bewusst, dass die US-Regierung in dieser Situation kaum einen offenen Bruch mit Mexiko oder gar eine bewaffnete Operation riskieren würde.

Mexikos Agrarreform

Nationalisierung der Erdölvorkommen

Über die Frage einer angemessenen Reaktion auf die Nationalisierung bestanden innerhalb der US-Regierung erhebliche Differenzen. Außenminister Cordell Hull (1871–1955) unterstützte die US-amerikanischen Erdölgesellschaften, der US-Botschafter in Mexiko, der enge Kontakte zu Präsident Roosevelt pflegte, identifizierte sich jedoch mit der *Good Neighbor Policy*, wodurch es gelang, diese äußerst kritische Situation zu moderieren. Die Schärfe, mit der die Kontoverse ausgetragen wurde, lag vor allem an der unnachgiebigen Haltung der Konzerne, die im Gegensatz zur US-Regierung die Nationalisierung als illegal erachteten. Die Verhandlungen über eine Entschädigung blieben zunächst erfolglos, bis schließlich 1942 unter dem Einfluss des Zweiten Weltkriegs eine den mexikanischen Vorstellungen weitgehend entsprechende Regelung getroffen wurde. In Mexiko hatte die Nationalisierung eine regelrechte Begeisterungswelle ausgelöst, die Mehrheit der Bevölkerung stand hinter Cárdenas, weil er sich der US-Hegemonie erfolgreich widersetzt hatte.

Einfluss faschistischer Ideologien

Während der 1930er Jahre nahm der Einfluss faschistischer Ideologien aus Europa in Lateinamerika deutlich zu. Der Rechtsruck europäischer Regierungen der 1930er Jahre befeuerte antidemokratische und antiliberale Gruppierungen. Die einflussreichste Richtung kam zunächst aus Italien, der Sieg der Nationalsozialisten bei der Reichstagswahl 1933 in Deutschland machte faschistische Ideologien noch salonfähiger. Die bedeutendsten Vorbilder für Lateinamerika waren jedoch die korporativ-faschistischen Regime in Spanien, nach dem Sieg der *Falange* Francos über die Republik 1936, und in Portugal der *Estado Novo* Salazars ab 1928/1933. Allerdings wurden die europäischen Modelle nicht einfach kopiert, der rechte Aufschwung hatte auch regionale Hintergründe. So war der Vargas-Putsch in Brasilien eine Antwort auf die Weltwirtschaftskrise und auf die „Unordnung" im Staat (siehe unten, Kap. I.2.3.1). Eine deutliche Veränderung ergab sich aus dem enorm wachsenden Einfluss des Militärs in Vargas' *Estado Novo*. Auch in Argentinien war aus ähnlichen Gründen das Militär ab den 1930er Jahren in konservative und antidemokratische Regierungen eingebunden und gab entscheidende Impulse für den Aufstieg der peronistischen Bewegung, welche sich an Benito Mussolinis (1883–1945) Variante des Faschismus orientierte.

Einflüsse der Achsenmächte

Insbesondere die Achsenmächte Deutschland und Italien versuchten ihren Einfluss in Lateinamerika zu vergrößern. Die Regierung Mussolinis war vor allem in Brasilien und Argentinien aktiv, wo sich die meisten italienischen Auswanderer angesiedelt hatten. Auch die Nationalsozialisten agierten unter den deutschen Migranten und nutzten darüber hinaus ihre diplomatischen Vertretungen zum Aufbau eines Agentennetzes. Die US-Regierung versuchte angesichts des heraufziehenden Kriegs ihren Einfluss in der Region ebenfalls geltend zu machen und maximale Unterstützung gegen die Achsenmächte zu mobilisieren. Die US-Amerikaner rekurrierten daher auf das Konzept des Panamerikanismus. Dies geschah durchaus mit ungewöhnlichen Maßnahmen, etwa der Verstärkung des kulturellen Austauschs, sowie durch die Steigerung der medialen Präsenz mittels der gezielten Verbreitung von Hollywood-Filmproduktionen in Lateinamerika – mit durchschlagendem Erfolg.

Verstärkte Militärpräsenz der USA

Mit Beginn des Kriegs verstärkte die US-Regierung ihre Militärbasen in Lateinamerika – zunächst vor allem in der Karibik und am Atlantik – und versuchte, sich ungehinderten Zugang zu lateinamerikanischen Rohstoffen zu verschaffen. Auf politischer Ebene verpflichtete sie die lateinamerikanischen Regierungen zu einer Allianz gegen die Achsenmächte oder zumindest zur Wahrung von Neutralität. Als im Dezember 1941 Japan den US-Flottenstützpunkt in Pearl Harbour in Hawaii angriff, traten die meisten zentralamerikanischen und karibischen Staaten auf Seiten der USA in den Krieg ein. Der US-Regierung war es dabei gleichgültig, ob es sich um diktatorische Regime wie das von Jorge Ubico Castañeda (1878–1946) in Guatemala, Rafael Trujillo (1891–1961) in der Dominikanischen Republik oder Anastasio Somoza García (1896–1956) in Nicaragua handelte. Mexiko, Venezuela und Kolumbien brachen im Dezember die diplomatischen Beziehungen zu den Achsenmächten ab. Im Fall Mexikos waren die Folgen der Nationalisierung des Erdölsektors noch ungeklärt, aber mit Manuel Ávila Camacho (1897–1955) war 1940 ein Präsident an die Macht gekommen, der nicht nur an einer Versöhnung mit der US-Regierung interessiert war, sondern sich auch in die antifaschistische Tradition der mexikanischen Außenpolitik der 1930er Jahre einreihte. Darüber hinaus ließen sich viele Mexikaner für die US-Armee rekrutieren. Die beiden Regierungen vereinbarten 1942 das *Bracero*-Programm, durch das zehntausende mexikanische Arbeiter für landwirtschaftliche und infrastrukturelle Arbeiten in die USA geholt wurden, um US-Amerikaner für den Kriegsdienst freizustellen.

Bracero-Programm

Ab 1941 waren amerikanische Gewässer im Atlantik und der Karibik durch Aktivitäten deutscher U-Boote in die Kriegshandlungen mit einbezogen worden. Die meisten der betroffenen Regierungen erlaubten daraufhin US-Einheiten den Zugriff auf ihre Häfen. In vielen Ländern wurden deutsche Staatsbürger oder deutschstämmige Bewohner interniert, deutsche Unternehmen enteignet und deren Guthaben beschlagnahmt. Auf dem Treffen der amerikanischen Außenminister im Januar 1942 in Rio de Janeiro einigten sich die Teilnehmer darauf, allen lateinamerikanischen Ländern den Abbruch der diplomatischen Beziehungen zu den Achsenmächten zu empfehlen. Dem folgten Uruguay, Paraguay, Peru, Brasilien, Bolivien und Ecuador. Brasilien gab seine Neutralität 1942 auf, trat in den Krieg ein und entsandte als einziges Land Lateinamerikas Truppen nach Europa. Im Gegenzug erhielt die autoritäre Vargas-Regierung erhebliche finanzielle Unterstützung von Seiten der USA. Die Vereinigten Staaten bekamen hingegen uneingeschränkten Zugang zu Brasiliens Atlantikhäfen und zu kriegswichtigen Rohstoffen. Argentinien war schließlich das letzte Land Lateinamerikas, das 1944 – unter enormem politischem Druck – seine diplomatischen Beziehungen zu Deutschland und Japan abbrach. Durch den späten Kriegseintritt im März 1945 galt Argentiniens Regierung als besonders affin zum Nationalsozialismus. Obwohl Argentinien seit Beginn des Jahrhunderts

Deutscher U-Boot-krieg im Atlantik

Internierung von Deutschen

Abbruch diplomatischer Beziehungen zu Deutschland

Nationalsozialisten in Argentinien

und insbesondere in den 1930er Jahren zahlreichen Juden Zuflucht geboten hatte, gewährte es nach dem Krieg nun auch Nationalsozialisten Aufnahme, die zumeist über Italien nach Südamerika fliehen konnten, unter ihnen Adolf Eichmann, Josef Mengele oder der Kommandant der Vernichtungslager Treblinka und Sobibor, Franz Stangl. Klaus Barbie lebte, wie auch andere Nationalsozialisten, noch Jahrzehnte nach dem Krieg unbehelligt in Bolivien.

Aufstieg der USA zur Weltmacht

Als der Zweite Weltkrieg zu Ende ging, war Lateinamerika mit einer neuen Weltordnung konfrontiert, die von den Vereinigten Staaten dominiert wurde und in der Freihandel Priorität hatte. Die USA waren politisch und wirtschaftlich gestärkt aus dem Krieg hervorgegangen, zur bedeutendsten Wirtschaftsmacht der Erde und mit dem Einsatz der Atombombe auch zur weltweit stärksten Militärmacht aufgestiegen. Darüber hinaus verfolgten sie eine globale Neudefinition ihrer Außen- und Sicherheitspolitik. Bereits vor Kriegsende hatte sich abgezeichnet, dass die UdSSR nicht zu den künftigen Verbündeten gehören würde, sondern tendenziell eine Bedrohung der nationalen (und hemisphärischen) Sicherheit darstellte. Die neue US-dominierte Weltwirtschaftsordnung war von den Alliierten im Juli 1944 in Bretton Woods, New Hampshire, aus der Taufe gehoben worden, um die Koordinaten für die wirtschaftliche Nachkriegsordnung auf globaler Ebene zu etablieren. Die US-Regierung forderte jetzt eine internationale Öffnung der Märkte und die Möglichkeit, weltweit zu investieren. Auf der 8. Interamerikanischen Konferenz über Krieg und Frieden, die Anfang 1945 auf Schloss Chapultepec in Mexiko-Stadt abgehalten wurde, gab die US-Regierung ihren lateinamerikanischen Partnern gegenüber die Priorität des Freihandels sowie die Verschiebung ihrer außenwirtschaftlichen Schwerpunkte weg vom amerikanischen Kontinent bekannt, um sich mit dem Marshall-Plan dem Wiederaufbau des kriegszerstörten Europas zu widmen. Angesichts dieser Neuausrichtung von Politik und Wirtschaft auf Europa sowie aufgrund der Enttäuschung über die Ergebnisse der Exportorientierung beschleunigten die lateinamerikanischen Staaten ihren wirtschaftsnationalistischen Kurs und die „Entwicklung nach innen“.

Vor und während des Zweiten Weltkriegs hatte die US-Regierung, teils aus Sorge vor der wachsenden Bedrohung des europäischen Faschismus, teils aus bündnispolitischen Notwendigkeiten, die Länder Lateinamerikas durch großzügige wirtschaftliche Unterstützungsprogramme und panamerikanische Propaganda bzw. geschickte Kulturpolitik zu gemeinsamem Handeln verpflichten können. Dies hatte in ganz Lateinamerika die Hoffnung auf eine zukünftige Gleichberechtigung mit den Vereinigten Staaten, basierend auf Wohlstand und Demokratie, geweckt. Um diese Hoffnung zu konsolidieren, nahmen zwanzig lateinamerikanische Staaten – bereit für einen zweiten Anlauf zur Errichtung einer Weltorganisation zur völkerrechtlichen Verständigung – im Oktober 1945 an der Gründungskonferenz der Vereinten Nationen in San Francisco teil und beteiligten sich an der Ausarbeitung der Charta. Die mehrheitliche UN-Mitgliedschaft lateinamerikanischer Staaten sollte sich alsbald auszahlen: Nachdem die US-Regierung eigenständige lateinamerikanische Vorstöße zum Aufbau neuer Handelsbeziehungen in der Region blockierte, wurde auf Initiative des Wirtschafts- und Sozialrats der Vereinten Nationen 1948 die bereits erwähnte Wirtschaftskommission für Lateinamerika (CEPAL) gegründet und der argentinische Ökonom Raúl Prebisch zu ihrem Leiter ernannt. Sie war über zwei Jahrzehnte das Zentrum der entwicklungspolitischen Diskussionen in Lateinamerika und wurde zum Ausgangspunkt eines der Modernisierungstheorie folgenden Konzepts der nachholenden Entwicklung.

2.3 Populismus und Autoritarismus

Populismus ist im Unterschied zu den meisten europäischen Ländern in Lateinamerika kein durchweg negativ besetzter Begriff, weil sich dieser auf andere Traditionen bezieht, die beispielsweise auf die Unabhängigkeitsbewegungen zurückgehen. Populistische Politiker gewannen in nationalistischen und antiimperialistischen Programmen ab den 1920er Jahren und in der Weltwirtschaftskrise an Einfluss. In Lateinamerika herrschten, wie auch in anderen Ländern der „Dritten Welt", populistische Bewegungen vor, die ein antiimperialistisches und anti-oligarchisches Programm verfochten. Der klassische lateinamerikanische Populismus hatte seine Hochzeit in der Mitte des 20. Jahrhunderts im Zusammenhang mit der durch die Importsubstitutionspolitik eingeleiteten wirtschaftlichen und infrastrukturellen „Entwicklung nach innen" und den damit verbundenen sozialpolitischen Reformen (Sozial-

Klassischer Populismus

versicherung, Arbeitsgesetzgebung, Frauenwahlrecht). Ihn charakterisierte die explizite Bezugnahme auf das einfache Volk (*pueblo*) und eine enge direkte Beziehung zwischen dem sich volksnah gebenden Politiker (oder der Politikerin im Falle Eva Peróns) und seiner Anhängerschaft. Oft wurden so erstmals die ländliche Unterschicht oder Migranten aus dem Hinterland in Politik und Gesellschaft eingebunden.

Institutionalisierung

Der Populismus trat in Form von Bewegungen auf, institutionalisierte sich in einigen Ländern aber auch im Rahmen einer Partei (z. B. in Argentinien, Mexiko oder Peru). Die Fokussierung auf eine Person und der Aufbau von klientelistischen Netzwerken sind weitere Merkmale. Populistische Politiker profitierten auch in Lateinamerika von den im 20. Jahrhundert

Massenmedien

aufkommenden Massenmedien, über die sie nicht nur ihr persönliches Image „unters Volk bringen" konnten, sondern auch ihre politischen Botschaften.

Neopopulismus

Nach der Rückkehr zu demokratischen Mechanismen in den 1980er Jahren kamen in einigen Ländern sogenannte Neopopulisten an die Macht. Die Bezeichnung rührt daher, dass sie – entgegen ihrem etatistischen Programm im Wahlkampf – eine Reihe von neoliberalen Strukturanpassungen, insbesondere Privatisierungen, durchführten. Die bekanntesten Vertreter sind Carlos Menem (1930–2021, Regierungszeit Argentinien 1989–1999) und Alberto Fujimori (*1938, Regierungszeit Peru 1990–2000).

Neuer Populismus

Mit der insgesamt 13-jährigen Präsidentschaft von Hugo Chávez (1954–2013, Regierungszeit (1999–2013) in Venezuela begann dann eine weitere populistische Welle, der sogenannte „neue Populismus", welcher eine Reaktion auf die Phase des Neoliberalismus der 1980er/90er Jahre war und der zur Lösung politischer und wirtschaftlicher Probleme wieder auf einen starken Staat setzte. Wie auch schon zum klassischen Populismus der früheren Jahre gehören zu diesem Regierungsstil ein sich volksnah gebender Politiker, Plebiszite, neue multiethnische und plurikulturelle Verfassungen und in einigen Fällen das Versprechen einer gerechteren Gesellschaft. Diese propagierte der venezolanische Staatspräsident Hugo Chávez, die vielleicht prononcierteste Figur des „neuen" Populismus, mit seinem nicht näher definierten „Sozialismus des 21. Jahrhunderts". Bei den jüngsten Populisten des 21. Jahrhunderts in Mexiko (Andrés Manuel López Obrador, kurz AMLO, *1953, Präsident seit 2018) und Brasilien (Jair Bolsonaro, *1955,

Präsident seit 2019) mischen sich verschiedene Varianten des Populismus.

Die nachfolgend aufgeführten Beispiele betreffen den „klassischen" Populismus der 1930er bis 1960er Jahre, zu dessen prominentesten Vertretern Getúlio Vargas in Brasilien (1882–1954), Juan Domingo (1895–1974) und Eva Perón, (1919–1952) in Argentinien und Lázaro Cárdenas (1895–1970) in Mexiko zählen. Weitere für ihre jeweiligen Länder politisch einflussreiche populistische Politiker, die hier nicht näher vorgestellt werden können, waren Victor Raúl Haya de la Torre (1895–1979) in Peru (siehe OGG 48: Lateinamerika 1800–1930) oder Jorge Eliécer Gaitán (1903–1948) in Kolumbien.

2.3.1 Der „Neue Staat" des Getúlio Vargas in Brasilien

Nationalistische Entwicklungsmodelle

Angesichts der drastischen Konsequenzen der Weltwirtschaftskrise für exportorientierte Nationen wie Brasilien schienen die anfangs erfolgreichen staatlich gelenkten, nationalistischen Entwicklungsmodelle in Italien, Deutschland und der Sowjetunion eine Alternative zu bieten. Dabei stellte sich die Frage, wie die städtischen Unterschichten, die in der Zwischenkriegszeit erstarkt waren, eingebunden werden konnten. In Argentinien versuchten die Militärs in Verbindung mit konservativen Politikern (letztlich vergeblich) die sozialen Veränderungen einzuhegen oder rückgängig zu machen, während in Brasilien Getúlio Vargas eine „Revolution" der sozialen und politischen Verhältnisse durch die Etablierung eines starken Staates in Gang setzte. Eine stark nationalistische Ausrichtung sollte zudem die sozialen und ethnischen Trennlinien verwischen. Ähnliche Politiken wurden später auch in anderen lateinamerikanischen Staaten implementiert, wobei das Ausmaß, in dem dieses nachhaltig gelang, und die Formen, die der „neue Staat" jeweils annahm, entsprechend der nationalen Gegebenheiten variierten.

Bewegung der *tenentes*

In Brasilien hatte sich, ähnlich wie später in Argentinien, innerhalb des Militärs eine Bewegung aus jungen Offizieren mittleren Ranges (*tenentes*) gegründet, die eine Veränderung der oligarchischen Strukturen der Republik und eine Modernisierung der Wirtschaft anstrebte. Industrialisierung und Urbanisierung hatten zudem eine städtische Mittelschicht und eine aktive Arbeiterbewegung entstehen lassen, denen eine zunehmend fraktionierte

Elite gegenüberstand. Wahlmanipulationen und ein schwacher, stark regional geprägter Staat schien den Problemen nicht mehr gewachsen zu sein, so dass es in den 1920er Jahren mehrfach zu offenen Rebellionen der *tenentes* kam, die jedoch alle niedergeschlagen wurden. Bei den Präsidentschaftswahlen 1930 unterstützten diese die Kandidatur von Getúlio Vargas für die oppositionelle Sammlungsbewegung *Aliança Liberal.* Zwar unterlag er knapp, der Verdacht der Wahlfälschung mobilisierte jedoch Teile

Nationale Revolution

des Militärs, die Vargas als provisorischen Präsidenten einsetzten. Dieser rief eine „nationale Revolution" aus, die vor allem in einer Zentralisierung des Staates und einer Beschneidung der weitgehenden Rechte der Bundesstaaten bestand. Mit Hilfe einer Industrialisierungs- und Bildungspolitik sollte Brasilien modernisiert und ethnisch wie sozial geeint werden. Hierzu verfolgte Vargas, wie auch andere lateinamerikanische Länder in den 1930er Jahren, eine importsubstituierende Wirtschaftspolitik sowie eine vor allem auf die städtischen Arbeiter zielende Sozialpolitik. Die sukzessiv aufgebaute Sozialgesetzgebung (u. a. Einführung eines Mindestlohns) verbesserte die Lebensbedingungen der brasilianischen Industriearbeiter spürbar, wenn auch um den Preis staatlich gelenkter Gewerkschaften. Ferner kam es unter Vargas erstmals zu einer nationalen Bildungspolitik sowie zu Schul- und Universitätsgründungen.

Wahlen und Wahlrecht

Eine Wahlrechtsreform führte 1932 die geheime Wahl ein und gewährte Frauen volle staatsbürgerliche Rechte. Anfänglicher innenpolitischer Widerstand, der sich in einer kommunistischen und einer faschistischen Revolte sowie einem Aufstand des mächtigen Bundesstaates São Paulo manifestierte, wurde rasch niedergeschlagen. Allerdings gewannen bei den Wahlen 1933 die alten politischen Eliten wieder an Boden, und die vom Kongress ausgearbeitete neue Verfassung von 1934 ging Vargas in vielen Punkten nicht weit genug. Vor den für 1938 anstehenden Neuwahlen führte er daher mit Hilfe des Militärs einen Staatsstreich durch und

Estado Novo

rief den *Estado Novo*, den „Neuen Staat", aus. Die neue Verfassung trug, nach portugiesischem Vorbild, faschistische Züge und sicherte Vargas diktatorische Vollmachten. Nach dem Ausbruch

Zweiter Weltkrieg

des Zweiten Weltkrieges lavierte dieser zunächst geschickt zwischen den USA und dem Deutschen Reich, dem damals größten Handelspartner Brasiliens, stellte sich aber schließlich auf die Seite der Alliierten. Die USA belohnten die Unterstützung mit Waffenlieferungen, Technologietransfer und großzügigen Krediten, die es Vargas ermöglichten, sein Industrialisierungsprogramm zu implementieren. Hierzu gehörte unter anderem der Bau eines großen Stahlwerkes sowie die Gründung von Bergbauunternehmen mit US-amerikanischer Beteiligung. Die Amerikaner profitierten im Gegenzug von kriegswichtigen brasilianischen Rohstoffen. Diese Entwicklung ermöglichte auch die erfolgreiche Sozial-, Kultur- und Bildungspolitik, und – anders als später die Peróns – gewann Vargas die Unterstützung zahlreicher Intellektueller und Künstler. Die staatliche Propaganda, die Brasilien als eine homogene, moderne Nation darstellte, wurde durch die architektonischen Meisterwerke Oscar Niemeyers (1907–2012), die Bücher des Soziologen Gilberto Freyre (1900–1987) oder die Musik von Heitor Villa-Lobos (1887–1959) bekräftigt. Neben dieser Avantgarde förderte Vargas gezielt populäre afrobrasilianische und indigene Kulturtraditionen bzw. legalisierte diese erstmals (s. Kap. I.5.1).

Kultur- und Bildungspolitik

Die Diskrepanz zwischen sozialem Anspruch und noch immer elitären Gesellschaftsstrukturen, diktatorischem Regime und der Forderung nach Demokratie der Alliierten sowie Klientelismus und Korruption führte zunehmend zu Unzufriedenheit. Vargas sah sich gezwungen, Parteien wieder zuzulassen und für 1945 Wahlen auszurufen, doch das Militär setzte ihn noch vor dem Urnengang ab. Trotzdem blieb Vargas als Senator politisch aktiv und kandidierte 1950 erneut für die Präsidentschaft. Er gewann die Wahl mit Hilfe zweier von ihm gegründeter Parteien, der Sozialdemokratischen Partei (*Partido Social Democrático*) und der Arbeiterpartei (*Partido Trabalhista Brasileiro*), sowie der Unterstützung breiter Kreise der Arbeiterschaft. Sein Ruf als „Vater der Armen" geriet jedoch zunehmend unter Druck, und kurz vor Ende seiner zweiten Amtszeit wandten sich auch die Militärs von ihm ab. Im August 1954 kam er einer erneuten Absetzung durch Selbstmord zuvor. Diesen inszenierte er in einem theatralischen Abschiedsbrief als Opfer für das Volk.

Absetzung und Wiederwahl

2.3.2 Der Cardenismus

Der starke Mann des postrevolutionären Mexiko, Plutarco Elías Calles (1877–1945), Präsident der Jahre 1924–1928, der aufgrund des Wiederwahlverbots in den Jahren danach im Hintergrund die Fäden der Macht zusammenhielt, unterstützte 1934 den Präsidentschaftswahlkampf eines jungen Revolutionsgenerals und ehemaligen Gouverneurs, Lázaro Cárdenas del Río (1895–1970). Dieser stammte aus bescheidenen Verhältnissen, wuchs im indigen geprägten Bundestaat Michoacán auf und wurde dessen Gouverneur zwischen 1928 und 1932. Auf dieser bundesstaatlichen Ebene setzte er die in der Revolutionsverfassung von 1917 verankerte Agrarreform durch, förderte die Gründung von Arbeiter- und Bauernorganisationen und initiierte eine weitreichende Bildungsreform. Mit Calles' Unterstützung und der neu gegründeten *Partido Nacional Revolucionario* (PNR), der Vorläuferpartei der *Partido Revolucionario Institucional* (PRI), errang er 1934 die Präsidentschaft.

Umfassendes Reformprogramm

Im Amt setzte Cárdenas seine Reformpolitik auch auf nationaler Ebene um. Er brach mit präsidialen Traditionen, reduzierte sein eigenes Gehalt um 50 % und verzichtete auf die Residenz der mexikanischen Präsidenten im Schloss von Chapultepec. Er initiierte eine Armeereform und brach mit seinem Förderer Calles, den er kurzerhand ins Exil in die USA verbannte. Zur Durchsetzung seiner Reformziele suchte er Anschluss an bereits bestehende Arbeiter- und Bauernorganisationen und gründete neue regimeloyale Verbände. Priorität hatte dabei die Umsetzung der in der Verfassung verankerten Arbeitsgesetzgebung. Hierfür rief Cárdenas eine neue nationale Gewerkschaft, die *Confederación de Trabajadores Mexicanos* (CTM) ins Leben. Mit tatkräftiger Unterstützung der Regierung setzte sich der neue Gewerkschaftsführer Vicente Lombardo Toledano (1894–1968), ein unorthodoxer Sozialist, für die Belange der Arbeiterschaft und insbesondere für eine nachhaltige Veränderung der Lohnstruktur ein.

Armeereform

Arbeiter- und Bauernorganisationen

Neuer Gewerkschaftsdachverband

Agrarreform

Auch die Agrarreform setzte Cárdenas konsequent durch. Während von 1917 bis 1934 etwa 8,5 Millionen Hektar Land verteilt worden waren, waren es unter seiner Ägide 18 Millionen Hektar. Die Bauern wurden zwar in der *Confederación Nacional Campesina* (CNC) weitgehend von oben organisiert, aber Landlose erhielten erstmals Landeigentum. Die Reform führte letztendlich zu einer tiefgreifenden Veränderung der mexikanischen Agrarstruktur. Das meiste Land wurde allerdings nicht an Individuen vergeben, sondern an Gemeinden, wo es in Form von *ejidos*, kommunalem Landbesitz, genossenschaftlich genutzt und bearbeitet wurde. Gezielt gefördert wurden darüber hinaus lokale bäuerliche Strukturen durch Kredite, Beratung und Ausbildungsprogramme.

Förderung kommunalen Landbesitzes

Nationalisierung des Erdölsektors

Bei der Nationalisierung der mexikanischen Rohstoffvorkommen, die ebenfalls in Artikel 27 der Revolutionsverfassung verankert worden war, war das Zusammenspiel zwischen Regierung und Gewerkschaften entscheidend: In einem langandauernden Konflikt zwischen den mexikanischen Gewerkschaften und den britischen oder US-amerikanischen Erdölgesellschaften intervenierte das Oberste Arbeitsgericht und der Konflikt nahm einen grundsätzlichen Charakter an. Als die Erdölgesellschaften darauf beharrten, dass eine Einmischung des mexikanischen Staats in die Interna ihrer Unternehmensführung eine Verletzung ihrer Eigentumsrechte darstelle, setzte Cárdenas sein wirtschaftspolitisches Programm entschlossen durch und veranlasste 1938 die Nationalisierung des Erdölsektors. Hinsichtlich des Verhältnisses zu den US-amerikanischen Nachbarn barg dieser Schritt erhebliche Risiken. Aber weder die USA noch Großbritannien waren am Vorabend des Zweiten Weltkriegs an einer direkten Konfrontation mit Mexiko interessiert und wagten keinen offenen Bruch.

Korporativer Staat

Die Nationalisierung löste einen Sturm patriotischer Begeisterung aus sowie klassenübergreifenden und geschlossenen Rückhalt für Cárdenas. Seine Regierungspolitik zielte allerdings auch auf den Aufbau eines korporativen Staates ab, in dem ein mit großer Machtfülle ausgestatteter Präsident in Zusammenarbeit mit den in Korporationen zusammengefassten gesellschaftlichen Gruppen einen Ausgleich der Interessen anstrebte. Dieser Staat sollte, ähnlich wie in Argentinien der *justicialismo*, eine eigene Antwort auf die gesellschaftlichen und ökonomischen Probleme des Landes sein (s. unten, Kap. I.2.3.3). Insbesondere aufgrund des umfassenden Reformprogramms ist die Persönlichkeit Cárdenas' und seine Präsidentschaft bis heute ein bedeutender materieller und symbolischer Bezugspunkt der Mexikanischen Revolution (siehe OGG 48: Lateinamerika 1800–1930).

2.3.3 Das „Neue Argentinien" des Peronismus

Infame Dekade

Infolge der Weltwirtschaftskrise, die auch die Exportnation Argentinien hart traf, beendete 1930 ein Militärputsch die seit 1916 andauernde Periode demokratischer Regierungen. Zwar kam es 1932 mit der Wahl des konservativen Politikers Augustín P. Justo (1876–1943) zu einer formellen Rückkehr zu Wahlen, doch blieben Wahlbetrug und Korruption sowie ein enges Verhältnis zum Militär Kennzeichen der Politik, weshalb die 1930er Jahre als „infame Dekade" in die argentinische Geschichtsschreibung eingingen. Im Zweiten Weltkrieg versuchte das Land, dessen Regierungen gute wirtschaftliche und politische Verbindungen zu den Achsenmächten unterhielten, neutral zu bleiben, trotz starken US-amerikanischen Drucks. Die zivil-militärische Allianz mündete im Juni 1943 in einen erneuten Militärputsch , dessen Hintermänner eine Gruppe von mittleren Offizieren waren, die sich kurz zuvor in der Loge *Grupo de Oficiales Unidos* (GOU) organisiert hatten und wichtige Posten im Kriegsministerium bekleideten. Das neue Regime nahm zunehmend autoritäre Züge an und wurde von der Opposition als faschistisch wahrgenommen, seine Ideologie war jedoch eher von rechts-katholischem Gedankengut geprägt. Angesichts des Kriegsverlaufs in Europa sah sich Argentinien gezwungen, im Januar 1944 die Beziehung zu den Achsenmächten abzubrechen und beschwor damit einen Richtungskampf innerhalb des Militärs herauf, aus dem ein Mitglied des GOU, Oberst Perón, als zentrale Figur hervorging.

Militärputsch 1943

Politischer Aufstieg Peróns

Juan Domingo Perón (1895–1974) war nach einer raschen Karriere im Militär als Militärattaché nach Europa entsandt worden, wo ihn das faschistische Experiment Mussolinis beeindruckte. Zurück in Argentinien wurde er als Staatssekretär für Arbeit in die Militärregierung berufen. Da man nach Kriegsende in Europa eine Rezession in Argentinien befürchtete, schlug er ein Industrialisierungsprogramm vor, das den Anstieg der Arbeitslosigkeit und soziale Spannungen verhindern sollte. Sozialistische Strömungen versuchte er nicht durch Repression, sondern durch die Marginalisierung der entsprechenden Gewerkschaften einzudämmen. Der Staat wurde zum Regulator in Arbeitskonflikten, gleichzeitig kooptierte er durch die Regelung der Arbeitsverhältnisse im ländlichen Bereich, Arbeitsschutzgesetze und die Einführung von wohlfahrtsstaatlichen Maßnahmen einen großen Teil der Arbeiterschaft. Das 1944 geschaffene Staatssekretariat für Arbeit bildete die Grundlage für Peróns weiteren Aufstieg, zunächst zum Kriegsminister, dann zum Vizepräsidenten. Unter seiner Präsidentschaft wurde 1949 erstmals ein eigenständiges Arbeitsministerium geschaffen.

Arbeitsbeziehungen

Wahlen

Nach der Kapitulation der Nationalsozialisten in Deutschland und der Ankündigung von freien Wahlen für 1946 ging die Opposition in Argentinien, die sich aus Konservativen, Radikalen, Sozialisten und Kommunisten zusammensetzte, in die Offensive. Sie verdächtigte Perón des Faschismus, woraufhin dieser Rückhalt bei der Arbeiterschaft suchte und sie zur Verteidigung des jetzt als „Junirevolution" betitelten Putsches von 1943 aufrief. Eine Massenkundgebung der Opposition in Buenos Aires führte im September 1945 zu Meinungsverschiedenheiten innerhalb der Militärs und zur Verhaftung Peróns. Daraufhin rief der Gewerkschaftsdachverband zum Generalstreik für den 18. Oktober auf. Frauen und Männer aus den Arbeitervierteln und ländlichen Provinzen begaben sich nach Buenos Aires oder in die Provinzstädte, um die Freilassung Peróns zu fordern und eroberten den öffentlichen Raum. Um die Situation unter Kontrolle zu bringen, entließen die Militärs Perón aus der Haft. Die protestierenden Arbeiter proklamierten ihn zum Präsidentschaftskandidaten für die kommenden Wahlen, die er mit knapper Mehrheit der Stimmen gewann. Das Mehrheitswahlrecht verschaffte ihm jedoch eine absolute Majorität im Kongress und Senat sowie in fast allen Provinzregierungen.

Generalstreik 18. Oktober

Das Parteienbündnis, das Perón zur Wahl verholfen hatte, wurde aufgelöst und durch eine neue Partei, den *Partido Peronista*, ersetzt. Die gleichgeschalteten Gewerkschaften bildeten zusammen mit den Streitkräften die tragenden Säulen des neuen korporativistischen Systems. Auch die Kirche stand zunächst auf Seiten des Regimes. Die Mitglieder des Obersten Gerichts wurden abgesetzt, tausende Universitätsdozenten entlassen, die studentischen Organisationen verboten und die Errungenschaften der Universitätsreform von 1918 zurückgenommen (siehe OGG 48: Lateinamerika 1800–1930). Gleichzeitig wurde der Ausbau des Wohlfahrtsstaates vorangetrieben. Die wegen ihrer sozioökonomischen Lage als „Hemdlose" (*descamisados*) bezeichneten Anhänger des Peronismus avancierten zu Helden der „peronistischen Revolution" und des „Neuen Argentiniens". Dies ermöglichten günstige wirtschaftliche Bedingungen in der Nachkriegszeit ebenso wie die Implementierung einer Nationalisierungspolitik. Obwohl Peróns Maßnahmen eine gewisse Kontinuität mit früheren Regierungen aufwiesen, wurden sie von der Regierungspropaganda als „Erklärung der wirtschaftlichen Unabhängigkeit" gefeiert. Gleiches galt für die wohlfahrtsstaatlichen Maßnahmen und den Anstieg der Reallöhne. Zwar war diese Konjunktur nicht von lan-

Das „Neue Argentinien"

ger Dauer, sie prägte jedoch das Bild eines „peronistischen Argentinien“ nachhaltig.

Eva Duarte de Perón

Ungewöhnlich für die klassischen lateinamerikanischen Populismen ist die zentrale Rolle von Peróns Frau, Eva Duarte de Perón, genannt Evita (1919–1952). Aufgewachsen in schwierigen Verhältnissen in der argentinischen Provinz, ein Umstand, den Evita immer wieder betonte, avancierte sie zu Beginn der 1940er Jahre zu einer bekannten Radiosprecherin. Nach dem Regierungsantritt ihres Gatten übernahm sie als seine persönliche Vertreterin eine Vermittlungsfunktion zwischen dem Präsidenten und der Arbeiterschaft. Die Einführung des Frauenwahlrechts im Jahr 1947 veranlasste Eva Perón, eine weibliche Sektion der Peronistischen Partei (*Partido Peronista Femenino*, PPF) zu gründen, die hierarchisch auf die beiden Peróns ausgerichtet war. Die überall im Land eingerichteten *unidades bâsicas* der Partei übernahmen nicht nur politische Aufgaben, sondern in verstärktem Maße auch solche aus dem Bereich der Sozialarbeit, die sich bewusst von der traditionellen Wohlfahrt absetzten.

Wahlrecht für Frauen

Auf dem Höhepunkt des peronistischen Erfolges wurde 1949 eine Verfassungsreform durchgeführt, die die neu eingeführten sozialen Rechte, aber auch die Macht Peróns in der Verfassung verankerten. Sie machte auch den Weg für seine Wiederwahl frei. In diesem Zusammenhang wurde die Sonderrolle Evitas, aber auch deren Grenzen in aller Deutlichkeit sichtbar. Eine Massenkundgebung in Buenos Aires gipfelte in der Forderung nach einer Kandidatur Evitas als Vizepräsidentin, doch nach einigen Tagen erklärte diese ihren „Verzicht“, den sie als Aufopferung für ihr Volk stilisierte, der aber möglicherweise durch den Widerstand der Militärs sowie ihre sich abzeichnende Krankheit erzwungen worden war.

justicialismo

Perón gewann die Wahlen von 1951, an denen erstmals Frauen teilnehmen konnten, mit überwältigender Mehrheit. Damit sah er sich dazu legitimiert, den *justicialismo*, wie das peronistische Gedankengut bezeichnet wurde, zur nationalen Doktrin zu erheben, rief damit jedoch auch zunehmend Widerstand hervor. Zentrale Maximen des *justicialismo* waren politische und wirtschaftliche Unabhängigkeit sowie soziale Gerechtigkeit, die einen „dritten Weg“ zwischen Kapitalismus und Kommunismus ermöglichen sollten. Die Gesellschaft Argentiniens polarisierte sich in Peronisten und Antiperonisten, deren Positionen nicht nur von politischen Überlegungen, sondern vielmehr von emotionalen Elementen geprägt wurden und die das peronistische Regime lange überdauern sollten.

Sowohl die Ablehnung der Antiperonisten als auch die Verehrung der Peronisten konzentrierte sich zunehmend auf Evita. Als sie am 26. Juli 1952 im Alter von 33 Jahren starb, wurde sie wie eine Staatspräsidentin geehrt. Nicht nur wegen des Todes von Evita stand die zweite Amtsperiode Peróns unter keinem guten Stern. Seit 1949 waren die Weltmarktpreise für Agrarprodukte gesunken, Missernten und eine Krise der exportorientierten Wirtschaftssektoren erzwangen eine Abkehr von der bisherigen Wirtschaftspolitik. Rationalisierungsmaßnahmen in den nationalisierten Unternehmen und eine Reduzierung von Krediten und staatlichen Ausgaben stellten die Beziehungen zwischen Regierung und Arbeiterschaft auf die Probe. Bei den Wahlen von 1954 errang die Regierung erneut eine große Mehrheit. Die Opposition sah sich in einer ausweglosen Situation, was die Polarisierung verstärkte. Allerdings entzweite sich Perón mit der katholischen Kirche und Teilen des Militärs. Diese übernahmen daraufhin 1955 ein weiteres Mal die Macht und Perón ging nach Spanien ins Exil.

Zweite Amtszeit

Während der Militärdiktatur von 1966–1973 wandelte sich der Peronismus, der als Partei verboten wurde, zu einer stärker von der Mittelschicht unterstützten Bewegung, die sich als Alternative zum „dogmatischen internationalen Sozialismus“ präsentierte. In der Hoffnung, die nationale Spaltung überwinden zu können, wählten die Argentinier 1973 mehrheitlich wieder peronistisch, und Perón kehrte nach 18 Jahren im Exil zurück. Allerdings schaffte er es nicht mehr, die peronistische Bewegung, in der sich am linken und rechten Rand Guerillabewegungen etabliert hatten, zu einigen. Als er 1974 starb, übernahm seine dritte Frau Isabel (*1931), die als Vizepräsidentin fungierte, die Regierung. Sie zeigte sich den Herausforderungen aber nicht gewachsen und ihre Amtszeit leitete eine erneute, diesmal ungleich brutalere Militärdiktatur ein. Die politische Landschaft Argentiniens hatte sich durch den Peronismus nachhaltig verändert. Die traditionellen konservativen und sozialistischen Parteien waren ins politische Abseits geraten, die politische Polarisierung verläuft in Argentinien seither zwischen Peronisten und Antiperonisten und prägt das politische Klima bis heute.

Exil und Rückkehr Peróns

Isabel Perón

2.4 Der Kalte Krieg in Lateinamerika

Aus der Perspektive des Antagonismus der Supermächte brachte der Kalte Krieg trotz – oder gerade wegen des enormen nuklearen Bedrohungspotentials auf beiden Seiten – in den USA, in West- und Osteuropa sowie in der Sowjetunion eine Epoche des „langen Friedens" hervor. In der sogenannten Dritten Welt entwickelten sich hingegen langanhaltende Konflikte. Der Ost-West-Antagonismus traf dort auf instabile regionale und lokale Konstellationen, Entkolonisierungsprozesse, gewaltvolle Konflikte, blutige Unruhen und rief zahllose Bürgerkriege hervor. Obwohl Lateinamerika aufgrund seiner im Vergleich zu Afrika und Asien frühen Dekolonialisierung eine Ausnahme bildete, waren die Konfliktmuster vergleichbar: Auch in Lateinamerika war der Kalte Krieg ein heißer. Aus der Perspektive der US-Regierungen und großer Teile der lateinamerikanischen Eliten ging es auch in Lateinamerika darum, die Ausbreitung des Kommunismus einzudämmen (*containment*). US-Strategen entwickelten darüber hinaus die Domino-Theorie über die Ausbreitung des Kommunismus, der zufolge der „Verlust" eines Landes durch eine sozialistische Revolution oder auch nur die Übernahme durch eine progressive Regierung, die sich für soziale Gerechtigkeit einsetzte, automatisch die Nachbarn gefährdete.

Heißer Krieg in Lateinamerika

Antikommunismus

Die US-Regierungen gingen von einer großen Expansionsbestrebung der Sowjetunion und der kommunistischen Ideologie aus bzw. rechtfertigten ihre eigenen Eingriffe in der Welt (und in Lateinamerika) mit der Bekämpfung des Kommunismus. Flankiert wurde dies von einer irrationalen Furcht vor politischer Subversion, die sich während des Zweiten Weltkriegs auf den Nationalsozialismus bezogen hatte und jetzt auf den neuen Feind, die Sowjetunion und die Kommunisten, übertragen wurde. Die Vorstellung, dass feindliche Ideologien die Stabilität einer Regierung innerhalb der Hemisphäre unterminieren und damit eine fremde, potentiell feindliche Macht die Sicherheit der Vereinigten Staaten bedrohen könnte, schuf eine völlig neue Dimension in der nationalen Sicherheitspolitik. Die US-Regierungen unterstützten jetzt Diktaturen, sofern sie US-Interessen zuträglich und antikommunistisch eingestellt waren, und zwar entgegen ihrer noch während des Kriegs verfolgten Politik, Demokratie und Mitbestimmung in den Staaten Lateinamerikas zu fördern.

Militärdiktaturen und Bürgerkriege

Der Konflikt, oder besser gesagt die Bündelung von Konflikten – Militärdiktaturen, Gewalt und Bürgerkriege –, die der Kalte Krieg in Lateinamerika hervorbrachte, kulminierte in der Kubanischen Revolution von 1959. Die darauf folgenden drei Jahrzehnte waren davon geprägt, keine weiteren „Kubas" („*no more Cubas*") in Lateinamerika und der Karibik zuzulassen. Dahingehende politische Weichenstellungen waren allerdings bereits früher vorgenommen worden. Der Antikommunismus, der jetzt auf die Bekämpfung dieser Revolution übertragen wurde, hatte in Lateinamerika eine weitaus längere Tradition, die bis in die frühen 1920er Jahre zurückreichte, als die Russische Revolution mittels der Kommunistischen Internationale (Komintern) die Gründung kommunistischer und sozialistischer Parteien in Lateinamerika und der Karibik unterstützte und der Antiimperialismus einflussreiche Bewegungen hervorbrachte (siehe OGG 48: Lateinamerika 1800–1930, Kap. I.7.2).

„*no more Cubas*"

Institutionalisierung der US-Hegemonie

Um die US-Hegemonie auf dem Kontinent zu institutionalisieren, implementierte die US-Regierung unter Präsident Harry S. Truman (1884–1972) in der zweiten Hälfte der 1940er Jahre zwei wirksame Instrumente: den 1947 in Rio verabschiedeten hemisphärischen Beistandspakt und die Organisation Amerikanischer Staaten (OAS), die 1948 in Bogotá gegründet wurde. Die OAS-Mitgliedsstaaten verpflichteten sich zu kontinentaler Solidarität, die über den Interventionsfall hinausging, sowie zur Einhaltung der Menschenrechte, ökonomischer Kooperation und sozialer Gerechtigkeit. Dennoch diente beides in der Folgezeit ebenfalls vor allem der Bekämpfung des Kommunismus. Erste Testfälle waren der Korea-Krieg (1950–1953), wobei die USA auf Seiten Südkoreas kämpften und die OAS-Mitglieder aufgrund des Rio-Pakts selbst Truppen zur Verfügung stellen mussten, sowie der chinesische Bürgerkrieg mit dem Sieg der Kommunisten im Jahre 1949, wodurch die US-Regierung demonstrieren konnte, dass der Kampf gegen den Kommunismus weltweit geführt werden musste.

Organisation Amerikanischer Staaten, OAS

2.4.1 CIA-Putsch in Guatemala und Revolution in Kuba

Mit der Bekämpfung des Kommunismus rechtfertigten die US-Regierungen in der Folge eine ganze Reihe von Eingriffen in die Souveränität lateinamerikanischer Länder. Ab Anfang der 1950er Jahre schlossen die Vereinigten Staaten mit zahlreichen Regierungen

Verteidigungspakte, die unter anderem daran gekoppelt waren, die Beziehungen zur Sowjetunion zu beenden. Darüber hinaus gewährten sie großzügige Militärhilfe, was eine Stärkung des Militärs und eine Aufrüstung der Sicherheitsapparate vieler lateinamerikanischer Regierungen nach sich zog. Der von der CIA als Operation PBSUCCESS bezeichnete Putsch, mit der 1954 der demokratisch gewählte Präsident Guatemalas, Jacobo Árbenz Guzmán (1913–1971) gestürzt wurde, war die erste großangelegte Intervention dieser Art. In Guatemala war nach dem Ende der Diktatur von Jorge Ubico Castañeda (1878–1946) ab 1944 ein Reformprozess eingeleitet worden, der unter anderem eine Agrarreform vorsah, die auch die Bananenplantagen der US-amerikanischen *United Fruit Company* (UFCo) betraf. Präsident Dwight D. Eisenhower (1890–1969) und Außenminister John Foster Dulles (1888–1959) initiierten eine Destabilisierungskampagne in Guatemala, und die von der CIA durchgeführte Operation zum Sturz Árbenz setzte eine der US-Regierung gewogene Militärregierung ein (siehe unten, Kap. II.12.2).

CIA-Putsch in Guatemala

Die Gemeinschaft der lateinamerikanischen Länder war zwar empört über dieses Vorgehen, aber niemand ergriff offen Partei für die Árbenz-Regierung. Durch Verträge sowie Institutionen wie die OAS und letztendlich durch die Androhung wirtschaftlicher Sanktionen verfügte die US-Regierung über wirksame Instrumente, Kritik zu unterbinden. In den folgenden Jahrzehnten kamen in Guatemala immer wieder Militärs und Diktatoren an die Macht, und die bewaffnete Gegenwehr durch Guerillaorganisationen führte zu einem der blutigsten Bürgerkriege des gesamten Kontinents, der von 1960 bis 1996 andauerte. Die vor allem von Militärs und Sicherheitskräften im Namen der Bekämpfung des Kommunismus ausgeübten Gewaltexzesse, die von der CIA unterstützt wurden, kosteten Hundertausenden von Guatemalteken das Leben, die in der Mehrzahl der indigenen Bevölkerung angehörten.

Bürgerkrieg

Ende der 1950er Jahre erfolgte ein Umdenken in der Politik gegenüber Lateinamerika, basierend auf der Überzeugung, dass eine langfristige wirtschaftliche und politische Stabilität in Lateinamerika auch die nationale Sicherheit der USA gewährleistete. Während einer Lateinamerika-Rundreise wurde US-Vizepräsident Richard Nixon (1913–1994) 1958 in Caracas von wütenden Demonstranten angegriffen und verletzt. Als mehrere lateinamerikanische Regierungschefs daraufhin zu einer Stellungnahme aufgefordert wurden, machten sie die US-Regierung darauf aufmerksam, dass es an der Zeit sei, die Armutsbekämpfung durch eine Aufstockung der Investitionen und der Entwicklungshilfe zu unterstützen, was als eine weitaus wirkungsvollere Strategie erachtet wurde, um den Kommunismus zu bekämpfen. Die US-Regierung legte daraufhin einen Plan zur Einrichtung einer Interamerikanischen Entwicklungsbank vor und dachte über bilaterale Entwicklungshilfe nach. Doch bevor diese sehr moderaten Pläne realisiert wurden, wurden sie bereits durch die Entwicklungen in der Karibik überholt.

Revolution in Kuba

In Kuba bereitete eine unter einem jungen Politiker namens Fidel Castro Ruz (1926–2016) bewaffnet kämpfende Rebellentruppe den Sturz Fulgencio Batistas (1901–1973) vor, der seit seinem Putsch 1952 die wachsende Opposition mit harter Hand bekämpfte und von der US-Regierung unterstützt wurde. Der Staatsterror, zu dem die Batista-Regierung in den 1950er Jahren überging, eine erneute wirtschaftliche Stagnation in der Nachkriegszeit und eine grassierende Korruption ebneten Castros Rebellen den Weg. Am 1. Januar 1959 setzten sie der Herrschaft Batistas ein Ende und übernahmen die Macht. Die Revolutionsregierung führte unmittelbar populäre Reformen durch und kündigte die Nationalisierung von Industrieanlagen und eine Agrarreform an (siehe unten, Kap. I.3.4.2). Letztere betraf die wirtschaftlichen Interessen von US-Unternehmen, die seit Jahrzehnten massiv auf der Insel investiert hatten, darunter die *United Fruit Company* (UFCo), die auf riesigen Flächen Zuckerrohr anbauen ließ. Die neue Regierung erweckte damit sehr bald das Misstrauen der US-Regierung. Obwohl das Programm der Revolutionäre eher nationalistisch denn sozialistisch war, störte das Ziel, eine von den USA unabhängige Politik und Wirtschaft anzustreben. Das Klima verschlechterte sich nach einem Besuch Castros in den USA im Frühjahr 1959 drastisch, und die Auseinandersetzungen um die Landreform eskalierten. Die mächtige UFCo weigerte sich, 15 % ihrer Flächen abzugeben und wurde daraufhin im April 1960 enteignet. Die Regierung Eisenhower verweigerte im Gegenzug die vertraglich garantierte Abnahme von 700 000 Tonnen Zucker. Neue Beziehungen zur Sowjetunion und den Ostblockstaaten sollten diese wirtschaftlichen Verluste und die politische Isolation der Insel kompensieren: Entsprechende Verträge wurden noch im gleichen Jahr unterzeich-

Enteignung der *United Fruit Company*

net, ebenso ein Militärabkommen, weil den Kubanern auch westliche Militärhilfe versagt blieb.

Invasion und Niederlage in der Schweinebucht

Bereits Ende 1959 waren zwischen CIA, *State Department* und in Florida ansässigen Exilkubanern Pläne geschmiedet worden, die Revolutionsregierung durch eine Söldnerintervention zu stürzen. Die neue US-Regierung unter John F. Kennedy (1917–1963) billigte im April 1961 die Landung einer entsprechenden von der CIA ausgebildeten Söldnertruppe in der Schweinebucht. Die Invasion war der erste Höhepunkt zahlloser gegen die Castro-Regierung gerichteter Aktionen der US-Regierung. Die exilkubanischen Söldner wurden allerdings binnen 72 Stunden von einheimischen Streitkräften überwältigt – die klägliche Niederlage wurde zu einer Erniedrigung für die Exilkubaner und für die US-Regierung gleichermaßen. Die Revolution hingegen ging gestärkt daraus hervor und war um einen Mythos reicher: David hatte Goliath besiegt. Castro verkündete wenige Tage nach der Niederschlagung der Invasion den „sozialistischen Charakter" der Revolution und beschleunigte die weitere Annäherung an die Sowjetunion.

„Allianz für den Fortschritt"

Diese Entwicklungen und die energische Politik der CEPAL, die für umfassende staatliche Sozialprogramme und Entwicklungshilfe eintrat, führten dazu, dass die US-Regierung nun bereit war, erhebliche finanzielle Hilfen zur Armutsbekämpfung in Lateinamerika zur Verfügung zu stellen und die seit langem geforderten Kredite für Investitionen in Wirtschaft, Bildung und Infrastruktur durch die Schaffung einer Interamerikanischen Entwicklungsbank zu realisieren. Die Initiative gipfelte 1961 in der Gründung der „Allianz für den Fortschritt" zur Erhöhung des Wohlstands in Lateinamerika durch die Förderung von Industrialisierung, Landreformen und Bildung. Ziel war es, die Ausbreitung revolutionärer Bewegungen nach dem Vorbild Kubas zu verhindern. Das bis 1973 bestehende Programm erwies sich im Nachhinein als nicht besonders erfolgreich.

US-Handels-, Wirtschafts- und Finanzembargo gegen Kuba

Das Handels-, Wirtschafts- und Finanzembargo der USA gegen die kubanische Regierung wurde am 7. Februar 1962 verhängt, nachdem US-Bürger und Unternehmen enteignet worden waren. Es besteht mit einigen Modifikationen bis zum heutigen Tage. Im gleichen Jahr wurde Kuba aus der OAS ausgeschlossen.

Kuba-Krise

Die Kuba-Krise im Oktober 1962 war einer der Höhepunkte des globalen Kalten Kriegs, da sie die Welt an den Rand eines Atomkriegs brachte. Mit Einwilligung der kubanischen Regierung hatte die Sowjetunion auf der Insel atomare Mittelstreckenraketen stationiert, deren Reichweite die USA unmittelbar bedrohten, und zwar als Antwort auf die Stationierung von US-Mittelstreckenraketen in der Türkei, die die Sowjetunion bedrohten. Um die Sowjetregierung zum Abzug ihrer Raketen zu bewegen, ordnete US-Präsident John F. Kennedy eine Seeblockade Kubas an und versetzte die US-Streitkräfte am 24.10.1962 in den höchsten Alarmzustand unterhalb der Schwelle des Nuklearkriegs. Auch auf der Insel wurde der Ausnahmezustand ausgerufen, Bevölkerung und Streitkräfte mobilisiert. Die nationale Sicherheit der USA war angesichts ihrer Überlegenheit an strategischen Atomwaffen zwar nicht bedroht, aber die Logik der beiderseitigen Abschreckung blieb in Kraft. Die Krise konnte nach dreizehn Tagen aufgrund des Einlenkens des sowjetischen Staatschefs Nikita Chruschtschow (1894–1971) beigelegt werden – Castro war in die Entscheidung nicht einbezogen worden.

Kuba als Modell

Die Revolution besaß auf dem gesamten Kontinent eine enorme Anziehungskraft. Die der OAS angehörenden Regierungen stellten zwar bis auf Mexiko ihre diplomatischen Beziehungen zu Kuba ein und schlossen sich dem Handelsboykott an – aber in den 1960er bis 1980er Jahren entwickelten sich überall in Lateinamerika nationale Befreiungsbewegungen und Guerillaorganisationen, die Diktatoren, Militäregierungen und den US-Imperialismus bekämpften. Sie hatten Kuba zum Vorbild und wurden von dort aus ideell und materiell unterstützt. Ziel dieser Bewegungen war es, in Anlehnung an diese Revolution, in ihren Ländern politisch eigenständige und wirtschaftlich unabhängige, sozialistische Alternativen zu entwickeln. Diese gesellschaftspolitischen Auseinandersetzungen waren bis weit in die 1980er Jahre hinein in Lateinamerika und der Karibik das Hauptaustragungsfeld der Konflikte des Kalten Kriegs, der häufig in einen heißen Krieg umschlug und die US-Regierung mehrfach zum direkten militärischen Eingreifen veranlasste.

2.5 Ungleichheit und Modernisierung

Lateinamerikas Geschichte ist geprägt von Ungleichheit und Ausgrenzung. Der Kontinent gilt im Weltvergleich bis heute als die Region mit den größten sozialen Ungleichheiten. Die Grundlagen dieser asymmetrischen Sozialstruktur wurden in der Kolonialzeit gelegt: Das Verhältnis zwischen ethnischer Herkunft, sozialer Stellung, rechtlichem Status und wirtschaftlicher Rolle war überall im gesamten portugiesischen und hispano-amerikanischen Kolonialreich von außerordentlicher Bedeutung. In ganz Lateinamerika ist bis zum heutigen Tag die soziale Zugehörigkeit eng mit der ethnischen verknüpft: Je heller die Hautfarbe, desto höher zumeist die soziale Stellung. Mit wenigen Ausnahmen existieren bis heute politisch-ökonomische Systeme, die Reichtum und Einfluss einer kleinen privilegierten Elite vorbehalten, und eine soziale Struktur, die dazu dient, Klassenschranken aufrecht zu erhalten, den Nachschub von billigen Arbeitskräften zu garantieren, gepaart mit einem politischen System, das die Aufrechterhaltung dieser Verhältnisse garantiert.

Kontinuität kolonialer Strukturen

Als Symbol für soziale Ungerechtigkeit, für die Kontinuität kolonialer Tiefenstrukturen und für ethnische Klassifikationssysteme gilt in Lateinamerika die Hazienda (*hacienda*). Das System der Hazienda, die hierarchische und paternalistische Herrschaftsstruktur ländlicher Oligarchen, versinnbildlicht die Kontrolle über Raum und Menschen und über die Zeit. Die räumlich-politische Konfiguration der Hazienda geht auf das koloniale Staatsmodell der „zwei Republiken" zurück, der *república de españoles* und *república de indios*, eine nach rechtlich-sozialen Kriterien vollzogene Segregation indigener und anderer Bevölkerungsgruppen in getrennte soziale und geographische Räume. Diese Herrschaftsmuster wirken bis heute nach, und auch Jahrzehnte nach den Agrarreformen der 1960er und 1970er Jahre ist die Frage der Landkonzentration, ungleicher Agrarbeziehungen, ländlicher Armut und rassistischer Ausgrenzung virulent.

Hazienda

Unabhängigkeit und Ungleichheit

In der Folge der Unabhängigkeit hatten sich sich die sozialen Gegensätze teilweise noch verschärft (siehe OGG 48: Lateinamerika 1800–1930). Die oftmals moderierende Gewalt der iberischen Kolonialverwaltungen war zugunsten der Dominanz der kreolischen Oberschicht zurückgegangen. In der zweiten Hälfte des 19. Jahrhunderts war die Herausforderung hinzugekommen, Lateinamerika in die Weltwirtschaft einzugliedern und eine Agrarexportindustrie aufzubauen. Die Hazienda erfuhr abermals einen Bedeutungsanstieg, da sie zum Zentrum einer internen Kolonisierung geworden war. Liberale Reformen, mit denen indigene Gemeinden enteignet wurden, die wachsende Nachfrage von Agrarexportprodukten und damit nach Ackerflächen, hatte in vielen Ländern Lateinamerikas zu einer starken Konzentration von Land in den Händen weniger Familien geführt. Dieser Prozess verstärkte die Machtkonzentration. In Ecuador beispielsweise war die Verbindung zwischen Hazienda und Staat so eng, dass sogar von einem „Hazienda-Staat" gesprochen wurde, weil ihre hierarchischen und paternalistischen Prinzipien auf den Zentralstaat übertragen wurden, und dieser die Interessen der Haziendabesitzer (*hacendados*) bediente, etwa bei der Zwangsverpflichtung Indigener zur Arbeit. Im peruanischen Hochland führte die Landnahme durch Haziendabesitzer im 19. und frühen 20. Jahrhundert zu einer ganzen Reihe indigener Aufstände, die militärisch niedergeschlagen wurden. Erst in der Phase der Importsubstitution, der Industrialisierung und der gesellschaftlichen Modernisierung (siehe oben, Kap. I.2.1) geriet die Hazienda mit ihrer traditionellen Produktionsweise und ihren „unzivilisierten" Arbeitsformen als Entwicklungshemmnis in die Kritik.

Machtkonzentration des Großgrundbesitzes

Die Einbindung in den Weltmarkt verstärkte häufig die Stellung der kreolischen Oberschichten, weil diese den größten Nutzen aus dem Anbau von Kaffee (Brasilien, Kolumbien, Zentralamerika) und Zucker (Karibik, Brasilien) oder Fleisch und Getreide (Argentinien, Uruguay) zogen. In einigen Ländern kristallisierten sich die sozialen Gegensätze erst in dieser Epoche heraus, wie z. B. in Costa Rica mit der Entstehung der „Aristokratie der Kaffeepflanzer" im letzten Drittel des 19. Jahrhunderts. In den Ländern, in denen Rohstoffe und Agrarprodukte hauptsächlich von ausländischen Unternehmen ausgebeutet wurden, wie den Kupfervorkommen in Chile, dem Erdöl in Venezuela und den Bananenplantagen in Zentralamerika, ging teilweise die nationale Kontrolle über wesentliche Exportressourcen verloren.

Einbindung in den Weltmarkt

Ein wesentliches Element der gesellschaftlichen Entwicklung war die europäische Masseneinwanderung, die vor allem die urbane Arbeiterschaft vergrößerte. Eisenbahn- und Hafenarbeiter waren neben jenen im Bergbau, der Lebensmittelverarbeitung und der Textilindustrie die ersten neuen Gruppen von Lohnabhängigen. Die größten Verschiebungen bzw. Auffächerungen im Sozialgefüge fanden jetzt innerhalb der Unterschichten statt: Auf exportorientierten Plantagen wurden vermehrt Lohn-, Wander- und Saisonarbeiter eingesetzt. Auf dem Land kam es häufig zu einer Verschlechterung der Pachtbedingungen für Kleinbauern, die

Massenmigration

Exportorientierung

Liberale Bodenreform

auf Pachtland angewiesen waren. Insbesondere die indigene Bevölkerung war insofern im Vergleich zur Kolonialzeit benachteiligt, weil im Zuge der liberalen Bodenreformen der kommunale Landbesitz aufgelöst wurde und die indigenen Gemeinden jetzt von dem Land vertrieben werden konnten, für das sie keine Besitzurkunde vorweisen konnten.

Abwanderung vom Land

Entstehung urbaner Marginalviertel

Beschleunigte Urbanisierung der Unterschichten

In der Phase der importsubstituierenden Industrialisierung und in den Jahrzehnten danach führte eine Abwanderung vom Land zu einem massiven Anwachsen der Städte, während die internationale Migration nach Lateinamerika nachließ. Mit der in den 1960er Jahren stark einsetzenden Migration vom Land in die Stadt ging die Entstehung von Marginalvierteln und prekären Arbeits- und Lebensverhältnissen einher. Insgesamt führte dies zwar zu Modifikationen, aber nicht zu grundsätzlichen Veränderungen der Sozialstrukturen. Die Agraroligarchie und die Grundeigentümer verloren in dieser Periode an politischem Einfluss, konnten aber in der Regel aufgrund ihrer unangetasteten ökonomischen Position in vielen politisch-gesellschaftlichen Fragen eine zentrale Rolle spielen. Beispielsweise gelang es ihnen in vielen Ländern, soziale Verbesserungen der ländlichen Unterschichten durch staatliche Eingriffe bis weit in die 1970er Jahre zu hintertreiben. Die Quote weiblicher Erwerbstätiger stieg in den 1970er Jahren auf über 30 % und lag in den 1990er Jahren bei 40 %. Die indigene Bevölkerung wurde in dieser Phase als rückschrittlich und als Hemmnis wirtschaftlicher und gesellschaftlicher Entwicklung und Modernisierung diskriminiert und ihre kulturelle Assimilierung gefordert. Die größten quantitativen Veränderungen entwickelten sich im Zuge der beschleunigten Urbanisierung innerhalb der Unterschichten. Die Unterschiede lagen und liegen zwischen den in den Produktionsprozess eingegliederten Arbeitern, die über eine gewisse soziale Absicherung verfügen, und der ungleich größeren Anzahl der im informellen Sektor tätigen Lateinamerikaner, die am Rande der Gesellschaft und in Armut leben, d. h. ihre Grundbedürfnisse nicht angemessen und ausreichend decken können. Auch extreme Armut existiert in Lateinamerika, sie betrifft diejenigen, die nicht einmal ihre Ernährung sicherstellen können.

Verschuldungskrise und Neoliberalismus

Mit der Verschuldungskrise zu Beginn der 1980er Jahre und der neoliberalen Wende, die mit der Umsetzung der sogenannten Strukturanpassungsprogramme begann, stieg der Anteil der marginalisierten Bevölkerung in lateinamerikanischen Städten sprunghaft. Auf dem Land sank er hingegen, was nicht zuletzt einer umfangreichen Migration vom Land in die Städte geschuldet war. In allen Ländern ist der Anteil der Armen in ländlichen Gebieten aber immer noch größer als in den Städten, allerdings bestehen erhebliche Unterschiede. Die tiefen Einschnitte in die Ökonomie durch die neoliberale Wende waren von erheblichen Veränderungen der Sozialstrukturen der lateinamerikanischen Gesellschaften begleitet, mit denen, grob gesagt, die von der Importsubstitutionspolitik begünstigten sozialen Gruppen wieder ins Hintertreffen gerieten. Die informellen und prekären Arbeitsverhältnisse nahmen im Zuge der neoliberalen Reformen erheblich zu. Den größten Anteil der Unterschichten bilden jene Bevölkerungssegmente, die in Armut leben und häufig von den politischen, wirtschaftlichen und gesellschaftlichen Entscheidungen ausgeschlossen sind. 1980 waren in ganz Lateinamerika zwischen 42 % und 56 % der gesamten wirtschaftlich aktiven Bevölkerung im informellen Sektor tätig, in manchen Ländern, wie etwa in Mexiko, waren es Mitte der 1990er Jahre – vorsichtigen Schätzungen zufolge – bereits 60 %. Die Statistiken der Internationalen Arbeitsorganisation (IAO) verorteten im Jahr 2010 in Bolivien (75,1 %), Honduras (73,9 %) und Peru (69,9 %) die höchste Informalitätsrate mit einem großen Anteil im Kleinstgewerbe. Brasilien (42,2 %) und Costa Rica (43,8 %) weisen hingegen eine vergleichsweise niedrige Informalitätsrate auf. Der Anteil der im informellen Sektor tätigen Frauen ist tendenziell etwas höher als derjenige der Männer.

Anwachsen des informellen Sektors

Um die Wende zum 21. Jahrhunderts lebte 40–50 % der Großstadtbevölkerung in marginalen Verhältnissen. Die urbanen Mittelschichten polarisierten sich in einen Teil, der den Status halten konnte oder sogar aufstieg und einen anderen, häufig größeren Teil, der sozial deutlich abstieg. Analog wurden die kleinen und mittleren Unternehmen in Produktion und Handel geschwächt zugunsten großer einheimischer Unternehmen, die oftmals mit transnationalen Unternehmen verbunden waren. Die wachsenden gesellschaftlichen Exklusionsprozesse gingen mit einer noch größeren Konzentration des Reichtums einher: So stiegen auch aus Lateinamerika Top-Magnaten zu den reichsten Menschen der Welt auf, wie z. B. Carlos Slim Helú, ein mexikanischer Unternehmer der Telekommunikationsbranche, oder der 2018 wegen Be-

Magnaten

stechung zu dreißig Jahren Haft verurteilte deutsch-brasilianische Eigentümer der brasilianischen Holding Grupo EBX, Eike Fuhrken Batista. Auch der brasilianische Odebrecht-Konzern, der weltweit u. a. im Bauwesen und in der Chemiebranche tätig ist, gehörte bis zu seiner Insolvenz im Juni 2019 zu den *global players* Lateinamerikas. Von welchen Größenordnungen dabei die Rede ist, verdeutlichen die ungeheuren Summen an Bestechungsgeldern, die Odebrecht vor allem an Politiker Lateinamerikas zahlte, und die sich den Ermittlungsbehörden zufolge auf über 788 Mio. US-Dollar im Zeitraum zwischen 2003 und 2018 belaufen haben sollen.

2.6 Binnen- und transkontinentale Migration

Nachdem einige Staaten Lateinamerikas zwischen 1890 und 1930, lediglich unterbrochen durch den Ersten Weltkrieg, das Ziel massiver Einwanderungen aus Europa und in geringerem Maße aus dem ehemaligen Osmanischen Reich und Asien gewesen waren, endete die Phase der Massenmigration mit der Weltwirtschaftskrise. Die transkontinentale Zuwanderung lebte nach dem Zweiten Weltkrieg wieder auf, allerdings auf einem niedrigeren, gleichwohl konstanten Niveau. Stattdessen nahmen die Wanderungen zwischen einzelnen lateinamerikanischen Staaten sowie die Arbeitsmigration von Lateinamerikanern in die USA und nach Kanada, in geringerem Maße nach Europa und Asien, stetig zu. Diese ist, selbst wenn sie legal erfolgte, statistisch schwer zu erfassen. Vor allem die Binnenmigration in die zumeist wohlhabenderen Nachbarländer erfolgt(e) oft ohne bzw. unter Umgehung staatlicher Kontrolle. Seit Mitte des 20. Jahrhunderts gibt es auch eine signifikante Wanderungsbewegung vom Land in die Städte. Diese trug erheblich zum Anwachsen der Städte bei und beschleunigte die Entstehung von Megastädten.

Mexiko

Mexikos Nachbarschaft zu den USA, historische Verbindungen sowie die dortige Nachfrage nach Arbeitskräften führte bereits vor dem Zweiten Weltkrieg zu einer nennenswerten Migrationsbewegung von Mexikanern Richtung Norden. Die Gebietsabtretungen um die Mitte des 19. Jahrhunderts hatten schon ca. 100 000 Mexikaner zu US-Amerikanern gemacht; nach der Revolution flohen ebenfalls zahlreiche Mexikaner über die Grenze in die USA, so dass ihre Zahl dort 1930 auf 1,5 Mio. geschätzt wurde.

Diese Tendenz wurde verstärkt, als die beiden Staaten 1942 mit dem *Bracero*-Programm einen Vertrag zur Anwerbung von temporären Arbeitern schlossen, der den kriegsbedingten Arbeitskräftemangel in der Landwirtschaft der USA ausgleichen sollte. Bis 1947 kamen etwa 250 000 männliche Arbeiter legal in den Südwesten der USA, anschließend lief das Programm auf informeller Ebene weiter, bis es 1951 wiederaufgenommen und bis 1964 fortgeführt wurde. Offiziellen Angaben zufolge kamen in dieser Zeit knapp fünf Millionen *braceros* in die USA.

Bracero-Programm

Wichtiger als die absolute Zahl ist jedoch die Sogwirkung, die das Programm entfaltete. Die Informationen über die Arbeitsmöglichkeiten in den USA verbreiteten sich rasch, und die Grenzwächter der USA fingen eine genauso hohe Anzahl von illegalen Einwanderern ab, wie legale in das Land kamen. Wie hoch die tatsächliche Zahl der Migranten war, die ohne staatliche Genehmigung ins Land kamen, ist naturgemäß schwer zu erfassen. Die mexikanische Migration in die USA hält bis heute an, allerdings kommen inzwischen auch viele andere lateinamerikanische Migranten hinzu. Insgesamt verlief die Migration zwischen Mexiko und den USA im gesamten 20. Jahrhundert zyklisch: Phasen hoher Migration wechselten mit solchen geringer Ein- bzw. starker Rückwanderung ab. Generell lässt sich aber ein starker Anstieg verzeichnen. 2014 stellten Mexikaner laut offiziellen Angaben mit 11,7 Mio. die weitaus größte Migrantengruppe in den USA dar (28 %), von denen noch immer die meisten im Südwesten der USA leben. Eine weitere wichtige Migrantengruppe waren in der Mitte des 20. Jahrhunderts die Puertoricaner, die aufgrund des politischen Status der Insel die US-amerikanische Staatsbürgerschaft besitzen und sich vorwiegend in New York niedergelassen haben. Nach der Kubanischen Revolution folgte eine weitere große Einwanderungswelle von Kubanern, die sich in Florida konzentrierten, wo heute etwa 1,5 Millionen von ihnen leben. Seit den 1970er Jahren hat die Migration von Lateinamerikanern in die Vereinigten Staaten weiter zugenommen und im Hinblick auf die Herkunftsländer diversifiziert. Von ca. 9 Mio. *hispanos*/ *Hispanics* 1970 schnellte die Zahl bis 2011 auf 52 Mio. hoch und wurde 2016 auf 57,4 Mio. geschätzt. Trotz bemerkenswerter Ausnahmen zählen die Menschen lateinamerikanischer Herkunft in den USA noch immer zu den ärmsten des Landes (siehe unten, Kap. I.6.5).

Illegale Migration in die USA

Puertoricaner

Kubaner

hispanos / *Hispanics*

2.7 Schuldenkrise, Neoliberalismus, Globalisierung

Nach den relativ starken Wachstumsraten vieler lateinamerikanischer Volkswirtschaften in der Nachkriegszeit verlor das staatsinterventionistische Modell der Importsubstitution in den 1970er Jahren erheblich an Dynamik. Änderungen in der Weltwirtschaft und im internationalen Handel zwangen die lateinamerikanischen Regierungen dazu, ihre Skepsis gegenüber einer erneut auf Rohstoff- und Agrargüterexport ausgerichteten Wirtschaft aufzugeben. Maßgeblich dafür verantwortlich war die Verschuldungskrise der 1980er Jahre, die mehrere externe und interne Ursachen hatte. Die Achillesferse der lateinamerikanischen Ökonomien waren nach wie vor die Haushalts- und Handelsbilanzdefizite. Die Hoffnungen, mit der Konzentration auf die innere Entwicklung durch das Importsubstitutionsmodell die Abhängigkeit vom Weltmarkt reduzieren und die Importe an Konsum- und Verbrauchsgütern verringern zu können, erfüllten sich nicht. Denn damit wurden Importe nicht überflüssig, lediglich die Produktpalette verschob sich und das Problem der Zahlungsbilanzdefizite blieb ungelöst. Wesentliche Akteure für das Zustandekommen der Schuldenkrise waren einerseits die lateinamerikanischen Regierungen und Unternehmen sowie andererseits die international agierenden Banken. Grundlage des Überschuldungsprozesses waren vor allem Privatkredite, die Geschäftsbanken aus den USA und Europa an Regierungen und Unternehmen in Lateinamerika vergaben. Durch immer mehr mittel- und langfristige Kredite, die zur Finanzierung der Importsubstituierung aufgenommen wurden, stieg die externe Staatsverschuldung bereits in den 1960er Jahren erheblich an, d. h. die Abhängigkeit von außen konnte auch durch die Importsubstitutionspolitik nicht abgebaut werden. Als 1973 das internationale Währungssystem kollabierte, weil der US-Dollar den Goldstandard nicht mehr halten konnte und in der Folge die meisten Industrieländer die festen Wechselkurse aufgaben, gelang es auch den lateinamerikanischen Ländern nicht mehr, ihre überbewerteten Währungen zu stabilisieren.

Handelsbilanzdefizite

Verschuldungskrise

Ölkrise

Hinzu kam die Ölkrise des Jahres 1973 mit ihrem Anstieg der Erdölpreise auf dem Weltmarkt, was jenen Ländern Lateinamerikas, die Rohöl exportierten, zunächst zu Gute kam. Sie steigerten ihre Produktion entweder erheblich oder finanzierten mit den Einnahmen den Ausbau anderer Industriezweige. Für beide Optionen wurde allerdings zusätzliches Kapital benötigt. Bei den Ländern Lateinamerikas, die kein Erdöl exportierten, schlugen die gestiegenen Energiepreise sofort erheblich zu Buche: Sie konnten nicht durch ein entsprechendes Exportvolumen ausgeglichen werden, sondern wurden vielmehr weiter durch externe Kredite finanziert. Im Weltmaßstab befeuerte die Ölkrise durch gesteigerte Einnahmen der exportierenden Länder die Einlagen internationaler Banken, die ihrerseits jetzt ihr Kreditgeschäft ausbauten und Kreditnehmer suchten. Die lateinamerikanischen Regierungen benötigten darüber hinaus Kapital, um die Verschuldung im öffentlichen Sektor zu finanzieren. Internationale Privatbanken waren bereit, Kredite zu vergeben, die – anders als bei Kreditvergabeinstitutionen wie dem Internationalen Währungsfonds (IWF) und der Weltbank – nicht an Auflagen gebunden waren. Diese Kredite wurden zwar zu extrem günstigen Konditionen vergeben, führten jedoch in den meisten Fällen zu einem weiteren Anstieg der Verschuldung.

Verschuldung des öffentlichen Sektors

Ein weiterer externer Faktor war die zweite Erdölpreiserhöhung durch die Organisation erdölexportierender Länder (OPEC) im Jahre 1979. Zu Beginn der 1980er Jahre reagierten die internationalen Finanzmärkte darauf mit einer einseitigen Modifizierung der Kreditbedingungen: Europa und die USA erhöhten die Zinssätze, um die durch die Ölkrise grassierende Stagflation zu bekämpfen. Dadurch vervielfachte sich der Schuldendienst der Regierungen Lateinamerikas derart, dass er die Einnahmen aus dem Export von Gütern und Dienstleistungen bei Weitem überstieg. Dies verdeutlichte auch die strukturelle Schwäche der lateinamerikanischen Ökonomien: tendenziell überbewertete Währungen bei sinkender Wettbewerbsfähigkeit der Industriegüter. Diese Extremsituation mündete in die Verschuldungskrisen der 1980er Jahre. Mexiko machte den Auftakt, als dessen Regierung im August 1982 den Staatsbankrott und die Zahlungsunfähigkeit gegenüber seinen ausländischen Gläubigern erklärte. Ihm folgte Brasilien, der größte Kreditnehmer auf dem Kontinent, darauf Argentinien. Weitere Länder folgten und das Szenario erschütterte das internationale Finanzsystem nachhaltig.

Einseitige Veränderung der Kreditbedingungen

Staatsbankrott Mexikos

Begleitet wurde die Schuldenkrise von einer langwierigen Wirtschaftskrise, die sich über das ganze Jahrzehnt hinzog. Um die Forderungen der ausländischen Kapitalgeber zu erfüllen und den Schuldendienst zu erbringen, musste ein Land nach dem an-

Strukturanpassungsmaßnahmen

deren harsche, vom IWF vorgegebene Strukturanpassungsmaßnahmen umsetzen, die die Kürzung von Staatsausgaben beinhalteten, das Einfrieren öffentlicher Subventionen und die Senkung von Löhnen und Gehältern im öffentlichen Dienst nach sich zogen. Zusätzlich dazu wurden die Kreditvergabebedingungen verschärft. In Mexiko, wo die Strukturanpassungsmaßnahmen beispielhaft umgesetzt wurden, sanken die Reallöhne in der Folge um fast 50 %. Aufgrund sinkender Weltmarktpreise für lateinamerikanische Exporterzeugnisse erzielten die Ausfuhrsteigerungen nicht den gewünschten Effekt. Die Strukturanpassungsprogramme riefen vielerorts eine Rezession hervor und den Rückgang des Pro-Kopf-Einkommens. Das Wirtschaftswachstum blieb gedämpft. Auch die Situation der Staatshaushalte verschlechterte sich erheblich, da durch den Schuldendienst für die externen Kredite die internen Schulden erhöht wurden – was in vielen Fällen durch Geldschöpfung ausgeglichen wurde und die Inflation in einigen Ländern in astronomische Höhen trieb. In Peru lag die Inflationsrate 1988 bei 1722 % und im Jahr darauf bei 2776 %. Manchen Angaben zufolge (etwa denen des IWF) wurden 1990 sogar unglaubliche 7481 % erreicht. Erst dem 1990 neu gewählten Präsidenten Alberto Fujimori gelang es, die Spirale mit einer zweiten Währungsreform binnen sechs Jahren und harten neoliberalen Reformen zu durchbrechen.

Grassierende Inflation

Die Schuldenkrise der 1980er Jahre wurde insgesamt zum Katalysator für weitgehende wirtschaftspolitische Reformen und führte zur Liberalisierung des Finanzsektors. Sie verstärkte in Lateinamerika die Bereitschaft zur wirtschaftlichen Integration, denn die Abschottung der vorangegangenen Jahrzehnte hatte zu einem deutlichen Rückgang des Anteils am Welthandel geführt. Insgesamt machte sich dies auch im Verhältnis zu den europäischen Handelspartnern bemerkbar: 1970 kamen noch 8,1 % der Importe der Europäischen Gemeinschaft aus Lateinamerika, 1988 waren es nur noch 6 %; europäische Exporte nach Lateinamerika machten 1970 noch 7,2 % aus, 1988 waren es nur noch 3,8 %. Die wirtschaftliche Öffnung wurde so zu einem wichtigen Bestandteil der Reformprojekte, die viele Länder Lateinamerikas Ende der 1980er Jahre einleiteten. Diese „Öffnung nach außen" ging einher mit einer „Öffnung nach innen": Für den Finanzsektor bedeutete dies die Aufhebung von Zinsobergrenzen und Vergabequoten sowie die Zurückdrängung des öffentlichen Bankensektors. Makroökonomisch ging die Liberalisierung der Finanzmärkte – allerdings je nach Land in unterschiedlichem Ausmaß – mit einer stärkeren Öffnung für internationales Kapital einher. Die internationale Gläubigergemeinschaft machte mehrheitlich die Folgen der Importsubstitution für die Krise verantwortlich und forderte eine Umstrukturierung der Volkswirtschaften Lateinamerikas, eingebettet in eine neue Entwicklungsstrategie, die auch als *Washington Consensus* bekannt wurde. Dieser von IWF und Weltbank geförderte „Konsens" umfasste im Wesentlichen drei Maßgaben: den Ausbau des privaten Sektors, die Liberalisierung der Handelspolitik und die Deregulierung der Wirtschaft, insbesondere die Zurücknahme staatlicher Eingriffe in die Wirtschaft. Für Lateinamerika folgte daraus vor allem die Privatisierung der nationalisierten Industrie.

Washington Consenus

Der Washingtoner Konsens bedeutete in gewisser Weise eine Rückkehr zu der liberalen Import-Export-Wirtschaftspolitik, wie sie in den Jahren zwischen 1870 und 1930 in Lateinamerika vorgeherrscht hatte. Das gesamte Konzept wurde deshalb auch als „Neoliberalismus" bezeichnet. Ungeachtet der zeitlich und kontextuell bedingten Unterschiede in der Ausführung, fußten beide Konzepte auf dem Glauben an die Regulierungskräfte des freien Marktes. Die neoliberale Vision enthielt allerdings einen fundamentalen Widerspruch: Einerseits sollten die staatlichen Eingriffe in den Markt stark beschränkt werden, andererseits konnten diese Maßnahmen nur von starken Staaten durchgesetzt werden, weil sie bei ganz unterschiedlichen gesellschaftlichen Gruppen auf Widerstand stießen: bei Unternehmern, die von staatlicher Protektion profitiert hatten und bei gewerkschaftlich organisierten Arbeitern oder Angestellten des öffentlichen Dienstes. Die Einführung eines angemessenen und effektiven Steuersystems – eine weitere Forderung des Washingtoner Konsens – rief breite gesellschaftliche Ablehnung hervor. Anders als in den Jahren 1870 bis 1930 führte die neoliberale Strategie nicht zu einem Anwachsen der Mittelschichten, sondern eher zu deren Abnahme, einhergehend mit internen Polarisierungsprozessen. Und statt einer bedeutenden Immigration wurde die Implementierung neoliberaler Maßnahmen von einer massenhaften Auswanderungsbewegung begleitet. Insbesondere Mexiko, Zentralamerika und die karibischen Staaten, aber auch Argentinien, Uruguay und Ecuador verzeichneten eine zunehmende Emigration in die USA und nach Europa.

Neoliberale Maßnahmen

Widerstand

Freihandel

Wie schon der Liberalismus des 19. Jahrhunderts legte auch der neoliberale Konsens ein großes Gewicht auf den Freihandel. Nach dem Ende des Kalten Kriegs und dem Niedergang der Sowjetunion entwickelte sich die US-Regierung zur Wortführerin des weltweiten Freihandels und ab den 1990er Jahren wurde dieses neue Zeitalter der wirtschaftlichen Liberalisierung als „Globalisierung" bezeichnet: Alle Nationen der Welt sollten sich mit den Gütern, durch die sie einen Wettbewerbsvorteil hatten, in die internationale Arbeitsteilung und die Exportwirtschaft einreihen. Diese Politik war begleitet von Maßnahmen zum Abbau von Zöllen und Handelsschranken, um die Märkte für US-Waren weiter auszudehnen, die Produktionskosten von US-Unternehmen zu senken (u. a. unter Ausnutzung des Lohngefälles in den Ländern Lateinamerikas) und auch um die Wettbewerbsfähigkeit Lateinamerikas auf dem Weltmarkt zu stärken. Maßnahmen zur regionalen Integration schienen darüber hinaus geeignet, um die US-Wirtschaft gegenüber den starken Volkswirtschaften Europas oder Japans im globalen Wettbewerb zu stärken. So wurde unter Beteiligung der USA, Kanada und Mexiko 1994 die Freihandelszone NAFTA geschaffen und auf dem südlichen Kontinent 1991 die Zollunion *Mercosur*, die 1995 in Kraft trat.

NAFTA und *Mercosur*

Nach dem Sparkurs und der wirtschaftlichen Stagnation der 1980er Jahre, die als „verlorenes Jahrzehnt" für die lateinamerikanischen Volkswirtschaften in die Geschichte eingingen, wurden in den 1990er Jahren wieder wesentlich höhere Wachstumsraten erzielt. Diese waren allerdings instabil, was sich in den Finanzkrisen in Mexiko (1994/95) und Brasilien (1997/98) manifestierte, die sich auf die gesamte Region negativ auswirkten. Wurden als Auslöser der Krisen der 1980er Jahre die strukturellen Probleme des lateinamerikanischen Entwicklungsmodells ausgemacht, fanden die Krisen der 1990er Jahre bereits im Kontext der neoliberalen Wirtschaftsreformen und der Deregulierung der Finanzmärkte statt und verdeutlichten die Schwächen dieses Modells. Die vorerst letzte große Finanzkrise Lateinamerikas traf Argentinien, das aufgrund der Dollarbindung seiner Währung international nicht mehr wettbewerbsfähig war. Die argentinische Regierung kündigte im Zuge der Krise einseitig den Schuldendienst auf, beendete die Bindung an den US-Dollar und stabilisierte die Währung auf niedrigem Niveau. Die politischen Folgen waren erheblich. Aufgrund des Einfrierens von Privatvermögen kam es Ende 2001/An-

Finanzkrise in Argentinien

fang 2002 zu verschärften sozialen und politischen Unruhen, die den Staat an den Rand der Auflösung brachten. Innerhalb von zwei Wochen mussten drei Interimspräsidenten „ihren Hut nehmen“, einer von ihnen floh mit dem Hubschrauber aus dem Präsidentenpalast. Erst die peronistische Regierung von Néstor Kirchner (1950–2010, Regierung 2003–2007) und, wegen des Verbots der Wiederwahl, die sich anschließende seiner Frau Cristina Fernández de Kirchner (*1953, Regierung 2007-2015) vermochten es, die sozio-politische Lage allmählich wieder zu stabilisieren, allerdings um den Preis einer weiteren Polarisierung der argentinischen Gesellschaft.

3 Reform und Revolution

3.1 Die Rolle der Kirche und die Theologie der Befreiung

Bis weit ins 20. Jahrhundert hinein war die katholische Kirche eine eher konservative Kraft mit einer hierarchischen Institution, traditionell verbündet mit den gesellschaftlichen Eliten. Trotzdem gab es schon seit der Conquista kritische Strömungen, die die spanische Eroberungs- und Kolonisierungspraxis ablehnten. Die Gemeindepriester kannten die Armut der Bevölkerung und waren mit der harten Realität von Ungleichheit und Ausbeutung vertraut. Die Unabhängigkeitsbewegungen wurden deshalb häufig durch den niederen Klerus unterstützt, wie in Mexiko durch Miguel Hidalgo und José María Morelos, wohingegen die Kirchenelite fast ausnahmslos auf der Seite der alten kolonialen Eliten stand, da die Spanische Krone aufgrund des Patronatsrechts die Bischöfe ernennen konnte. Nach Erlangung der Unabhängigkeit führte dies zu einer tiefen institutionellen Krise, verstärkt dadurch, dass die durch die Aufklärung beeinflusste liberale Elite eine Politik der Säkularisierung verfolgte. Teilweise wurden die Konflikte gewaltsam ausgetragen, insbesondere in Mexiko, zunächst in der *Guerra de la Reforma* in der zweiten Hälfte des 19. Jahrhunderts, die sich gegen Privilegien und Besitzstand der Kirche richte, danach in der sogenannten *Cristiada*, einem bewaffneten katholischen Massenaufstand in den Jahren 1926–1929 gegen die radikale, antiklerikale Gesetzgebung des revolutionären Mexiko.

Antiklerikalismus

Bereits mit der Unabhängigkeit und damit dem Zerbrechen der Einheit zwischen katholischer Kirche und den beiden iberischen Kolonialmächten, die entscheidend zur politischen, sozialen, kulturellen und religiösen Stabilität des Kontinents beigetragen hatte, begann der Einfluss der katholischen Kirche zu schwinden. Sowohl die gesellschaftliche Säkularisierung und beginnende Konkurrenz anderer Religionen als auch die Reformbewegung innerhalb der katholischen Kirche veranlassten lateinamerikanische Kirchenvertreter in den 1950er Jahren, wieder verstärkt Anschluss an die Basis zu suchen, etwa durch Beteiligung an der von Papst Pius XI. geförderten Laienbewegung *Acción Católica*. Unter Berufung auf die katholische Soziallehre machte sich die Bewegung die Unterstützung der Armen zur Aufgabe und setzte sich für die Beseitigung gesellschaftlicher Missstände ein, etwa durch die Unterstützung von Alphabetisierungskampagnen oder durch die Organisierung der Landbevölkerung.

Säkularisierung

Acción Católica

Radikalreformerische Theologie

An der Peripherie der katholischen Kirche entstand in Lateinamerika ein neues Paradigma theologischen Denkens und Handelns, die „Theologie der Befreiung". Entscheidend dafür waren die Schnittstellen zwischen einer sich der Bevölkerung öffnenden Kirche und den radikal reformerischen und revolutionären politischen Strömungen – der Dependenztheorie und des Marxismus, die in den 1950er und 1960er Jahre entstanden, bzw. in Lateinamerika rezipiert wurden. Die Dependenztheorie, die aus den Diskussionen um die importsubstituierende „Entwicklung nach innen" hervorging, sah die Verantwortung für Unterdrückung, soziale Ungleichheit und Unterentwicklung in den seit der Kolonialzeit etablierten asymmetrischen Handelsbeziehungen zu Europa und später den USA und in der untergeordneten Stellung des Kontinents als Rohstofflieferant in der internationalen Arbeitsteilung. Für die marxistischen Vertreter der Dependenztheorie waren Kapitalismus und Unterentwicklung eng miteinander verknüpft (siehe hierzu auch Kap. II, 2.1).

Solidarität und Nächstenliebe

Das Zweite Vatikanische Konzil (1962–1965) war ausschlaggebend für eine grundlegende Neuauslegung des Evangeliums und eine Annäherung an die gesellschaftlichen Realitäten Lateinamerikas. Hinzu kam die Kubanische Revolution, im Zuge derer konkrete Maßnahmen zur Bekämpfung der sozialen Ungleichheit ergriffen wurden und die revolutionäre Überwindung von Unterentwicklung und Unterdrückung propagiert wurde. Das gesellschaftliche

Echo Lateinamerikas auf die Revolution war das Entstehen sozialer Bewegungen überall in Lateinamerika, in denen sich Intellektuelle, Priester, Arbeiter, Bauern und Studenten versammelten, um revolutionäre Lösungen für die Probleme des Kontinents zu suchen. Viele der hier engagierten Christen waren davon überzeugt, dass nur eine grundlegende Kapitalismuskritik die richtige Antwort auf die Missstände sei und eine (notfalls gewaltsame) Option für ein sozialistisches Wirtschafts- und Gesellschaftsmodell die logische Konsequenz daraus. Diese Voraussetzungen galten ihnen als unabdingbar für die Entwicklung von auf christlicher Nächstenliebe basierenden solidarischen, zwischenmenschlichen Beziehungen. Das berühmteste Beispiel für diese Radikalisierung war der kolumbianische Priester Camilo Torres (1929–1966), der 1966 als Guerillakämpfer fiel.

Kirche für die Armen

Auf der zweiten lateinamerikanischen Bischofskonferenz (CELAM), die 1968 in Medellín, Kolumbien tagte, positionierten sich die dort versammelten Bischöfe gegenüber diesen neu entstandenen sozialen Bewegungen. Wortführer war der brasilianische Erzbischof *Dom* Hélder Câmara (1909–1999), der die großen sozialen Ungerechtigkeiten in Lateinamerika anprangerte. Anknüpfend an die Enzyklika Pauls VI., *Populorum progressio*, über die umfassende Entwicklung der Menschheit, erklärte das gesamte lateinamerikanische Episkopat die Option der „Kirche für die Armen" als die Leitlinie, die im Übrigen auch vom Papst gebilligt wurde. Die Bischöfe verurteilten sowohl das liberal-kapitalistische als auch das marxistische Gesellschaftsmodell und forderten die Befreiung des Menschen aus Unterdrückung und Unterentwicklung. Die bis dahin gültige „Theologie der Entwicklung" wurde zur „Theologie der Befreiung".

Theologie und pastorale Praxis

Die Priester Gustavo Gutiérrez (*1928, Peru), und Leonardo Boff (*1938, Brasilien) veröffentlichten im Jahr 1971 unabhängig voneinander Schriften, die das Fundament dessen bildeten, was als Theologie der Befreiung in die Geschichte der katholischen Kirche Lateinamerikas einging. Trotz verschiedener Strömungen gilt für alle die klassische, von Gutiérrez vorgelegte Definition, der zufolge die Theologie der Befreiung die „kritische, im Licht des Wortes ausgeübte Reflexion über die historische Praxis" (Gutiérrez, 1992) ist. Indem er Theologie und Praxis aufs Engste verknüpfte, forderte er eine Theologie, die sich gegen die Ausbeutung der Mehrheit der Menschen positionieren und für den Aufbau einer gerechteren Gesellschaft eintreten solle. Die Befreiungstheologen begriffen die Bibel in ihrer Gesamtheit als einen Text der Befreiung.

Widerstand gegen Militärdiktaturen

Diese radikale Neuorientierung eines Teils der katholischen Kirche in Lateinamerika führte nicht nur zu harten innerkirchlichen Auseinandersetzungen und extremen Polarisierungen, sondern auch zu einer Entfremdung traditioneller politischer Bündnispartner zugunsten neuer Allianzen zwischen Teilen des Klerus, politischen Bewegungen und teilweise sogar den Guerillabewegungen. Eine Reaktion auf diese gesamtgesellschaftliche Radikalisierung war die Etablierung von Militärdiktaturen seit Mitte der 1960er Jahre. Die katholische Kirche gehörte dabei nicht nur häufig zu den bedeutendsten Stützen der Opposition; in vielen Ländern Lateinamerikas waren die Keimzellen des Widerstands gegen die Militärdiktaturen kirchliche Basisgemeinden, die sich im Zuge der Umsetzung der pastoralen Praxis gebildet hatten. Sie beteiligten sich an gesellschaftspolitischen Aktivitäten und waren ein entscheidender Faktor der Bewusstseinsbildung und Mobilisierung. Daher waren sie auch maßgeblich beteiligt an der späteren Entwicklung demokratischer Strukturen. Viele Laien, Ordensleute, aber auch etliche Bischöfe engagierten sich aktiv im Widerstand gegen Militärdiktaturen, insbesondere in Chile, Brasilien, Guatemala oder El Salvador, und kämpften für die Einhaltung der Menschenrechte. Nicht wenige mussten dafür ihr Leben lassen, ein Fanal war die Ermordung des Erzbischofs von San Salvador, *Monseñor* Oscar Arnulfo Romero, der 1980 während einer Messe am Altar öffentlich von einer Todesschwadron hingerichtet wurde.

Befreiungstheologie und Revolution

In Nicaragua gehörte die Befreiungstheologie zu den Wegbereitern der Sandinistischen Revolution 1979 (siehe unten Kap. I.3.4.3): Viele Christen engagierten sich im Kampf gegen die Somoza-Diktatur und blieben auch nach dem Sturz Somozas dem von der Sandinistischen Befreiungsfront angeführten revolutionären Prozess eng verbunden. Vier Priester waren ab 1979 Teil der Sandinistischen Regierung, der bekannteste unter ihnen war der Befreiungstheologe Ernesto Cardenal (1925–2020), der Sandinistischer Kultusminister wurde. Er war eine Schlüsselfigur für die internationale Unterstützung der Revolution durch Basisgemeinden und Solidaritätsgruppen und hatte auch in Westdeutschland sehr viele Anhänger. Der Bruch der Sandinisten mit dem bürgerlichen

Lager löste in Nicaragua einen Konflikt mit den konservativen Katholiken aus: Erzbischof Miguel Obando y Bravo (1926–2018) wurde zum bedeutendsten Oppositionsführer, und die nicaraguanische Kirche stand lange Zeit im Zentrum des innerkirchlichen Konflikts um die Theologie der Befreiung. Die Päpste Johannes Paul II. und Benedikt XVI. bemühten sich um die Eindämmung der befreiungstheologischen Strömungen. Der Einfluss der Theologie der Befreiung nahm ab 1980 stetig ab, einerseits aufgrund der fehlenden institutionellen Unterstützung, andererseits durch die in vielen Ländern einsetzenden Demokratisierungsprozesse.

3.2 Bildung und Studentenproteste

Auch der Bildungssektor wurde in Lateinamerika ungeachtet der Durchsetzung der Trennung von Staat und Kirche lange Zeit von der katholischen Kirche dominiert und diese spielt bis heute eine große Rolle. Trotz der einschneidenden Reformen der Ausbildung im Zuge der Proteste 1918 (siehe OGG 48: Lateinamerika 1800–1930) stand die technisch-naturwissenschaftliche Ausbildung in den meisten Ländern hinter der geisteswissenschaftlichen zurück. Bildungsgefälle

Zudem zeichnet sich das staatliche Bildungssystem im Primar- und Sekundarschulbereich in fast allen Staaten Lateinamerikas bis heute im Hinblick auf Alphabetisierungsraten und Sekundarschulbildung durch ein starkes Stadt-Land-Gefälle aus. Dieses wird in einigen Ländern durch einen deutlichen *gender gap* verstärkt. Die Gesamtsituation änderte sich allerdings in den 1950er Jahren, als die Organisation der Vereinten Nationen für Bildung, Wissenschaft und Kultur (UNESCO) und die OAS begannen, die Bildungsmaßnahmen der lateinamerikanischen Staaten finanziell und inhaltlich zu unterstützen. Ziel der Initiative war zum einen die Steigerung der Anzahl von Schulen und Schülern, insbesondere mit Blick auf die Grundschulen, zum anderen die Reform der Sekundarstufenausbildung. Die Zahl der Schüler stieg auf allen Stufen deutlich an, allerdings blieben die regionalen Unterschiede erheblich. Länder wie Kuba oder Argentinien, aber auch Chile und Costa Rica, in denen bereits vor dieser Bildungsoffensive eine relativ hohe Alphabetisierungsrate anzutreffen war, konnten ihre Werte auf ein sehr hohes Niveau steigern. In Ländern wie Peru oder Guatemala, in denen eine Mittelklasse weitgehend fehlte und das Land von traditionellen Eliten beherrscht wurde, konnten erst ab den 1960er oder 1970er Jahren Fortschritte festgestellt werden, und diese waren größtenteils auf die städtischen Zentren beschränkt. Ein Meilenstein der Bildungsreform in Lateinamerika war die in Kuba 1960 durchgeführte, erfolgreiche Alphabetisierungskampagne und der Aufbau eines nationalen Bildungssystems. Beides beeinflusste in der Folgezeit weltweit Bildungsmaßnahmen, insbesondere in den jungen postkolonialen afrikanischen Staaten. Auch in Nicaragua wurde mit der Revolution 1979 eine von Kuba inspirierte und unterstützte Alphabetisierungskampagne durchgeführt und ein egalitäres nationales Bildungssystem aufgebaut.

Alphabetisierungskampagnen

Die bildungspolitischen Initiativen führten aber auch dazu, dass viele Lehrer sich der desolaten Situation der ländlichen Unterschichten sowie der Bewohner der städtischen Marginalviertel bewusst wurden. In einem Klima gesellschaftlichen Wandels und revolutionären Aufbruchs entstanden daher Ansätze, die Bildung grundsätzlich neu dachten. Paulo Freire (1921–1997), der ab 1947 in einer Alphabetisierungskampagne in Brasilien gearbeitet hatte, entwickelte ab den 1950er Jahren die „Pädagogik der Unterdrückten". Sein 1970 als Buch erschienenes Konzept basierte auf einem Alphabetisierungsprogramm, das neben dem raschen Erwerb von Lese- und Schreibfähigkeiten auf eine politische Bewusstseinsbildung der Marginalisierten und letztendlich auf eine Demokratisierung der Gesellschaft abzielte. Freires Alphabetisierungsprogramm war umso politischer, als Analphabeten zu dieser Zeit in Brasilien nicht wahlberechtigt waren. Sein Werk wurde – auch aufgrund des enormen Erfolgs seiner Alphabetisierungsprogramme – weltweit rezipiert und seine Werke in zahlreiche Sprachen übersetzt. Er zählt zu den einflussreichsten Pädagogen des 20. Jahrhunderts und seine Ansätze gehören heutzutage weltweit zum Kanon der kritischen Pädagogik.

Pädagogik der Unterdrückten

Theater der Unterdrückten

Ähnliches beabsichtigte das zeitgleich von dem Brasilianer Augusto Boal (1931–2009) entwickelte „Theater der Unterdrückten", das er in den 1970er Jahren im Exil in Deutschland weiter ausarbeitete und in das auch die avantgardistische Theatertheorie des epischen bzw. politischen Theaters Erwin Piscators und Berthold Brechts miteinfloss. Boals Ansatz, das Theater als Instrument der Mobilisierung und Bewusstseinswerdung der Unterprivilegierten und als politische Aktion in einem Prozess gesellschaftlicher

Transformation einzusetzen, fand ebenfalls weltweite Verbreitung. In Lateinamerika kommen bis heute regelmäßig Theatergruppen zum *Encuentro Latinoamericano de Teatro del Oprimido* zusammen.

Bildungsgefälle

Am Ende des 20. Jahrhunderts konnte jedoch die Mehrheit der indigenen Bevölkerung des Kontinents noch immer nicht lesen und schreiben, zumal viele Indigene auch der spanischen Sprache nicht mächtig sind. Hier ist der *gender gap* ebenfalls besonders groß. So waren in Bolivien im Jahr 2000 20,6 % der Frauen, aber nur 7,9 % der Männer Analphabeten, in Guatemala waren es 38,9 % gegenüber 23,8 %. In den meisten anderen Ländern, vor allem in Argentinien, Brasilien, Chile und Kolumbien, treten dagegen so gut wie keine geschlechtsspezifischen Unterschiede in der Alphabetisierung auf.

Schulwesen

Fehlende staatliche Mittel für die Schulen haben auch dazu geführt, dass private, vor allem kirchliche Schulen und Universitäten weiterhin als bessere und prestigereichere Alternative für die Mittel- und Oberschichten attraktiv sind und so das prinzipiell offene Bildungssystem unterlaufen. Seit dem letzten Drittel des 20. Jahrhunderts verschlechterte sich die Situation erneut infolge der Wirtschaftskrisen, die die meisten lateinamerikanischen Staaten in den 80er Jahren durchliefen, und die vor allem die Mittelschichten trafen. Hinzu kam die neoliberale Wirtschafts- und Sozialpolitik der 90er Jahre, die marktwirtschaftliche Prinzipien auf das Schulsystem übertrug und die Diskrepanzen in der Qualität der Ausbildung weiter verschärfte.

Universitäten

Die Reform der Sekundarschule und die gestiegenen Schülerzahlen führten auch zu einer erheblichen Ausweitung des Universitätswesens. Zwischen 1955 und 1965 stieg die Zahl der Universitätsstudenten und Schüler in höheren Bildungseinrichtungen um 100 %, ohne dass die Infrastruktur daran angepasst worden wäre und ohne dass alle Absolventen Aussicht auf eine ihrer Ausbildung angemessene Anstellung gehabt hätten. Gleichzeitig wuchs der Anteil von weiblichen Studierenden und solchen aus der Mittelschicht. Dies, wie auch das gesellschaftliche Klima in den 1960er Jahren führte dazu, dass ein großer Teil der Studierenden sich in verschiedenen sozialen und politischen Bewegungen engagierte. Die „langen" 1960er Jahre Lateinamerikas begannen mit der Kubanischen Revolution und endeten mit dem Putsch in Chile 1973. Sie waren, ähnlich wie in Europa und den USA, von einer

Studentenproteste

Reihe von Studentenprotesten und Jugendbewegungen gekennzeichnet. Die massive Ausweitung der Studierendenzahlen hatte nicht nur deren soziale Zusammensetzung verändert, das gesellschaftliche Klima vermittelte auch vielen Jugendlichen das Gefühl, kurz vor einer grundlegenden Umwälzung der gesellschaftlichen Verhältnisse zu stehen und zu dieser beitragen zu können.

Mobilisierung und Niederschlagung der Proteste

In Anbetracht der Erfolge der Kubanischen Revolution und der Aktivitäten zahlreicher Guerillaorganisationen sowie der Rhetorik der „Befreiung" seit Beginn der 1960er Jahre, drehten sich die Diskussionen bald auch um die Rechtmäßigkeit des bewaffneten Widerstandes. In jedem Fall sollten die Universitäten den Schulterschluss mit dem „Volk" suchen, so der Tenor der politisch engagierten Studierenden. Die Erinnerung an die Universitätsreformbewegung von 1918 (genau fünfzig Jahre vor „1968") war präsent, diese wurde allerdings als unzureichend und zu elitär empfunden. Insbesondere in Brasilien, Uruguay und Mexiko kam es 1968 zu einem Zyklus von Mobilisierung und der Niederschlagung der Bewegungen. Dies führte in Brasilien, das bereits seit 1964 von Militärs regiert wurde, zur Verkündung eines sogenannten „Institutionellen Aktes", der die demokratischen Institutionen und die Menschenrechte aushebelte. In Argentinien dagegen läuteten 1969 Proteste, die von einer Allianz von Studierenden und Arbeitern getragen wurden, das Ende der damaligen Militärregierung ein.

1968 in Mexiko

Am dramatischsten entwickelte sich die Protestlage in Mexiko-Stadt (und anderen mexikanischen Städten) ab Juli 1968, als in Reaktion auf die harsche Niederschlagung zunächst begrenzter Proteste von Sekundarschülern und Studierenden ein „nationales Streikkomitee" gegründet wurde. Dieses bündelte die weit über bildungspolitische Fragen hinausgehenden Forderungen und attackierte die autoritären Strukturen des mexikanischen Staates. Gleichzeitig wurden Studentenbrigaden geschaffen, die sich in den Armenvierteln engagierten, um in die Gesellschaft hinein zu wirken. Ende August kam es zu Massenprotesten im Zentrum der Hauptstadt, die mit der Festnahme von mehreren hundert Menschen endeten. Kurz vor Beginn der Olympischen Spiele wollte die mexikanische Regierung das Bild einer modernen, stabilen Gesellschaft zeichnen, es wurde jedoch durch die Proteste erheblich gestört. Zu einem Fanal geriet die brutale Niederschlagung eines Sit-Ins von Studierenden auf der zentralen *Plaza de Las Tres*

„Massaker von Tlatelolco"

Culturas im Stadtteil Tlatelolco am 2. Oktober 1968, das als „Massaker von Tlatelolco“ einen Wendepunkt der mexikanischen Geschichte darstellt. Es bedeutete das Ende der „68er Bewegung“ in Mexiko, demaskierte aber auch das autoritäre Regime der PRI (siehe auch OGG 48: Lateinamerika 1800-1930, Kap. II.17 und Kap. II.11.3 in diesem Band). Gleichzeitig markiert das Ereignis den Beginn eines vornehmlich gegen linke Studierende und Jugendliche gerichteten Staatsterrors, der einige Jahre später auch in Chile und Argentinien zahlreiche junge Menschen traf.

Nach der allmählichen Rückkehr zu demokratischen Verhältnissen in den 1980er Jahren entwickelte sich eine neue Studentenbewegung in Lateinamerika, die sich stark den Menschenrechtsbewegungen aber auch universitäts- und wissenschaftskritischen Strömungen verschrieb. Eine Sonderrolle stellt die Studentenbewegung in Chile dar, die in den 1980er Jahren noch unter den Bedingungen der Pinochet-Diktatur (siehe Kap. I.4.1.1), in den 1990er dann unter jenen des mit den Militärs ausgehandelten Übergangs agieren musste. Das chilenische Bildungssystem, in dem Privatschulen und -universitäten eine wichtige Rolle spielen, wurde durch die neoliberalen Reformen noch ungerechter. Auch Lehrpläne und Curricula waren noch stark von der Diktatur beeinflusst. Seit Beginn des 21. Jahrhunderts kam es daher zu verschiedenen Zyklen von Schüler-und Studentenprotesten, insbesondere in den Jahren 2011/12 sowie 2019/20. Diese richteten sich gegen die große soziale Ungleichheit, die sich im Bildungssystem widerspiegelt, weshalb dessen grundlegende Reform gefordert wurde und wird. Insbesondere die Proteste der Jahre 2019/20 weiteten sich zu einer breiten gesellschaftlichen Bewegung aus, die schließlich eine Volksabstimmung über eine neue Verfassung durchsetzen konnte. Zwar wurden die Proteste zu Beginn des Jahres 2020 durch die Covid-19 Pandemie gebremst, aber die Abstimmung über die Ausarbeitung einer neuen Verfassung im Oktober 2020 sowie die Wahlen zur Verfassungsgebenen Versammlung 2021 ergaben einen überwältigenden Erfolg für die Reformer.

Chile

3.3 Die neuen Frauenbewegungen

Die im 21. Jahrhundert in Lateinamerika präsenten Frauenbewegungen haben ihre Wurzeln im frühen 20. Jahrhundert. In den

1920er Jahren entstanden insbesondere in den industrialisierten Gesellschaften, die stark von der europäischen Migration geprägt waren, aktive Frauenbewegungen (siehe OGG 48: Lateinamerika 1800–1930). Sie kämpften zunächst vor allem für die rechtliche Gleichstellung und waren von gebildeten Frauen der Mittelschicht dominiert. Dies führte zu einer Ablehnung seitens gewerkschaftlicher und linker Gruppen, die die Klassenproblematik als entscheidend ansahen. Diese Opposition, die insbesondere in den 1950er und 1960er Jahren vorherrschte, brach mit der ersten Weltfrauenkonferenz der UNO in Mexiko-Stadt 1975 allmählich auf. Die Veranstaltung gilt gleichzeitig als der Beginn der sogenannten „zweiten Welle“ des Feminismus. An dem Forum für Nichtregierungsorganisationen, das hier erstmals stattfand, trafen die Auffassungen „westlicher“ Feministinnen auf die gänzlich anders gelagerten Forderungen von Lateinamerikanerinnen aus den sozialen und Gewerkschaftsbewegungen. Es kam zu heftigen Auseinandersetzungen, die zunächst auch noch die folgenden Treffen lateinamerikanischer und karibischer Frauen dominierten. Allmählich entwickelten jedoch beide Seiten Verständnis für die jeweils anderen Anliegen. In einem Punkt allerdings waren sich Feministinnen aus der Mittel- und Oberschicht sowie Frauen aus den Unterschichten aus Gewerkschaften oder Hausfrauenkomitees sowie Friedensaktivistinnen einig gegenüber den „westlichen“ Feministinnen: Während diese die Unterschiede von Männern und Frauen minimierten, betonten die Lateinamerikanerinnen die Differenz und die gesellschaftliche Bedeutung der Mutterrolle. Der zentrale Stellenwert der Mutterschaft ist ein wichtiges Kennzeichen des Agierens lateinamerikanischer Frauen in der Öffentlichkeit, der sich wie ein roter Faden durch die verschiedenen Etappen und politischen Positionen zieht.

Erste Weltfrauenkonferenz in Mexiko 1975

Rolle der Mutterschaft

Internationalismus

Die Bedeutung der Weltfrauenkonferenz für den lateinamerikanischen Feminismus verweist darüber hinaus auf ein zweites Charakteristikum der dortigen Frauenbewegungen: die Ausnutzung des internationalen Parketts. Schon auf den ersten internationalen Kongressen zum Schutz von Frauen und Kindern zu Beginn des 20. Jahrhunderts, auf verschiedenen Kommissionen des Völkerbundes bis hin zu jenen der Vereinten Nationen und der internationalen Solidaritätsbewegung waren die Frauen vertreten und sorgten dafür, dass diese in die nationalen Räume zurückwirkten. Die im supranationalen Raum erarbeiteten Normen und

Konventionen halfen den Frauen, ihre Forderungen gegenüber ihren eigenen Regierungen durchzusetzen. So erreichten die frühen Feministinnen ihre Anerkennung auf panamerikanischer Ebene bereits vor dem Zweiten Weltkrieg und konnten 1947 in der Nachfolgeorganisation OAS ein Abkommen durchsetzen, das sämtliche Mitgliedsstaaten zur Gewährung politischer Rechte für Frauen verpflichtete. Ein ähnliches Wechselspiel zwischen dem nationalen und dem internationalen Rahmen galt auch hinsichtlich der Weltfrauenkonferenzen: In der Folge der Konferenz von Mexiko wurde im Dezember 1979 die *Convention on the Elimination of All Forms of Discrimination Against Women* (CEDAW-Konvention) verfasst. Auch die im Jahr 2000 von den Vereinten Nationen verabschiedeten Milleniumsziele enthalten eine Reihe von Vorgaben zur Verbesserung der Situation von Frauen, an denen sich die nationalen Regierungen messen lassen müssen.

Menschenrechtsbewegungen

In den von Militärdiktaturen geprägten 1970er und 1980er Jahren engagierten sich viele Frauen federführend in Menschenrechtsbewegungen. Die bekannteste der zahlreichen Gruppen ist diejenige der argentinischen Mütter von der Plaza de Mayo. Sie wurden zum Symbol für den Widerstand gegen die brutalen Menschenrechtsverletzungen, haben aber auch erstmals die Bedeutung von Frauen in den sozialen Bewegungen offensichtlich gemacht. Gleichzeitig sind diese Bewegungen und ihre Aktionsformen als ein wichtiges Vorbild für spätere Gruppen zu sehen. Die Organisation der *Madres de Plaza de Mayo* gründete sich 1977 als Reaktion auf die Politik des „Verschwindenlassens" des politischen Gegners von den argentinischen Militärs. Die Mütter verstanden sich, insbesondere durch ihre Mutterschaft, als moralische Instanz, die über den Parteien und der institutionalisierten Politik agiert, und standen für absolute Gewaltlosigkeit. Und sie sorgten dafür, dass die Debatte um die Menschenrechtsverletzungen und die Frage, wie damit umzugehen sei, auch nach der Rückkehr zur Demokratie ein ständiges Thema blieb (siehe Kap. I.4.1.2).

Madres de Plaza de Mayo

Stadtteilbewegungen

Ein weiteres wichtiges Feld weiblichen Aktivismus seit Beginn des 20. Jahrhunderts sind Stadtteilbewegungen, die sich verschiedenen Fragen des Alltags widmen. In fast allen diesen Bewegungen sind Frauen führend beteiligt, oft stellen sie die Mehrheit, wenn auch nicht der Führungsgremien. Bereits 1904 bzw. 1907 kam es in Mexiko und Argentinien im Zuge der Modernisierungskrisen zu Mieterstreiks, an denen sich Frauen an vorderster Front beteiligten. In der zweiten Hälfte des Jahrhunderts entstanden dann in Krisensituationen verschiedene Nachbarschaftsbewegungen, die sich mit Fragen des Wohnens, der Infrastruktur und der Sicherheit oder der Versorgung beschäftigten. Die Proteste wurden in den 1970er und 1980er Jahren durch sogenannte Hausfrauenklubs (*clubes de amas de casa*) oder Mütterklubs (*clubes de madres*) organisiert, die von verschiedenen Nicht-Regierungs-Organisationen und kirchlichen Gruppen unterstützt wurden. Zwar kümmerten sich diese zunächst vor allem um Lebensmittelhilfe, boten jedoch auch Bildungskurse *(cursos de capacitación)* an, die allgemeinpolitische Angelegenheiten und Genderfragen thematisierten. Aus solchen Organisationen entwickelten sich die sogenannten neueren Stadtteilbewegungen, die autonomer und meist von unten organisiert sind. Ein relativ rezentes Phänomen stellen indigene und afroamerikanische Feminismen dar, die im Zuge der neuen ethnischen Bewegungen der 1990er Jahre entstanden sind.

Dritte Welle

Diese zuletzt genannten Gruppen gehören bereits zu der sogenannten „dritten" Welle, die im Zuge der Transition und der neuen sozialen Bewegungen entstand und den Feminismus in Lateinamerika weiter diversifizierte. Themen wie reproduktive Rechte, familiäre Hierarchien oder die Rolle von Hausangestellten stehen ebenso auf der Agenda wie genderbasierte Gewalt, die Verbindung von ethnisch-sozialen und genderbasierten Benachteiligungen oder aber Feminisierung der Armut.

Vierte Welle

Sozialwissenschaftler erkennen inzwischen eine weitere, sich gerade formierende „vierte" Welle, die sich durch eine Zusammenarbeit mit anderen Genderbewegungen, wie derjenigen von Homosexuellen, Transgender- oder Queerpersonen, auszeichnet. Deren rechtliche und soziopolitische Lage ist in vielen noch immer stark homophoben Gesellschaften Lateinamerikas nach wie vor problematisch. Allerdings kommt einigen Staaten, insbesondere Argentinien, bei der Anerkennung von genderbezogenen Rechten auch im globalen Maßstab eine Vorreiterrolle zu. Eine umkämpfte Gesetzesvorlage zur Freigabe der Abtreibung bis zur 14. Schwangerschaftswoche, die 2018 noch im argentinischen Senat gescheitert war, wurde im Dezember 2020 angenommen.

Genderbasierte Gewalt

Der Problemkomplex der genderbasierten Gewalt, nicht nur gegen Frauen, sondern auch gegen Queerpersonen, ist spätestens seit den 1980er Jahren ein zentrales Anliegen der Frauen- und anderen Genderbewegungen in Lateinamerika. Seit der Aufdeckung der ungesühnten Frauenmorde in Ciudad Juárez an der mexikanisch-US-amerikanischen Grenze zu Beginn der 1990er Jahre ist das das Thema der *feminicidios* (Femizide) ständig in der Öffentlichkeit aller Staaten präsent, und Parolen von der „Dekolonialisierung" der weiblichen Körper und der „Depatriarchalisierung" der Genderbeziehungen sind in den neuen Genderbewegungen vieler lateinamerikanischer Länder deutlich zu vernehmen. Wie virulent das Thema ist, zeigte sich nicht zuletzt daran, dass sich ab Juni 2015 (also lange vor *#MeToo*) von Argentinien und Peru ausgehend eine kontinentale Bewegung gegen Gewalt gegen Frauen entwickelte, die sich weitgehend über das Internet und soziale Medien organisiert (*#NiUnaMenos*).

#NiUnaMenos

3.4 Revolutionen und nationale Befreiungsbewegungen

Soziale Revolutionen

In Lateinamerika und der Karibik gab es im Verlauf des 20. Jahrhunderts vier erfolgreiche soziale Revolutionen, in Mexiko (1910), in Bolivien (1952), in Kuba (1959) und in Nicaragua (1979). Auch wenn die revolutionären Prozesse ganz unterschiedlich verliefen und unterschiedliche Ergebnisse hervorbrachten, wiesen sie die Merkmale auf, die soziale Revolutionen im Allgemeinen kennzeichnen: Eine zeitlich komprimierte, gewaltvolle, radikale Umgestaltung der politischen Ordnung und der Gesellschaftsstruktur, die weit über kurzfristige Putsche oder Umstürze und über den Austausch von Eliten hinausgehen. Darüber hinaus waren diese Revolutionen begleitet von tiefgreifenden wirtschaftlichen und sozialen Transformationen und zeichneten sich, wenn auch in unterschiedlichem Maß, durch die Mobilisierung und Mitwirkung breiter Bevölkerungsschichten aus. Diese agierten gemeinsam, verfolgten ein gemeinsames Ziel und organisierten sich dafür auch in klassenübergreifenden Koalitionen.

Entscheidend für den Erfolg einer Revolution ist das Ergebnis des revolutionären Prozesses, seine strukturellen Konsequenzen, oder, um es mit Eric Hobsbawm auszudrücken: die Schaffung neuer gesellschaftlicher Rahmenbedingungen. Auch wenn die Abgrenzung nicht immer eindeutig ist, so lassen sich die genannten Revolutionen von den übrigen radikalen Reformprozessen unterscheiden, die in Lateinamerika im 20. Jahrhundert häufig vorkamen. Denn jene wurden von oben lanciert, wiesen populistische Züge auf oder waren nur sehr kurzlebig, wie in Guatemala 1954, Peru 1968 und Chile 1973. In Kuba hingegen, wo die radikalste sozioökonomische Transformation in ganz Lateinamerika stattfand, ist die Revolutionsregierung seit mehr als sechs Jahrzehnten an der Macht; in Mexiko regierte die „institutionalisierte" Revolution bis 2000 und erneut von 2012 bis 2018; in Bolivien wurde die Revolution 1964 nach zwölf Jahren zwar durch einen Militärputsch beendet, aber etliche ihrer Errungenschaften blieben darüber hinaus erhalten; in Nicaragua wurde die Revolution nach knapp elf Jahren 1990 abgewählt.

Merkmale

In allen genannten Fällen wurde ein militärisches oder autokratisches Regime gestürzt und bei allen Revolutionen stand die Agrarfrage im Zentrum. Es wurde immer wieder versucht, die Spezifika von Revolutionen in Lateinamerika herauszuarbeiten, was sich aber als äußerst schwieriges Unterfangen erweist. Das vielleicht deutlichste Merkmal ist die in revolutionären Bewegungen im 20. Jahrhundert häufig auftauchende bäuerliche Radikalisierung, wobei sich bäuerliche Bewegungen mit der intellektuellen Avantgarde von Universitätsstudenten und progressivem Bürgertum verbanden. Die Revolutionen des 20. Jahrhunderts waren nationalistisch und antiimperialistisch und immer auch eine Antwort auf soziale Spannungen, die auf gesellschaftliche und ökonomische Ungleichheiten zurückgingen. Ihr Ziel war es, die nationale Souveränität wiederherzustellen, das betreffende Land aus wirtschaftlicher und politischer Abhängigkeit – in der Regel von den USA – zu befreien, die Sozialstruktur zu verändern und die wirtschaftlichen Erträge zum Wohle der Nation umzuverteilen. Die Mexikanische Revolution, die weltweit erste große Revolution des 20. Jahrhunderts, die auf den gesamten Kontinent ausstrahlte, wird in OGG 48: Lateinamerika 1800–1930 vorgestellt, deshalb gilt das Augenmerk hier der bolivianischen, der kubanischen und der nicaraguanischen Revolution.

3.4.1 Bolivien

Die Revolution in Bolivien war die dynamischste soziale und ökonomische Transformation Lateinamerikas seit der Mexikanischen Revolution. Ähnlich wie die mexikanische führte sie nicht zur Änderung des kapitalistischen Entwicklungswegs, eröffnete aber alternative Wege einer sozialen Transformation. Anfang des 20. Jahrhunderts wurde Zinn zum wichtigsten bolivianischen Exportgut, es löste den Silberbergbau endgültig ab und das Land wurde zum weltweit zweitgrößten Zinnproduzenten. Neben der traditionellen Landoligarchie bildete sich eine Schicht von Bergbaubesitzern heraus, die mit dem Zinn-Boom während des Ersten Weltkriegs ihren Aufstieg nahm und das Land bis 1952 weitgehend beherrschte. Die Gewinne aus dem Zinnbergbau verblieben aber entweder im Privatbesitz der Minenunternehmen oder flossen ins Ausland. Der Chaco-Krieg gegen Paraguay (1932–1935, siehe OGG 48: Lateinamerika 1800–1930, Kap. I.3.2; Kap. II.4) war zwar eine nationale Katastrophe, bereitete aber den Boden für einen gesellschaftlichen Umbruch, verbunden mit der Entstehung einer der bedeutendsten und radikalsten Arbeiterbewegungen Lateinamerikas. Nach Kriegsende übernahmen zunächst ehemalige Offiziere die Macht und vereinten Nationalismus und soziale Reformen. Ihre Präsidenten David Toro Ruilova (1898–1877) und Germán Busch Becerra (1903–1939) verstaatlichten die in Bolivien tätige *Standard Oil*, initiierten eine Bildungsreform und etablierten erste Arbeitsgesetze. Auf der anderen Seite entstanden neue radikale Parteien, unter ihnen der *Movimiento Nacionalista Revolucionario* (MNR) und der *Partido Obrero Revolucionario* (POR), die ideologisch zwar sehr weit auseinanderdrifteten, aber darin übereinstimmten, dass die Zinnminen verstaatlicht werden sollten. Im Gegensatz zum MNR setzte sich der POR auch für die Rechte der bäuerlichen, mehrheitlich indigenen Bevölkerung ein, die ungefähr die Hälfte der Gesamtbevölkerung ausmachte, und forderte eine Allianz zwischen Arbeitern und Bauern.

Movimiento Nacionalista Revolucionario, MNR

Im Jahre 1943 putschte eine Allianz zwischen Zinnbergbaubesitzern und konservativen Militärs und nahm den MNR in die Regierungskoalition mit auf. Das Regierungsbündnis setzte eine der wichtigsten Forderungen der indigenen Bevölkerung – die Aufhebung des Arbeitszwangs (*pongueaje*) auf den Haziendas – auf seine politische Agenda und propagierte eine Landreform. Dem MNR gelang es dadurch, sich erfolgreich als nationalistische Massenpartei aufzubauen, wobei sich der sozial-reformistische Flügel gegen den faschistischen durchsetzen konnte. Mit den beiden Politikern Víctor Paz Estenssoro (1907–2001) und Hernán Siles Zuazo (1913–1996) an der Spitze gewann der MNR die allgemeinen Wahlen des Jahres 1951. Ein Militärputsch verhinderte allerdings die

Bewaffneter Aufstand

Regierungsübernahme, was für den MNR das Signal zum Aufstand war. Große Teile der Bevölkerung wurden bewaffnet und nach drei Tagen blutiger Kämpfe und Hunderten von Toten gelangte der MNR schließlich am 9. April 1952 an die Macht und vollzog so den Bruch mit der alten oligarchischen Gesellschaftsordnung Boliviens. Der MNR agierte ab jetzt als ein klassenübergreifendes Bündnis, das Mittelschichten und Arbeiter gleichermaßen umfasste, wobei sich die im Gewerkschaftsdachverband organisierten Minenarbeiter intern zur wichtigsten politischen Kraft entwickelten.

Landreform

Bolivien war 1950 eine überwiegend agrarische Gesellschaft, in der 72 % der Bevölkerung in der Landwirtschaft beschäftigt war, die allerdings mit ihren Erträgen die Bevölkerung nicht ernähren konnte, unter anderem weil 6 % der Landeigentümer 92 % des kultivierten Landes kontrollierten. Im August 1953 wurde deshalb eine radikale Landreform durchgeführt, die Haziendabesitzer (*hacendados*) gegen eine nur geringe Entschädigung enteignete und das Land an die indigene und bäuerliche Bevölkerung verteilte, was der Entmachtung der *hacendados* gleichkam. Die Landreform wurde allerdings vor allem im Hochland durchgeführt, wo in der Folge zahlreiche Minifundien mit geringer Produktivität entstanden.

Verstaatlichung der Zinnminen

Bereits im Oktober 1952 hatte der MNR die Bodenschätze nationalisiert und die Zinnminen verstaatlicht, die jetzt in der staatlichen *Cooperación Minera de Bolivia* (COMIBOL) zusammengefasst wurden. Der Zinnsektor war aber durch hohe Produktionskosten und eine geringe Konkurrenzfähigkeit gekennzeichnet, hinzu kam ein Verfall der Zinnpreise zwischen 1951 und 1955.

Bildungsreform

Mit einer Bildungsreform wurde erstmals eine kostenlose verpflichtende Grundschule eingeführt.

Militärreform

Eine Militärreform ermöglichte den Austausch der Führungsriege zugunsten unterer gesellschaftlicher Schichten. Der revolutionäre Nationalismus, den der MNR vertrat, ähnelte dem Populismus anderer lateinamerikanischer Regierungen: Der Ausbau des Staatsapparats und die Verstaatlichungspolitik schufen die Voraussetzung für einen sozialen Aufstieg von Unter- und Mittelschichten.

Wahlrecht

Die Einführung des allgemeinen Wahlrechts förderte die Integration von Indigenen, Frauen und Mestizen, den Nachkommen spanisch-indigener Verbindungen. Auf dem Land wurden neue gewerkschaftliche Organisationsstrukturen geschaffen, die sich teilweise mit den traditionellen Strukturen der indigenen Bevölkerung überlagerten, was indigene Organisationen aber auf lange Sicht stärkte.

Ende der Revolution

Ein großes Problem, mit dem die MNR-Regierung zu kämpfen hatte, war die Inflation, die in den Jahren 1951–1956 über 100 % betrug und die die Regierung mit Unterstützung des IWF bekämpfte, was zur Spaltung der Regierungskoalition führte. Hinzu kam der wachsende Einfluss der USA, die wichtigster Abnehmer des bolivianischen Zinns waren. Ab 1961 gewährte die US-Regierung zur weiteren Eindämmung der revolutionären MNR-Politik im Rahmen der „Allianz für den Fortschritt" dem Land finanzielle Unterstützung. Im November 1964 wurde der zuvor wiedergewählte Paz Estenssoro durch die Armee gestürzt, und Vizepräsident René Barrientos (1919–1969) übernahm die Macht. Das Militär war damit auf die politische Bühne zurückgekehrt und sollte bis 1982 die treibende politische Kraft bleiben. Die revolutionäre Phase Boliviens war damit beendet und die kommenden 18 Jahre kennzeichnete ein erbitterter Machtkampf zwischen den gesellschaftlichen Gruppen, die die Revolution hervorgebracht hatte: Die reformierte Armee, Bauern und Indigene, organisierte Arbeiter sowie die neu entstandenen (und neu entstehenden) politischen Parteien. Die Kosten für alle Beteiligten waren hoch und die meist vom Militär dominierten Regierungen verfolgten – wie zur selben Zeit viele andere lateinamerikanische Regierungen auch – eine konservative Modernisierung von Staat und Gesellschaft. Ungeachtet dessen akzeptierten die Militärs allerdings einige der revolutionären Errungenschaften, wie z. B. die Agrarreform, was in den Folgejahren zu einer zeitweise engen Allianz zwischen Bauern und Militärs führte.

Militärputsch

Konservative Modernisierung

Ernesto „Che" Guevara (1928–1967), der 1966 versuchte, mit einer kleinen Gruppe von Anhängern in Bolivien einen Guerilla-Fokus aufzubauen, hatte keine Chance gegen Barrientos' Militärregime, der die Gruppe aufrieb und Che exekutieren ließ. Bis zu seinem Tod bei einem Flugzeugabsturz im Jahre 1969 hatte Barrientos alle politischen Krisen überlebt und konnte sich auf ein Bündnis von Bauern und Mittelschichten stützen. Seine Nachfolger waren allerdings nicht in der Lage, die politischen Kräfte zu einen. Etliche der Militärs, die danach an die Macht kamen, waren radikale Reformer. So wurde etwa 1969 der US-Erdölkonzern *Gulf* enteignet und COMIBOL erhielt mehr finanzielle Unterstützung von der Sowjetunion als von den USA. Erst der äußert blutige Mili-

Militärputsch von Hugo Banzer

tärputsch von Hugo Banzer Suárez (1926–2002) im August 1971 zwang die unterschiedlichen politischen Kräfte – unter ihnen Teile des MNR – in eine rechtspopulistische Militärregierung. Banzer ließ alle oppositionellen Kräfte mit harscher Repression verfolgen. Aber auch er ließ die Nationalisierungen und das staatskapitalistische Modell, das die Revolution 1952 geschaffen hatte, weitgehend unangetastet. Unter seiner Regierung blühte allerdings der illegale Kokainhandel auf. Der 1979 gegründete Dachverband der Bauern und Landarbeiter (*Confederación Sindical Única de Trabajadores Campesinos de Bolivia*, CSUTCB) engagierte sich zusammen mit indigenen Parteien im Kampf gegen die Diktatur von Banzers Nachfolger General Luis García Meza (1929–2018) und war gleichzeitig Ausdruck des neuen Selbstbewusstseins der indigenen Bevölkerungsmehrheit, die jetzt Anerkennung ihrer kulturellen Rechte und Identitäten sowie die Rückgabe ihrer Territorien forderte. Als der MNR-Politiker Siles Zuazo 1982 als gewählter Präsident das Amt übernahm, war Bolivien wirtschaftlich völlig zerrüttet, tief verschuldet und international isoliert.

Der ehemalige Präsident der 1952er Revolution, Paz Estenssoro, wurde 1985 wiedergewählt, was eine neue Etappe der Demokratisierung eröffnete, allerdings auch einen neoliberalen Umbau der Wirtschaft mit sich brachte: Die Schließung der staatlichen Zinnminen führte zu Massenentlassungen, tausende von Bergarbeiterfamilien suchten ihr Auskommen im informellen Sektor in den Marginalvierteln der Städte und im Coca-Anbau. Ende der 1990er Jahre wuchs der Widerstand gegen diese Politik, die die sozialen Ungleichheiten dramatisch verschärft hatte. 2003 führte ein Aufstand verschiedener sozialer – vor allem urbaner – Bewegungen zur Absetzung des damaligen Präsidenten Gonzalo Sán-

Präsidentschaft Evo Morales

chez de Lozada (*1930). Aus den darauffolgenden, vorgezogenen Neuwahlen des Jahres 2005 ging Evo Morales (*1959) mit seiner Partei *Movimiento al Socialismo* (MAS) als Sieger hervor. Seine Wiederwahl 2009 mit 64 % der Stimmen drückte die große Zustimmung der Bolivianer zu ihrem indigenen Präsidenten aus, der wesentliche Wahlversprechen realisierte: die Nationalisierung der Erdöl- und Erdgasressourcen, eine Landreform zugunsten Landloser und indigener Gemeinschaften, die Anerkennung der Plurinationalität Boliviens in der Verfassung des Jahres 2009 und damit die Stärkung der Rechte der indigenen Bevölkerung. Morales wurde 2014 bei einer umstrittenen dritten Kandidatur – die Verfassung erlaubt nur eine Wiederwahl – mit großer Mehrheit gewählt. Ein Referendum, dass ihm eine erneute Wahl erlaubt hätte, scheiterte 2016. Dennoch kandidierte er, unterstützt von einem umstrittenen Votum des Verfassungsgerichts, 2019 erneut für die Präsidentschaft. Nach massiven Vorwürfen von Wahlmanipulation und Druck von Seiten des Militärs trat er im November 2019 von seinem Amt zurück und ging ins Exil. Bereits seit 2011 hatte sich die Zustimmung der Bevölkerung für Morales verringert aufgrund der wachsenden Korruption, der schwachen Rechtsstaatlichkeit und des wachsenden Einflusses seiner Klientel: Kokabauern und Bergbaukooperativen. Nach einer Übergangsregierung ging im Oktober 2020 aus den Präsidentschafts- und Parlamentswahlen bereits im ersten Wahlgang der Kandidat des MAS, Luis Arce (*1963) als Sieger hervor.

3.4.2 Kuba

Ähnlich wie in Bolivien ging auch der Revolution in Kuba eine jahrelange politische Mobilisierung voraus, die sich auf eine Revolution des Jahres 1933 zurückführen lässt, in der Unteroffizier Fulgencio Batista Zaldívar (1901–1973) seinen politischen Aufstieg nahm. Er putschte Anfang 1934 gegen die erst im Sommer 1933 an die Macht gekommene radikale Regierung aus Armeeangehörigen und ehemaligen Mitgliedern der Universitätsreformbewegung, setzte dann aber selbst Reformen in Gang. Diese mündeten 1940 in eine fortschrittliche Verfassung, die, in Anlehnung an die mexikanische Revolutionsverfassung, Demokratie und Arbeiterrechte, ein Verbot der Rassendiskriminierung, eine Begrenzung des Großgrundbesitzes sowie die staatliche Intervention in die Ökonomie festschrieb, allerdings ohne das Recht auf Privateigentum anzutasten. Batista gewann damit und mit der Unterstützung der Kommunistischen Partei die Präsidentschaftswahlen.

Aufstieg Batistas

Reformen und Wirtschaftswachstum

In Folge des Zweiten Weltkriegs erlebte die Wirtschaft erneut einen Aufschwung, was eine umfassende Reform des Bildungs-, Gesundheits- und Dienstleistungssektors ermöglichte, und das urbane Kuba konnte in den 1940er Jahren nach Argentinien und Uruguay den höchsten Lebensstandard ganz Lateinamerikas aufweisen. Das bis heute präsente Schreckgespenst der Diktatur Batistas entwickelte sich erst nachdem dieser 1952 erneut putschte und die Verfassung wieder abschaffte. Die wirtschaftliche Stagna-

Diktatur Batistas

tion der Nachkriegsära sowie Korruption, Gewalt und Staatsterror ebneten Fidel Castro und seiner politisch-militärischen Bewegung den Weg. Mit seiner berühmt gewordenen Rede, „Die Geschichte wird mich freisprechen", mit der er sich anlässlich des gescheiterten Anschlags auf die Moncada-Kaserne am 26. Juli 1953 verteidigte, wurde der junge Anwalt zur Symbolfigur für die Erneuerung der Nation. Sein darin angekündigtes nationales Reformprogramm bezog sich im Wesentlichen auf die Verfassung von 1940.

26. Juli 1953

Revolution, 1.1.1959

Die Revolution, mit der die Gruppe um Castro am 1. Januar 1959 die Herrschaft Batistas beendete, wurde weder durch eine Partei noch sonst eine nennenswerte politische Organisation getragen. Dadurch, dass die Revolution in keinen Bürgerkrieg mündete und Infrastruktur und Ökonomie weitgehend intakt blieben, hatte die neue Führung viel zu verteilen: Mieten, Strompreise und Telefongebühren wurden gesenkt und die Löhne teilweise erhöht. Eine radikale Agrarreform beschnitt Latifundien, und brachliegendes Land wurde nationalisiert oder an Kleinbauern verteilt. All diese Maßnahmen riefen in der Bevölkerung eine ungeheure Begeisterung hervor. Andererseits zeichnete sich ein Konflikt mit denjenigen ab, deren Privilegien beschnitten wurden: Unternehmer, Großgrundbesitzer sowie das Bildungsbürgertum, Freiberufler, Ärzte und Techniker setzten sich in einem enormen Exodus in die USA ab.

Für die Revolutionsregierung war der Aufbau einer revolutionären Massenbasis und einer gleichzeitigen Institutionalisierung zentral, wobei keineswegs von Anfang ein sozialistisches Staatsmodell angestrebt war. Die Wendung erfolgte erst 1961, kurz vor der CIA gestützten Söldnerinvasion in der Schweinebucht (siehe oben, Kap. I.2.4.1). Das nun propagierte neue Staatsmodell wies folgende Charakteristika auf: eine starke, personalisierte Führung, Massenmobilisierung und die Betonung der revolutionären Bestimmung des Volkes. Entscheidend hierfür war die Schaffung von „neuen Menschen", die sich durch revolutionären Altruismus und Bereitschaft zur permanenten Pflichterfüllung im Dienste der Revolution auszeichneten. Diese Tugenden propagierte insbesondere der aus Argentinien stammende Revolutionsführer Ernesto „Che" Guevara (1928–1967). Als wichtigste Errungenschaften der Revolution waren und sind auf kulturellem und sozialem Gebiet folgende Entwicklungen zu verzeichnen: Mit der Alphabetisierungskampagne wurde 1961 der Analphabetismus beseitigt und

Schaffung von „neuen Menschen"

Alphabetisierungskampagne

ein umfassendes Bildungssystem aufgebaut. Ähnlich anhaltende Erfolge wurden im medizinischen Bereich erreicht. Die sozialistischen Experimente, die Guevara als Industrieminister auf ökonomischer Ebene anregte, waren hingegen nicht erfolgreich. Die Strategie der nachholenden Entwicklung durch Industrialisierung und eine Diversifizierung der Landwirtschaft scheiterten. Dies mündete in einen Prozess der „Sowjetisierung" in den 1970er Jahren, den drei Maßnahmen kennzeichneten: Die Entwicklung einer zentralisierten Planwirtschaft; eine Institutionalisierung der politischen Führung unter der Autorität Castros durch Partei, Gewerkschaft und Massenorganisationen sowie der Ausbau internationaler Bündnisse. 1972 wurde Kuba als erstes Land der „Dritten Welt" in den „Rat für gegenseitige Wirtschaftshilfe" (RGW) aufgenommen. Innenpolitisch kulminierte die Institutionalisierung 1975 in der Etablierung der (neuen) Kommunistischen Partei, einer neuen Verfassung und der Konsolidierung des Einparteiensystems. Aufgrund von scharfer Zensur und Repressionen gegenüber Intellektuellen und Künstlern gilt diese Phase als die restriktivste der Revolution. In materieller Hinsicht waren es hingegen „goldene Jahre", denn die Subventionen der Ostblockländer ermöglichten den Ausbau von Infrastruktur, Gesundheits- und Bildungswesen in großem Stil.

Planwirtschaft

Institutionalisierung der politischen Führung unter Castro

Ungeachtet der Rahmenbedingungen des Kalten Kriegs verfolgte die Regierung stets eine eigene außenpolitische Strategie, die weit über den karibischen Raum hinausging und deren Ziel der „Export" der Revolution" war. Das revolutionäre Gesellschaftsmodell sollte zum Vorbild für die Entwicklung der Länder Asiens, Afrikas und Lateinamerikas werden. Mit der ab 1960 begonnenen Unterstützung für lateinamerikanische Guerillabewegungen wurden angesichts der Entkolonialisierung Afrikas auch Beziehungen zu antikolonialen Bewegungen und postkolonialen afrikanischen Regierungen aufgenommen. Diese als „internationalistische Solidarität" bezeichnete Strategie kulminierte in der Unterstützung für die antikoloniale Bewegung *Movimento Popular de Libertação de Angola* (MPLA) im Unabhängigkeitskampf Angolas. Zwischen 1975 und 1991 waren fast 450 000 Kubaner daran beteiligt, vor allem im militärischen Bereich, aber auch als zivile Fachkräfte im Bildungs- und Gesundheitsbereich, um den Aufbau des postkolonialen Angola zu unterstützen. Es handelte sich um die größte transatlantische Süd-Süd-Kooperation zweier ehemals

„Revolutionsexport"

Süd-Süd-Kooperationen

kolonisierter Länder. Militärische und zivile Unterstützung leistete die Karibikinsel unter anderem auch in Algerien, Mozambik, Äthiopien, Vietnam und Nicaragua sowie später in Venezuela.

Krise der 1990er Jahre

Das Ausbleiben der sowjetischen Subventionen und das Ende der privilegierten Handelsbeziehungen mit dem Ostblock ab 1989 stürzten die Insel in eine tiefe, umfassende Krise. Der von vielen erwartete Sturz der Regierung blieb jedoch aus. Seit über dreißig Jahren nach dem Fall der Berliner Mauer hält sich das zentralistische Herrschaftssystem des Castroismus, heute allerdings nicht mehr unter Fidel Castro und seinem Bruder Raúl. Mit der Auflösung des Ostblocks wurden keine Rohstoffe mehr geliefert, keine Ersatzteile und nicht genügend Nahrungsmittel. Der drastische Rückgang der Erdöllieferungen der Sowjetunion brachte Verkehr und Produktion zum Erliegen. Gegenmaßnahme der Regierung war ein umfassendes Sparprogramm, als „Sonderperiode in Friedenszeiten" bezeichnet. Damit einher gingen Stromsperren und rigide Rationierungen sämtlicher Gebrauchsgüter und Nahrungsmittel. Gleichzeitig erfolgte eine kontrollierte Öffnung des Landes, um neue Devisenquellen zu erschließen. Insbesondere der Tourismussektor wurde massiv ausgebaut und die Möglichkeit ausländischer Investitionen durch *joint ventures* geschaffen. Damit sollte die mit einheimischen Pesos funktionierende sozialistische Wirtschaft durch Überschüsse einer davon getrennten Dollar-Ökonomie subventioniert werden. 1993 wurde der Dollar als offizielles Zahlungsmittel zugelassen, womit private Geldüberweisungen aus dem Ausland möglich wurden. Die durch die Krise ausgelösten gesellschaftlichen Erosionsprozesse mündeten im Sommer 1994 in offene Unruhen gegen die Regierung. Wie schon in anderen Krisensituationen öffnete diese die Grenzen und ermöglichte temporär die Flucht der Unzufriedenen. In einem Massenexodus wagten binnen eines Monats über 32 000 Kubaner auf selbstgezimmerten Flößen die lebensgefährliche Überfahrt in Richtung Florida. Als 1998 in Venezuela Hugo Chávez (1954–2013) die Präsidentschaftswahlen gewann und sich mit seiner bolivarianischen Revolution an Kuba annäherte, verfügte die Insel über einen neuen strategischen Verbündeten. Lange Zeit deckte Venezuela den Erdölbedarf der Insel, und als Gegenleistung stellte die kubanische Regierung Fachkräfte zur Verfügung, zeitweise waren bis zu 20 000 Ärzte und Lehrer dort tätig. Dieser massive Fachkräfteexport gegen Vergütung wird auch in andere Länder Latein-

„Sonderperiode in Friedenszeiten"

Massenexodus im Sommer 1994

amerikas und Afrikas geleistet. Darüber hinaus ist die Tourismusindustrie bis heute der wichtigste Devisenbringer. Die Besucherzahlen betrugen seit der Lockerung der Reisebeschränkungen für US-Bürger im Dezember 2014 über 3,5 Millionen jährlich.

Ära Raúl Castro

Ab Ende der 1990er Jahre konnte die Ökonomie einen bemerkenswerten Aufschwung verzeichnen, der den Beziehungen zu Venezuela mit ihren sehr günstigen Austauschbedingungen geschuldet war. 2008 übernahm Raúl Castro (*1931) offiziell die Präsidentschaft, die ihm sein im November 2016 verstorbener älterer Bruder bereits im Juli 2006 übertragen hatte. Raúl Castro verschlankte den Staat und entließ 1,5 Millionen Staatsangestellte und autorisierte im Gegenzug die Zulassung privaten Kleingewerbes und privater Agrarproduktion. Die Maßnahmen kranken jedoch daran, dass auf sämtlichen Privateinkünften hohe Steuern lasten und die Wirtschaft zentraler Planung unterliegt. Deshalb wird nicht genug produziert und weiterhin müssen fast 80 % der Nahrungsmittel importiert werden. Deren Preise steigen, während die Löhne stagnieren. Dadurch vergrößert sich die soziale Ungleichheit. Auch für eines der größten Probleme des gesellschaftspolitischen Systems, der Korruption, ist keine Lösung in Sicht. Demokratische Reformen sind auch unter Castros Nachfolger Miguel Díaz-Canel (*1960), der das Präsidentenamt im April 2018 übernahm, weiterhin nicht vorgesehen. Die Covid 19-Pandemie stürzte die Insel 2021 indes erneut in eine tiefe wirtschaftliche und gesellschaftspolitische Krise.

3.4.3 Nicaragua

Guerillabewegungen

Die in den sechziger und siebziger Jahren in Mittelamerika entstandenen Guerillabewegungen in Guatemala, El Salvador und Nicaragua, die gegen Diktaturen, Militärregimes und soziale Ungerechtigkeit kämpften, hatten den Erfolg der Kubanischen Revolution vor Augen. Ihre Kampftaktik orientierte sich u. a. an der von Guevara verschriftlichten Guerilla-Theorie, der Fokus-Theorie, der zufolge eine kleine Gruppe von Kämpfern eine revolutionäre Situation herbeiführen und einen erfolgreichen Kampf gegen eine reguläre Armee führen könne. Nicaragua konnte mit dem Guerillakampf des liberalen Bürgerkriegsgenerals Augusto César Sandino (1895–1934), der von 1927 bis 1933 gegen die US-Intervention kämpfte, auf eine eigene Guerilla-Tradition zurückblicken.

Fokus-Theorie

Frente Sandinista de Liberación Nacional (FSLN)

1961 bildete sich ein Guerillafokus nach kubanischem Vorbild, die *Frente Sandinista de Liberación Nacional* (FSLN), der sich auf den Widerstand Sandinos berief. Die Sandinisten schufen einen Mythos um Sandino, geeignet für eine breite, klassenübergreifende Mobilisierung gegen die Diktatur des Somoza-Clans.

Aufstieg und Sturz der Somozas

Die Ermordung Sandinos durch die Nationalgarde im Jahre 1934 markierte den Aufstieg der Familie Somoza, die Nicaragua von 1937 bis 1979 regierte. Die Somozas wurden von der US-Regierung unterstützt und erfüllten in jeglicher Hinsicht ihre Anforderungen. Die Wirtschaft des Landes basierte u. a. auf der Exportproduktion für den Weltmarkt von Baumwolle, Kaffee, Zucker und Fleisch, womit in den 1950er und 1960er Jahren die Somoza-Familie und eine kleine Oberschicht enorme Gewinne erzielten. Korruption und erste Verfallserscheinungen wurden nach dem Erdbeben 1972 sichtbar, das die Hauptstadt Managua fast vollständig zerstörte. Es wurde offenkundig, dass Regierungstruppen die Trümmer plünderten und internationale Hilfsgelder in die Taschen Somozas flossen. Die Kritik der Bevölkerung wurde lauter und auch innerhalb bürgerlicher Kreise formierte sich eine Oppositionsbewegung. Die Stimmung gegen Anastasio Somoza Debayle (1925–1980) kulminierte, als im Januar 1978 der charismatische, allseits beliebte liberale Oppositionspolitiker und Verleger der Tageszeitung *Prensa Libre*, Pedro Joaquín Chamorro (1924–1978), ermordet wurde.

Oppositionsbündnis gegen Somoza

Eine Mehrheit der FSLN wich von der Fokus-Taktik ab und plädierte für eine Bündnispolitik mit anderen Oppositionskräften. Dies war der Auftakt für die breite Anti-Somoza-Bewegung, mit Streiks, bewaffneten Aufständen, militärischem und zivilem Widerstand, die in einem Volksaufstand im Juli 1979 den Diktator außer Landes trieb und den Sandinisten am 19. Juli 1979 zum Triumph verhalf.

19. Juli 1979, Sieg der Revolution

Mit dieser Revolution wurde nicht nur die Herrschaft der Familie Somoza beendet, sondern auch das Militär, die Polizei und die gesamte öffentliche Verwaltung wurden neu organisiert. Es handelte sich um den einzigen Sieg einer Guerillabewegung nach der Kubanischen Revolution in Lateinamerika.

Die Führungspersönlichkeiten der Sandinisten – unter ihnen die Brüder Humberto (*1947) und Daniel Ortega (*1945, späterer Armeechef bzw. Staatspräsident) – rekrutierten sich vor allem aus jugendlichen Söhnen und Töchtern der nicaraguanischen Mittel- und Oberschicht, von denen viele im Ausland studiert hatten. Die

Befreiung vom Somoza-Regime war jedoch keineswegs eine „Stunde Null", die wie in Kuba zunächst alle Möglichkeiten einer revolutionären Umgestaltung und Umverteilung barg. Die Somozas hatten ein zerstörtes und völlig ausgeplündertes Land hinterlassen. Der Spielraum der sandinistischen Regierung, in der zunächst Vertreter aller gesellschaftlichen Gruppierungen saßen, war von Anfang an durch die wirtschaftliche Ausrichtung auf den Weltmarkt und die Abhängigkeit von Importen aus den USA und der westlichen Welt äußerst begrenzt. Die ersten Monate und Jahre der Revolution waren ungeachtet dessen durch großen Optimismus gekennzeichnet: Angesichts der breiten Koalition aus revolutionären, konservativen und christlichen Kräften entschieden sich die neuen Machthaber für das Konzept einer „gemischten Wirtschaft", mit dem man versuchte, Privateigentum und kapitalistische Produktionsverhältnisse mit einer weitgehend staatlich regulierten Wirtschaft zu vereinigen. Es handelte sich dabei nicht nur um taktische Erwägungen, sondern die Sandinistische Revolution sollte eine Alternative zu den bekannten Modellen des Sozialismus darstellen. Die Produktion war außerdem nur mit den alten Besitzern, den Ingenieuren, Technikern und Managern aufrecht zu erhalten. Der riesige Privatbesitz der Familie Somoza wurde teils verstaatlicht, teils an Bauern und neugegründete Genossenschaften verteilt, wichtige Großproduzenten blieben unangetastet.

Gemischte Wirtschaft

Neben der Etablierung einer gemischten Wirtschaft wurden weitere politische Prinzipien aufgestellt: Demokratie, politischer Pluralismus, freie Wahlen; Beteiligung und Mobilisierung der Bevölkerung im Sozialbereich; Blockfreiheit; nationale Verteidigung von Souveränität und Selbstbestimmung. Die Alphabetisierungskampagne des Jahres 1980 konnte enorme Erfolge verbuchen, die Schulen, Universitäten und Gesundheitszentren wurden neu aufgebaut. Kuba unterstützte das revolutionäre Nicaragua unverzüglich mit Ärzten, Technikern und Lehrern. Die Revolution konnte sich außerdem auf die Basisinitiativen des Volksaufstands stützen, die Gewerkschaften, die Stadtteilkomitees und die Verbände der indigenen Bevölkerung, die sich erstmals organisieren und artikulieren konnten. Frauen, die sich in hoher Zahl an der Revolution beteiligt hatten, machten ihre Forderungen jetzt zum Gegenstand öffentlicher Diskussionen. Ein weiteres Novum war der enge Bezug der Revolution zur „Theologie der Befreiung", verkör-

Politischer Pluralismus und Blockfreiheit

Alphabetisierungskampagne

Große Beteiligung von Frauen

Enger Bezug zur „Theologie der Befreiung“

pert durch den Priester und Poet Ernesto Cardenal, der Kulturminister der sandinistischen Regierung wurde. In Anlehnung an die Kubanische Revolution und die Schriften Guevaras (1925-2020) sollte auch in Nicaragua der „neue Mensch“ geschaffen werden; Cardenal begründete diese Maxime allerdings mit christlich-humanistischen Grundsätzen.

Contra-Krieg

Bald musste die Aufbruchsstimmung allerdings erheblichen externen und internen Schwierigkeiten weichen: Während sich die US-Regierung unter Präsident Jimmy Carter (*1924) dem neuen Nicaragua gegenüber nicht offen feindlich verhalten hatte, so änderte sich diese Haltung mit Amtsantritt des Republikaners Ronald Reagan (1911–2004) 1981 drastisch: Reagan wollte kein „zweites Kuba“ im „Hinterhof“ der USA dulden, sein erklärtes Ziel war die Zerstörung der Revolution mit allen Mitteln. Die US-Regierung nutzte außerdem die Tatsache, dass sich mittlerweile eine Opposition aus ehemaligen Mitstreitern und Unzufriedenen gebildet hatte, die bereit waren, die sandinistische Regierung bewaffnet zu bekämpfen. Mit massiver finanzieller Unterstützung der US-Regierung wurden von der CIA ab 1982 paramilitärische Contra-Truppen in Honduras ausgebildet. Zusätzlich dazu verhängte sie ein Handelsembargo. Die Contra-Angriffe konzentrierten sich auf die Zerstörung überlebenswichtiger Infrastrukturen, etwa die Verminung von Häfen oder die Bombardierung von Öltanks. Trotzdem gingen bei den ersten freien Wahlen 1984 die Sandinisten als klare Sieger hervor. Dies war ein weiteres Novum im Vergleich zur Kubanischen Revolution, die ihre Regierung nie durch freie, geheime Wahlen bestätigen ließ. Letztendlich erreichte der „verdeckte“ Krieg allerdings sein Ziel, er ruinierte das Land ökonomisch und demoralisierte die Bevölkerung.

US-Unterstützung der Contras

Außenpolitisch verteidigte sich die FSLN-Regierung geschickt durch ihre Zusammenarbeit mit der Contadora-Initiative (Mexiko, Panama und Venezuela) und den blockfreien und sozialistischen Staaten. Die kurz nach der Revolution gebildeten Milizen, das *Ejército Popular Sandinista* (EPS) und die neue Polizei wurden von kubanischen Militärs ausgebildet. Der irreguläre Krieg verschärfte allerdings vorhandene Konflikte und soziale Spannungen in Nicaragua: Die unwegsame und kaum entwickelte Atlantikregion, bewohnt von indigener Bevölkerung, den Miskito, und den Nachfahren ehemaliger afrikanischer Sklaven, die ohnehin traditionell wenig Verbindung zur Pazifikregion hatten, entwickelte sich zu einem permanenten Konfliktherd. Als Antwort auf Contra-Aktivitäten in der Atlantikregion ließ die Regierung Tausende von Indigenen evakuieren und umsiedeln. Die Aktion wurde aufgrund von Menschenrechtsverletzungen und Missachtung kultureller Rechte der Miskito im In- und Ausland scharf kritisiert.

Breite internationale Solidarität

Die Revolution konnte sich von Anfang an auf eine starke Solidaritätsbewegung stützen, die vor allem in den Ländern Westeuropas agierte, aber auch in den USA und der DDR. Dies lag einerseits daran, dass die Machtübernahme relativ unblutig verlief, es keine Rachefeldzüge und keine Lynchjustiz der Sieger gab. Die schlimmsten Schergen der Somoza-Diktatur wurden relativ korrekt behandelt und die Todesstrafe abgeschafft. Damit schien sich zu bestätigen, was insbesondere Cardenal, der christliche Botschafter der Revolution, auf seinen internationalen Rundreisen immer wieder vermittelt hatte: Das Bild einer menschlichen, christlich motivierten Revolution. Auch andere literarische Exponenten des revolutionären Nicaragua, etwa die Poetin und Schriftstellerin Gioconda Belli (*1948), die mit ihrer erotischen Lyrik und ihren Romanen die Emanzipation der Frauen innerhalb der Revolution einforderte, oder der Schriftsteller Sergio Ramírez (*1942), der spätere Vizepräsident, waren international anerkannte Sympathieträger des neuen Nicaragua. Insbesondere mit Beginn des Contra-Krieges organisierte eine breite europäische Solidaritätsbewegung, an der nicht nur die radikale Linke, sondern auch viele Christen, Gewerkschafter und Sozialdemokraten beteiligt waren, Öffentlichkeitsarbeit, humanitäre Hilfe, Städtepartnerschaften und Solidaritätsbrigaden.

Wahlniederlage der Sandinisten

Aber auch diese gutgemeinte politische, ideelle, moralische und materielle Unterstützung konnte letztendlich die Zerstörungskraft des Contra-Krieges nicht aufhalten. Zermürbt von den wirtschaftlichen Engpässen und der ständigen Bedrohung durch die irregulären Contra-Truppen und die aggressive Rhetorik der USA, wählte die Bevölkerung bei den zweiten freien Präsidentschafts- und Parlamentswahlen im Februar 1990 die Sandinisten ab und stimmte mehrheitlich für das Mitte-Rechts-Bündnis der „Vereinigten Opposition“ (UNO) mit ihrer Spitzenkandidatin Violeta Barrios de Chamorro (*1929), der Witwe des 1978 im Anti-Somoza-Kampf ermordeten Pedro Joaquín Chamorro. Die Nicaraguaner konnten zwischen der FSLN wählen, die zwar für nationale Souveränität und soziale Gerechtigkeit kämpfte, aber offensichtlich machtlos war, den Krieg zu beenden. Die UNO hingegen, die auf die tatkräftige Unterstützung der USA zählen konnte, verkörperte das Versprechen, Krieg und wirtschaftliches Chaos endlich zu beenden. Die Regierungsübernahme vollzog sich in demokratischen Bahnen, da die FSLN die Wahlniederlage akzeptierte.

Rücknahme sozialer Errungenschaften

Die neue Regierung versuchte in den folgenden Jahren, die außenpolitische Isolierung zu beenden und die innere Aussöhnung der Gesellschaft zu unterstützen, etwa durch die Wiedereingliederung ehemaliger Kämpfer der Contra-Truppen. Die sozialen Verhältnisse wurden durch eine Rücknahme wesentlicher Errungenschaften der Revolution sowie durch neoliberale Strukturanpassungsprogramme allerdings stark belastet. Die FSLN konnte weiterhin auf einen festen Wählerstamm zählen, war aber heftigen innerparteilichen Auseinandersetzungen ausgesetzt, im Zuge derer sich wichtige Exponenten von den Sandinisten abwandten.

Zweite Präsidentschaft Ortegas

Daniel Ortega, der ehemalige Regierungschef, behielt die Kontrolle über die Partei, wandelte sich mehr und mehr zum autoritären Herrscher, gewann 2007 die Präsidentschaftswahlen und inszenierte seinen Sieg wie eine zweite Etappe der Revolution von 1979. Seine Rückkehr an die Macht war allerdings von langer Hand vorbereitet worden, etwa durch Aussöhnung mit ehemaligen politischen Gegnern und die Ausschaltung von Oppositionsparteien. Ortega ist bis heute an der Macht und stützt sich dabei auch auf die wirtschaftliche Erholung Nicaraguas, das im Agrarexportgeschäft und im Tourismus gute Bilanzen aufweisen kann. Der ehemalige Revolutionsführer beherrscht das Land mittlerweile autokratisch, wie sich im Frühjahr 2018 durch die blutige Niederschlagung einer breiten, anfänglich von Studenten getragenen Protestbewegung gegen Sozialabbau zeigte.

3.5 Guerillabewegungen und die Neue Linke der 1968er

Der Guerillakrieg ist untrennbar mit der Geschichte Lateinamerikas verbunden, und zwar seit dem ersten Widerstand der Urbevölkerung gegen die spanische Eroberung bis in die Gegenwart. Ungeachtet dieser langen Erfahrung haben es nur wenige bewaffnete Bewegungen geschafft, auf diese Art die Macht der herrschenden Eliten zu brechen und eine Revolution anzuführen. Die erfolgreichen Beispiele des 20. Jahrhunderts, Kuba und Nicaragua, wurden bereits vorgestellt. Trotzdem haben bewaffnete Befreiungsbewegungen überall in Lateinamerika und der Karibik direkt oder indirekt eine bedeutende Rolle für politische und soziale Transformationsprozesse gespielt.

Guerillakrieg und Fokus-Theorie

In den 1960er Jahren entstanden – inspiriert durch den Erfolg der Kubanischen Revolution – in vielen Ländern Lateinamerikas linke Guerilla- und nationale Befreiungsbewegungen, von denen die meisten scheiterten. Ernesto „Che" Guevara stellte mit der Fokus-Theorie eine Methode der Guerillataktik vor, die zwar von den Erfahrungen auf der Insel abgeleitet war, trotzdem aber universelle Anwendung finden sollte. Sie besagte, dass bewaffnete Volkskräfte selbst dann einen Krieg gegen eine reguläre Armee gewinnen könnten, wenn die Bedingungen für eine Revolution nicht gegeben seien. Der aufständische Fokus, eine politisch-militärische Avantgardetruppe, könne diese revolutionären Bedingungen durch die Gründung von sich weiter ausbreitenden Keimzellen von Guerillakämpfern herbeiführen. Inspiriert durch die Postulate der Chinesischen Revolution waren für Guevara die ländlichen Gebiete die wichtigsten Schauplätze des Widerstands. Die Guerillakämpfer müssten allerdings auf die Unterstützung der Bevölkerung in den jeweiligen Territorien zählen können und die Bevölkerung sollte mit fortschreitendem Erfolg direkt in den bewaffneten Kampf einbezogen werden. Guevara war nicht nur von der Notwendigkeit der Ausbreitung des revolutionären Kampfes in Lateinamerika, sondern vom globalen Charakter der Revolution überzeugt und forderte entsprechend die Gründung antiimperialistischer Guerillafronten in den Kontinenten Lateinamerika, Afrika und Asien.

Entstehung von bewaffneten Befreiungsbewegungen

Eng an diese Maxime angelehnt, agierten ab den 1960er Jahren die sich formierenden Guerillaverbände, um in einem nationalen Befreiungskampf die Diktaturen und Militärregimes in Guatemala (*Unidad Nacional Revolucionaria de Guatemala*, URNG), El Salvador (*Frente Farabundo Martí de Liberación Nacional*, FMLN) und Nicaragua (*Frente Sandinista de Liberación Nacional*, FSLN) zu stürzen. In Nicaragua mündete der Guerillakampf in die Revolution, anders in El Salvador und Guatemala, wo die Guerilla keinen Umsturz herbeiführen konnte. In El Salvador und Nicaragua sind die ehemaligen Guerillaorganisationen allerdings bis heute einflussreiche politische Kräfte. Weitere Guerillagruppen entstanden in Venezuela und Kolumbien (*Fuerzas Armadas Revoluciona-*

rias de Colombia, FARC und *Ejército de Liberación Nacional*, ELN), ebenso in Peru und Bolivien. Viele von ihnen erhielten Unterstützung durch die kubanischen Revolutionäre. Ein besonderes Merkmal dieser Guerillaverbände war die verstärkte Teilnahme von Frauen, die in Nicaragua ein Drittel und in El Salvador bereits die Hälfte der Bewaffneten ausmachten. In Kolumbien, das seit der Ermordung des liberalen Präsidentschaftskandidaten Jorge Eliécer Gaitán (1903–1948) durch einen ein Jahrzehnt andauernden politischen Konflikt zwischen Konservativen und Liberalen geprägt war, der als *violencia* in die Geschichte einging, kämpfte die Guerillaorganisation FARC seit 1964 um die Macht. Ein 2016 unterzeichnetes Friedensabkommen, das auch die Demobilisierung der FARC beeinhaltete, konnte den längsten Bürgerkrieg des Kontinents, in den auch die rivalisierende Guerillabewegung ELN involviert ist, allerdings nicht beenden (siehe unten, Kap. I.4.3).

Stadtguerillas

Der Tod Guevaras in Bolivien im Jahre 1967 beendete eine intensive Phase des revolutionären, bewaffneten Kampfes in Lateinamerika. Danach verlagerte sich der Schwerpunkt des Guerillakampfes in die Städte. In Brasilien unter Carlos Marighella (1911–1969) und in Uruguay entstanden einflussreiche Stadtguerillas (*Tupamaros*), ebenso in Argentinien (u.a *Montoneros* und *Ejercito Revolucionario del Pueblo*, ERP). In Peru gründeten sich in den 1960er Jahren verschiedenste Guerillagruppen, darunter auch der maoistisch orientierte „Leuchtende Pfad" (*Sendero Luminoso*). 1980 boykottierte die Gruppe um den Philosophieprofessor Abimael Guzmán (1934-2021) von der Universität San Cristóbal de Huamanga die nationalen Wahlen und begann in der Region Ayacucho einen bewaffneten Kampf. Der Konflikt breitete sich aus und konnte erst in den 1990er Jahren, begleitet von massiver staatlicher Repression, eingehegt werden. Der „Leuchtende Pfad" geriet sehr schnell durch sein brutales Vorgehen gegen die Zivilbevölkerung in Verruf – ein Kriterium, das diese Bewegung fundamental von allen anderen revolutionären Befreiungsbewegungen Lateinamerikas unterschied.

„Leuchtender Pfad" in Peru

Neue Linke

Die Wirkung dieser radikalen, bewaffneten Bewegungen steht auch im Zusammenhang mit dem Aufkommen einer Neuen Linken in Lateinamerika, die, ebenso wie in Westeuropa oder Nordamerika, in den 1960er Jahren hauptsächlich von den Universitäten ausging. Ein wichtiger Bezugspunkt für diese Neue Linke in Lateinamerika war die Kubanische Revolution. Sie stellte eine gesellschaftliche Alternative dar zu den revolutionären Konzepten der traditionellen Linken, die die kommunistischen Parteien des real existierenden Sozialismus der UdSSR vertraten. Und sie zeigte, wie politische Macht erobert werden konnte, ohne über den Weg der parlamentarischen Demokratie ausgehandelt zu werden. Die Neue Linke teilte die Vision einer globalen Revolution und lehnte den Reformismus vieler kommunistischer Parteien und der Arbeiterbewegung ab. Die größten studentischen Protestbewegungen entwickelten sich in Brasilien, Argentinien, Uruguay und Mexiko. Ihre wichtigste Symbolfigur war Ernesto „Che" Guevara, dessen gewaltsamer Tod einen allgegenwärtigen Mythos des gerechtfertigten bewaffneten Kampfes entfesselte.

Ejercito Zapatista de Liberación Nacional, EZLN

Die jüngste Guerillabewegung, das zapatistische Heer (*Ejercito Zapatista de Liberación Nacional*, EZLN) trat im Bundesstaat Chiapas am 1. Januar 1994 – nicht zufällig zeitgleich mit dem Beginn des Nordamerikanischen Freihandelsabkommens (NAFTA) – an die Öffentlichkeit, um auf die prekären Lebensbedingungen und die Marginalisierung der indigenen Bevölkerungsmehrheit im Süden Mexikos aufmerksam zu machen. Es war die erste linke Guerillabewegung, die nach dem Niedergang der Sowjetunion und der Ostblockstaaten in Erscheinung trat. Durch ihre Namensgebung stellte sie einen Bezug zur legendären indigenen Führungsfigur der Mexikanischen Revolution, Emiliano Zapata (1879–1919), her. Ihre politischen Ziele waren zwar durch die Neue Linke Lateinamerikas geprägt, wichen aber von den gesellschaftspolitischen Vorstellungen anderer Guerillaorganisationen ab. So stand die basisdemokratische Teilhabe der Bevölkerung im Zentrum des Programms und die rassistische Exklusion der indigenen Bevölkerung Mexikos wurde explizit thematisiert. Letzterer sollte unter anderem durch den Aufbau autonomer Strukturen auf lokaler und regionaler Ebene entgegengewirkt werden. Damit erschöpften sich Ziele und Strategien der EZLN nicht, sondern sie erweiterten noch in ganz anderen Aspekten die Programmatik auch anderer lateinamerikanischer Guerillaorganisationen. Emblematisch war der Grundgedanke des *mandar obedeciendo*, des „gehorchenden Befehlens", der den basisdemokratischen Ansatz unterstrich. Die EZLN strebte nicht den Sturz der Regierung an, sondern forderte eine umfassende Demokratisierung der politischen Strukturen und tiefgreifende soziale Reformen zur Verbesserung der Lebensbedingungen aller Mexikaner. Ihr Programm umfasste auch Geschlechtergerechtigkeit und Ökologie. Durch die konsequente Nutzung des damals noch neuen Mediums Internet fanden die scharfsinnigen und humorvollen Communiqués ihres Sprechers Subcomandante Marcos (Rafael Sebastián Guillén, *1957) weltweite Verbreitung und auch diese Bewegung erfuhr breite Solidarität. Auch innerhalb der mexikanischen Gesellschaft erhielt die EZLN große Unterstützung und ihre Reformvorschläge wurden breit diskutiert. Die mexikanische Regierung reagierte zunächst mit Militärgewalt, dann mit Verhandlungen, die relativ ergebnislos blieben und schließlich mit einer Kriegsstrategie niedriger Intensität. Die von der EZLN organisierten „Interkontinentalen Treffen gegen Neoliberalismus und für Menschlichkeit" machten sie zu Vorbildern lateinamerikanischer aber auch weltweiter Bewegungen gegen Neoliberalismus und Globalisierung (siehe unten, Kap. I.6.3).

4 Militärdiktaturen, Menschenrechtsverletzungen und Transition

4.1 Die 1960er bis 1980er Jahre

Nach dem Sieg der Alliierten im Zweiten Weltkrieg, den die US-Regierung als einen Sieg der Demokratie über diktatorische Regime propagierte, sollten dieser Vorstellung zufolge auch die Regierungen Lateinamerikas ihre autoritären Traditionen überwinden und demokratische Strukturen etablieren. In zahlreichen Ländern Lateinamerikas kam es zu solchen Versuchen, aber nur wenige waren von dauerhaftem Erfolg gekrönt. Ein positives Beispiel ist das kleine zentralamerikanische Land Costa Rica, das 1948 nach einem Bürgerkrieg ein demokratisches, pluralistisches System errichtete und sogar seine Armee abschaffte. Costa Ricas Zweiparteiensystem erwies sich als erstaunlich stabil und war in den letzten sieben Jahrzehnten weder durch Militärputsche noch durch die politisch-militärische Instabilität der Nachbarländer gefährdet. Neben Costa Rica und Uruguay kam es zumindest vorübergehend in Venezuela, Chile und Kolumbien zur Stärkung demokratischer Strukturen. Mit Ausnahme von Mexiko, dessen Regierung zwar autoritäre Züge aufwies, aber immer zivil blieb, etablierten sich sonst überall militärische Regimes, und zwar u. a. als Reaktion auf wirtschaftliche und gesellschaftliche Defizite. Dabei spielten auch die Erscheinungsformen des Populismus, die die Entwicklung autoritärer Regime beförderten, wie die unter den Präsidenten und Militärs Getúlio Vargas (1930–45/1950–54) in Brasilien und Juan Domingo Perón (1946–55/1973–74) in Argentinien, eine Rolle. Die eigentliche Ursache für die Stärkung autokratischer Regierungen in Lateinamerika war allerdings der Kalte Krieg und der strikte Antikommunismus, der nicht nur die US-Regierungen spätestens seit der Präsidentschaft Dwight D. Eisenhowers auszeichnete, sondern auch viele lateinamerikanische.

Einfluss des Kalten Kriegs

Der gewaltsame Sturz der demokratisch legitimierten Regierung in Guatemala 1954 bildete den Auftakt des Kalten Kriegs in Lateinamerika, der dann in der Kubanischen Revolution kulminierte. Die folgenden drei Jahrzehnte waren von der Furcht des „Dominoeffekts" geprägt. Es ging darum, um keinen Preis den Sieg weiterer linker Regierungen zuzulassen und revolutionäre Bewegungen im Keim zu ersticken. Dazu gehörte die Etablierung einer neuartigen Doktrin der „nationalen Sicherheit", die dem Militär als Institution – im Gegensatz zu den Militärregimes, die durch die persönlichen Interessen einzelner Militärmachthaber geprägten waren – eine einflussreiche gesellschaftliche Stellung einräumte, um den *status quo* und die Machthaber des Staates gegen „innere" Bedrohungen (soziale Proteste, Aufstandsbewegungen) zu verteidigen. Die politische Führung hatte jetzt nicht mehr ein *caudillo* inne, sondern eine ganze *junta*, bestehend aus Luftwaffe, Marine und Heer. Ausnahmen bildeten die Diktaturen Alfredo Stroessners (1912–2006) in Paraguay (1954–1989) und Augusto Pinochets (1915–2006) in Chile (1973–90), die stark personalistische Strukturen ausbildeten.

Furcht vor dem „Dominoeffekt"

Doktrin der „nationalen Sicherheit"

Neben der massiven Auf- und Ausrüstung der nationalen Armeen war insbesondere die militärische Ausbildung entscheidend, vor allem das Training in speziellen Formen der Kriegsführung, der *counterinsurgency*, zugeschnitten auf die Unterdrückung sozialer Proteste, sozialrevolutionärer Aufstandsbewegungen und Guerillaaktivitäten. Die vermeintliche (oder tatsächliche) innenpolitische Bedrohungslage, der sich in den 1960er Jahren etliche lateinamerikanische Länder ausgesetzt sahen, führte zur weiteren Aufrüstung des Militärs und der Förderung eines systematischen Ausbildungsprogramms. Dieses war unter Mitwirkung der US-Regierung entwickelt worden und wurde in Lateinamerika vor allem

counterinsurgency-Strukturen

an zwei Militärakademien (der *Escuela de las Américas* in Panama und der *Escola Superior da Guerra* in Brasilien) gelehrt. Bis 1965 wurden dort mehr als 30 000 Offiziere ausgebildet. Auch der Ausbau der Geheimdienste – mit massiver Unterstützung der CIA – zählte zu den Schlüsselstrategien bei der Bekämpfung der „Subversion". Die Militärregime Argentiniens, Uruguays, Chiles, Boliviens, Paraguays und Brasiliens begründeten zusammen Mitte der 1970er Jahre eine multinationale Geheimdienstoffensive, die „Operation Condor", um gemeinsam und grenzübergreifend gezielt gegen politische Gegner vorzugehen. Den Auftakt bei der ersten Welle der Militärdiktaturen auf dem südamerikanischen Kontinent bildeten Paraguay (1954) und Brasilien (1964), es folgten Peru (1968), Bolivien (1971), Ecuador (1972), Chile und Uruguay (1973) sowie Argentinien (1976). In Guatemala übernahm das Militär ab 1963 mit dem entsprechenden Ausbau der *counterinsurgency*-Strukturen mit wenigen Unterbrechungen bis 1985 die Macht. Im Nachbarland El Salvador gewannen die Militärs ab 1970 die Oberhand im Staat, entweder als reine Militärregimes, oder sie dominierten im Dienst der Aufstandsbekämpfung zivile Regierungen.

„Operation Condor"

Typisierung von Militärdiktaturen

Der argentinische Soziologe Guillermo O'Donnell entwarf in den 1970er Jahren ein Modell zur Typisierung und Unterscheidung der lateinamerikanischen Militärregime: Eine Gruppe hatte sich in Ländern mit einer relativ weit fortgeschrittenen Urbanisierung und Industrialisierung entwickelt. Die Militärherrschaft hatte hier eine ökonomisch-modernisierende Funktion, insbesondere im Zusammenspiel mit transnational operierenden ausländischen Unternehmen, wie IBM, *Philips, Dow Chemical oder Volkswagen.* Chile entwickelte sich unter der Militärdiktatur zu einem Experimentierfeld für neoliberale Wirtschaftsreformen. O'Donnell bezeichnete diesen Typus als „bürokratisch autoritär" und subsummierte darunter die Militärdiktaturen Brasiliens, Argentiniens, Chiles und Uruguays. Alle Militärjuntas gingen brutal gegen die Opposition derjenigen vor, die strukturelle Reformen und eine gesellschaftliche Umverteilung des Reichtums forderten. Jede gesellschaftliche Kraft, Einzelpersonen oder Organisationen, die sich für Reformen einsetzten – Basisgemeinden, Gewerkschaften, Intellektuelle, Studenten, Bauernorganisationen, linke und progressive Parteien – wurden als Bedrohung der staatlichen Ordnung erachtet und bekämpft.

Schwerste Menschenrechtsverletzungen

Die Militärdiktaturen wurden, von ganz wenigen Ausnahmen abgesehen, von den Vereinigten Staaten unterstützt, da sie im Kalten Krieg als Bollwerke gegen den Kommunismus galten, womit sich die US-Regierungen innerhalb kürzester Zeit von Verfechtern demokratischer Ordnungen zu Komplizen von brutalen, rechtsgerichteten Regimes entwickelten. Die Militärregime bekämpften diejenigen, die sie als „subversiv" erachteten, häufig flächendeckend, was vielerorts in Staatsterror und in lange Perioden militärischer Herrschaft mündete. In Argentinien oder Guatemala wurden unter den Militärregimes schwerste Menschenrechtsverletzungen an der Zivilbevölkerung verübt. Massenexekutionen, Folter, Erschießungen, Bombardierungen, Verschwindenlassen, Vergewaltigungen oder Entführungen standen auf der Tagesordnung. In Guatemala wurde an der indigenen Bevölkerung ein Genozid verübt. In dem 36 Jahre dauernden Bürgerkrieg wurden insgesamt 200 000 Menschen getötet, 93 % der Gewaltakte gingen dabei vom Militär aus. In Argentinien gab es zwischen 15 000 und 30 000 vom Staat verschleppte und dann „Verschwundene" (*detenidos-desaparecidos*) zu beklagen, in Chile waren es mehr als 3 000 Tote. In Guatemala flohen etwa 1,5 Millionen Menschen vor Verfolgung und Repression, in anderen Militärdiktaturen waren es Zehntausende.

Einen anderen Typus von Militärregimes bildeten O'Donnell zufolge die sozialreformerischen, zu denen Peru (1968–1980) und Ecuador (1972–1976) gezählt werden. Diese Länder waren durch signifikante gesellschaftliche Antagonismen gekennzeichnet, durch große wirtschaftliche Entwicklungsunterschiede zwischen Stadt und Land, Industrie- und Agrarsektor bzw. innerhalb der Wirtschaftsbereiche zwischen traditionellen und modernen Produktionsformen einer kleinen Oberschicht und einer Masse städtischer und ländlicher Armer. Das Militär versuchte mit autoritären Maßnahmen grundlegende wirtschaftliche und soziale Reformen durchzuführen, was den Vorgängerregierungen nicht gelungen war: eine Beschleunigung der Industrialisierung, eine Modernisierung des Agrarsektors und die Nationalisierung von Rohstoffen und ausländischem Eigentum. In beiden Ländern versuchten die Militärs, die organisierte Zivilbevölkerung – Parteien und Gewerkschaften – in diesen Reformprozess miteinzubeziehen.

Der Demokratisierungsprozess, der mit dem Ende des Kalten Kriegs einherging, führte ab der zweiten Hälfte der 1980er Jahre zu einem Transitionsprozess (*transición*), in dessen Verlauf fast alle Militärregimes Lateinamerikas von demokratischeren Regierungsformen abgelöst wurden. Entscheidend für das Gelingen dieses Übergangs war in vielen Fällen das Engagement der Zivilgesellschaft, also der sozialen Bewegungen, der Basisgemeinden, Menschenrechtsorganisationen oder Gewerkschaften.

4.1.1 Chile

Regierung Allende

Chile war in den 1960er Jahren eines der wenigen Beispiele für den Erfolg der „Allianz für den Fortschritt" gewesen (siehe oben, Kap. I.2.4.1). Zentrale politische Figur war dabei der Christdemokrat Eduardo Frei Montalva (1911–1982), der soziale Reformmaßnahmen mit Antikommunismus verband und damit den Vorstellungen der US-Regierung entsprach. Während seiner Amtszeit (1964–1970) kritisierte Frei die USA allerdings öffentlich, was ihn deren Unterstützung im folgenden Wahlkampf kostete. Die chilenische Linke bildete 1969 mit der *Unidad Popular* (UP) ein Wahlbündnis für einen friedlichen, institutionellen Weg zum Sozialismus, trat für die konsequente Nationalisierung des Bergbausektors und die Enteignung des Großgrundbesitzes ein und stellte den Sozialisten Salvador Allende (1908–1973) als Präsidentschaftskandidaten für die Wahlen 1970 auf. Die UP ging aus den Wahlen mit 37 % als stärkste Kraft hervor, und Allende wurde mit den Stimmen der Christdemokraten im Parlament zum Präsidenten gewählt. Er verstaatlichte die wichtigsten Wirtschaftszweige Chiles (Bankwesen, Landwirtschaft, Kupferminen, Industrie, Kommunikation) und geriet dadurch in wachsende Konflikte mit der Opposition – obwohl die Verstaatlichungen von der Verfassung gedeckt waren. Zudem stieß sein Wahlsieg bei der US-Regierung auf heftigen Widerstand, denn der Auffassung der Nixon-Administration zufolge wurde Chile nach Kuba als zweiter lateinamerikanischer Staat nun sozialistisch regiert. Dies schien die von Eisenhower postulierte „Domino-Theorie" zu bestätigen.

Boykottmaßnahmen

Die Regierung Allende hatte also mit Sanktionen und Gegenmaßnahmen der USA zu rechnen. Durch den Boykott der Vereinigten Staaten, Westeuropas und zahlreicher internationaler Konzerne – aber auch aufgrund interner Auseinandersetzungen mit der radikalen Linken und Versorgungsengpässen, die der Boykott verursachte – wurde das politische System derart geschwächt, dass sich Teile des Militärs zu einem Putsch entschlossen. Dieser erfolgte am 11. September 1973 und brachte eine rechtsgerichtete Militärjunta unter Heereschef General Augusto Pinochet an die Macht. Danach setzte ein allgemeiner Staatsterror gegen die Opposition aus Linken und Demokraten ein: Politische Parteien und Gewerkschaften wurden verboten, ihre Führungen entweder inhaftiert, ermordet oder ins Exil verbannt. In Internierungszentren waren Folter und Mord an der Tagesordnung. Die genaue Opferzahl ist bis heute umstritten, aber es handelte sich um mehrere Tausend. Hinzu kam die erzwungene Emigration Zehntausender.

Militärputsch Pinochets

Die ursprünglich als vorübergehendes Juntasystem konzipierte Regierung entwickelte sich zu einem autokratischen, personalistischen Regime, das fast 17 Jahre andauern sollte. Obwohl die Verfassung formell noch bis 1980 in Kraft war, wurden die rechtsstaatlichen Strukturen systematisch außer Kraft gesetzt. Pinochet regierte mit Militärdekreten und die gesamte Administration wurde Angehörigen des Militärs anvertraut. Mit Unterstützung von in den USA ausgebildeten Technokraten, den sogenannten *Chicago Boys*, machte das Regime die unter Allende durchgeführten Nationalisierungen mit Ausnahme der Kupferminen rückgängig, verfolgte einen radikalen Sparkurs, führte neoliberale Wirtschaftsreformen durch und setzte die Arbeitsgesetzgebung außer Kraft. Auf der Basis einer daraus folgenden, relativen Konsolidierung der chilenischen Wirtschaft eröffnete sich eine lange, aber extrem schwierige Phase des Übergangs zur Demokratie, allerdings nur im Rahmen der von der Militärdiktatur 1980 oktroyierten Verfassung. In einer im Oktober 1988 abgehaltenen Volksabstimmung sprach sich eine knappe Mehrheit der Chilenen gegen eine weitere Amtszeit Pinochets aus. Der damit eingeläutete Demokratisierungsprozess zeigte mit dem Ende des Kalten Kriegs 1989 einen ersten Erfolg, als der für das Mitte-links-Bündnis kandidierende Christdemokrat Patricio Aylwin (1918–2016) in freien Wahlen zum Präsidenten gewählt wurde und eine Transitionsregierung bildete.

Außerkraftsetzung des Rechtsstaats

Neoliberale Wirtschaftsreformen

Transition und Demokratisierungsprozess

4.1.2 Argentinien

Die politische Lage in Argentinien zeichnete sich seit der Rückkehr J. D. Peróns aus dem spanischen Exil 1973 und erst recht nach seinem Tod ein Jahr später durch zunehmende Instabilität und Polarisierung aus. Gewalt sowohl von rechten als auch linken Gruppierungen führten unter der Regierung seiner Witwe und Vizepräsidentin Isabel Perón 1974 zur Verhängung des Ausnahmezustandes, was die Gewaltspirale weiter anheizte. Hinzu kamen Rezession und Hyperinflation, die die wirtschaftlichen und sozialen Spannungen weiter verschärften. 1976 putschte das Militär, löste alle verfassungsmäßigen Organe und politischen Parteien auf, Gewerkschaften sowie Wirtschaftsverbände wurden verboten.

„Prozess der nationalen Reorganisation“

Die Streitkräfte riefen einen „Prozess der nationalen Reorganisation“ aus, der die Ordnung wiederherstellen und Staat, Wirtschaft und Gesellschaft von Grund auf reformieren sollte. Die Vernichtung aller als „subversiv“ erachtete Kräfte wurde für diese Umwandlung der Gesellschaft als unabdingbar betrachtet. Letztlich versuchte man, jegliches Oppositionspotential zu beseitigen und die gesamte Gesellschaft durch Terror zu „disziplinieren“.

Der „schmutzige Krieg“

Der hierzu begonnene „schmutzige Krieg“, der unter dem Vorwand der Bekämpfung des Kommunismus geführt wurde, erstreckte sich über das ganze Land. Dabei entwickelten die argentinischen Militärs eine besonders perfide Form der Repression, das sogenannte „Verschwindenlassen“ von Personen. Das bedeutete nicht nur, dass es keine Beweise für die Folterungen und Tötungen gab, sondern der Terror dehnte sich auf die Angehörigen und Freunde aus, die in völliger Unsicherheit über den Verbleib der zumeist bei Nacht entführten Personen gelassen wurden, nicht trauern und auch keine rechtlichen Maßnahmen oder Nachforschungen einleiten konnten.

detenidos-desaparecidos

Die Opfer werden heute als *detenidos-desaparecidos* (Verhaftete-Verschwundene) bezeichnet, um die Verantwortung des Staates kenntlich zu machen. Ihre Zahl wird auf 15 000–30 000 Personen geschätzt, etwa 9 000 konnten von der Wahrheitskommission (siehe Kap. I.4.3) nachgewiesen werden.

Menschenrechtsorganisationen

Allerdings regte sich Widerstand. Auf dem Höhepunkt der Repression gründeten 1977 die „Mütter von der Plaza de Mayo“ (*Madres de Plaza de Mayo*) eine Organisation, die in allen größeren Städten des Landes rasch Zulauf erhielt. Öffentlichkeitswirksam forschten die Frauen nach dem Verbleib ihrer Kinder, unter anderem während der Fußballweltmeisterschaft 1978. Der Vertreter einer anderen Menschenrechtsorganisation, des *Servicio de Paz y Justicia para América Latina*, Adolfo Pérez Esquivel (*1931), erhielt 1980 den Friedensnobelpreis. Auch die interamerikanische Organisation für Menschenrechte übte Druck auf Argentinien aus.

Letztlich war es jedoch das völlige Versagen der Militärs sowohl in wirtschaftlicher Hinsicht als auch auf ihrem ureigenen Terrain, dem Krieg, der das Regime zu Fall brachte. Ab 1981 kam es angesichts der schlechten wirtschaftlichen Lage zu Streiks und Demonstrationen, die nicht mehr unterdrückt werden konnten. Dies führte auch zur Bildung einer Mehrparteienkoalition, die eine politische Öffnung forderte, eine Situation aus der sich die Regierung mit einem Militärschlag gegen die seit 1833 von Großbritannien beherrschten, aber von Argentinien beanspruchten Falkland-/Malvinen-Inseln zu befreien versuchte (siehe OGG 48: Lateinamerika 1800–1930, Kapitel I, 3.4 und II, 4). Nach anfänglichen Erfolgen und einer daraus resultierenden nationalistischen Euphorie, der sich auch die politische Opposition kurzfristig anschloss, endete das Abenteuer im Juli 1982 mit der Kapitulation Argentiniens. Die Militärregierung war nicht mehr zu halten, ein Versuch eines paktierten Übergangs scheiterte. Für Oktober 1983 wurden Wahlen angesetzt, die die *Unión Cívica Radical* mit ihrem Präsidentschaftskandidaten Raúl Alfonsín (1927–2009) gewann.

Falkland-/ Malvinenkrieg

4.2 Menschenrechte und Menschenrechtsverletzungen

Aus historischer Perspektive waren Menschenrechtsverletzungen in Lateinamerika – wie in vielen anderen Teilen der Welt – eher die Regel denn die Ausnahme. Grundlegend für die Durchsetzung und Einhaltung der Menschenrechte ist ein bürgerlich-demokratischer Staat, der über ein zentralisiertes Gewaltmonopol verfügt, sein Militär und seine Sicherheitskräfte kontrolliert und über eine unabhängige Gerichtsbarkeit verfügt. Charakteristisch für die meisten Länder Lateinamerikas war allerdings über lange Zeit hinweg, insbesondere in ländlichen Gebieten, ein schwacher Staat, der die Macht mit anderen Akteuren, Großgrundbesitzern, (Para-)Militärs oder den eigenen Sicherheitskräften teilen musste. Ein Höhepunkt staatlichen Machtmissbrauchs waren die bereits thematisierten Militärdiktaturen der 1960er bis 1980er Jahre mit Hunderttausenden Opfern von Menschenrechtsverletzungen. Bezeichnend war hier, dass Repression und Menschenrechtsverletzungen vom Staat und seinen Sicherheitsorganen ausgingen. Das größte Problem nach dem Ende der Militärdiktaturen und im Zuge der Aufklärung der Menschrechtsverletzungen war die *impunidad*,

Staatlicher Machtmißbrauch

Straflosigkeit

die Straflosigkeit der Täter. In allen betroffenen Ländern forderte die Öffentlichkeit die Aufklärung über den Verbleib der Verschwundenen und die Bestrafung von verantwortlichen Politikern und Militärs sowie von Folterern und Mördern. Streitkräfte und Sicherheitsorgane zeigten allerdings in der Regel kein Schuldbewusstsein. Die bedeutende Machtposition des Militärs verhinderte in vielen Fällen die Verurteilung und Bestrafung der Verantwortlichen. Menschenrechtsverletzungen und Vergangenheitsbewältigung waren die zentralen Konfliktpunkte zwischen Militärs und Zivilgesellschaft, weil es einerseits um Aufklärung der Ursachen für Gewalt und Bürgerkriege ging, andererseits um die Legitimierung von Gewalt. Es zeigte sich, dass die Bereitschaft der Auseinandersetzung mit der Vergangenheit immer ein Indiz dafür war, wie ernst den Beteiligten die zukünftige Respektierung der Menschenrechte war.

Menschenrechtsaktivisten und -organisationen

Dass sich die Menschenrechtssituation in Lateinamerika trotzdem verbessert hat, ist nicht zuletzt der Arbeit von Menschenrechtsaktivisten und -organisationen geschuldet, deren Anliegen mit Unterstützung transnationaler Solidaritätsbewegungen an die Öffentlichkeit gelangte. Der Schutz der Menschenrechte wurde im Zuge der Demokratisierung in den meisten Fällen in die nationalen Verfassungen aufgenommen und staatliche Organe zu ihrer Überwachung gestärkt bzw. Zusammenschlüsse von Menschenrechtsaktivisten unterstützt. Auch supranationale Organe wie der interamerikanische Menschenrechtsgerichtshof mit Sitz in Costa Rica nehmen Klagen entgegen. Dennoch bestehen Menschenrechtsverletzungen zum Teil in erheblichem Umfang fort. Sie betreffen heutzutage allerdings weniger den politischen Bereich, sondern wirtschaftliche, soziale und kulturelle Rechte, z. B. gewaltsame Vertreibungen auf dem Land, menschenunwürdige Arbeitsbedingungen auf Plantagen und in Agrargroßbetrieben, die mangelnde soziale Absicherung breiter Bevölkerungsschichten, den schlechten Zustand öffentlicher Schulen oder auch ethnisch-soziale Diskriminierungen. Ein weiteres Problem war (und ist) die Diffusion von Gewalt, ihre „Privatisierung" und damit ihre dezentrale Ausbreitung, die andere, nichtstaatliche Akteure von Menschenrechtsverletzungen hervorbrachte. Dringenden Handlungsbedarf gibt es beispielsweise beim Schutz von Frauen und Mädchen vor sexualisierter Gewalt, Bedrohungen und Tötungen – wie das schockierende Beispiel der *feminicidios* (Femizide) an der me-

Interamerikanischer Menschenrechtsgerichtshof

Gewaltdiffusion

feminicidios

xikanisch-US-amerikanischen Grenze seit den 1990er Jahren zeigte, eine Praxis, die auch in anderen Regionen Lateinamerikas verbreitetet ist. Ebenso alarmierend ist die entfesselte Gewalt, die von illegalen Drogenhandelsorganisationen ausgeht – immer dann, wenn Einflusszonen umstritten sind – oder auch von den häufig mit ihnen in Verbindung stehenden Jugendbanden (*maras*) in Zentralamerika. Gerade der Drogenhandel profitiert insgesamt von schwachen staatlichen Strukturen, den Defiziten der rechtsstaatlichen Organe und demokratischen Kontrolle sowie der fehlenden sozialen Entwicklung vieler Länder Lateinamerikas.

Drogenhandel

Jugendbanden

4.3 Wahrheit und Versöhnung: *transición* und *memoria*

Nach dem Ende der Militärdiktaturen kam es in den lateinamerikanischen Staaten zu Übergangsprozessen, die zum Teil bis heute nicht oder nur teilweise abgeschlossen sind. Damit einher ging der Versuch der Aufarbeitung der während der Diktaturen begangenen Menschenrechtsverletzungen und der nationalen „Versöhnung". Diese Prozesse verliefen, je nach Ausgangslage, sehr unterschiedlich und prägen die jeweiligen Staaten bis heute.

In Brasilien, wo das Militär bereits 1964 geputscht hatte und ab Ende der 1970er Jahre durch den Druck der Zivilgesellschaft ein allmählicher Übergang zur Demokratie eingeleitet wurde, der weitgehend friedlich verlief, begann die Aufarbeitung der vermeintlich eher „milden" Militärdiktatur erst im 21. Jahrhundert. Argentinien hingegen, das Land, das eine der brutalsten Militärdiktaturen des 20. Jahrhunderts erlebt hatte, wurde wegweisend in der Frage der Vergangenheitspolitik. Der „Kampf um die Erinnerung" wurde hier offener ausgetragen als in vielen anderen Ländern, doch auch er ist bis heute nicht beendet.

Argentinien

Die Aufarbeitung der Militärdiktatur in Argentinien lässt sich in vier Phasen unterteilen. In der ersten (1983–1989) ging es vor allem um die strafrechtliche Verfolgung der Menschenrechtsverletzungen. Kurz vor Ende ihrer Herrschaft hatte die Militärregierung ein Amnestiegesetz verabschiedet, das die straf- und zivilrechtliche Verfolgung von Straftaten während des „schmutzigen Krieges" verhindern sollte. Der neu gewählte Kongress annullierte das Dekret, und die zivile Regierung unter Raúl Alfonsín rief eine „Nationale Kommission über das Verschwinden von Personen"

(*Comisión Nacional sobre la Desaparición de Personas* – CONADEP) ins Leben. Diese verfügte zwar nicht über Entscheidungskompetenzen, wohl aber über weitreichende Möglichkeiten zur Entgegennahme von Anzeigen, zur Durchführung von Nachforschungen und Weitergabe ihrer Untersuchungsergebnisse an die Justiz. Der unter dem Titel „*Nunca Más*" („Nie wieder") vorgelegte Bericht zeigte das Ausmaß der Menschenrechtsverletzungen und konnte zahlreiche Beweise liefern, die später vor Gericht verwendet wurden. Wahrheitskommissionen gehören seit der Einrichtung der CONADEP in Argentinien zu dem Standardinstrument der Vergangenheitspolitik in Lateinamerika und darüber hinaus.

Wahrheitskomission

Juristische Aufarbeitung

Nach einigem juristischen Tauziehen erhob die argentinische Staatsanwaltschaft 1985 Anklage gegen die Mitglieder der drei aufeinander folgenden Militärjuntas, die zu langjährigen Freiheitsstrafen verurteilt wurden. Darüber hinaus sollte laut Gerichtsurteil auch die Verantwortlichkeit weiterer Offiziere überprüft werden. Die Militärs setzten daraufhin die Regierung so stark unter Druck, dass diese 1986 ein sogenanntes „Schlusspunktgesetz" durch den Kongress brachte, das den Gerichten einen Zeitraum von lediglich 60 Tagen gewährte, um weitere Angeklagte vorzuladen. Anfang 1987 kam es wegen der drohenden Gerichtsverfahren zu einer Rebellion von Teilen der Streitkräfte, die wiederum Proteste der Zivilgesellschaft nach sich zogen. Der Konflikt wurde schließlich durch die Verabschiedung eines weiteren Gesetzes über den „Befehlsnotstand" vorläufig beigelegt. Dieses schloss für rangniedrige Angehörige der Streitkräfte aufgrund der militärischen Gehorsamspflicht eine Verfolgung aus. In den folgenden Jahren (1990–1995) standen unter Alfonsíns Nachfolger Carlos Menem die ökonomische Stabilisierung und eine „nationale Versöhnung" im Vordergrund. Diesem Ziel sollte auch eine Begnadigung hoher Militärs sowie ehemaliger Mitglieder der Guerilla dienen. Aber auch das Thema der Entschädigung der Opfer gewann nun erstmals an Bedeutung. In einer dritten Phase, die durch die öffentlichen Geständnisse von Militärs sowie eines Teils der katholischen Kirche eingeleitet wurde, gewann die Aufarbeitung der Menschenrechtsverletzungen wieder an Fahrt. Hierzu trug auch die Gründung einer transnational eng vernetzten „Koalition gegen die Straflosigkeit" bei.

Versöhnung

Neue Vergangenheitspolitik

Mit der Wahl von Néstor Kirchner zum neuen argentinischen Präsidenten im Jahr 2003 (nach einer Phase massiver wirtschaftlicher und politischer Krisen) kam es zu einer institutionellen und kulturellen Offensive in der Vergangenheitspolitik. Die Amnestiegesetze wurden aufgehoben, eine Reihe von Entscheidungsträgern in Militär und Polizei ausgetauscht und erstmalig eine Gedenkstätte für die Opfer in dem ehemaligen Folterzentrum der Marineschule ESMA eingerichtet. Kurz darauf wurde an zentraler Stelle am Río de la Plata, in den viele der „Verhafteten-Verschwundenen" von Flugzeugen aus in den Fluss geworfen worden waren, ein *Parque de la Memoria* eröffnet. Cristina Fernández de Kirchner, die ihrem Mann 2007 als Präsidentin folgte, führte diese Politik fort und öffnete die Archive, um so die Verfolgung der Straftäter zu erleichtern. Allerdings war die Politik der Kirchners nicht unumstritten, da diese in den Augen vieler Beobachter die Menschenrechtsorganisationen für ihre politischen Ziele instrumentalisierten. Ungeachtet der staatlichen Politik beeinflussen weiterhin auch zahlreiche Menschenrechtsorganisationen die Erinnerungskultur. Hier sei nur auf die Nachfolgeorganisation der „Mütter der Plaza de Mayo", die Kinder und Enkel der Verhafteten-Verschwundenen verwiesen, die sich in der Organisation H. I. J. O.S (spanisch: Kinder, *Hijos por la Identidad y la Justicia contra el Olvido y el Silencio*/Kinder für die Identität und Gerechtigkeit gegen das Vergessen und das Schweigen) sammelten, und die mit der Aktionsform des *escrache* eine neue, performative Erinnerungspraxis entwickelten: Dabei wird das Haus (oder der Arbeitsplatz) einer Person, der Menschenrechtsverbrechen oder Korruption vorgeworfen werden, von der Gruppe mit Sprechchören, Graffiti, Transparenten und/oder Musik überzogen.

Chile

In Chile war der Prozess der Aufarbeitung der Menschenrechtsverletzungen und das Problem der Straflosigkeit aufgrund der Probleme der Transition wesentlich schwieriger und langwieriger. Ende der 1970er Jahre sah sich die Militärregierung zwar bereits gezwungen, ihre Gewaltherrschaft zu legitimieren und zu institutionalisieren, schaffte es aber für lange Zeit, die Zügel in der Hand zu behalten. Zunächst wurde eine Verfassung erarbeitet, die auf die Zentralisierung und Zementierung der Macht in der Person des *de facto* Präsidenten Pinochet ausgerichtet war. Allerdings sah diese ein Plebiszit vor, das gegebenenfalls über einen Übergang zur Zivilregierung entscheiden konnte. Die Verfassung wurde 1980 in einem Referendum, das in einem Klima von Repression und Angst stattfand, angenommen. Die Opposition machte sich

Referendum

jedoch das Instrument des Plebiszits zunutze. Nachdem es infolge einer Wirtschaftskrise 1982/83 und Massenprotesten zu einer zaghaften Öffnung gekommen war, gelang es, für 1988 ein Referendum über die Zukunft der Militärherrschaft herbeizuführen. Dessen Ausgang hatte die Regierung vermutlich nicht erwartet. Bei einer Wahlbeteiligung von 92% stimmten 55% der Bevölkerung gegen einen Verbleib der Regierung Pinochets an der Macht. In den anschließenden Wahlen konnte sich das Parteienbündnis der Opposition knapp durchsetzen, sah sich allerdings in der Folgezeit zu zahlreichen Zugeständnissen an die Militärs gezwungen. Während der in der Verfassung vorgesehenen Übergangszeit von 17 Monaten erließ Pinochet eine Reihe von Gesetzen, die sogenannten „Fesselgesetze“, die eine juristische Aufarbeitung der während der Militärdiktatur begangenen Menschenrechtsverbrechen verhindern sollten. Auch führte die Tatsache, dass Pinochet als Senator auf Lebenszeit, Mitglied des nationalen Sicherheitsrates und Oberbefehlshaber der Streitkräfte weiterhin eine erhebliche Machtfülle besaß, dazu, dass die neue Regierung eine vorsichtige Politik der kleinen Schritte verfolgen musste.

„Paktierter“ Übergang

Diese Situation zwang auch zu Zugeständnissen bei der Aufarbeitung der Vergangenheit. Zwar setzte die Regierung unter Präsident Aylwin 1990 eine Kommission für „Wahrheit und Versöhnung“ unter der Führung des Juristen Raúl Rettig ein, allerdings sollte sich diese auf die „schwersten“ Menschenrechtsverletzungen beschränken und durfte weder die Namen der Täter nennen, noch juristische Maßnahmen einleiten. Dennoch gilt der Bericht als ein wichtiger Schritt zur Neukonstituierung des Landes, machte er doch erstmals die „Wahrheit“ über die Verbrechen öffentlich und amtlich. Hinzu kam, dass sie einen allmählichen Ansehens- und Machtverlust der Militärs einleiteten, der 1998 endgültig besiegelt wurde, als Pinochet in London aufgrund eines internationalen Haftbefehls eines spanischen Staatsanwaltes verhaftet wurde. Der nach seiner Auslieferung nach Chile 2001 eröffnete Prozess kam allerdings nicht zustande, da er wegen seines Alters für verhandlungsunfähig erklärt wurde. Sein Tod im Jahr 2006 eröffnete dann neue Möglichkeiten der Aufarbeitung und strafrechtlichen Verfolgung, die 2015 zur Verabschiedung eines Gesetzes über eine finanzielle Entschädigung der Opfer der Militärdiktatur durch den Kongress führten. Aufgrund starken öffentlichen Drucks kam es 2017 erstmals zu Gerichtsurteilen gegen hochrangi-

Wahrheitskommission

Verhaftung Pinochets

ge Militärs. Auch über ein *Museo de la Memoria* verfügt Chile inzwischen.

Zentralamerika

Ganz ähnliche Probleme bei der Aufklärung der Vergangenheit gab es in den Ländern, in denen ein Bürgerkrieg mittels eines Friedensvertrags beigelegt wurde wie in El Salvador und Guatemala. Auch hier wurden mit Beginn der Friedensprozesse in den 1990er Jahren Wahrheitskommissionen eingerichtet, um die massiven Menschenrechtsverletzungen aufzuarbeiten. In Guatemala wurden Ende der 1990er Jahre sogar zwei sehr aussagekräftige Wahrheitsberichte veröffentlicht, einer davon unter Verantwortung der katholischen Kirche. In beiden Fällen war unstrittig, dass Repression und Terror gegen die Zivilbevölkerung von Staat und Militär ausgegangen waren und nicht von der bewaffneten Opposition. Beide Kommissionen hatten allerdings ein sehr eingeschränktes Mandat, das nicht die Strafverfolgung der Täter betraf. Ihre Arbeit war dennoch ein wichtiger Schritt auf dem Weg zur gesellschaftlichen Transition.

Peru

Auch in Peru wurde nach der Amtsenthebung und dem Rücktritt Alberto Fujimoris von der Übergangsregierung im Juni 2001 eine Kommission für Wahrheit und Versöhnung eingesetzt, welche Verbrechen und Menschenrechtsverletzungen während der Zeit des bewaffneten Konflikts zwischen dem „Leuchtenden Pfad“ und Sicherheitskräften untersuchte. Der 2003 an die Regierung von Alejandro Toledo übergebene Abschlussbericht hielt fest, dass die Mehrheit der Verbrechen (46 %) von der Guerilla begangen wurde, knapp ein Drittel vom Militär und etwa ein Viertel von paramilitärischen Gruppen. Insgesamt wurden 69 280 Opfer gezählt.

Kolumbien

Einen besonderen Fall stellt Kolumbien dar, das eine solche Kommission bereits während des noch schwelenden internen Konfliktes einrichtete. Diese vermochte allerdings Gräben, die die jahrzehntelangen gewaltsamen Auseinandersetzungen in diesem Land aufgerissen hatten, nicht zuzuschütten. Dies zeigte sich in aller Deutlichkeit, als das Friedensabkommen, das 2016 von der kolumbianischen Regierung und der größten Guerillagruppe des Landes, den FARC, unterzeichnet worden war, von der Bevölkerung in einem (nicht bindenden) Referendum mit knapper Mehrheit abgelehnt wurde. Zwar passierte eine revidierte Fassung kurz darauf beide Kammern, doch hakt der Friedensprozess immer wieder oder wird gar von der einen oder der anderen Seite grundsätzlich in Zweifel gezogen. Er erweist sich zum einen aufgrund der Skepsis von Teilen der Bevölkerung als äußerst komplex. Zum anderen ist unter der seit 2018 amtierenden Regierung Ivan Duques (*1976), der aus seiner ablehnenden Haltung gegenüber dem Friedensprozess keinen Hehl macht, ein Vertrauensverlust der Zivilgesellschaft gegenüber dem Staat entstanden. Hinzu kommt, dass bisher lediglich ein Bruchteil der im Friedensabkommen formulierten Vereinbarungen umgesetzt wurde. Darüber hinaus ist der Prozess aufgrund der vielen Akteure, zu denen sowohl Paramilitärs als auch Drogenkriminelle gehören, durch permanente Rückschritte gekennzeichnet: So verweigert eine andere Guerillaorganisation, das *Ejército de Liberación Nacional* (ELN), weiterhin ihre Entwaffnung und Wiedereingliederung, und im Oktober 2019 distanzierte sich auch ein Teil der FARC von der Wiedereingliederungspolitik ihrer Führung.

4.4 Transnationale Solidaritätsbewegungen

Die Existenz von Solidaritätsbewegungen zieht sich in Lateinamerika durch das gesamte 20. Jahrhundert. Transnationale Solidaritätsbewegungen, die sich aus europäischen, US-amerikanischen aber auch lateinamerikanischen sozialen Bewegungen rekrutierten, unterstützten nationale Befreiungsbewegungen, Kämpfe um Bürgerrechte und Menschenrechte oder protestierten gegen Eingriffe in die nationale Souveränität. Für die Bewegungen, die unterstützt wurden, eröffneten diese Solidaritätsnetzwerke die Möglichkeit, ihre Anliegen einer internationalen Öffentlichkeit zu präsentieren. Solidarität zwischen geographisch weit entfernten, unterschiedlichen oder ungleichen sozialen Gruppen sind in Lateinamerika mit der Entwicklung von sozialen Bewegungen und der politischen Linken gleichermaßen verbunden. Solidaritätsbewegungen existierten entweder innerhalb Lateinamerikas, zwischen Nord- und Südamerika und der Karibik oder die Kontinente übergreifend. Sie organisierten sich keinesfalls ausschließlich in Nord-Süd-Richtung, sondern entwickelten sich in Lateinamerika auch in umgekehrter Richtung: etwa durch die Entsendung internationaler Brigaden in den Spanischen Bürgerkrieg, die sich aus argentinischen Aktivisten zusammensetzten, oder durch die internationale Solidarität mit dem Widerstand des nicaraguanischen

Bürgerkriegsgeneral Sandino gegen die US-Besatzung Nicaraguas zwischen 1927 und 1933, um nur zwei prominente Beispiele zu nennen.

Aufschwung im Kalten Krieg

Enormen Aufschwung erfuhr die transnationale Solidarität mit der Revolution in Kuba. Sie stand sowohl in Europa als auch in den USA im Kontext des Kalten Kriegs, des gegen die Interventionspolitik der US-Regierung gerichteten Antiimperialismus sowie der Protestbewegungen gegen den Vietnam-Krieg. Auch die aus der Dependenztheorie abgeleitete Analyse der wirtschaftlichen Abhängigkeit Lateinamerikas von Weltmarktstrukturen war prägend. Die weltweiten Solidaritätsbewegungen mit Kuba und zwanzig Jahre später mit dem sandinistischen Nicaragua zählten zu den nachhaltigsten, die jemals mit revolutionären Gesellschaften im Globalen Süden bestanden.

Chile-Solidarität

In Westdeutschland, vielen anderen europäischen Ländern und den USA war nach Kuba zunächst der Militärputsch Pinochets gegen die sozialistische Regierung Allendes Auftakt für eine breite Solidaritätsbewegung. Die Chile-Solidarität rekrutierte sich überall aus einem breiten Spektrum von Gewerkschaftern, Christen, Sozialisten und Kommunisten und machte mit zahllosen Informationsveranstaltungen, Konzerten, Spendensammlungen, Boykottaufrufen und öffentlichkeitswirksamen Aktionen auf die massiven Menschenrechtsverletzungen des Militärregimes aufmerksam. Eine staatlich verordnete Solidarität mit Chile existierte auch in der DDR. Die Chile-Solidarität im Westen bildete den Auftakt für das Entstehen zahlreicher Publikationen, die sich mit der politischen, wirtschaftlichen und gesellschaftlichen Situation Lateinamerikas auseinandersetzten mit dem Ziel, eine Gegenöffentlichkeit zu schaffen. Sie war außerdem der Beginn für das Entstehen eines transnationalen Solidaritätsnetzwerks, in dem auch Tausende von politisch Exilierten in Europa eine aktive Rolle spielten. Für andere Länder, die von Militärdiktaturen und Staatsterror betroffen waren, bildeten sich ebenfalls Solidaritätsbewegungen. Die Kritik an massiven Menschenrechtsverletzungen war für das Entstehen von transnationalen Solidaritätsbewegungen mit Lateinamerika seit den 1970er Jahren entscheidend.

Nicaragua-Solidarität

Einen weiteren Boom transnationaler Solidarität löste die Revolution in Nicaragua aus. Das Versprechen eines „Dritten Wegs", eine Revolution mit einem christlichen, humanistischen Antlitz zwischen Kapitalismus und Sozialismus zu verwirklichen, begeisterte und mobilisierte Menschen im Kalten Krieg weltweit. Allein in der damaligen Bundesrepublik traten zeitweise weit über 300 Solidaritätsgruppen aus dem gesamten linken Spektrum sowie aus dem christlichen und liberalen Milieu für eine Unterstützung der *Frente Sandinsta de Liberación Nacional* (FSLN) ein. Diese Solidaritätsbewegung verfolgte nicht nur das Ziel, die Revolution in Nicaragua zu unterstützen, sondern wollte auch das Bewusstsein der Bundesbürger für die Zusammenhänge zwischen den Metropolen und der sogenannten Dritten Welt zu sensibilisieren. Die starke christliche Komponente der Revolution legitimierte die sandinistische Regierung zusätzlich.

Koordination und Kommunikation

Ein Novum war die Schaffung nationaler Institutionen zur Koordinierung der Solidarität bzw. der transnationalen Solidaritätsnetzwerke, häufig in direkter Kommunikation mit der revolutionären Regierung in Nicaragua. Im Zuge der politischen und militärischen Bedrohung durch die US-Regierung griff man die Idee von Solidaritätsbrigaden wieder auf: Ausländer sollten im Falle einer direkten Intervention der USA als menschliche Schutzschilde eingesetzt werden. Zehntausende Solidaritätsaktivisten aus Deutschland, Europa und den USA reisten während der 1980er Jahre nach Nicaragua, um sich selbst ein Bild von den revolutionären Reformen zu machen und die Sandinisten im Rahmen eines Arbeitseinsatzes zu unterstützen. Ein weiteres institutionelles Instrument der transnationalen Solidaritätsaktivität waren Städtepartnerschaften mit nicaraguanischen Städten, von denen einige bis heute aktiv sind.

Solidaritätsbrigaden

El Salvador

Die Solidaritätsbewegung mit der Befreiungsbewegung im Nachbarland El Salvador entstand, als 1980 Erzbischof *Monseñor* Romero ermordet wurde. Auch hier war der Kontext des Kalten Kriegs entscheidend, denn die Unterstützung der vom Militär dominierten Regierung durch die Reagan-Administration war der antikommunistischen Furcht vor dem „Domino-Effekt“ geschuldet, ein „kommunistisches“ Nicaragua könne eben diesen Effekt auf das Nachbarland haben. Das Militär, die Sicherheitskräfte und paramilitärische Todesschwadronen verübten auch in El Salvador schwere Menschenrechtsverletzungen. Die Solidaritätsbewegung mit der linksgerichteten *Frente Farabundo Martí de Liberación Nacional* (FMLN) in der Bundesrepublik war wegen ihrer Kampagne „Waffen für El Salvador“ umstritten.

Guatemala

Im Nachbarland Guatemala standen der Schutz der Menschenrechte und die indigene Bevölkerung, die der brutalen Repression der Militärregierungen ausgesetzt war, sowie die politische Aktivität der nationalen Befreiungsbewegung *Unidad Revolucionaria Nacional de Guatemala* (URNG) im Zentrum eines ebenfalls transnational agierenden Solidaritätsnetzwerks. Ein Höhepunkt der Guatemala-Solidarität war 1992 die Verleihung des Friedensnobelpreises an die indigene Menschenrechtsaktivistin Rigoberta Menchú (*1959) im 500. Jahr der „Entdeckung" des Kontinents durch Kolumbus. Diese Kampagne hatte auch die Solidaritätsbewegung aktiv betrieben. Sie verschaffte der in Guatemala verübten staatlichen Repression weltweite Aufmerksamkeit und unterstützte den dortigen Friedensprozess.

Chiapas

Mit dem Ende des Kalten Kriegs lösten sich viele Solidaritätskomitees auf und ein Teil ihrer Unterstützer wurde in der globalisierungskritischen Bewegung aktiv. Als 1994 die zapatistische Befreiungsbewegung *Ejército Zapatista de Liberación Nacional* (EZLN) im mexikanischen Bundesstaat Chiapas mit einem Aufstand auf die Marginalisierung der indigenen Bevölkerung in Mexiko (und Lateinamerika) aufmerksam machte und die neoliberalen Maßnahmen der mexikanischen Regierung im Zusammenhang mit dem nordamerikanischen Freihandelsabkommen (NAFTA) kritisierte, bildete sich eine weltweite Solidaritätsbewegung, die erstmals auch die damals neuen sozialen Medien nutzte.

5 Kultur, Religion und Gesellschaft im 20. Jahrhundert

5.1 Die Aufwertung der Populärkulturen

cultura popular und Nation

Das Aufkommen populistischer Strömungen führte in Lateinamerika zu einer Neubewertung der bis dato als „rückständig" oder „unzivilisiert" angesehenen volkstümlichen Kulturelemente. Kulturelle Traditionen, in denen sich zumeist europäische, afrikanische und indigene Elemente zu etwas Neuem verbunden hatten, und die unter dem Begriff *cultura popular* zusammengefasst wurden, erwiesen sich als hervorragende Instrumente zur Überwindung der ethnischen und sozialen Heterogenitäten der Nation. Zwar war das Interesse an Volkspoesie, -tanz und -musik bereits Ende des 19. Jahrhunderts entstanden, doch erst die Einbeziehung breiterer Bevölkerungsgruppen in die nationale Politik im Zuge der populistischen Regierungen sowie die Verbreitung von Musik durch das Radio ermöglichten es, das identitätsstiftende Potential dieser kulturellen Phänomene auszuschöpfen. Ihre internationale Verbreitung wurde zudem durch die Entstehung von Musikindustrien (Radio, Schallplatten) seit den 1920er Jahren gefördert. Allerdings verloren der argentinische Tango oder die brasilianische *rumba* einen großen Teil ihrer afroamerikanischen Charakteristika, als sie in Paris oder New York zu Modeerscheinungen wurden. Nicht zuletzt deshalb schaffen es diese Musik- und Tanzgattungen allerdings häufig, eine Brücke zwischen Populär- und Elitenkultur zu schlagen.

In den letzten Sklavenhaltergesellschaften Iberoamerikas, Kuba und Brasilien, wurden in den 1930er Jahren die religiösen und musikalischen Traditionen der Afroamerikaner aufgewertet bzw. überhaupt erst legalisiert. Andere lateinamerikanische Länder entdeckten die identitätsstiftenden Qualitäten von Populärmusik und -tanz indigenen und mestizischen Ursprungs und erhoben sie zu nationalem Kulturgut, so z. B. *cumbia* in Kolumbien oder *cueca* im Andenraum (in Peru zur Abgrenzung *marinera* genannt).

Tango

In Argentinien betraf die Aufwertung subkultureller Traditionen vor allem den in den Einwandererlokalen aus verschiedenen kulturellen Einflüssen entstandenen Tango, der in den 1930er und 1940er seine Blütezeit erlebte. Der zunächst nur instrumental begleitete Tanz wurde zum Symbol der von Einwanderern dominierten Großstadt. Durch die Hinzufügung von Gesang avancierten die Tangolieder zu einem literarischen Genre, das auch in Theaterstücke und Filme Eingang fand. Die zunehmend professionellen Dichter von Tangotexten positionierten sich unter bewusster Distanzierung von der traditionellen Elitekultur in der neuen Kulturindustrie, deren Produkte nicht nur in Buenos Aires, sondern auch in Paris und den USA entstanden. Die Texte handelten von gesellschaftlichen Typen und Szenen aus dem Alltagsleben, waren oft nostalgisch, aber auch gesellschaftskritisch. Berühmtester Tangoautor und Sänger war Carlos Gardel (1890–1935), der mit seinen Auftritten in Paris und in den USA den Rang eines Weltstars erreichte. In einer zweiten Phase erlebte ab den 1950er Jahren der „Neue Tango", vor allem die Kompositionen von Astor Piazzolla, eine neue Blüte. Als (häufig wieder auf seine Ursprünge zurückgeführter) Tanz ist er mittlerweile über die ganze Welt verbreitet.

Samba und Karneval

Die allmähliche Anerkennung volkstümlicher nicht-europäischer Kulturelemente, die sich vor allem in der Musik und im Tanz sowie in synkretistischen religiösen Praktiken manifestierten, diente auch politischen Zielen. Am deutlichsten wird dies im „Neuen Staat" Brasiliens unter Getúlio Vargas. Mit Hilfe der stark von afrobrasilianischen Traditionen beeinflussten populären Musik- und Tanzkulturen Nordbrasiliens sollte die Idee der „Rassendemokratie", wie sie von Gilberto Freyre (siehe OGG 48: Lateinamerika 1800–1930, Kap. I.8.3 und II.10) vorbereitet worden war, untermauert werden. *Samba* und Karneval stellen heute zentrale Elemente eines kulturellen Nationalismus Brasiliens dar. Dabei ist die Tradition der *samba* als „nationalem Rhythmus" gezielt in den 1930er Jahren im Rahmen der Kulturpolitik Vargas' entstanden.

capoeira

Ein weiteres Beispiel für die Aufwertung subkultureller Praktiken ist *capoeira*, ein afrobrasilianischer Kampfstil, der ursprünglich von Sklaven praktiziert wurde. Als Instrument des Widerstandes der Sklaven war *capoeira* im Kaiserreich und der ersten Republik verboten und wurde vor allem in Rio de Janeiro hart bestraft. Im nördlichen São Salvador da Bahia war *capoeira* allerdings so stark in die afrobahianische Volks- und Festkultur eingebunden, dass eine Verfolgung selten stattfand. Unter der Vargas-Regierung kam es zu einer offiziellen Anerkennung und Institutionalisierung. Die nationale Verbreitung von *capoeira* begann in den 1950er-Jahren mit der Migration vieler armer Bahianer in den aufstrebenden Südosten Brasiliens. Inzwischen wird *capoeira* weltweit praktiziert, meist als Sport ohne Beachtung des kulturellen Hintergrunds. Die *capoeristas* stammen inzwischen aus der weißen Mittelschicht, und selbst Frauen werden heute akzeptiert. Zu Beginn des 21. Jahrhunderts wurde *capoeira* auf Antrag der brasilianischen Regierung zum immateriellen Weltkulturerbe erhoben.

Afroamerikanische Religonen

Auch afroamerikanische Religionen wurden unter Vargas erstmals zugelassen. *Candomblé*, ein System religiöser Traditionen afrikanischen Ursprungs, in deren Zentrum die Verehrung verschiedener spiritueller Entitäten steht, war bis zu Beginn des 20. Jahrhunderts verboten. Im Zuge der Abschaffung der Sklaverei war 1889 ein Gesetz zur Kontrolle der „magischen Praktiken" der Ex-Sklaven erlassen worden, Anhänger des *camdomblé* wurden verfolgt, bestraft und sakrale Gegenstände konfisziert. Nach seiner Legalisierung 1932 verbreitete sich die Praxis rasch auch in anderen Bevölkerungsschichten. Seit den 1950er Jahren rekrutieren sich die Anhänger auch aus den weißen Mittel- und Oberschichten, und unter der Militärdiktatur seit Mitte der 1960er Jahre wurde *candomblé* von oppositionellen Intellektuellen als eine Form des Widerstandes entdeckt. Vor allem im nördlichen Bahia ist die Religion weit verbreitet und beeinflusst das Stadtbild. Dies wird heute wiederum auch von der Tourismusbranche geschätzt.

nueva trova

Die Kubanische Revolution brachte eine besondere Hinwendung zu den volkstümlichen Musik- und Tanztraditionen der Insel mit sich, in diesem Fall mit sozialrevolutionärem Akzent. Hier sollte auch der als imperialistisches Produkt gebrandmarkten, unter der Jugend Lateinamerikas aber zunehmend populären Rockmusik etwas entgegengesetzt werden. In der *nueva trova*, deren Name auf die Troubadoure zurückgeht, sind Elemente der traditionellen kubanischen Musik zu finden. Die Texte sprachen neben Persönlichem gesellschaftliche und politische Themen wie Armut, Sozialismus, Patriotismus und Imperialismus an. In den 1970er Jahren entwickelte sich die Musik zu einem Aushängeschild der Revolution. Die Lieder von Silvio Rodríguez (*1946) oder Pablo Milanés (*1943) fanden in ganz Lateinamerika, aber auch in Europa Anklang. Aufgrund der vielen musikalischen Einflüsse wird *la nueva trova* weniger als ein Genre, sondern mehr als eine Generation von Künstlern mit ähnlicher Motivation verstanden.

nueva canción

Zeitgleich mit Kuba begannen in Argentinien und Chile Musiker mit der *nueva canción* volkstümliches Liedgut auf- und umzuarbeiten. Die Künstler entwickelten die traditionellen Musikstile weiter und wandten sich dabei auch gegen die Marktorientierung der musikalischen Produktion. Ausgangspunkt der Bewegung war Chile, wo Violetta Parra (1917–1967) traditionelle Lieder sammelte und eigene komponierte, in denen Folklore und aktuelle, sozialkritische Texte miteinander verbunden wurden. Die Bewegung griff, mit regionalen Besonderheiten, auf ganz Mittel- und Südamerika über. Im Andenraum brachten Gruppen wie Quilapayun oder Inti-Illimani andine indigene Instrumente und Klänge ein, ähnliches leistete Mercedes Sosa (1935–2009) in Argentinien. Die genannten Musiker wurden in den 1970er durch die Militärdiktaturen ins Exil getrieben oder, wie der Chilene Víctor Jara (1932–1973), umgebracht.

Lateinamerikanischer Rock

Gleichzeitig verbreitete sich in den 1960er und 1970er Jahren auch die europäisch-US-amerikanische Popmusik, insbesondere der Rock'n Roll, wurde aber jeweils national als *rocanrol* adaptiert. *Tropicália* in Brasilien oder *rock nacional* in Argentinien hatten auch eine politische Dimension und werden von einigen Autoren als subtiler Widerstand gegen die Militärdiktaturen gewertet. Musiker wie Caetano Veloso (*1942) und Gilberto Gil (*1942) gingen Ende der 1960er Jahre ins Exil, verbreiteten damit aber ihre Musik auch stärker international.

cumbia

Ein wichtiges Beispiel für die kontinentale Dimension der Musik- und Tanzstile ist die kolumbianische bereits genannte *cumbia*. Die Bezeichnung ist afrikanischer Herkunft: „cum" = Trommel oder „cumbé" = Fest, „ia" = sich bewegen. *Cumbia* ist eine Mischung aus afrikanischen Trommelrhythmen mit spanischen Melodien und Texten sowie indigenen Flöten. Zunächst in Barranquilla, an der Karibikküste, dann in ganz Kolumbien verbreitet, erlebte das Genre vor allem in den 1940er Jahren aufgrund des Aufkommens neuer Medien wie Radio und Schallplatte weite Verbreitung. Es wandelte sich von ländlicher Folklore zu einer urbanen Mittelklassenmusik, bis es in den 1950er und 1960er zur nationalen Musik Kolumbiens avancierte.

In den 1990er Jahren fand ein Revival der *cumbia* statt, deren Instrumentierung und Rhythmen modernisiert wurden. Neben Kolumbien gelten auch Mexiko und Argentinien als wichtige Zentren dieses Musikstils. In Mexiko nahm sie als *cumbia tropical* weitere karibische Einflüsse auf, in den 1990ern kam es mit *cumbia digital* oder auch *neocumbia* zu einer weiteren Neuerung. In Argentinien konnte *cumbia* ebenfalls in den 1950er und 1960er Jahren Fuß fassen, in den 1990er Jahren entwickelte sich dort eine *cumbia romántica* und, als Gegenbewegung hierzu, in den *villas miserias* genannten Marginalvierteln von Buenos Aires die *cumbia villera*. Im Gegensatz zu den romantischen Texten der *cumbia romántica* wird in der *cumbia villera* über Armut, Drogen, Sex, Gewalt, die Polizei und Elend gesungen. Dies teilt sie mit dem brasilianischen *favela funk*.

Welterfolge

Einschneidend für die weltweite Rezeption kubanischer Musik war das Erscheinen des Films „Buena Vista Social Club“ und der gleichnamigen CD. Der Welterfolg brachte den traditionellen Musikstilen der Insel wie *son, danzón, bolero* oder *rumba* eine enorme Popularität. Diese nostalgische Rückschau auf die Musikstile der vorrevolutionären Zeit lenkte aber gleichzeitig die Aufmerksamkeit auf die moderneren Varianten, die auf der Insel und außerhalb entstanden waren, wie die in New York in den 1970er Jahren entstandene *salsa*. Über die USA wurden darüber hinaus zahlreiche Popmusiker lateinamerikanischen Ursprungs zu Weltstars wie z. B. Gloria Estefan, Ricky Martin oder Shakira.

narcocorridos

Aber auch der Drogenhandel schlägt sich mittlerweile musikalisch nieder, vor allem in den sogenannten *narcocorridos*. Während die *corridos* eine traditionelle Musikform Mexikos sind, in denen im 19. und 20. Jahrhundert Helden und Heldentaten – z. B. im Verlauf der Mexikanischen Revolution – besungen wurden, thematisieren die seit Mitte der 1980er Jahre entstandenen *narcocorridos* die Welt der mexikanischen Drogenhändler und verherrlichen ihren Lebensstil. Musiker von kritischen *narcocorridos*, die Drogenhandel und die damit verbundenen Gewaltexzesse verurteilen, wurden allerdings in der Vergangenheit selbst zum Ziel der Gewalt – viele von ihnen wurden ermordet.

5.2 Sport

Nachdem die Spanier die meisten indigenen Sportarten in den eroberten Gebieten verdrängt hatten, entwickelten sich, auch unter Einschluss afrikanischer Elemente, neue Spiele, wie zum Beispiel der Stierkampf, der in Mexiko und Zentralamerika verbreitete Hahnenkampf oder, vor allem im Süden des Kontinents, Pferderennen und andere pferdbasierte Spiele wie *pato*, einer Art Basketball zu Pferde, oder verschiedene Varianten des *rodeo*. Einige dieser Sportarten haben bis heute überlebt, andere sind im Laufe des 19. Jahrhunderts als „unzivilisiert“ verdrängt worden. In dieser Zeit verbreiteten sich, ausgehend von den Metropolen, „moderne“ europäische Sportarten, die bald zu nationalen Identifikations- und sozialen Distinktionsquellen wurden. So spielt die argentinische Oberschicht seit Beginn des 20. Jahrhunderts statt dem ländlich-rustikalen *pato* oder dem zunehmend populären

Fußball Polo und Golf. Ausdruck dieser Anpassung an die globalisierte Sportwelt ist auch der Umstand, dass die lateinamerikanischen Staaten ab 1900 an den neuen Olympischen Spielen teilnahmen und 1913 der wenige Jahre zuvor gegründeten internationalen Fußballorganisation FIFA beitraten.

Fußball

Neben Baseball, der durch den starken Einfluss der US-Kultur vor allem in Zentralamerika und der Karibik populär ist, ist Fußball mit Abstand der gesellschaftlich und politisch wichtigste Sport in Lateinamerika. Auch er wurde von europäischen, vor allem britischen Händlern, Seeleuten und Unternehmern verbreitet. Allerdings führte dieser Aneignungsprozess auch zu einer Umformung und kann somit als ein weiteres Beispiel transkultureller Phänomene in Lateinamerika angesehen werden. Diese Umformung wiederum bot und bietet ein Fundament für Identitätsbildung durch Fußball. So stellten die Argentinier zu Beginn des 20. Jahrhunderts der vermeintlichen Disziplin und Stärke, die die englischen Clubs charakterisierten, das *dribbling* bzw. die *gambeta* als wesentlichen Bestandteil eines argentinischen Stils gegenüber. Noch stärker als in Europa ist der Fußball in Lateinamerika eine Quelle nationaler, regionaler oder sozialer Identität, und seine Spieler gehören heute zu den wichtigsten „Exportartikeln" Lateinamerikas.

Fußball und Politik

Nach ersten Anfängen in den kleinen Clubs der Stadtviertel avancierte der Fußball mit dem Bau größerer und moderner Stadien sowie den Rundfunkübertragungen in den 1920er Jahren zu einem Massenspektakel und dem maßgeblichen Sonntagsereignis. Das politische Potential solcher Organisationen erkannten vor allem populistische Politiker wie z. B. die Peróns in Argentinien, die über die Jugendarbeit in den Clubs ihre Machtbasis stärkten. Die Mobilisierung über den Fußball konnte sogar zu kriegerischen Verwicklungen führen, wie 1969 in dem sogenannten „Fußballkrieg" zwischen Honduras und El Salvador, als sich anlässlich der Spiele im Rahmen der Weltmeisterschaftsqualifikation die wirtschaftlichen und sozialen Spannungen um salvadorianische Migranten in Honduras gewaltsam entluden. Die Zwiespältigkeit der politischen Instrumentalisierung von großen Sportereignissen zeigte sich aber auch anlässlich der Olympischen Spiele in Mexiko 1968 oder der Fußballweltmeisterschaft in Argentinien 1978, als die autoritären Regierungen aus Angst um ihr Image politische Proteste gewaltsam unterdrückten bzw. von der Repression ablenken wollten. Gerade in Argentinien wurde dieses Vorgehen jedoch von der Weltöffentlichkeit registriert und zeitigte langfristige Folgen.

5.3 *Radioteatro*, Film und *telenovelas*

Etwa zeitgleich wie in Europa verbreitete sich in Lateinamerika das neue Medium Rundfunk. Ähnlich wie dort spielte es in den 1930er und 1940er Jahren nicht nur eine wichtige Rolle in der Kulturindustrie und der Entstehung einer Massenkonsumgesellschaft, sondern auch bei der Verbreitung politischer Botschaften. Presse, Radio, Theater und Film wurden in den Dienst der Regierungen gestellt. Sie verbreiteten patriotische Botschaften und werteten die bis dahin marginalisierte populäre Musik auf. In Argentinien verfügten in den 1930er Jahren bereits 80 % der Haushalte über ein Radio, womit das Land im Hinblick auf die Verbreitung des Mediums weltweit hinter den USA und Deutschland den dritten Rang belegte. Evita Perón, die ihre Karriere als Schauspielerin dem Radio verdankte, nutzte das Medium später geschickt für ihre Zwecke. Gleiches gilt für Brasilien unter Getúlio Vargas oder Mexiko unter der Regierung von Lázaro Cárdenas. In Mexiko wie in Brasilien vervielfachte sich die Zahl der Radiostationen in den 1930er Jahren und erreichte sogar entlegene ländliche Haushalte. Aufgrund seiner großen Reichweite spielt das Radio in vielen lateinamerikanischen Ländern bis heute eine wichtige Rolle.

Radio

radionovelas

Die Radioproduktion erwies sich aber auch als ein lukratives Geschäft. Dabei spielte die Werbung für Alltagsprodukte, die hauptsächlich an Hausfrauen adressiert war, eine große Rolle. Nicht nur in den USA, auch in Lateinamerika sponserten Seifenhersteller ein neues Genre, das *radioteatro* und die *radionovela*, die ab den 1930er Jahren eine starke Verbreitung erfuhren und die Sensibilität einer ganzen Generation von Zuhörerinnen und Zuhörern prägte. Die *radionovelas* konnten auf die um die Jahrhundertwende weit verbreiteten *folletines* (Groschenhefte) aufbauen. In den 1950er Jahren erfuhren sie mit dem Aufkommen des Fernsehens eine Weiterentwicklung zu *telenovelas*. Diese prägen seither die lateinamerikanische Gesellschaft und Kultur und haben sich darüber hinaus zu einem Exportprodukt entwickelt. Pioniere der Produktion von lateinamerikanischen „Seifenopern" waren Brasi-

telenovelas

lien, Kuba und Mexiko. Die erste *telenovela* mit globaler Verbreitung war die mexikanische Serie *Los ricos también lloran* („Auch die Reichen weinen") von 1979, die unter anderem nach Russland, China und in die Vereinigten Staaten exportiert wurde. Auch die arabische Welt ist inzwischen ein wichtiger Abnehmer lateinamerikanischer *telenovelas*.

Die lateinamerikanischen *telenovelas* handeln nicht nur von der Welt der „Reichen und Schönen", sondern sie thematisieren zunehmend kontrovers diskutierte gesellschaftliche Themen wie Sklaverei, nicht-eheliche Mutterschaft, Homosexualität oder einengende gesellschaftliche Konventionen. In Mexiko und Kolumbien entstanden darüber hinaus seit der Jahrtausendwende die sogenannten *narconovelas*, die ebenfalls nicht nur *sex and crime*, sondern auch gesellschaftliche und politische Themen verhandeln. Die stärkere Porträtierung des Lebens der Unterschichten, wie sie sich in den *telenovelas* finden lässt, wird von ihren Verfechtern als eine Hinwendung zur „nationalen Realität" und zur Demokratisierung der Kultur angesehen, während Intellektuelle und Filmkritiker sie aufgrund ihrer melodramatischen Struktur und ihres kommerziellen Charakters oft ablehnen.

Film

Neben Radio und Fernsehen spielte die Filmproduktion in den größeren lateinamerikanischen Staaten, vor allem in Argentinien, Brasilien und Mexiko, eine wichtige Rolle. Und es waren wiederum die 1930er Jahre mit ihrem populärkulturellen Aufbruch sowie der Einführung des Tonfilms, die das „goldene Zeitalter" einleiteten. Während in Brasilien mit der Gründung eines nationalen Filminstitutes 1936 auch die Produktion von Dokumentar- und Lehrfilmen gefördert werden sollte, entwickelte sich in derselben Zeit die argentinische Filmindustrie weitgehend ohne staatliche Förderung zur führenden in Lateinamerika. Die Zahl der Kinos stieg von 400 am Ende der zwanziger Jahre auf 1 550 im Jahr 1944, womit die Dichte von Kinos pro Einwohner in Argentinien höher lag als in den USA, und die Filmstudios beschäftigten mehrere tausend Menschen. Wie stark allerdings auch die Filmindustrie ein Medium internationaler Politik war, zeigte sich zu Beginn der 1940er Jahre, als die US-amerikanische Kulturpolitik versuchte, die argentinische Neutralität im Zweiten Weltkrieg unter anderem dadurch zu unterminieren, dass sie den Import von Rohfilmmaterial nach Argentinien untersagte und gleichzeitig die Filmindustrie des pro-alliierten Mexiko subventionierte. Diese

Politischer Einfluß

Maßnahmen blieben nicht ohne Auswirkungen auf die jeweiligen kulturellen Produktionen. Die Blüte der mexikanischen Filmindustrie begann in den 1940er Jahren und ging erst in den 1960ern zu Ende, zu einer Zeit, als das Fernsehen schon weite Teile der lateinamerikanischen Haushalte erobert hatte.

5.4 *Nuevo cine latinoamericano* und *cinema novo*

Das Filmschaffen in Lateinamerika durchlief seit Ende des 19. Jahrhunderts drei entscheidende Phasen. Die erste setzte unmittelbar nach der Erfindung des Stummfilms ein, die zweite Ende der 1950er Jahre, als sich das *nuevo cine latinoamericano* (in Brasilien *cinema novo*) zum Ziel gesetzt hatte, zum soziopolitischen Wandel beizutragen. Seit Mitte der 1990er Jahre entsteht ein neues lateinamerikanisches Kino, das zweite dieses Namens, das allerdings weniger vom utopischen Gestus der Vorgängergenerationen geprägt ist und statt politischer Gesamtansichten vermehrt individuelle Dimensionen in den Blick rückt, ohne dabei unpolitisch zu sein.

nuevo cine latinoamericano

Ab dem Ende der 1950er Jahre schlugen lateinamerikanische Filmemacher auf dem ganzen Kontinent in unterschiedlichen Ländern parallel neue Wege ein. Der Dokumentarfilm spielte bei der Entstehung dieser neuen Strömung des *nuevo cine latinoamericano* eine entscheidende Rolle. Reflektiert wurden ganz bewusst nicht nur lateinamerikanische Entwicklungen, sondern auch globale Süd-Süd-Verbindungen. Aus dem ersten internationalen Festival des neuen lateinamerikanischen Kinos, das 1967 im chilenischen Viña del Mar stattfand, ging ein Manifest hervor, das die „Prinzipien der revolutionären Praxis" hervorhob und die Zusammenhänge antikolonialer und nationaler Befreiungskämpfe weltweit betonte, die jetzt auch filmisch dokumentiert wurden. Viele Filmschaffende waren Teil eines transnationalen Solidaritätsnetzwerks von Künstlern und Intellektuellen, die sich als politische Aktivisten verstanden. Fernando Solanas (*1936–2020) und Octavio Getino (1935–2012) schufen mit ihrem berühmten Manifest *Hacia un tercer cine* („Für ein Drittes Kino") die entscheidende theoretische Grundlage dafür. Der erste und wichtigste Film dieser Art war ihr zweiteiliger Essayfilm *La hora de los hornos* („Die Stunde der Feuer", 1968), der allerdings schon unter dem Eindruck zu-

Politische Filme

nehmender gesellschaftlicher Polarisierungen stand. Die Militärdiktaturen der 1960er und 1970er Jahre zwangen viele Filmschaffende ins Exil. So musste etwa der von Patricio Guzmán (*1941) geschaffene dreiteilige Dokumentarfilm *La batalla de Chile* („Die Schlacht um Chile", 1975–79), der das Ende der Allende-Regierung und den Militärputsch Pinochets thematisierte, im Ausland fertiggestellt werden.

Aufarbeitung von Menschenrechtsverletzungen

Mit dem Ende der Militärdiktaturen in den 1980er Jahren mischten sich die lateinamerikanischen Dokumentarfilmer aktiv in die Aufarbeitung von Menschenrechtsverletzungen ein. Mit Filmen wie *La historia oficial* („Die offizielle Geschichte", Argentinien 1985) von Luis Puenzo (*1946) gelang es ihnen, auch ein internationales Publikum auf die Verbrechen der Diktatur aufmerksam zu machen. Aber auch Themen wie die neoliberale Wirtschaftspolitik und der Widerstand dagegen wurden aufgegriffen, etwa in *La estrategia del caracol* („Die Strategie der Schnecke", Kolumbien 1993) von Sergio Cabrera (*1950). Im Zuge der Demokratisierung der 1990er Jahre kam es in vielen lateinamerikanischen Ländern zu einer Regeneration, die sich auch in kommerziellen Erfolgen und einer internationalen Anerkennung lateinamerikanischer Filme ausdrückte, wie etwa in Alfonso Araus (*1932) Literaturverfilmung *Como agua para chocolate* (Bittersüße Schokolade, Mexiko 1992) oder Fernando Solanas *El viaje* („Die Reise", Argentinien 1992). Die Gründe für diesen Aufschwung waren vielfältig und auch der Eröffnung neuer Finanzierungswege sowie der Einrichtung staatlicher Unterstützungsfonds geschuldet. Seit der Jahrtausendwende kehrt auch das politische Kino zurück und auf dem Höhepunkt der Finanzkrise in Argentinien griffen viele Filmemacher – darunter auch sehr viele Filmemacherinnen – zur Kamera und produzierten unzählige kleine Dokumente des Widerstands. Erheblichen Einfluss hatte hier bereits der mediale Wandel und die auf Digitalisierung beruhenden neuen flexiblen Produktions- und Vertriebstechniken, die eine weitgehende Unabhängigkeit von staatlicher Finanzierung (und Kontrolle) ermöglichten und neue Spielräume für kreative politische Interventionsformen schufen. Seit Beginn der 1990er Jahre sind vermehrt Frauen als Filmschaffende präsent, begünstigt nicht zuletzt durch die steigende Anzahl von Festivals, Institutionen oder die Einrichtung von Filmhochschulen.

Kommerzielle Erfolge und internationale Anerkennung

Ästhetisch stilbildend und gesellschaftlich relevant

Paradigmatisch für die bis heute anhaltende Entwicklung hin zu einem global erfolgreichen, ästhetisch stilbildenden und gleichermaßen gesellschaftlich relevanten Kino ist Alejandro González Iñárritus' (*1963) Spielfilm *Amores Perros* (Mexiko 2000). Er vereint zahlreiche Merkmale, die auch andere aktuelle und international erfolgreiche lateinamerikanische Filme auszeichnen: die Individualisierung politischer Themen, die realitätsnahe Thematisierung sozialer Konflikte, die drastische Visualisierung von Sexualität und Gewalt und eine mehrsträngige auf Diskontinuität beruhende Erzählstruktur, die auch über Lateinamerika hinaus heute Modellcharakter hat. Dazu gehört auch Ferndando Meirelles (*1955) mit *Cidade de Deus* (Brasilien 2002) und Kátia Lund (*1966), mit denen das brasilianische Kino international so populär wurde wie nie zuvor. Der mexikanische Regisseur, Drehbuchautor und zweifacher Oscar-Preisträger Guillermo del Toro (*1964) ist heute einer der bedeutendsten innovativen Filmschaffenden weltweit.

5.5 Literaturboom

Bereits zu Beginn des 20. Jahrhunderts manifestierten sich identitätspolitische Debatten in literarischen Strömungen oder riefen sie mit hervor, so etwa die Proteste gegen Rationalisierung und Materialismus im *modernismo* (siehe OGG 48: Lateinamerika 1800–1930). Diesem folgte eine Phase phantastischer Literatur (Adolfo Bioy Casares 1914–1999, Jorge Luis Borges 1899–1986, Victoria Ocampo 1890–1979), die in den „magischen Realismus" mündete. Letzterer verschaffte der lateinamerikanischen Literatur einen weltweiten Durchbruch. Bis dahin war Lyrik die wichtigste literarische Gattung gewesen, die mit Gabriela Mistral (1889–1957), Octavio Paz (1914–1998) und Pablo Neruda (1904–1973) drei Nobelpreisträger hervorgebracht hatte. Die weiteren Nobelpreisträger Miguel Ángel Asturias (1899–1974), Gabriel García Márquez (1927–2014) und Mario Vargas Llosa (*1936) sind dagegen Romanciers und gehören zu den sogenannten „*boom*-Autoren". Zwar ist der Begriff des *booms* umstritten, da er vor allem auf die wirtschaftlichen Erfolge verweist, die insbesondere den Verlagshäusern Seix Barral (Barcelona) und Suhrkamp (Frankfurt) zu verdanken sind, doch gibt es auch formale Gemeinsamkeiten. Diese lie-

Magischer Realismus Nobelpreisträger

Boom-Autoren

gen vor allem in dem Rückgriff auf präkolumbische Mythen, zyklische Zeitstrukturen und experimentelle Erzählverfahren. Gesellschaftlich kann die Kubanische Revolution und ihre Ausstrahlung auf die Intellektuellen des Subkontinents sowie die Suche nach einer neuen, lateinamerikanischen Identität auf der Basis kultureller Elemente des *pueblo* als Charakteristikum gelten. In Europa hingegen war es eher der Wunsch nach Exotik, der dieser Literatur zum Durchbruch verhalf. Zu den wichtigsten *boom*-Autoren zählen Gabriel García Márquez (*Cien años de soldedad*, dt. Hundert Jahre Einsamkeit, 1967), Mario Vargas Llosa (*La ciudad y los perros*, dt. Die Stadt und die Hunde, 1963), Carlos Fuentes (1928–2012, *La muerte de Artemio Cruz*, dt. Nichts als das Leben, 1962) und Julio Cortázar (1914–1984, *Rayuela*, dt. Rayuela. Himmel und Hölle, 1963). Weitere Autoren, die teilweise auch anderen literarischen Strömungen zugeordnet werden, sind Juan Rulfo (1917–1986), Alejo Carpentier (1904–1980), Juan Carlos Onetti (1909–1994), José Lezama Lima (1910–1976), Ernesto Sábato (1911–2011), Guillermo Cabrera Infante (1929–2005), Augusto Roa Bastos (1917–2005), José María Arguedas (1911–1969), José Donoso (1924–1996) und Miguel Ángel Asturias (1899–1974).

Alle *boom*-Romane loten eine spezifisch lateinamerikanische Identität aus auf der Basis einheimischer Kulturen und in Abgrenzung zum europäischen Erbe. Darüber hinaus verstanden sich die Autoren als politisch engagierte Schriftsteller, die zeitgenössische Strömungen wie die Befreiungstheologie und philosophisch-soziologische Theorien aufgriffen, diskutierten und sich in öffentliche Debatten einbrachten. Sie sahen sich als Stimme der marginalisierten Unterschichten und ethnischen Minderheiten, zu deren „Befreiung" und Aufwertung sie beitragen wollten. Sowohl die literarische als auch die politische Landschaft veränderte sich allerdings spätestens mit Beginn der 1980er Jahre. Die beginnende Phase der (Re-)Demokratisierung in Lateinamerika, die Erstarrung des kubanischen Systems und der Zerfall des kommunistischen Blocks hatten bei vielen Intellektuellen zu einer mehr oder weniger offenen Abkehr vom Marxismus geführt, der mit einer anderen Auffassung der gesellschaftlichen Funktion von Literatur einherging.

Die *boom*-Autoren rückten in den 1990er Jahren von dem Anspruch ab, eine lateinamerikanische Identität zu schaffen und gesellschaftliche Realitäten verändern zu wollen, ein Prozess, der oft auch mit ihrem Erfolg im globalisierten Literaturbetrieb in Verbindung gebracht wird. Die Romane einer neuen Generation lateinamerikanischer Autoren sind weniger politisch in ihren Ansprüchen, individuelle Entwicklungen stehen stärker im Vordergrund. In dieses Bild passt auch der internationale Erfolg einer Reihe von Schriftstellerinnen, die in den 1990er Jahren den lateinamerikanischen wie den europäisch-US-amerikanischen Markt eroberten mit Werken, die formal und inhaltlich weniger experimentell sind, dennoch aber einen emanzipatorischen Anspruch in sich tragen. Isabel Allende (*1942), Ángeles Mastretta (*1949), Gioconda Belli (*1948) und Laura Esquivel (*1950) setzen sich jede auf ihre Weise mit zeithistorischen Themen auseinander, in denen patriarchalische Strukturen und der lateinamerikanische Machismo eine wichtige Rolle spielen. Gleiches gilt für die oft als „brasilianische Virginia Woolf" apostrophierte Clarice Lispector (1920–1977). Der auflagenstärkste lateinamerikanische Autor aller Zeiten ist allerdings ein Vertreter der *literatura light*, der Brasilianer Paulo Coelho (*1947).

Schriftstellerinnen

5.6 Christentum, neue Religionen und religiöser Pluralismus

Vormacht des Katholizismus

Die Gesellschaften Lateinamerikas und der spanischsprachigen Karibik waren bis ins späte 19. Jahrhundert hinein vor allem katholisch geprägt (siehe OGG 48: Lateinamerika 1800–1930). Die Sonderstellung des Christentums und die religiöse Homogenität unterscheidet Lateinamerika bis heute von allen anderen Weltregionen. Der Prozess der *conquista espiritual*, der moralischen, zivilisatorischen und religiösen Eroberung der indigenen Bevölkerung seit dem Ende des 15. Jahrhunderts war von Widerstand, Anpassung und Aneignung geprägt. Von Beginn an war der Katholizismus, den Spanier und Portugiesen in die Neue Welt brachten, Veränderungsprozessen unterworfen, in die sich indigene religiöse Überzeugungen, Glaubensvorstellungen und Symboliken einschrieben. Auch die unterschiedlichen Religionen, Weltanschauungen und Imaginarien der Versklavten, die aus Afrika in die Amerikas verschleppt worden waren, beeinflussten den Katholizismus Lateinamerikas nachhaltig bzw. schufen die Voraussetzungen für den heutigen religiösen Pluralismus und die Existenz zahlreicher afroamerikanischer Religionen, die aus diesem

Aufeinandertreffen heraus neu entstanden. Die Vormacht des Katholizismus, die hierarchische Struktur der Kirche und ihre mächtigen Institutionen verschleierte allerdings die sich seit Jahrhunderten entwickelnde große Vielzahl unterschiedlicher Glaubensformen, in denen sich Elemente indigener und afrikanischer Religionen mit dem Katholizismus vermischten und unter dem Schirm der Kirche existierten.

Volkskatholizismus

Ungeachtet dessen ist der Volkskatholizismus weiterhin lebendig und manifestiert sich etwa in der Heiligenverehrung. Die im Zentrum stehenden Marienfiguren, die in Lateinamerika, je nach ethnischer Zusammensetzung der Bevölkerung, unterschiedliche Hautfarben aufweisen, avancierten insbesondere nach der Unabhängigkeit in vielen Ländern zu nationalen Identifikationsfiguren. Die katholische Kirche blieb zwar auch nach der Unabhängigkeit weiterhin offizielle Staatsreligion, doch wurde in der zweiten Hälfte des 19. Jahrhunderts fast überall die Trennung von Staat und Kirche durchgesetzt. Das religiöse quasi-Monopol des Katholizismus erodierte aber erst ab Mitte des 20. Jahrhunderts durch das Vordringen des Protestantismus nordamerikanischer Prägung. Der Protestantismus trug entscheidend zum tiefgreifenden religiösen und kulturellen Wandel bei, den der Kontinent danach durchlief. Obwohl der Protestantismus in all seinen Spielarten heute die größte Herausforderung für den Katholizismus darstellt, konnten sich auch Religionen, die keine christlichen Wurzeln haben und beispielsweise auf spiritistische Überzeugungen oder indigene Religionen zurückgehen, etablieren. Der heutige religiöse Pluralismus bezieht sich allerdings nicht mehr nur auf afroamerikanische, indigene oder protestantische Religionen, sondern auf eine wachsende Präsenz von jüdischen, muslimischen, buddhistischen, hinduistischen oder shintoistischen Gemeinden. Auch die Zahl derjenigen, die sich keiner Religion mehr zugehörig fühlen, steigt an. Ungeachtet all dieser Entwicklungen ist das Christentum weiterhin die wichtigste Religion auf dem Kontinent. Papst Franziskus, der Argentinier Jorge María Bergoglio (*1936), dem Jesuitenorden angehörend und einst Erzbischof von Buenos Aires und dann Kardinal unter Johannes Paul II., wurde 2013 zum ersten lateinamerikanischen Papst gewählt.

Vordringen des Protestantismus

Religiöser Pluralismus

5.6.1 Afroamerikanische Religionen

Die afroamerikanischen Religionen, wie z. B. *santería* in Kuba, *voodoo* in Haiti oder *candomblé* in Brasilien, haben seit einigen Jahrzehnten eine Tendenz, sich zu „re-afrikanisieren", d. h. die afrikanischen Wurzeln ihrer Religion stärker zu betonen und sich als Diaspora-Gemeinschaften zu verstehen. Diese Religionen verzeichnen in Lateinamerika, insbesondere aber in Brasilien und in der Karibik, mehrere Millionen Gläubige. Allerdings ist es schwierig, die Bedeutung afroamerikanischer Religionen quantitativ zu bemessen, da die religiösen Gemeinschaften kein exklusives Verständnis religiöser Zugehörigkeit pflegen. *Santería, voodoo* und *candomblé* weisen gewisse Ähnlichkeiten auf. Charakteristisch ist beispielsweise die Kombination aus Mono- und Polytheismus, basierend auf dem Glauben an einen Schöpfergott bei gleichzeitiger Dualität von afrikanischen Gottheiten und christlichen Heiligen. Strikte Zuordnungen, etwa zu den afrikanischen Herkunftsregionen und -religionen (z. B. Westafrika/Yoruba und Zentralafrika/Bantu-Religionen) sind umstritten, weil die religiösen Gruppen in Lateinamerika und der Karibik heterogen sind, vielfältige Verbindungen untereinander eingingen oder Elemente aus anderen Religionen, wie dem Islam oder dem Judentum, integrierten.

santería, voodoo und *candomblé*

Mit der massiven Migration von Lateinamerikanern in die Vereinigten Staaten wanderten auch diese Religionen dorthin. Das Exil von weit über einer Million Kubanern seit 1960 machte Miami oder New York zu bedeutenden Zentren der afrokubanischen *santería*. Dabei bildeten (und bilden) sich neue transregionale religiöse Netzwerke heraus. Diese Verbindungen – etwa die Teilnahme an religiösen Zeremonien – werden heute durch das Internet oder Medien wie YouTube ermöglicht. Seit ihrer Gründung 1930 in Jamaika sind die Rastafaris eine der führenden religiösen Bewegungen in der Karibik. Sie gehören zu den populärsten kulturellen Trends in Lateinamerika, finden sich aber auch in Afrika, Europa und Teilen Asiens. Dies ist vor allem dem Reggae, seinen einprägsamen Rhythmen und seiner ausdrucksvollen Symbolik geschuldet. Die Rastafari-Religion hatte von Anfang an ein transatlantisches Selbstverständnis, ist sie doch aus der von Marcus Garvey (1887–1940) 1914 in Jamaika gründeten Rückkehrbewegung nach Afrika (*Universal Negro Improvement Association*, UNIA) hervorgegangen sowie aus dem Glauben an die Göttlichkeit des äthiopi-

Rastafari-Religion

Reggae

schen Kaisers Haile Selassie I, der auch als *Ras Tafari* bezeichnet wird.

5.6.2 Protestantismus und Pfingstkirchen

Die Modernisierung der lateinamerikanischen Gesellschaften und die dadurch ausgelöste gesellschaftliche Umbruchsituation leistete dem Protestantismus seit der Mitte des 20. Jahrhunderts Vorschub. Vor allem die Pfingstbewegung war ein Phänomen gesellschaftlicher Krisenverarbeitung zunächst in ärmeren Schichten. Bei dem in Lateinamerika präsenten Protestantismus handelt es sich weniger um den europäischen Typus, der aus der Reformation hervorging, sondern um den „freikirchlichen", der sich in den USA entwickelte und „historische" Religionsgemeinschaften wie Methodisten, Lutheraner, Baptisten oder Presbyterianer umfasst, aber auch die Pfingstkirchen. Letztere sind die derzeit dynamischste Kraft des Christentums in Lateinamerika, allerdings existiert keine einvernehmliche Definition darüber, wer dazugehört und wer nicht. Die in Lateinamerika verwendete, übergreifende Bezeichnung für diese neueren protestantischen Glaubensgemeinschaften ist *evangélico*, evangelikal. Die Pfingstbewegung in Lateinamerika umfasst jene, die einer etablierten pentekostal-charismatischen Kirche angehören wie die *Assambléia de Deus/Asamblea de Diós* ebenso wie die neopfingstliche *Igreja Universal do Reino do Deus*, die 1977 in Rio de Janeiro gegründet und auch als Medienunternehmen mittlerweile auf der ganzen Welt operiert.

Pentekostal-charismatische und neopfingstliche Kirchen

Andere Pfingstler oder auch Charismatiker gehören heutzutage keiner solchen etablierten Gemeinde an, sondern bilden religiöse Gruppen, die sich in Privatwohnungen treffen. Die bedeutendsten religiösen Transformationen gehen derzeit zweifellos von diesen sehr rasch und weiterhin stark anwachsenden protestantischen Kirchen aus, insbesondere denjenigen, die der Pfingstbewegung entstammen. In Argentinien und Peru sind heutzutage etwa 10 % der Bevölkerung protestantisch, in einigen Ländern Zentralamerikas sind es wahrscheinlich schon weit über 30 %, allen voran in Guatemala. In Brasilien sind um die 25 % der Bevölkerung protestantisch bzw. evangelikal. Darüber hinaus zeigt sich hier der Trend der religiösen Pluralisierung besonders deutlich.

Die religiöse Szene Lateinamerikas ist insgesamt durch eine enorme Vielfalt von Kirchen, Tempeln, charismatischen Straßen-,

Radio- und Fernsehpredigern, religiösen Schulen und seit den letzten beiden Jahrzehnten durch Internetplattformen gekennzeichnet, die untereinander um Anhänger konkurrieren. Auch in der katholischen Kirche entwickelte sich in jüngerer Vergangenheit in Lateinamerika eine Bewegung zur Revitalisierung des Glaubens, die pentekostalen oder charismatischen Katholiken, die mit den protestantischen Pfingstlern die Anrufung des Heiligen Geists und die ekstatische Spiritualität teilen.

Pentekostale und charismatische Katholiken

Wie intensiv sich historische protestantische Kirchen und neuere Pfingstkirchen in Lateinamerika auch mit sozialethischen Fragen auseinandersetzten und -setzen, hängt stark davon ab, ob sich ihre Mitglieder eher aus der Mittelschicht oder den Unterschichten rekrutieren. Gegenüber den Militärdiktaturen der 1960er bis 1980er Jahre verhielten sich die protestantischen Kirchen Lateinamerikas äußerst ambivalent. Nur Teile der historischen protestantischen Kirchen und Gemeinden engagierten sich im Kampf gegen die Diktaturen oder kooperierten mit den Vertretern der Befreiungstheologie. Besonders in den Bürgerkriegen Zentralamerikas unterstützten neopfingstliche Kirchen diktatorische Regime. Die religiöse Ideologie der geistlichen Kriegsführung diente außerdem der Mobilisierung im Sinne der Aufstandsbekämpfung. Guatemala erlebte die schwerste Repression, einhergehend mit massiven Menschenrechtsverletzungen 1982–1983 unter der Militärregierung von General Efraín Rios Montt (1926–2018), der ein Prediger der Pfingstkirche *El Verbo* war, die zu der US-amerikanischen neopfingstlichen Vereinigung *Gospel Outreach* gehört.

Ambivalenz gegenüber Militärdiktaturen

Mobilisierung für die Aufstandsbekämpfung

Der nach dem Ende der Militärdiktaturen und autoritären Regimes eingeschlagene Weg der Demokratisierung und die Entstehung offenerer Gesellschaften in den meisten lateinamerikanischen Ländern verstärkte den Trend religiöser Pluralisierung und den Zulauf zu den Pfingstkirchen. Da diese gesellschaftliche Restrukturierung auch mit einem neoliberalen Wandel der Wirtschaftspolitik Lateinamerikas einherging, boten sich Aufstiegschancen für Teile der Mittelschicht, andererseits nahmen prekäre Beschäftigungsverhältnisse zu und verschärften die soziale Unsicherheit. Die Pfingstkirchen stellten sich auf diese Begleitumstände ein: Ihre Praxis und ihre Lehren verändern sich je nach Verortung im sozialen Raum. Mittlerweile bieten religiöse Event-Unternehmen – etwa im Umfeld der erwähnten *Igreja Universal do*

Erlösungsversprechen und religiöse Event-Unternehmen

Reino de Deus – ihren Mitgliedern Gottesdienste an, die eher musikalischen Unterhaltungsprogrammen ähneln und ein enthusiastisches, religiöses Miteinander organisieren. Das Erlösungsversprechen soll helfen, den häufig prekären Alltag gemeinsam zu meistern. Eine aus der Mittelschicht stammende Anhängerschaft wird hingegen eher mit einer Art religiösem *coaching* angesprochen, das Strategien für sozialen Aufstieg vermittelt. In der urbanen Pfingstbewegung entwickelt sich vor allem in Brasilien eine stärker an Identitäten ausgerichtete, funktionale Differenzierung der Pfingstbewegung. Brasilien ist mit einer hoch dynamischen Pfingstbewegung mittlerweile ein wichtiges Zentrum des globalen religiösen Wandels, der sich von Lateinamerika über die Welt verbreitet, insbesondere im Globalen Süden, aber auch in den nördlichen Industrieländern: Die neocharismatische *Deus e Amor* mit annähernd einer Million Anhängern ist die erste Neopfingstkirche, die ausgeprägte Unternehmensstrukturen entwickelte. Auch sind Pfingstkirchen in Lateinamerika weiterhin politisch aktiv: So erhielt der rechtspopulistische brasilianische Präsident Jair Bolsonaro (*1955) in seinem Wahlkampf ihre Unterstützung, ebenso der bis Januar 2020 amtierende guatemaltekische Staatspräsident Jimmy Morales (*1969), der selbst einer evangelikalen Kirche angehört.

6 Auf dem Weg ins 21. Jahrhundert: Globalisierung und Neoliberalismus

Der nach dem Ende der Militärdiktaturen und autoritären Regimes eingeschlagene Weg der Demokratisierung und die Entstehung offenerer Gesellschaften in den meisten lateinamerikanischen Ländern veränderte auch die politischen und sozialen Strukturen. Neue politische Kräfte, insbesondere die neuen sozialen Bewegungen, die wesentlich zur Transition beigetragen hatten, führten auch dazu, dass sich bis dahin marginalisierte Gruppen wie Indigene oder Afroamerikaner artikulieren. Die ab den 1990er Jahren ausgearbeiteten Verfassungen nehmen von der Fiktion der homogenen Nation Abstand. Vor allem Staaten mit einem hohen indigenen Bevölkerungsanteil verstehen sich heute als „plurikulturelle" Nationen. Auch Gender- und Umweltthemen wurden nun in

„Plurikulturelle" Nationen

den sozialen und politischen Diskursen wichtiger. Ungeachtet vergleichsweise hoher Wachstumsraten blieben die Länder Lateinamerikas und der Karibik anfällig für wirtschaftliche Krisen. Insbesondere in Zentralamerika, aber auch in anderen Ländern des Kontinents wurden die Rücküberweisungen (*remesas*) von Migranten nach der Jahrhundertwende zu einer wichtigen externen Finanzierungsquelle breiter Bevölkerungsschichten. Gewalt, Drogenkriminalität, politische Krisen und soziale Ungleichheit führten nicht nur zu internen Migrationsbewegungen, sondern vor allem zu einer neuen, transkontinentalen Migrationswelle in die Vereinigten Staaten. Die Krisenanfälligkeit neoliberaler Modelle mündete Ende der 1990er Jahre in eine politische Linkswende, die insbesondere von Teilen der Mittelschichten und der unteren Bevölkerungsschichten getragen wurde. Deren wirtschaftspolitische Entwicklungsmodelle konnten sich aber nicht, wie das Beispiel Venezuela verdeutlicht, zu dauerhaften alternativen Gesellschaftsmodellen weiterentwickeln. In Brasilien etwa folgte 2019 auf den Linksruck zu Beginn der 2000er Jahre ein dramatischer Rechtsruck durch eine politisch rechtskonservative und wirtschaftlich neoliberal orientierte Regierung. Ein eindeutiger politischer Trend ist indes nicht auszumachen. In Mexiko, Bolivien und Argentinien konnten sich linksreformerische Regierungen erneut durchsetzen, in Chile erwirkte eine breite Bewegung jüngst eine Verfassungsänderung, in Kolumbien durchlebt der Friedensprozess schwierige Phasen.

Rücküberweisungen

Transkontinentale Migration

Linke und rechte Regierungen

6.1 Die Rückkehr der Ethnie

Bis weit in das letzte Viertel des 20. Jahrhunderts hatten verschiedene indigenistische Strömungen, die sich mit der desaströsen sozioökonomischen Lage der indigenen Bevölkerung befassten, letztlich auf deren Assimilation an eine moderne, westlich orientierte Gesellschaft gesetzt. Auch die marxistischen und sozialistischen Gegenentwürfe der 1960er und 1970er Jahre hatten diese Einstellung nicht verändert, im Gegenteil, durch das Insistieren auf dem Vorrang des Klassenwiderspruchs wurde die ländliche indigene Bevölkerung pauschal der Gruppe der Kleinbauern (*campesinos*) zugeordnet und ethnisch-kulturelle Unterschiede in den Hintergrund gedrängt. Dies änderte sich, als in den 1980er Jahren die Militärdiktaturen sukzessive abgelöst wurden und eine Phase des Übergangs zur Demokratie (Transition) einsetzte, die den Aktivitäten zahlreicher sozialer Bewegungen geschuldet war.

Revitalisierung ethnischer Identitäten

Ab Ende des 20. Jahrhunderts ist, wie bereits gegen Ende des 19. Jahrhunderts, ein Prozess der Revitalisierung ethnischer Identitäten zu beobachten. Auch in diesem Fall steht der Prozess in Zusammenhang mit allgemeinen, diesmal globalen politischen Entwicklungen wie der Enttäuschung über die Möglichkeiten der Modernisierung nach westlichem Vorbild, die wachsende Umweltzerstörung und die intellektuellen Strömungen des Poststrukturalismus und des Postkolonialismus. So wie Landprivatisierung oder Landreform für weiße und mestizische Intellektuelle und Politiker lange Zeit ein Schlüssel der Modernisierung und Homogenisierung einer als mestizisch verstandenen Nation gewesen waren, wurde die Beibehaltung von bzw. Rückkehr zum Gemeindeland seit den 1980er Jahren zu einem Hauptanliegen des Neoindigenismus, der nicht mehr auf Assimilierung, sondern auf die Bewahrung einer als anders betrachteten indigenen Kultur innerhalb eines Vielvölkerstaates ausgerichtet ist.

Neoindigenismus

Im Zentrum der strukturellen Ursachen für das Aufkommen indigener ethnischer Bewegungen standen die wirtschaftlichen Probleme des allergrößten Teils der indigenen Bevölkerungen und, damit verbunden, deren untergeordnete, marginale gesellschaftliche Position. Diese wurde noch verstärkt durch die in den 1990er Jahren in vielen lateinamerikanischen Ländern implementierten neoliberalen Strukturanpassungsprogramme. Sie führten zu einem – vielfach ungeordneten – Rückzug des Staates. Die damit einhergehenden wirtschaftlichen Veränderungen, vor allem die Liberalisierung der Märkte, stellten für zahlreiche Indigene eine ernsthafte Bedrohung dar.

Neoliberalismus

Indigene Forderungen

In diesem Kontext erstarkten auch die indigenen Forderungen nach Land, wie sie seit der Mexikanischen Revolution immer wieder vorgetragen worden waren, diesmal aber in Verbindung mit der Forderung nach sozialer, kultureller und politischer Anerkennung sowie nach einem eigenen Territorium. Besonders manifest wurde dies zu Beginn der 1990er Jahre. Im Mai 1990 blockierten verschiedene indigene Gruppen überall in Ecuador die Straßen. Das wirtschaftliche Leben kam für mehr als eine Woche zum Erliegen. Im September desselben Jahres marschierten Vertreter von Ethnien aus dem ostbolivianischen Tiefland in einem Aufsehen erregenden Marsch über 700 Kilometer zum Regierungssitz in das auf fast 4 000 Höhenmetern gelegene La Paz, um ihren Anliegen Gehör zu verschaffen. Auch die Weltöffentlichkeit und -politik nahm von diesen Ereignissen Kenntnis. 1992, im Jahr der 500. Wiederkehr der „Entdeckung" Amerikas, wurde der guatemaltekischen indigenen Menschenrechtsaktivistin Rigoberta Menchú der Friedensnobelpreis verliehen. Ein Jahr später proklamierten die Vereinten Nationen das „Jahr der indigenen Völker" und im Januar 1994 machte die indigene Guerilla-Organisation des *Ejército Zaptatista de Liberación Nacional* (EZLN) im mexikanischen Chiapas von sich reden (siehe Kap. I.3.5).

Indigene Präsidenten

Gut zehn Jahre später, im Jahr 2006, führte diese neue politische Sichtbarkeit und Aktivität indigener Völker in Lateinamerika zur Wahl des indigenen Präsidenten Evo Morales in Bolivien, der zwei Mal mit großer Mehrheit wieder und dann abgewählt wurde. In Peru, wo mit Alejandro Toledo von 2001–2006 bereits ein Präsident indigener Abstammung regiert hatte, wurde 2011 Ollanta Humala (*1962) von der Nationalistischen Partei zum Präsidenten gewählt. Sein Vater, der aus Ayacucho stammende, Quechua sprechende, kommunistische Anwalt Isaac Humala (*1931) gilt als Begründer der radikalen, ethnisch-nationalistischen Bewegung des *etnocacerismo*. Diese Bewegungen zeigen, dass sich seit den 1990er Jahren die politische Bedeutung von Ethnizität in Lateinamerika grundlegend gewandelt und dazu geführt hat, dass die meisten lateinamerikanischen Staaten, die im Zuge der Demokratisierungsbestrebungen neue Verfassungen erarbeiteten, die Fiktion einer homogenen Nation, die mit ein Grund für die kulturelle Marginalisierung der indigenen Bevölkerung war, aufgegeben haben und sich nun als plurikulturelle oder multiethnische Staaten verstehen.

Neue indigene Organisationen

Während vielerorts im Lateinamerika der 1960er und 1970er Jahren Indigene ihre Kämpfe noch innerhalb der Bauern- und Landarbeiterschaft entlang der Linien der Klassenidentität austrugen – und somit ethnisch unsichtbar blieben –, formulierten Gruppen in der Amazonas-Region bereits Forderungen nach Territorien (statt nach Land) und nach politischer Autonomie. Dort gründete sich 1964 mit der *Federación de Centros Shuar* die erste einflussreiche indigene Organisation „neueren Typs". Die im ecuadorianischen Amazonasgebiet lebenden Shuar, die bis dahin noch wenig mit dem Staat und westlicher Zivilisation in Kontakt gekommen waren, sahen sich durch die Entdeckung und Förderung von Erdöl in ihrer Region sowie der zunehmenden Kolonisation der östlichen Andenabhänge in ihrer Lebensweise bedroht. Die politische Organisation der Shuar ist mit ihren Forderungen ein Vorbild geworden für andere lateinamerikanische indigene Bewegungen. Exemplarisch ist auch die seit der Eroberung durch die Europäer zu beobachtende Formierung und Veränderung ethnischen Bewusstseins in der Auseinandersetzung mit der jeweiligen konkreten gesellschaftlichen und natürlichen Umwelt. Die *Federación* erachtet als ihr wichtigstes Ziel die Selbstbestimmung innerhalb eines pluralistischen ecuadorianischen Staates, eine Forderung, die inzwischen von fast allen lateinamerikanischen Indigenenbewegungen geteilt wird, die jedoch, entsprechend der unterschiedlichen nationalen und regionalen Kontexte, ein breites Spektrum an Programmatiken, Strategien und ideologischen Grundlagen aufweisen.

Selbstbestimmung

Am Ende des 20. Jahrhunderts machte man sich keine Hoffnungen mehr auf Verbesserungen durch traditionelle linke Gesellschaftsentwürfe, stattdessen forderten die neuen ethnischen Bewegungen eine umfassendere Unabhängigkeit und Selbstbestimmung in wirtschaftlicher, politischer und kultureller Hinsicht. Wie eng diese Bereiche miteinander verknüpft sind, hatte sich in den vergangenen Jahrhunderten bei der Landproblematik gezeigt. Die enge Verbindung von Identität und Land ist den meisten indigenen Völkern bis heute eigen. Die zentrale Forderung nach Land bzw. Territorien dient somit nicht nur dem materiellen Überleben, sondern auch der Selbsterhaltung als kulturell und sozial eigenständige Gruppe. Begründet wurden diese Ansprüche meist mit historischen Rechten auf das Land, aber auch mit Rechten auf die Anerkennung indigener Autoritäten, Sprachen und Rechtstraditionen. Hinzu kommt die Forderung nach der heute in den meisten Verfassungen verankerten Konsultationspflicht bei der Ausbeutung der natürlichen Ressourcen indigener Territorien.

buen vivir

Die zentrale Verbindung von Mensch und Natur, wie sie die indigenen Bewegungen vertreten, stellt gleichzeitig einen Konnex zu allgemeinen globalen politischen Problemen her. Zu Beginn des 21. Jahrhunderts kann man eine neue Form der Kooperation von indigenen und nicht-indigenen Bewegungen ausmachen. Die Forderungen der Indigenen betten sich ein in globale Diskussionen um Ökologie und Globalisierung, Demokratie und Menschenrechte und radikalisieren einige der globalen Diskussionen. Dies zeigt sich unter anderem an einem indigenen Gegenentwurf zum westlichen Entwicklungsmodell, der auch in Europa und den USA viel Beachtung gefunden hat. Das Konzept des *buen vivir*, des „guten Lebens", geht auf eine wissenschaftliche, politische und zivilgesellschaftliche Debatte in den 1990er Jahren in Bolivien über das Konzept „Entwicklung" zurück. Da dieses Wort keine Entsprechung in der indigenen Kosmovision hat, griff man auf den Begriff des „guten Lebens" zurück (auf Aymara *Suma Qamaña*, auf Quechua/Kichwa (Peru/Ecuador) *Qhapaq Ñan* bzw. *Sumak Kawsay)*. Basierend auf indigenen Lebensmodellen und Vorstellungen wird darin neben den Menschen auch der Natur ein eigenes Recht zugestanden. *Buen vivir*, das gute Leben, bedeutet Leben im Einklang mit der Natur bzw. eine Perspektive, die den Menschen als Teil der Natur versteht.

Alternative Entwicklungsvorstellungen

Die Anhänger des *buen vivir* weisen kapitalistische Kategorien wie Moderne, Fortschritt, Wachstum und Entwicklung zurück. Mit der Ablehnung des herkömmlichen linearen Entwicklungsmodells und damit auch des Konzeptes von Unterentwicklung, reihen sie sich ein in die Globalisierungs- und Wachstumskritiker, gehen aber darüber hinaus, indem sie neben materiellen Gütern auch immaterielle Aspekte in den Blick nehmen, wie Wissen und Erfahrungen, soziale und kulturelle sowie ethische und spirituelle Werte in der Beziehung zwischen Gesellschaft und Umwelt. Kritiker werfen der Bewegung daher vor, rückwärtsgewandt und naiv zu sein. Doch das Konzept ist mehr als ein theoretischer Gegenentwurf zu klassischen Entwicklungsvorstellungen, zwei lateinamerikanische Staaten haben es in ihre Verfassungen aufgenommen und zum Staatsziel erklärt. In der ecuadorianischen Verfassung von 2007/08 ist *buen vivir* (zusammen mit dem *Pachamama*-Gedanken, die in den Anden verehrte Mutter Erde, die für ein gutes, harmonisches Leben steht) an zentraler Stelle als Staatsziel verankert. Die Natur wird zum Rechtssubjekt, wodurch Wasser als fundamentales Menschenrecht definiert und seine Privatisierung verhindert werden soll. Allerdings hat sich die Umsetzung dieses Konzeptes in der Praxis als schwierig erwiesen und keine der Regierungen hat sie wirklich implementiert. Kurz nach Ecuador fand das Konzept des „guten Lebens" als *suma qamaña* auch in die Verfassung Boliviens von 2009 Eingang. Dort werden aber ethisch-moralische Grundsätze in direktem Zusammenhang mit

buen vivir als Verfassungsziel

der wirtschaftlichen Organisationsform des Staates genannt, d. h. es geht vor allem um ein plurales Wirtschaftsmodell mit dem Ziel der Verbesserung der Lebensqualität und der Erreichung des „guten Lebens“ sowie um eine solidarische Wirtschaftsordnung. Auch in Bolivien gibt es einen Fokus auf den Umgang mit der Umwelt, die Regierung Morales hielt aber in der Praxis an traditionellen Entwicklungsvisionen fest und entschied sich oftmals für die Ausbeutung der natürlichen Ressourcen statt für den Umweltschutz.

Wenn auch die Umsetzung des *buen vivir* bisher selbst in denjenigen Staaten scheiterte, die das Konzept in ihren Verfassungen verankert haben, sind die Ideen nach wie vor virulent, denn Wirtschaftswachstum auf Kosten der Umwelt und der traditionellen Landwirtschaft beeinträchtigen oder bedrohen das Leben der Indigenen (und anderer Menschen) nach wie vor. Projekte großer Bergbaukonzerne in den vorwiegend von indigenen Kleinbauern bewohnten peruanischen Anden haben in den letzten Jahren mehrfach zu Protesten und gewaltsamen Auseinandersetzungen geführt. Brasilianische Indigene und Umweltschützer wehren sich gegen die Abholzung des Amazonaswaldes und die Verunreinigung der Flüsse durch Goldsucher sowie gegen Megastaudammprojekte. Gleichzeitig werden diese Proteste von staatlicher und nichtstaatlicher Seite zunehmend mit Gewalt unterdrückt.

6.2 Neoliberalismus, Gewerkschaften und neue soziale Bewegungen

Soziale Bewegungen gibt es in Lateinamerika seit der Eroberung und Kolonisierung. Ihre Träger waren meist unterprivilegierte gesellschaftliche Gruppen, die in erster Linie an einer Verbesserung ihrer Lebensumstände interessiert waren, ökonomische Forderungen stellten sowie gegen die Privilegien der herrschenden Oligarchie aufbegehrten. Die Mexikanische Revolution ab 1910 war richtungsweisend für die kleinbäuerlichen *campesino*-Bewegungen des Kontinents. Im 20. Jahrhundert entstanden außerdem mächtige Arbeiter- und Gewerkschaftsbewegungen bzw. national gesinnte und populistische Bewegungen. Nach der Kubanischen Revolution setzten sich bewaffnete Bewegungen, Guerillas, in vielen Ländern für den sozialen Wandel ein.

Gewerkschaften

Viele lateinamerikanische Gewerkschaften konnten bis in die 1960er Jahre einen erheblichen Mitgliederzuwachs verzeichnen und ihre – häufige – Nähe zu politischen Parteien eröffnete ihren Mitgliedern jetzt Zugänge zu Machtpositionen, die sie zuvor nie erreicht hatten. Dies mündete allerdings in vielen Fällen in eine Kooptierung durch die jeweilige Regierung. Lohnerhöhungen, Arbeits- und Sozialgesetze oder Sozialversicherung wurden nicht in Kollektivverhandlungen mit der Unternehmerseite erkämpft, sondern als Belohnung für die Loyalität gegenüber einem paternalistischen Staat erteilt. Solche korporativistischen Verbindungen überdauerten sogar teilweise die Verfolgung von Gewerkschaftern unter den Militärdiktaturen. In der Regel wurden Gewerkschaften aber von den Militärregimes zerschlagen.

Anwachsen des informellen Sektors

Die Privatisierungen und Flexibilisierungen des Arbeitsmarkts während der Diktaturen und im Rahmen der neoliberalen Strukturanpassungsprogramme der 1980er und 1990er Jahre wirkten sich teilweise dramatisch auf die Arbeitsbedingungen aus und ließen den informellen Sektor enorm anwachsen. Er liegt in vielen Ländern Lateinamerikas heute bei 50 %. Die Rahmenbedingungen gewerkschaftlicher Aktivität sind auch in Lateinamerika durch transnationale Unternehmen und die Globalisierung von Arbeitsverhältnissen heute wesentlich komplexer. Mit der Jahrtausendwende und dem Aufkommen zahlreicher Mitte-Links Regierungen haben sich die Bedingungen für Gewerkschaftsarbeit teilweise verbessert. Trotzdem wird gewerkschaftliches Engagement in zahlreichen Ländern weiterhin mit zum Teil massiver Repression beantwortet. Besonders schwer wiegt die zu Beginn des 21. Jahrhunderts anhaltende Gewalt gegen Gewerkschaftsaktivisten und die oftmals damit verbundene Straflosigkeit der Täter bzw. der staatlichen Akteure.

Große Vielfalt neuer sozialer Bewegungen

Die Entstehung von Militärdiktaturen zur Bekämpfung neuer Gesellschaftsentwürfe und sozialer Bewegungen rief in den 1980er Jahren neue Formen sozialer Bewegungen hervor, die sich gegen Repression und massive Menschenrechtsverletzungen zur Wehr setzten, für die Überwindung der Militärdiktaturen eintraten und für eine Demokratisierung ihrer Gesellschaften. Unter diesen Bedingungen entstand eine breite Vielfalt von Bewegungen, die alle eine bedeutende Rolle bei der Überwindung der Diktaturen bzw. in den Transitionsprozessen spielten. Unter den neuen Akteuren finden sich Feministinnen, Frauengruppen oder Menschenrechtaktivisten, die sich häufig aus verschiedenen gesellschaftlichen Schichten zusammensetzten, darüber hinaus formierten sich afroamerikanische und indigene Bewegungen, Lesben- und Schwulenbewegungen oder ökologische Initiativen.

Nach dem Ende des Kalten Kriegs und der Militärherrschaften in den 1990er Jahren gab 1994 der Aufstand der Zapatisten in Chiapas in Mexiko einen wichtigen Impuls für neue soziale Bewegungen. Die Zapatisten, organisiert im EZLN, waren in mancher Hinsicht nicht mit den oben genannten Bewegungen zu vergleichen, denn sie stellten als indigene Bewegung die Forderung nach sozialer und kultureller Teilhabe nicht nur an die Regierung, sondern an die gesamte mexikanische Gesellschaft. Darüber hinaus bezogen sie sich strategisch auf die internationale Zivilgesellschaft. Das erste „Interkontinentale Treffen gegen Neoliberalismus und für Menschlichkeit", zu dem die EZLN in den lacandonischen Urwald nach Chiapas einlud, gilt heutzutage als Ausgangspunkt für die weltweite globalisierungskritische Bewegung. Die auf diesem und einem zweiten internationalen Treffen geknüpften Kontakte führten 1998 zur Gründung des weltweiten globalisierungskritischen Netzwerks *Peoples Global Action* (PGA).

Bewegung der Landlosen

Die Mitte der 1980er Jahren gegründete Bewegung der Landlosen, *Movimento dos Trabalhadores Sem Terra* (MST), in Brasilien gehört zu den emblematischen neuen Basisbewegungen Lateinamerikas. Ihre geschätzten 1,5 Millionen Mitglieder (350 000 Familien nach eigenen Angaben) sind in 24 der 27 Bundesstaaten Brasiliens vertreten. Da sich der MST als Bewegung versteht, verfügt er über keine rechtlich formalisierte Struktur. Neben der beeindruckenden Größe zeichnet er sich aber durch seine militanten Aktionen – wie Landbesetzungen – und eine klare anti-neoliberale Haltung aus. Der MST tritt nicht nur als Akteur des Kampfes um Land und Agrarreformen in Erscheinung, sondern entwickelte sich in den vergangenen zwanzig Jahren auch zunehmend als Protagonist allgemeiner gesellschaftlicher Auseinandersetzungen und wird beispielsweise gegen Privatisierungen der Regierung aktiv. Außerdem öffnete sich der MST sukzessive auch gegenüber den ökologischen Dimensionen der Agrarproblematik und ist heutzutage weniger eine Organisation von Landlosen, die sich gegen Latifundien zur Wehr setzen, sondern mobilisiert die gesamte brasilianische Gesellschaft gegen die Umweltzerstörung durch das Agrobusiness. Während der Mitte-Links-Regierung des *Partido dos Trabalhadores* (PT) 2003 bis 2016 unter den Präsidenten Luis Inácio Lula da Silva (*1945) und Dilma Rousseff (*1947) stand der MST aber trotz aller Kritik an deren Entwicklungsmodell nicht völlig außerhalb dieses Regierungsprojekts. Gegen die massiven Umweltzerstörungen der Bolsonaro-Regierung ist der MST weiterhin aktiv.

Zusammenfassend lassen sich einige Merkmale der neuen sozialen Bewegungen Lateinamerikas herausstellen: Einerseits die Neugründung von Organisationen mit teilweise sehr jungen Mitgliedern, die u. a. durch ihre ablehnende Haltung gegenüber dem Staat und seinen Organen, aber auch gegenüber Parteien hervortreten. Viele von ihnen lehnen zwar eine Übernahme der Macht ab, nehmen aber für sich in Anspruch, die Gesellschaft grundlegend verändern zu wollen. Mit neuen, häufig basisdemokratischen Organisations- und Aktionsformen und unter Berufung auf neue Identitäten protestieren sie gegen den Neoliberalismus und verorteten sich innerhalb der globalisierungskritischen Bewegung. Während Arbeiter- und Gewerkschaftsbewegungen um die Jahrtausendwende an Mobilisierungskraft verloren, wächst der Einfluss von Bewegungen aus dem ländlichen Raum, einhergehend mit einer zunehmenden territorialen Verankerung, aber auch in urbanen Zonen etwa in Gestalt von Stadtteilbewegungen. In diesen Räumen haben die Landlosenbewegung MST, die *Zapatistas* oder indigene Bewegungen in Bolivien, Peru oder Ecuador eigene Konfliktregulierungsstrategien entwickelt. Manche von ihnen schufen auch, wie eine Bewegung von Arbeitslosen in Argentinien, die *piqueteros*, autonome gesellschaftliche Strukturen, um Grundbedürfnisse wie Bildung oder Gesundheitsversorgung zur Verfügung zu stellen, und gründeten eigene Betriebe.

Politischer Einfluss sozialer Bewegungen

Viele dieser Bewegungen haben in verschiedenen Ländern Lateinamerikas großen politischen Einfluss erlangt: Massenhafte Mobilisierungen in Bolivien, Ecuador oder Argentinien vermochten es, Präsidenten zum Rücktritt zu zwingen, oder wie jüngst in Chile Verfassungsreformen anzuregen. In etlichen Staaten, darunter Argentinien, Bolivien oder Brasilien, war die große Präsenz dieser neuen sozialen Bewegungen eine Grundvoraussetzung dafür, dass sich Mitte-Links-Regierungen etablieren konnten. Ein weiteres Merkmal ist, dass sie in erster Linie von den Bevölkerungsgruppen getragen werden, die besonders von den Auswirkungen neoliberaler Wirtschaftsreformen betroffen sind, etwa Angestellte des öffentlichen Dienstes, Lehrer oder Mitarbeiter im Gesundheitssektor. Solche breiten lokalen Bündnisse konnten sich auch immer wieder erfolgreich gegen die Privatisierung öffentlicher Güter – etwa der Wasser- und Energieversorgung – zur Wehr setzen. Der Widerstand gegen Kürzungen und Umstrukturierungen im Bildungs- und Gesundheitswesen oder gegen eine Liberalisierung im Agrarbereich, gegen Freihandelsabkommen oder infrastrukturelle Megaprojekte zum noch intensiveren Raubbau an Bodenschätzen oder gegen Gewalt, sind weitere zentrale Themen dieser neuen sozialen Bewegungen.

Zehntausende versammelten und versammeln sich außerdem auf lokalen, regionalen oder gar globalen Zusammenkünften wie dem Weltsozialforum, um sich zu vernetzen und über die Zukunft Lateinamerikas zu diskutieren. Austausch und Debatten über Organisationsformen und Strategien haben dabei eine neue Qualität erlangt: Auf dem Weltsozialforum können mehr Aktivisten mitdiskutieren, als dies jemals zuvor innerhalb früherer internationaler Organisationformen möglich war. Nicht zuletzt deshalb sind die neuen sozialen Bewegungen Lateinamerikas zu wichtigen Impulsgebern globalisierungskritischer Initiativen weltweit geworden.

6.3 Weltsozialforum

Um outro mundo é possível – „Eine andere Welt ist möglich". Unter diesem Motto trat das Weltsozialforum 2001 erstmals in der südbrasilianischen Stadt Porto Alegre zusammen. Die Bewegung konstituierte sich nicht zufällig in Lateinamerika, denn gerade hier waren die Erfahrungen mit dem Neoliberalismus besonders intensiv, ebenso wie der Widerstand dagegen. Zusammen mit den anderen Regionen des Globalen Südens sollte das Forum die Avantgarde einer weltweiten Bewegung für soziale Gerechtigkeit und alternative Wirtschaftsformen sein. Die Stadtregierung Porto Alegres unterstützte die Versammlung finanziell und verstand die Initiative als Teil der eigenen Suche nach neuen Modellen lokaler Politik zwischen repräsentativer Institutionalität und direkter, basisdemokratischer Beteiligung der Bevölkerung. Ziel des Weltsozialforums ist es seitdem, alternative Zukunftsvisionen zu diskutieren und die Möglichkeit einer gegenhegemonialen Globalisierung – etwa gegenüber dem Weltwirtschaftsforum, dem G8-Gipfel

Globale Bewegung für soziale Gerechtigkeit und alternative Wirtschaftsformen oder der Welthandelsorganisation (WTO) – zu demonstrieren. Der Erfahrungsaustausch, die Vernetzung und die Medienöffentlichkeit sind dabei entscheidend. Das Forum entstand auf Initiative verschiedener internationaler, zivilgesellschaftlicher Organisationen. Darunter waren diejenigen, die aus der Erhebung der Zapatisten in Chiapas, Mexiko hervorgegangen waren und dem Freihandelsabkommen NAFTA und anderen Herausforderungen der Globalisierung den Kampf ansagten. Diese neuen Organisationen und Bewegungen wollen ihre Anliegen international zur Sprache bringen. Das Weltsozialforum ist Ausdruck der Existenz einer weltweiten Zivilgesellschaft, die Nichtregierungsorganisationen, politische Kampagnen und (formelle und informelle) soziale Bewegungen auf der Suche nach internationaler Solidarität zusammenbringt.

Bereits 2001 hatte die UNESCO eine Vertretung auf dem Weltsozialforum, was die politische Glaubwürdigkeit des Forums unterstrich und der UNESCO die Möglichkeit bot, sich im Dialog mit der Bevölkerung an der Diskussion um alternative Gesellschaftsentwürfe zu beteiligen. 2002, 2003, 2005 und 2010 fand das Forum ebenfalls in Porto Alegre statt, 2009 im brasilianischen Belém und 2018 in São Salvador da Bahia, ebenfalls in Brasilien. In den Jahren dazwischen wurde es unter anderem als polyzentrisches Treffen an verschiedenen Orten des Globalen Südens ausgetragen. Seit 2002 nahmen durchschnittlich zwischen 50 000 und 150 000 Aktivisten an den Versammlungen teil, darüber hinaus entstanden thematische und regionale sowie national oder lokal organisierte Foren. Richtungsweisende Entscheidungen trifft der Internationale Rat, der sich aus über 160 Bewegungen, NGOs und Gewerkschaften aus aller Welt zusammensetzt. Die strategische Diskussion um das Verhältnis von Bewegungen zu Parteien oder staatlichen Institutionen ist ein „Dauerbrenner“ innerhalb des Forums, aber bislang ist es gelungen, eine Balance zwischen Zerfall und Institutionalisierung zu finden.

6.4 Ressourcen, Umweltproblematik und Neoextraktivismus

Durch Bevölkerungswachstum, Urbanisierung und Industrialisierung sowie die Entwicklung einer Massenkonsumkultur hat auch Lateinamerika im 21. Jahrhundert einen beschleunigten Wandel erfahren, der ungeahnte Herausforderungen für die Umwelt birgt. Das Trinkwasser ist knapp, aufgrund der hohen Luftverschmutzung sind viele Städte in Smog gehüllt, viele der einst üppigen Wälder wurden durch Industrieanlagen, die massive Ausbeutung von Rohstoffen oder die beschleunigte Ausweitung der Agrarindustrie zerstört. Neben den urbanen Zonen sind fragile Ökosysteme wie die Gebirgsregionen, der tropische Regenwald, die Savannen und Trockenzonen, denen schon zuvor irreversible Schäden zugefügt wurden, besonders betroffen.

Beschleunigte Urbanisierung

Die Bevölkerung Lateinamerikas und der Karibik wuchs im Verlauf des 20. Jahrhunderts von etwa 74 Millionen Bewohnern zu Jahrhundertbeginn auf über 600 Millionen im Jahr 2015 stark an. Fast 80 % der Lateinamerikaner leben heutzutage in Städten, wobei Mexiko-Stadt oder São Paulo weltweit zu den größten urbanen Ansiedlungen zählen. Dieser demographische Boom, die beschleunigte Urbanisierung und die Ausweitung der Industrie haben die Belastung der Umwelt enorm verstärkt. Hinzu kommen die anhaltende soziale und ökonomische Ungleichheit, eine marode Infrastruktur oder der kaum regulierte Zugriff auf Umwelt und Bodenschätze. Das flächenhafte Wachstum der Städte führt zu einer extremen Zersiedelung der Landschaft und Versiegelung der Böden. Obwohl Lateinamerika über ein Drittel der weltweiten Wasserressourcen verfügt, ist der Zugang zu sauberem Trinkwasser zu einer der größten Herausforderungen des 21. Jahrhunderts geworden, selbst wenn durch gezielte entwicklungspolitische Maßnahmen heute 85 % der Lateinamerikaner an die Wasserversorgung angeschlossen sind. Der Wasserverbrauch steigt weiter an, während die Flüsse und Seen, die der Bedarfsdeckung dienen, durch fehlende Kläranlagen von städtischen und industriellen Abwässern stark verschmutzen. Ein besonderes Problem von Urbanisierung und Massenkonsum sind die wachsenden Müllmengen, die häufig auf nicht gesicherten Mülldeponien oder informellen Deponien Boden und Grundwasser verseuchen. Auch der Klimawandel, unter anderem beschleunigt durch die massive Abholzung von Tropenwäldern und die Brandrodung, aber auch durch den wenig schonenden Umgang mit Wasserressourcen, haben die Situation in ariden Regionen wie im nördlichen Mexiko oder im Andenraum verschärft. Besonders betroffen davon ist die verarmte Bevölkerung auf dem Land oder in den Marginalvierteln der Städte.

Marode Infrastruktur

Umweltverschmutzung

Bedrohte Biodiversität

Lateinamerika verfügt aufgrund seiner so unterschiedlichen Klimazonen über eine weltweit einmalige Artenvielfalt und Biodiversität, die heutzutage allerdings in großer Gefahr ist. Seit dem 19. Jahrhundert war die Region Laboratorium für die Entwicklung der modernen Botanik, Biologie, Zoologie oder Geologie, vorangetrieben ab Ende des 18. Jahrhunderts von Forschern wie José Celestino Mutis (1732–1808), Alexander von Humboldt (1769–1859) und Aimé Bonpland (1773–1853) oder Charles Darwin (1809–1882). Der Regenwald des Amazonas ist immer noch das größte zusammenhängende Waldgebiet der Erde, verfügt über 20 % der weltweiten Wasserressourcen und beeinflusst das Weltklima durch seine Sauerstoffproduktion bzw. die Absorbierung von CO_2 nachhaltig. Ungeachtet dessen fallen der Amazonasregenwald, etwa in Kolumbien oder Brasilien und kleinere Regenwaldgebiete in Zentralamerika, weiterhin dem Raubbau an Tropenhölzern, der Ausdehnung der Agrarindustrie und der Infrastruktur zum Opfer. Auch wenn Lateinamerika im globalen Szenario der Erderwärmung eine geringere Rolle spielt als Europa, Nordamerika, China oder Indien, ist es bereits heute von deren drastischen Konsequenzen betroffen: durch das Abschmelzen der Gletscher in den Anden, dem Rückgang des Eisschilds am Südpol oder der Verstärkung des als *El Niño* bezeichneten Klimaphänomens, das zu besonders starken Regenfällen an der Westküste Lateinamerikas führt, die Erdrutsche und Überschwemmungen auslösen. Bereits seit den 1970er Jahren verläuft die Umweltzerstörung in den Savannengebieten des Kontinents in beschleunigter Form: Die Expansion des mechanisierten Sojaanbaus in Brasilien, Argentinien, Uruguay, Paraguay und Bolivien hat wegen der damit verbundenen Bodenerosion bereits weite Teile der Trockenwaldformationen des Chaco zerstört. Intensiv eingesetzte Agrochemikalien kontaminieren Gewässer und das Grundwasser und genmanipulierte Sorten beeinträchtigen die Artenvielfalt von Flora und Fauna.

Bedrohung des Amazonasregenwalds

Raubbau an Tropenhölzern

Ausdehnung der Agrarindustrie

Verstärkung des *El Niño*-Phänomens

Widerstand gegen Umweltzerstörung

Häufig gehen heutzutage indigene Organisationen gemeinsam mit Umweltverbänden gegen diese Umweltzerstörungen vor, die teilweise über ganz Lateinamerika vernetzt sind und die dafür verantwortlichen multinationalen Konzerne und Regierungen gleichermaßen kritisieren bzw. in Bolivien und Ecuador bereits zu deren Sturz beitrugen. Im Jahre 2019 protestierten indigene Bewohner des Regenwalds am Amazonas lautstark gegen das Vorhaben des rechtsgerichteten brasilianischen Präsidenten Bolsonaro, einen Großteil der Regenwaldschutzgebiete rückgängig zu machen. Gegen die Zerstörung des Tropenwalds gingen die jeweiligen Regierungen mit Gesetzen zum Schutz des Waldes vor, allerdings häufig erst als Reaktion auf die Proteste zivilgesellschaftlicher Gruppen und dem zunehmenden internationalen Druck. Costa Rica gilt bei diesen Schutzmaßnahmen als Vorreiter.

Rohstoffextraktion

Neben der Landwirtschaft ziehen auch der Bergbau und die Rohstoffextraktion gravierende ökologische Schäden nach sich. In Brasilien barsten 2015 und 2018 Staudämme von Erzminen, die Hunderte von Opfern forderten und ökologische Katastrophen auslösten. Der Erdölabbau, der vor allem an der Golfküste Mexikos, im Tiefland des Amazonas oder im argentinischen Patagonien bereits im 20. Jahrhundert im Zuge der Industrialisierung intensiviert wurde, verschmutzt Böden und Wasser weiterhin. Die seit den 2000er Jahren immer häufiger verlagerte Förderung in den Schelfbereich birgt größte Risiken für die Ökosysteme von Küsten und Meeren. Im Andenraum wurden und werden neue Erzlagerstätten in mehrere Quadratkilometer umfassenden Tagebauflächen erschlossen, deren großer Wasserverbrauch Böden und Gewässer mit hochgiftigen Chemikalien kontaminiert (Zyanid, Quecksilber), die zur Aufbereitung der Erze benötigt werden und irreversible Umweltzerstörungen hervorrufen. Der ökologisch sehr fragile Raum der Salzwüsten des Andenhochlands in Bolivien etwa weist, neben Regionen in Chile und Argentinien, die weltweit größten Lithiumreserven auf. Der Abbau in Bolivien, dessen Konzessionen durch die Regierung an chinesische Unternehmen vergeben wurden, bedroht nicht nur das fragile Ökosystem, sondern auch den Lebensraum indigener Bevölkerungsgruppen.

Neoextraktivismus

Zwar ist die Geschichte Lateinamerikas bereits seit der Kolonialisierung eng mit der Ausbeutung seiner Naturschätze und insbesondere seiner Rohstoffe verbunden, allerdings intensivierte diese sich zu Beginn 21. Jahrhunderts ganz erheblich: Der weltweite Rohstoffboom mit seinem außergewöhnlichen Anstieg der Rohstoffpreise zwischen 2003 und 2008 und einer Verschiebung der politischen Kräfteverhältnisse bildete den Hintergrund für ein neues, exportorientiertes Entwicklungs- und Modernisierungsleitbild in Lateinamerika, den Neoextraktivismus. Der Preisboom des neuen Millenniums für mineralische Rohstoffe und Agrarerzeugnisse, insbesondere Soja, führte im Vergleich zu den beiden vorausgegangenen Dekaden zu einem Bedeutungszuwachs von Rohstoffwirtschaft und Agrarindustrie für lateinamerikanische Ökonomien. Dies eröffnete die Option, durch Ausbeutung von Naturressourcen gesellschaftliche Entwicklung zu betreiben und gleichzeitig die soziale Ungleichheit zu bekämpfen. Die Rückkehr dieses rohstoffbasierten Entwicklungsmodells ging einher mit einer politischen Dynamik, einem „Linksruck", der mit der Wahl Hugo Chávez zum Präsidenten Venezuelas begann und in Lateinamerika das vorübergehende Ende der neoliberalen Ära einleitete. Um 2010 lebten etwa zwei Drittel der lateinamerikanischen Bevölkerung in Staaten, die von (Mitte-)Links-Regierungen geführt wurden, darunter Argentinien, Bolivien, Brasilien, Chile, Ecuador, Paraguay, Peru und Uruguay. Diese Regierungen setzten neue Impulse zur gesellschaftlichen Transformation, insbesondere in der Entwicklungs-, Sozial-, Wirtschafts- und Umweltpolitik und profitierten dabei von dem weltweiten Rohstoffboom, weil er ihnen einen enormen finanziellen Handlungsspielraum eröffnete. Im Gegensatz zur neoliberalen Ära nahm der Staat im Neoextraktivismus eine weitaus aktivere Rolle ein.

Rohstoffbasiertes Entwicklungsmodell

Die Exporte mineralischer Rohstoffe und Agrarerzeugnisse stiegen jedoch in allen Ländern des Kontinents an, und zwar am deutlichsten in den Ländern des *Mercosur* (Argentinien, Brasilien, Paraguay und Uruguay): Höhepunkte sind in den Jahren zwischen 2000 (50,5 %) und 2010 (64,8 %) zu verzeichnen. Lediglich in Zentralamerika, dessen Böden über weniger Mineralien verfügen, fiel diese Tendenz weniger deutlich aus. Gleichzeitig wuchsen auch die Spannungen, die mit der intensiven Naturausbeutung verbunden waren. So stiegen parallel zur Expansion der Rohstoff- und Agrarexporte auch die Zahl der gewaltsamen Konflikte mit sozialem und ökologischen Hintergrund. Mit dem Abebben des Rohstoffbooms 2013/14 und dem starken Preisverfall auf dem Weltmarkt gerieten zahlreiche Länder erneut in eine Krise und offenbarten politische Instabilitäten, die der noch extremeren Abhängigkeit gegenüber Preis- und Nachfrageschwankungen der Weltmärkte geschuldet waren. Am gravierendsten entwickelte sich die Krise in Venezuela: Nach dem Tod Chávez' 2013 breitete sich unter seinem immer autoritärer regierenden Nachfolger Nicolás Maduro (*1962) eine Versorgungskrise aus, die zu gewaltsamen politischen Protesten und sozialen Unruhen führte und die Gewaltkriminalität sprunghaft ansteigen ließ. Diese allumfassende wirtschaftliche und gesellschaftliche Krise veranlasste ab 2016 Hundertausende Venezolaner zur Flucht.

6.5 Migrationsbewegungen innerhalb des Kontinents

Wie bereits in Kapitel I.2.6 angesprochen, nahm im Laufe des 20. Jahrhunderts die Migration von Lateinamerikanern in die USA zu, ausgelöst teils durch die Einwanderungspolitik und teils aufgrund ökonomischer Bedürfnisse. Dabei spielte das *Bracero*-Programm der 1940er Jahre eine entscheidende Rolle bei der Anwerbung mexikanischer Arbeitskräfte. Obwohl die US-Regierung immer wieder versuchte, die Einwanderung zu beschränken, haben vielfältige Faktoren diese in den vergangenen Jahrzehnten weiter verstärkt: Neoliberale Maßnahmen, die Auswirkungen der Globalisierung und im 21. Jahrhundert auch die Flucht vor einem von staatlicher und nichtstaatlicher Gewalt geprägten Alltag oder vor massiver Umweltzerstörung.

Binnenmigrationen

Die in den 1980er Jahren eingeleiteten Strukturanpassungsmaßnahmen, die dazu dienten, die hohe Staatsverschuldung vieler lateinamerikanischer Länder abzubauen, schufen neue soziale Härten und beschleunigten die Binnenwanderung insbesondere in urbane Zonen aufgrund der besseren Verdienstmöglichkeiten. So lebt im 21. Jahrhundert beispielsweise die Mehrheit der indigenen Bevölkerung Perus nicht mehr im Hochland, sondern in urbanen Ansiedlungen oder im Umfeld größerer Städte, häufig in sehr prekären Verhältnissen. Diese Abwanderung hat das soziale Gefälle zwischen Stadt und Land in ganz Lateinamerika weiter verschärft. Andere Binnenmigranten zog es in die Weltmarktfabriken der Freihandelszonen (*maquiladoras*), die ab Ende der 1980er Jahre an der mexikanisch-US-amerikanischen Grenze oder in der Dominikanischen Republik entstanden.

Migrationen innerhalb Lateinamerikas

Diese internationale Migration zwischen Ländern Lateinamerikas nahm im letzten Viertel des 20. Jahrhunderts erheblich zu und ist von politischen Konjunkturen und Krisen abhängig. Ihr Ausmaß ist allerdings schwer quantifizierbar, weil es sich häufig um illegale Wanderungsbewegungen handelt oder auch um Saisonarbeiter ohne offiziellen Aufenthaltsstatus, die sich in den Nachbarstaaten niederließen. So gingen im *Cono Sur* viele Paraguayer, Chilenen und Bolivianer nach Argentinien und später nach

Brasilien. Von etwa 6,5 Millionen Paraguayern lebten 2010 eine halbe Million in Argentinien und geschätzte 1,25 Millionen sind grenznahe Migranten. Aufgrund der Gewalt in ihrer Heimat sowie des Erdölbooms im Nachbarland gingen ebenso viele Kolumbianer nach Venezuela. Diese Bewegung kehrte sich mit der regierungspolitischen Krise Venezuelas ab 2018/19 um. In Zentralamerika wanderten (und wandern) Nicaraguaner in das wohlhabendere Costa Rica ab, 2011 lebten dort offiziell 300 000 von ihnen. Die Migration zwischen Guatemala und Mexiko war während des guatemaltekischen Bürgerkriegs in den 1980er und 1990er Jahren sehr hoch. Mexiko entwickelte sich seither nicht nur zu einem Auswanderungsland in Richtung USA, sondern auch zu einem Ein- und Durchwanderungsland für die zentralamerikanischen Republiken.

Migrationen in die USA

Durch die legale oder illegale Abwanderung von Lateinamerikanern in die USA beherbergen die Bundesstaaten Florida, Texas oder Kalifornien heutzutage mehr als die Hälfte der US-Bewohner lateinamerikanischer Herkunft, von denen zwei Drittel aus Mexiko stammen, die übrigen aus Puerto Rico, Kuba, Mittelamerika, Kolumbien, Venezuela und anderen lateinamerikanischen Ländern. Viele von ihnen gingen nicht mehr in ihre Herkunftsländer zurück, sondern zogen es vor, sich eine Existenz in den USA aufzubauen. Die Vereinigten Staaten haben heutzutage die größte spanischsprachige Bevölkerung der Welt nach Mexiko. Bewohner lateinamerikanischer Herkunft gehören im 21. Jahrhundert zur größten Minderheit in den USA, 2018 waren es fast 18 Prozent der Gesamtbevölkerung, wovon zwei Drittel bereits in den USA geboren waren. Von den geschätzten 11 Millionen illegalen Einwanderern in den USA stammt die übergroße Mehrheit aus Lateinamerika.

Rücküberweisungen

Die Rücküberweisungen *(remesas)* der Migranten an ihre Familien in Lateinamerika sind überlebenswichtig geworden und übersteigen dort häufig sogar andere staatliche Einnahmen. In einigen Ländern Zentralamerikas machen sie heutzutage etwa 10–15 % des Bruttoinlandsprodukts aus. Allein nach Mexiko flossen 2015 geschätzte 25 Milliarden US-Dollar an Rücküberweisungen, gefolgt von Guatemala, der Dominikanischen Republik, El Salvador und Kolumbien, die 2014 jeweils geschätzte 4–6 Milliarden erhielten. Die Mehrzahl der Migranten aus Mexiko und Zentralamerika entstammen unteren gesellschaftlichen Schichten und ihr in den Vereinigten Staaten erzielter Verdienst fließt direkt in die

Grundversorgung ihrer Familien. Seit der Jahrtausendwende ist die Einwanderung allerdings rückläufig, insbesondere aufgrund verschärfter Einwanderungsbedingungen und systematischer Abschiebungen. Unter der Präsidentschaft von Donald Trump, dessen Einwanderungspolitik mit der Forderung nach dem Bau einer Mauer zwischen den USA und Mexiko verbunden war, hat sich die Situation der Migranten verschärft. Doch ungeachtet aller Maßnahmen zur Grenzsicherung gelingt es illegalen Einwanderern weiterhin, die hoch gesicherte Grenze zu überwinden.

Exilkubaner

Einen Sonderfall stellen die Exilkubaner dar, die nach 1959 im Zuge der Revolution aus Opposition – und später vermehrt auch aus wirtschaftlichen Gründen – in die USA kamen. Zwischen 1960 und 1979 flohen mehrere hunderttausend Kubaner vor allem aus den Mittel- und Oberschichten in die USA, und bis 1980 wurden sämtliche Kubaner als politische Flüchtlinge in den USA aufgenommen. Zu ihrer Unterstützung verabschiedete der US-Kongress 1966 den *Cuban Adjustment Act* und bewilligte ein milliardenschweres Hilfsprogramm zu ihrer Integration. Diese privilegierte Einwanderungspolitik, die in den 1980er Jahren auch für Exilanten des sandinistischen Nicaragua galt, änderte sich nach 1990. Ungeachtet dieser Verschärfung haben sie sowie die Puertoricaner, deren Insel seit 1898 assoziierter Teil der USA ist, bis heute gegenüber allen anderen lateinamerikanischen Einwanderern eine privilegierte Stellung. Die meisten Kubaner siedelten sich im Süden Floridas an, wo Kubaner schon im 19. Jahrhundert ansässig waren. 2017 konzentrierte sich die Mehrzahl der insgesamt über 1,3 Millionen in den USA lebenden Kubaner vor allem in Miami, während die Puertoricaner traditionell in New York leben. Die lateinamerikanischen Migranten und ihre Nachfahren haben mittlerweile einen erheblichen Einfluss auf die US-Kultur.

6.6 Neue Gewaltphänomene

Ohne die Armut großer Bevölkerungsteile, die soziale Ungleichheit und die zunehmende Umweltzerstörung geringzuschätzen, die als die klassischen „Push-Faktoren" in der Migrationstheorie gelten, ist nicht zu übersehen, dass gerade in der jüngsten Vergangenheit staatliche und nichtstaatliche Gewalt oder Nekropolitik (Achille Mbembe) bei der Entscheidung, den Herkunftsort zu

Gewaltprozesse forcieren Migrationen

verlassen, eine zunehmende Rolle spielt. Kolumbien ist aufgrund der jahrzehntelangen bewaffneten Auseinandersetzungen zwischen Staat, Paramilitärs, Guerilla und Drogenkartellen das lateinamerikanische Land mit der höchsten Zahl an intern Vertriebenen weltweit, die erst seit dem 2016 begonnenen Friedensprozess wieder abnimmt. Viele der intern Vertriebenen – sei es in Kolumbien oder anderswo – suchten Zuflucht in den Städten, die aber auch nicht in der Lage sind, sie aufzunehmen. Dort heizen vielmehr die fehlende Infrastruktur und mangelnde Verdienstmöglichkeiten die kriminelle Gewalt weiter an. Die Kriminalitätsraten in lateinamerikanischen Großstädten wie Caracas, Mexiko-Stadt oder São Paulo wuchsen in den 1980er Jahren enorm. Korrupte Sicherheitskräfte sorgen nicht für Sicherheit, sondern sind Teil des Problems geworden, und kriminelle Banden und Drogendealer füllten das Vakuum der nicht funktionierenden Sicherheitskräfte. Die daraus resultierende Gewalt zerstört den sozialen Zusammenhalt von Familien und ganzen Stadtvierteln.

Fünfzehn der weltweit zwanzig Länder mit den höchsten Mordraten waren 2015 im zirkum-karibischen Raum zu finden. Die sich dahinter verbergende Gewaltrate umfasst Einbrüche, Raubüberfälle, Hinrichtungen oder Vergewaltigungen. Gerade in den dortigen Ländern liegt dies an den besonders deutlich akzentuierten sozialen Gegensätzen. Dafür verantwortlich sind aber auch die Korruption und die nicht gelösten Probleme der jahrzehntelangen gewalttätigen Auseinandersetzungen in den Bürgerkriegen Zentralamerikas, die häufig mit der Straflosigkeit der Täter von Menschenrechtsverbrechen verbunden sind. Eine ganz prominente Rolle in diesem Gewaltpanorama spielt der Drogenhandel mit Zentralamerika, Mexiko und der Karibik als Haupttransitrouten zum lukrativen US-Markt. Die Maßnahmen, die u. a. die US-Regierung zur Unterbindung des Handels unternahm, waren allesamt sehr kostspielig, haben aber wenig bewirkt, sondern im Gegenteil zu einer weiteren Militarisierung der Region geführt.

Drogenhandel als Gewaltkatalysator

Honduras hatte 2015 die höchste Mordrate der Welt aufzuweisen, gefolgt von Venezuela, Belize, El Salvador und Guatemala. Diese Gewalt ist für eine neue Welle von Flüchtlingen verantwortlich, die aufgrund der Bedrohungen durch lokale Banden und Kartelle Sicherheit in den USA suchen. Aber auch die Flucht birgt sehr große Risiken, insbesondere flüchtende Frauen und Kinder sind besonders von Gewalt und Menschenrechtsverletzungen betroffen. *Feminicidios*, Frauenmorde, sind als geschlechtsspezifische Gewalt in den letzten Jahren in Mexiko, Zentralamerika, aber auch in anderen lateinamerikanischen Ländern gehäuft aufgetreten und werden immer wieder mit der Drogen- und Jugendkriminalität in Verbindung gebracht. Die hohen Homizidraten senkten in manchen Ländern sogar die durchschnittliche Lebenserwartung. In Mexiko ließ das 2006 von Präsident Felipe Calderón initiierte militärische Vorgehen gegen die Drogenkartelle die Gewaltspirale eskalieren mit einer Bilanz von mehreren hunderttausend Toten und Verschwundenen. Die Drogenkartelle nutzen das Klima der Unsicherheit. Die Gewaltexzesse dieses Ausmaßes sind nur durch die Mitarbeit korrupter Sicherheitskräfte möglich. *feminicidios*

In El Salvador, Guatemala und Honduras sind Jugendbanden (*maras*) seit Ende des 20. Jahrhunderts für die Eskalation der Gewalt mitverantwortlich. Als eine der gewalttätigsten Jugendgangs weltweit gilt die *Mara Salvatrucha* (MS-13). Ihre Ursprünge liegen in Los Angeles in den 1980er Jahren, wo sie unter Jugendlichen entstand, die vor dem Bürgerkrieg geflohen waren. Die dort entwickelten, gewalttätigen Praktiken wurden dann in die Herkunftsländer zurückgebracht, als die MS-13 dort Zellen aufbaute. Ihre Mitglieder gelten als extrem gewalttätig. Die in diesen Ländern herrschende Korruption, die Straffreiheit und die Abwesenheit legaler staatlicher Strukturen ermöglichte die Ausbreitung der *maras* sowie ihren Einstieg in den Drogen- und Waffenhandel. Viele der Gangmitglieder arbeiten für die mexikanischen Drogenkartelle als Kidnapper und Auftragskiller. Jugendbanden

6.7 Drogenhandel und Drogenkriege

Coca ist eine tief in der andinen Kultur verwurzelte Droge und die Coca-Pflanze gehört zu den ältesten kultivierten Pflanzen der Andenregion. Seine stimulierende Wirkung ist seit Jahrtausenden bekannt, und das Kauen von Cocablättern gehörte auch während der Inka-Herrschaft zur Arbeitsroutine in den Anden, zumal der darin enthaltene Wirkstoff auch der Höhenkrankheit vorzubeugen vermag. Nach der Conquista begannen auch die Spanier Coca zu vermarkten, insbesondere um die Arbeiter in den Silberminen damit zu versorgen. Bis ins 19. Jahrhundert wurde Coca als indigene Droge angesehen, und der Konsum von Cocablättern war unter der nicht-indigenen Bevölkerung verpönt. Erst die Handelsrevolutionen des 19. Jahrhunderts und die Entwicklung der Naturwissenschaften weckten ein breiteres Interesse an Coca und dem darin enthaltenen Alkaloid Kokain, das erstmals 1860 isoliert werden konnte. Die europäische Botanik und Medizin entdeckte zuerst seine stimulierende Wirkung, die für den Massenkonsum durch den Mariani-Wein und später durch Coca-Cola erschlossen wurde. Ende des 19. Jahrhunderts wurde seine lokalanästhesierende Wirkung erkannt und der Wirkstoff für die europäische und nordamerikanische Pharmaindustrie relevant. In den USA wurde im Zuge der Prohibition auch die Einfuhr von Kokain verboten – Coca-Cola enthielt schon ab 1903 kein Kokain mehr. In der Medizin wurde Kokain bald durch andere Lokalanästhetika ersetzt. Bis nach dem Zweiten Weltkrieg beschränkte sich der Konsum vor allem auf die im Hochland lebende Bevölkerung Boliviens und Perus. Durch internationale Prohibitionskampagnen wurde Coca so immer mehr vom legalen Markt verdrängt. Trotzdem konsumierte man auch schon in den 1920er Jahren in Europa insbesondere in Intellektuellen- und Künstlerkreisen Kokain, und ab den 1950er Jahren gelangten kleinere Mengen einer Kokainpaste illegal – über Brasilien, Panama, Mexiko oder Kuba – auch in die USA.

Kokain-Handel und Drogenmärkte

Aber erst nach 1970 überflutete Kokain die US-amerikanischen Drogenmärkte und drang in die Nischen vor, die populäre Drogen wie Marihuana, Heroin oder Speed seit den 1960er Jahren geschaffen hatten. Kokain war zunächst vor allem in Hollywood und in der Rock'nRoll-Szene verbreitet, wobei die Konsumenten erheblich zur Propagierung der Droge beitrugen. Lokal verankerte kolumbianische Unternehmer aus Medellín festigten rasch ihre Stellung als Zwischenhändler in diesem Geschäft, und es gelang ihnen, ein Erzeugnis bolivianischer und peruanischer Landbewohner durch Raffinieren, Schmuggel und den Aufbau eines illegalen Händlernetzes in den USA mit einer ungeheuren Gewinnspanne zu vermarkten. Das Verhältnis zwischen dem Preis für die Cocablätter – in Bolivien und Peru ein Massenprodukt – und dem Preis auf dem Drogenmarkt in Miami oder New York lag damals bei 1 zu 10 000. Diese Marge barg ein ungeheures Profitpotenzial entlang der Vertriebskette zwischen den Anden und den Vereinigten Staaten.

Drogenkartelle

Als der Kokainkonsum in den 1980er Jahren noch populärer wurde, stiegen die Preise und heizten das größte illegale Industrie- und Handelsnetz der Welt weiter an. Mafiöse Organisationen wie die sogenannten Kartelle (es handelt sich eigentlich um Händlerringe), die in den kolumbianischen Städten Medellín oder Cali entstanden, organisierten und kontrollierten die komplette Transaktion von der Produktion über die Raffinierung und den Transport, den illegalen Handel in den USA oder Europa bis hin zu den finanziellen Transaktionen, d. h. den Geldwäschegeschäften. Zunächst dominierte das Medellín-Kartell unter dem Drogenschmuggler Pablo Escobar (1949–1993), wurde aber bald von ähnlichen Zusammenschlüssen der Städte Cali und Cartagena flankiert. Zu Beginn der 1990er Jahre konnten jährlich schätzungsweise etwa 1 000 Tonnen Kokain produziert werden. Einbezogen waren Hundertausende von Mitarbeitern, angefangen von den Cocabauern über diejenigen, die in den Raffinierungsprozess involviert waren bis hin zum Wachpersonal, korrupten Beamten, Schmugglern und Dealern. Sie versorgten weltweit schätzungsweise 14 Millionen Konsumenten (etwa die Hälfte von ihnen in den USA) und die Gewinne beliefen sich schon damals auf etwa 50–100 Milliarden US-Dollar. Kokain wurde zu einem der wertvollsten Produkte weltweit.

Das illegale Kokaingeschäft basierte (und basiert weiterhin) vor allem auf Gewalt, schon die kolumbianischen Kartelle verfügten über Armeen von mehreren tausend professionellen Wachleuten, um ihre Geschäfte zu schützen. Der Drogenhandel destabilisierte die Gesellschaft Kolumbiens nachhaltig. In Medellín, einem der Zentren des Drogenhandels der 1980er Jahre, waren Ende der 1970er Jahre etwa 20 % der 1,5 Millionen Einwohner erwerbslos oder lebten am Rande des Existenzminimums in den Slums. Sie boten den Mitarbeitern im Drogengeschäft ein hervorragendes Rekrutierungsfeld. Die Kartelle versammelten regelrechte Kadertruppen von illegal operierenden Chemikern, Verkäufern, Fahrern, Piloten, Buchhaltern, Bankfachleuten oder Wachpersonal um sich. Die Profite waren so groß, dass keine Kosten gescheut werden mussten und beispielweise Staatsangestellte in großem Umfang bestochen werden konnten. Noch perfider wurden die Auseinandersetzungen, als die Drogenkartelle begannen, mit einigen der kolumbianischen Guerillaorganisationen zusammenzuarbeiten.

Drogenkrieg

Als das Medellín-Kartell Mitte der 1980er Jahre hochrangige Politiker ermorden ließ, begann von Kolumbien ausgehend eine groß angelegte, transnationale Kampagne gegen den Drogenhandel unter Leitung der US-Regierungen, der Präsidenten Reagan und Bush Sr., ausgeführt von der *Drug Enforcement Administration* (DEA). Diese als „Drogenkrieg" bezeichnete Kampagne umfasste die Vernichtung von Cocafeldern in Bolivien und Peru, die Zerstörung der geheimen Labore, das Aufbringen von Schiffsladungen, Luftüberwachung in der Karibik und das Unterbinden von Geldwäsche. Die Milliarden von US-Dollar verschlingende Kampagne heizte allerdings die Gewalt und die illegale Produktion weiter an. Tausende von Polizisten, Anwälten und Justizbeamten, die in die Kampagne involviert waren, wurden von der Drogenmafia ermordet. Auch die Ziele dieses von den US-Regierungen geführten Drogenkriegs waren oft widersprüchlich: In Zentralamerika etwa unterstützte die CIA in den 1980er Jahren den Drogenhandel, um daraus Geld für den Kampf gegen die Contra-Truppen, die bewaffnete Opposition gegen die regierenden Sandinisten, zu schöpfen. Die Contras hatten über Jahre Kokain in die USA geschmuggelt – Aktivitäten, die die CIA kannte und billigte. Die Untersuchungen in diesem Fall erbrachten einen direkten Zusammenhang mit dem massiven Anstieg des Crackkonsums, eines billigen Kokainderivats, in den USA. Die US-Behörden hingegen verwiesen auf die Erfolge dieser Kampagne, etwa die Ermordung Pablo Escobars durch eine kolumbianisch-US-amerikanische Einheit im Dezember 1993.

Der Drogenkrieg führte auch zu einer signifikanten Veränderung der Schmuggelrouten, die in den 1980er Jahren noch von Kolumbien über die Karibik nach Miami liefen. Sie wurden danach über den Landweg, über Zentralamerika und Mexiko, umgeleitet. Die Kartelle sind heutzutage außerdem noch in ganz anderen Branchen unterwegs, etwa im illegalen Handel mit Tropenhölzern oder im Menschenhandel. Noch gewalttätiger wurde das Drogengeschäft zu Beginn der 2000er Jahre mit dem Einstieg krimineller Jugendbanden in Zentralamerika. Die Lage verschärfte sich insbesondere nach 2006, als der damalige mexikanische Präsident Felipe Calderón seinen Krieg gegen die mexikanischen Drogenkartelle begann, die mittlerweile fast den gesamten Kokainschmuggel in die USA kontrollierten. Die Korruption innerhalb der Regierung Mexikos, der Administration, in Militär und Polizei begünstigten den Drogenhandel von Anfang an. Indem die mexikanische Regierung das Militär gegen die Kartelle einsetzte, eskalierte die Gewalt weiter und forderte allein in Mexiko bis heute mehrere hundert-

Eskalation des Drogenkriegs in Mexiko

tausend Tote. Die Entführung und anschließende (mutmaßliche) Ermordung von 43 Lehramtsstudierenden einer Hochschule aus Ayotzinapa im Jahre 2014 wühlte die mexikanische Gesellschaft ganz besonders auf. Der Fall ist zwar immer noch nicht vollständig aufgeklärt, wird aber in Zusammenhang mit den engen Verbindungen zwischen Politik, Sicherheitskräften und Banden- und Drogenkriminalität gesehen. Die zivilgesellschaftlichen Proteste zur vollständigen Aufklärung des Verbleibs der 43 Verschwundenen reißen nicht ab und das von Angehörigen und Künstlern installierte „Antimonument" ist eines der größten des Landes.

43 verschwundene Studierende in Ayotzinapa

Auch wenn die Gesellschaften Lateinamerikas im 21. Jahrhundert von multiplen Krisen beeinträchtigt wurden und werden, so vermochte das Engagement der Zivilgesellschaft bisher immer wieder, gesellschaftspolitische Reformprozesse anzustoßen. Die Gegenwehr gegen die vielfältigen Gewaltphänomene in lateinamerikanischen Gesellschaften ist ungebrochen. In diesem Zusammenhang haben sich neue zivilgesellschaftliche Initiativen etabliert, die im vergangenen Jahrzehnt innovative Formen und Initiativen entwickelten, um Gewalt und Straflosigkeit anzuprangern, indem sie öffentliche Räume „zurückerobern". Ein Beispiel dafür ist die *Antimonumentos*-Bewegung in Mexiko. Sie verfolgt eine gegenhegemoniale Strategie, macht auf Massaker, Drogenkriminalität oder *feminicidios* mit alternativen Erinnerungsorten, provokant gestalteten Gedenkstätten oder Umbenennungen von öffentlichen Orten aufmerksam und fordert Gerechtigkeit ein.

Zivilgesellschaftliches Engagement gegen Gewalt

Antimonumentos-Bewegung

II Grundprobleme und Tendenzen der Forschung

1 Archive, Bibliotheken und Historiographie

1.1 Archive und Bibliotheken

Während für die Kolonialzeit mit dem *Archivo General de Indias* in Sevilla ein Archiv für koloniale Verwaltung Hispanoamerikas und dem *Instituto do Arquivo Nacional/Torre do Tombo* für das portugiesische Imperium vorhanden ist, gibt es für die Zeit nach der Unabhängigkeit keine zentrale Anlaufstelle mehr, so dass an dieser Stelle nur eine allgemeine Beschreibung der Archiv- und Quellenlage erfolgen kann. Alle lateinamerikanischen Staaten verfügen über eigene Nationalarchive, die unterschiedlich gut verwaltet sind. Findbücher sind im Allgemeinen nicht publiziert, allerdings haben zahlreiche Archive in den letzten Jahrzehnten umfangreiche Digitalisierungsmaßnahmen begonnen, die neben den Findbüchern auch wichtige Quellenbestände umfassen. Ferner beherbergen auch die jeweiligen Nationalbibliotheken oder Nationalmuseen eine Reihe von Nachlässen, Zeitungen, Fotografien und anderen Quellenbeständen. Darüber hinaus existieren zahlreiche, oft gut geführte Privatarchive und Privatbibliotheken mit umfangreichen Quellenbeständen. Weniger gut gepflegt sind dagegen zumeist die regionalen und kommunalen Archive, obgleich diese für sozialgeschichtliche und politikwissenschaftliche Arbeiten sehr aufschlussreich sind und zunehmend genutzt werden. Gleiches gilt für die Kirchenarchive auf verschiedenen Ebenen, deren Bestände allerdings zu einem sehr großen Teil über die Mikrofilme bzw. Digitalisate der *Genealogical Society of Utah* eingesehen werden können. Private wirtschaftshistorische Quellen wie z. B. Firmenarchive sind, sofern vorhanden, meist schwer zugänglich. Historische Statistiken der UN zu Wirtschaft und Gesellschaft lassen sich allerdings im Archiv und auf den Webseiten der CEPAL finden [1.7]. Zahlreiche spezialisierte Archive von nicht staatlichen Institutionen sind insbesondere für die Geschichte des 20. Jhds. wichtig, viele haben ihre Bestände inzwischen online zugänglich gemacht. Beispielhaft hierfür sei auf auf die zahlreichen,

Nationalarchive

Nationalbibliotheken

Weitere Archive

Websiten und Online-Dokumente

https://doi.org/10.1515/9783110730241-002

online zugänglichen Archive für die Dokumentation der Menschenrechtsverbrechen der Diktaturen der zweiten Hälfte des 20. Jahrhunderts verwiesen, die von den nationalen Wahrheitskommissionen oder Menschenrechtsorganisationen veröffentlicht wurden. Einen guten Einstieg in das Thema bietet die Website des *Nürnberger Menschenrechtszentrums*, auf der sich zahlreiche Beiträge zum Thema Menschenrechte zu Lateinamerika finden [1.7].

Für die Geschichte der lateinamerikanischen Staaten sind darüber hinaus Archive in Spanien, Portugal, Großbritannien, Frankreich und den USA von Bedeutung. Für die Beziehungen zwischen Lateinamerika und den USA wurde umfangreiches Material, insbesondere die diplomatische Korrespondenz, aus den *National Archives* in Washington publiziert. Dokumente zu den Beziehungen Lateinamerikas und der USA im Kalten Krieg finden sich im *National Security Archive* an der *George Washington University*, zahlreiche davon digitalisiert [1.7]. Ferner bietet das *Wilson Center* thematische Quellensammlungen, vor allem zu Kuba und Brasilien.

Bibliotheken und Archive außerhalb Lateinamerikas

Darüber hinaus finden sich zahlreiche Quellenbestände und Nachlässe aus Lateinamerika in den Bibliotheken US-amerikanischer Universitäten, insbesondere in der *University of Texas* in Austin, die den vermutlich größten Bestand an Büchern und Dokumenten zu Lateinamerika verzeichnet. Außerdem haben die *Library of Congress*, und diejenige der Universitäten Tulane, Stanford, Berkeley, und Vanderbilt wichtiges Material. Auch die *Biblioteca Nacional de España* verzeichnet zahlreiche, zum Teil seltene Werke sowie gedruckte Quellen zu Lateinamerika, insbesondere der Kolonialzeit und des 19. Jahrhunderts, viele von ihnen bereits in digitaler Form [1.7].

Insbesondere für das 19. Jahrhundert sind dagegen britische Quellenveröffentlichungen des *Public Record Office* sowie die Papiere verschiedener Parlaments- und Handelskammern aufschlussreich. Die Website von SALALM (*Seminar on the Acquisition of Latin American Library Materials*) [1.7] verzeichnet darüber hinaus Links zu digitalisierten Quellenbeständen zu Lateinamerika und der Karibik in Großbritannien.

Ibero-Amerikanisches Institut

Die wichtigste Anlaufstelle für Forschungen zu der Region in Deutschland ist das *Ibero-Amerikanische Institut Preußischer Kulturbesitz* (IAI-SPK) in Berlin, das sowohl Bibliothek als auch Archiv und Forschungsinstitution ist. Seine Bibliothek gehört zu den weltweit größten zu Lateinamerika und verwaltet darüber hinaus zahlreiche Nachlässe von meist deutschstämmigen Forschern, die sich für längere Zeit in Lateinamerika aufgehalten haben. Das Institut dient auch als Archiv für die aktuelle Lateinamerikaforschung. Den Grundstock der Bibliothek bildete allerdings die Schenkung des argentinischen Historikers und Intellektuellen Ernesto Quesada. Aus den Beständen eines deutschen Forschers stammt dagegen die zunehmend von verschiedenen Disziplinen ausgewertete Sammlung von „Groschenheften" aus dem Anfang des 20. Jahrhunderts. Umfangreiche Fotografie- und Kartensammlungen sowie die für die Geschichte des 20. Jahrhunderts wichtige „graue Literatur" ergänzen die Bestände dieser Bibliothek [1.7].

Quellen zur lateinamerikanischen Geschichte in Deutschland

Darüber hinaus gibt es verschiedene Institutionen in Deutschland, die spezielle Bestände zur lateinamerikanischen Geschichte verzeichnen. Wichtig vor allem im Hinblick auf die deutsche Auswanderung nach Lateinamerika, ist das *Institut für Auslandskunde* (IfA) in Stuttgart, und für die politischen Beziehungen Deutschlands mit Lateinamerika kommt dem Bundesarchiv naturgemäß eine große Bedeutung hinzu. Zu kleineren Beständen kann auf einen *Führer durch die Quellen zur Geschichte Lateinamerikas in der Bundesrepublik Deutschland* [Hauschild-Thiessen 1.1] verwiesen werden, der zwar veraltet ist, aber als erste Orientierung noch immer hilfreich. Neben dem Staatsarchiv in der ehemaligen DDR, das der genannte Archivführer nicht berücksichtigte, gibt es weitere wichtige Bestände in verschiedenen Forschungsinstitutionen. Stellvertretend für andere sei hier auf die Fotosammlung und das Archiv des *Leibniz Instituts für Länderkunde/Digitales Porträtarchiv* [1.7] hingewiesen, dessen Fotosammlung zu Südamerika eine Fundgrube für Historiker ist. Die ältesten der rund 10 000 Fotografien datieren aus der Zeit um 1868 und bildeten als „Sammlung Alphons Stübel" den Grundstock des 1902 gegründeten *Archivs für Forschungsreisende*.

Quelleneditionen

Ähnlich divers wie die Archiv- und Bibliothekssituation in den einzelnen lateinamerikanischen Ländern ist diejenige der Quelleneditionen. Wie in Europa entstanden große Editionsprojekte ab dem Ende des 19. bzw. zu Beginn des 20. Jahrhunderts, in der Regel organisiert von den jeweiligen nationalen Geschichtsakademien. Angesichts der Bedeutung für die Nationalstaatsbildung begannen man meist mit der Herausgabe wichtiger Akten aus der Zeit der Unabhängigkeit wie z. B. der Korrespondenz der jeweiligen Anführer der Unabhängigkeitskämpfe, der Stadtratsprotokolle und oder der Parlamentsdebatten. Letztere wurden dann auch für spätere Jahrzehnte ediert und stehen inzwischen oft auch online zur Verfügung.

Für einen ersten Einblick in zentrale Quellen zur Geschichte Lateinamerikas sowie für die Lehre kann man aber auch auf übergreifende Quelleneditionen zurückgreifen, von denen hier vor allem die deutschsprachigen erwähnt werden sollen. Politikgeschichtliche Quellen dominieren in H.-O. Kleinmann [1.1], ebenso, wenn auch aus einer anderen politischen Perspektive, in A. Rama [1.1]. Neuere Forschungstendenzen werden besser in der Quellensammlung von S. Rinke/G. Fischer/F. Schulze [1.1] wiedergespiegelt. Für diejenigen, die die Quellen in der Originalsprache lesen wollen, sei auf P. C. d. Lago [1.1] verwiesen.

Digitale Quellensammlungen

Digitale Quellensammlungen, online-Portale und Diskussionsforen spielen für die Forschung zur lateinamerikanischen Geschichte inzwischen eine wichtige Rolle. Sie sind in ständiger Erweiterung befindlich und die Digitalisierung schreitet in allen Archiven und Bibliotheken rasch fort. Einen sehr informativen, wenn auch inzwischen nicht mehr ganz aktuellen Überblick über die Situation bieten S. Hensel/F. Schulze [in Busse 1.1].

Diskussionsforen

Wichtigstes Diskussionsforum mit zahlreichen Untergruppen ist H-LatAm. Ähnlich wie in dem deutschen Pendant H-Soz-Kult finden sich hier Rezensionen, Tagungberichte und Tagungsankündigungen, Hinweise auf Archive und Bibliotheken, Stellenangebote und vieles andere mehr [1.7].

Eine informationsreiche Internetseite bietet die *University of Texas* in Austin mit dem *Latin American Network Information Center* (LANIC) [1.7]. Wichtige Archive, Bibliotheken und Institutionen sind im Bereich „History" aufgeführt, unter dem Unterpunkt „lanic Etext collection" finden sich zudem Links zu digitalen Quellensammlungen. Die *University of Indiana* bietet ein eigenes Informationsportal speziell für Brasilien [1.7]. Darüber hinaus bieten auch die Internetseiten des *Lateinamerika-Instituts* der FU Berlin Verweise auf wichtige Online-Seiten sowie Material für die Lehre [1.7].

1.2 Mündliche Überlieferungen

1.2.1 *Testimonios* und Testimonialliteratur

Mit dem Aufkommen der US-amerikanischen Bürgerrechtsbewegung, der Studentenbewegung in den 1960er Jahren und dem erwachenden Interesse an der Geschichtsschreibung der Arbeiterbewegung in England wurde *oral history* auch in Lateinamerika als Methode bedeutsam, um „Geschichte von unten" zu dokumentieren und gegenhegemoniale Stimmen aufzuwerten. Ungeachtet der Skepsis vieler etablierter Geschichtswissenschaftler an der Objektivierbarkeit dieser subjektiven Erinnerungen, aus der jahrzehntelange, erbitterte Debatten hervorgingen, die sich z. B. bei den *slave narratives* auch um die Autorenschaft drehten (siehe OGG 48: Lateinamerika 1800–1930, Kap. II.1.2), erwuchs daraus nicht nur das wissenschaftliche Interesse am Leben und Alltag von Arbeitern, Bauern, Frauen, der indigenen Bevölkerung oder anderen, marginalisierten Bevölkerungsgruppen, sondern auch das einer breiten, politisierten Öffentlichkeit. In Lateinamerika inspirierten anthropologische Feldforschungen wie die des Mexikaners R. Pozas Arciniega [1.2.1] und des US-Amerikaners O. Lewis [1.2.1] das Interesse am Leben von Menschen aus den Unterschichten. Der kubanische Anthropologe M. Barnet interviewte zu Beginn der 1960er Jahre einen über hundertjährigen entlaufenen Sklaven und Unabhängigkeitskämpfer, den Afrokubaner E. Montejo, und schuf mit ihm das Modell eines idealtypischen Revolutionärs [Barnet/Montejo, 1.2.1]. Auch um E. Montejo, bezeichnet als der *Cimarrón*, einem Synonym für einen entlaufenen Sklaven, entbrannte eine Debatte um Autorenschaft und Authentizität seines Zeugnisses, und zwar zwischen M. Barnet, der die Tonbandaufzeichnungen seiner Interviews nie öffentlich machte, und dem Historiker M. Zeuske, der die Existenz Montejos in kubanischen Provinzarchiven aufspüren konnte [Zeuske, 1.2.1; Barnet, 1.2.1].

oral history

Debatten um Autorenschaft

Die von R. Pozas Arciniega, O. Lewis und M. Barnet herausgegebenen Zeugnisse bildeten den Ausgangspunkt für das *testimonio*, die Testimonialliteratur, der in Lateinamerika ab den 1960er Jahren eine ganz besondere Aufmerksamkeit zuteil wurde. Im Gegensatz zu früheren anthropologischen Studien, die die Situation marginalisierter Bevölkerungsschichten dokumentierten, allerdings oft aus paternalistischer Distanz, ließen diese drei Anthropologen die Betroffenen selbst zu Wort kommen. Während Pozas Arciniega und Lewis die von der *Chicago School of Anthropologists* in den 1930er Jahren entwickelte *live story*-Formel verwendeten, um selten gehörten oder vom Untergang bedrohten Stimmen Gehör zu verschaffen, verfolgte Barnet ein politisches Ziel: Die Zeitzeugen sollten ihre eigene Erfahrung stellvertretend für eine kollektive Erfahrung, Erinnerung und Identität eines sehr viel breiteren Bevölkerungssegments verkörpern, indem sie ihnen eine Stimme verleihen. Der hegemonialen Perspektive auf die Geschichte sollten andere gegenübergestellt werden, wobei es nicht um Ausgewogenheit ging, sondern um Parteinahme.

Kollektive Erfahrung, Erinnerung und Identität

counter-narratives

Bei diesen *testimonios* handelt es sich um *counter-narratives*, „Gegenerzählungen" [Comaroff/Comaroff, 1.2.1; Hall, 1.2.1], in denen sich politische Subjekte zugleich konstituieren und artikulieren. Wie auch schon bei den *slave narratives* ging und geht es darum, den Leser auf emotionaler Ebene anzusprechen und ihn für die eigenen Anliegen zu gewinnen. Dieses als authentisch verstandene Narrativ des Zeitzeugen erhielt in einer gesellschaftlichen Umbruchsituation (Krieg, Revolution) oder einer Phase der Repression einen besonderen Stellenwert [Yúdice in: Gugelberger, 1.2.1]. Die Kubanische Revolution und die zunehmende Aktivität revolutionärer Bewegungen in Lateinamerika sowie im globalen Maßstab bildeten den historischen Hintergrund für die Weiterentwicklung des *testimonio*. Der von G. M. Gugelberger [1.2.1.] 1996 herausgegebene Sammelband bietet einen sehr guten Überblick darüber.

Dokumentation von Menschenrechtsverletzungen

Als Forschungsfeld gewann die *oral history* in Lateinamerika außerdem an Bedeutung, als in Brasilien, Chile, Argentinien und anderswo demokratisch legitimierte Regierungen durch repressive Militärregime ersetzt wurden. Akademische Institutionen in den genannten Ländern reagierten mit der Initiierung von *oral history*-Projekten, um Menschenrechtsverletzungen zu dokumentieren. Diese Zeitzeugenaussagen flossen auch in die Berichte von Wahrheitskommissionen zur Aufarbeitung von Menschenrechtsverletzungen der Postdiktaturgesellschaften ein. Heutzutage spielen diese Zeitzeugenaussagen eine wichtige Rolle in den *transitional justice*-Prozessen zur Überwindung von Diktaturen sowie in den Auseinandersetzungen um die Erinnerung an eine traumatische Vergangenheit, die „historische Wahrheit" und die gesellschaftliche Versöhnung in Lateinamerika und weltweit.

In Mexiko lancierte die Historikerin E. Meyer 1971 im Rahmen des *Instituto Nacional de Antropología e Historia* (INAH) ein *oral history*-Programm mit Überlebenden der Mexikanischen Revolution. Einige Jahre später initiierte sie auf dieser Basis das *Archivo de la palabara* im historischen und sozialwissenschaftlichen Forschungsinstitut *Dr. José María Luis Mora* in Mexiko-Stadt. Ende der 1970er Jahre gehörte Meyer zu den Historikerinnen Lateinamerikas, die die Methoden der *oral history* in Anpassung an die besonderen Bedingungen Lateinamerikas weiterentwickelten [Meyer/Olivera de Bonfil, 1.2.1; Meyer, 1.2.1].

1.2.2 Zeugnisse von Frauen aus den Unterschichten

Das anhaltende und besondere Interesse an den Lebensgeschichten marginalisierter Bevölkerungsschichten ist unter anderem darauf zurückzuführen, dass sich in den 1960er Jahren in den sogenannten Schwellenländern wie Brasilien oder Mexiko die Kehrseite der Entwicklung nach westlichem Modernisierungsmodell zeigte, weil nur bestimmte Teile der Bevölkerung daran teilhatten. Ungeachtet eines allgemeinen Wirtschaftswachstums war das Problem der sozialen Ungleichheit nicht gelöst, und die Schere zwischen Arm und Reich öffnete sich weiter. Gerade um die Städte herum wuchsen Marginalviertel, ohne dass die Regierungen darauf adäquat reagierten. Die Perspektive dieser oftmals des Lesens und Schreibens nicht kundigen, verarmten Bevölkerung bedurfte einer anderen medialen Vermittlung, um die Gesellschaft (und die Weltöffentlichkeit) auf diese Missstände aufmerksam zu machen. Mit den *testimonios*, den Zeugnissen dieser Menschen, sollte der von der dominanten Politik und Kultur unterdrückten und zum Schweigen verurteilten Bevölkerungsschicht eine Stimme gegeben werden.

Stimmen marginalisierter Bevölkerungsgruppen

Insbesondere Frauen rückten in den Fokus des Interesses, da sie in mehrfacher Hinsicht marginalisiert waren aufgrund ihres Geschlechts, ihrer sozialen Situation und oft auch aufgrund ihrer ethnischen Zugehörigkeit. Dadurch, dass sie häufig Mütter und alleinerziehende Familienoberhäupter waren (und sind), war ihre Situation besonders gravierend und emotional anrührend. Diese Frauen, die mit ihren Zeugnissen eine Weltöffentlichkeit erreichen sollten, waren weder durch Parteien noch Gewerkschaften vertreten, aber genauso der Armut und der Repression ausgesetzt wie

Besonders prekäre Situation von Frauen

die Männer. So begannen viele Frauen sich zu organisieren, entweder in von der katholischen Kirche angeregten Basisgemeinden oder in Hausfrauenorganisationen. 1977 veröffentlichte die brasilianische Soziologin M. VIEZZER [BARRIOS DE CHUNGARA/VIEZZER, 1.2.2] das Zeugnis *Si me permiten hablar. Testimonio de Domitila, una mujer de las minas de Bolivia*. Bereits der Titel dieses Lebensberichts einer Frau aus den Unterschichten verdeutlicht, worum es ging: Zeugnis ablegen über ein Leben in Armut und Unterdrückung, aber gleichzeitig auch Widerstand gegen diese Ungerechtigkeit leisten. Frauen wie Domitila Barrios de Chungara wollten anklagen und aufrütteln. Die meisten von ihnen verfügten über keine oder nur mangelnde Bildung und waren nicht in der Lage, ihre Lebensgeschichte selbst niederzuschreiben. Sie benötigten deshalb die Unterstützung einer weiteren Person, die ihr Zeugnis aufnahm, aufschrieb und mit dem Zugang zu den entsprechenden Medien veröffentlichte. Einen noch größeren Bekanntheitsgrad erlangte einige Jahre später das Zeugnis von Rigoberta Menchú Tum, einer guatemaltekischen Kich'e-Maya und Menschenrechtsaktivistin im Bürgerkrieg Guatemalas, der 1992 der Friedensnobelpreis verliehen wurde. Ihr mit Unterstützung der venezolanischen Anthropologin E. BURGOS DEBRAY [MENCHÚ/BURGOS DEBRAY, 1.2.2] verfasstes Zeugnis *Me llamo Rigoberta Menchú y así me nació la conciencia* erschien 1983. Die weibliche Antwort auf BARNETS *Cimarrón* folgte Ende der 1990er Jahre mit Reyita, einer schwarzen Kubanerin, Nachfahrin von Sklaven, die den Rassismus der kubanischen Postemanzipationsgesellschaft des 20. Jahrhunderts anhand ihrer Lebensgeschichte entlarvte [RUBIERA CASTILLO, 1.2.2].

Domitila Barrios de Chungara

Zeugnis von Rigoberta Menchú

Herausgeberrolle

Die einfache aber eindringliche Sprache und die schriftstellerische Bearbeitung durch die Herausgeberinnen verwandelten die Zeugnisse mitunter in spannende Narrative, wie beispielsweise das Portrait der Jesusa Palancares durch E. PONIATOWSKA [1.2.2]. Die mexikanische Schriftstellerin zeichnete ihre Gespräche mit Jesusa auf, die als junge *soldadera* die Mexikanische Revolution miterlebt hatte, sich dann mit allen möglichen Tätigkeiten durchs Leben schlug und desillusioniert aber ungebrochen mit Würde und einer ihr eigenen Lebensphilosophie ihr Leben und ihren Werdegang reflektierte. Im Gegensatz zu den oben genannten Zeugnissen von Domitila Barrios und Rigoberta Menchú streute PONIATOWSKA Wendungen und Stilmittel ein, die ihren Anteil als Herausgeberin verdeutlichten. Auch wenn aus den *testimonios* nicht immer ersichtlich, so beschränkte sich auch in anderen Fällen die Herausgeberrolle nicht allein auf die Aufnahme oder die Transkription: Bereits die Auswahl der Person zeigte sich als entscheidend, daneben die Fragen, die angesprochenen Themen, die Interaktion zwischen Interviewerin und Interviewter, und die Auswahl dessen, was in den Bericht aufgenommen wurde. In diesen *testimonios* – mittlerweile existieren für fast alle Länder Lateinamerikas solche Zeugnisse, meist von armen Frauen aus ländlichen Regionen, aber auch von Dienstmädchen in den Städten – wurde die unbedingte Ich-Form gewählt und Hinweise auf die Mitwirkung anderer Personen getilgt: Zusammen mit der Wahrung eines umgangssprachlichen Stils erzeugte dies den Eindruck von Authentizität. Eine konzeptionelle Reflektion dieser genderbasierten Zeugnisse und *oral history*-Dokumente am Beispiel der Geschichte einer peronistischen Arbeiterin in Argentinien bietet dagegen der Historiker D. James [1.2.2].

1.2.3 Die Menchú-Stoll-Kontroverse

Gerade der Anspruch auf Authentizität wurde immer wieder zum Gegenstand von Kritik, wenn sich herausstellte (oder gemutmaßt wurde), dass nicht alle Geschehnisse in der dargestellten Weise stattgefunden hatten. Dies wurde am Zeugnis von Rigoberta Menchú besonders kontrovers diskutiert. Anhand der Geschichte ihrer Familie schilderte sie die generellen Erfahrungen der indigenen Bevölkerung im guatemaltekischen Bürgerkrieg, der Ende der 1970er bzw. Anfang der 1980er Jahre in einem Krieg gegen die Indigenen gipfelte. Die Frage der Autorenschaft Menchús wurde besonders wichtig, als der US-amerikanische Anthropologe D. Stoll [1.2.3] in seiner Publikation behauptete, aufgrund eigener Forschungen nachweisen zu können, dass Menchús Zeugnis in weiten Teilen nicht der Wahrheit entspreche. Die Friedensnobelpreisträgerin habe in ihrem vielfach übersetzten und millionenfach verkauften Zeugnis nicht nur ihre eigene Lebensgeschichte verfälscht, sondern ein von revolutionären Ideen geprägtes Geschichtsbild verbreitet, lautete der Vorwurf.

Frage der Autorenschaft

Vorwurf der verfälschten Lebensgeschichte

Die Anschuldigung war umso gravierender, als Menchú im Friedensprozess Guatemalas, der 1996 den 36 Jahre währenden Bürgerkrieg beendete, eine Schlüsselrolle zukam: Ihre Lebensgeschichte und ihre Menschenrechtsaktivitäten hatten ihr 1992 zum

Wahrheitskommissionen verifizieren Menschenrechtsverletzungen

500. Jahrestag der Entdeckung Amerikas als erster indigener Frau den Friedensnobelpreis eingebracht. Erst dadurch richteten sich die Augen der Weltöffentlichkeit auf Guatemala und nahmen die massiven Menschenrechtsverletzungen wahr, was den externen Druck auf die Militärs erhöhte und den Friedensprozess beschleunigte. Dieser implizierte auch die Einsetzung einer Wahrheitskommission zur Aufarbeitung der Menschenrechtsverletzungen. Ein bereits zuvor von der Katholischen Kirche initiiertes *Projekt zur Wiederaneignung des Historischen Gedächtnisses* (REMHI) hatte sich unabhängig davon die Aufarbeitung der Menschenrechtsverbrechen zur Aufgabe gemacht und zwar insbesondere durch die Befragung von Zeitzeugen, Überlebenden von Folter und Massakern. Der Bericht wurde auf der Grundlage von 6 500 Zeitzeugeninterviews, von denen viele in indigenen Sprachen geführt worden waren, unter dem Titel *Guatemala-Nunca más* (Guatemala-Nie Wieder) [Oelers, 1.2.3] im April 1998 der Öffentlichkeit übergeben (siehe auch unten, Kap. II.14.3). Die dort versammelten Zeugenaussagen verifizierten tausendfach die in Menchús *testimonio* geschilderten Folterungen und Massaker, die Militärs und paramilitärische Gruppen verübt hatten. Der für den Bericht verantwortlich zeichnende Weihbischof Juan Gerardi wurde kurz nach der Veröffentlichung mit einem Betonklotz vor seinem Haus brutal ermordet.

Projekt zur Wiederaneignung des Historischen Gedächtnisses (REMHI)

Stolls Buch [1.2.3] erschien wenige Wochen vor dem Bericht [1.2.3] der zweiten, offiziellen im Friedensabkommen vereinbarten Wahrheitskommission Guatemalas, deren Vorsitz der UN-Menschenrechtsbeauftragte Christian Tomuschat, ein deutscher Völkerrechtler, innehatte. Auch diesem Bericht zufolge, der ebenfalls zahlreiche Zeitzeugenaussagen enthält, lag die Verantwortung für die Menschenrechtsverletzungen vor allem bei Armee, Polizei und Paramiliärs. Stolls Buch, das dennoch die Glaubwürdigkeit einer zentralen Menschenrechtsprotagonistin des Landes in Frage stellte, kam den Verantwortlichen für diese Menschenrechtsverletzungen sehr gelegen. Es wurde als positives Gegenstück zum Bericht der Wahrheitskommission gerühmt, denn es half den Tätern, sich als Opfer einer internationalen, von linken Kreisen lancierten Verleumdungskampagne darzustellen.

Stoll betonte allerdings stets, dass sich die Erkenntnisse seiner Recherchen nicht gegen Menchú richteten, da in Guatemala tatsächlich zahllose Menschen das von ihr Beschriebene erlitten hätten. Seine Kritik zielte vielmehr darauf, dass Menchús *testimonio* in vielen US-amerikanischen Universitäten zur Vermittlung guatemaltekischer und zentralamerikanischer Zeitgeschichte oder in der Anthropologie bereits kanonisiert war. Dieser Umstand war schon länger im Visier neokonservativer Kulturkritiker und wurde als postmoderne Aufweichung universitärer Ausbildung gewertet. Es waren die Veteranen der US-amerikanischen *culture wars*, die sich seit den 1980er Jahren darum bemühten, den auf europäische und US-amerikanische Klassiker konzentrierten Literatur-Kanon der US-amerikanischen Sozial- und Geisteswissenschaften gegen die Einbeziehung alternativer Stimmen zu verteidigen. Die Kontroverse entbrannte nach dem Erscheinen eines polarisierenden Artikels in der *New York Times* im Dezember 1998, der einige Thesen STOLLS provozierend resümierte. Einige daraufhin veröffentlichten Beiträge neokonservativer Vertreter gingen soweit, Menchú als kommunistische Agentin zu bezichtigen und ihr die Verantwortung für den Tod ihrer Eltern zuzuschieben.

Neokonservative Kulturkritik

Die Kontroverse, die vor allem in den USA, aber auch in Lateinamerika und Europa geführt wurde, drehte sich insbesondere um die wissenschaftliche Aussagekraft von indigenen Lebensberichten, „akademischen Imperialismus" und postkoloniale Perspektiven. Anerkannte Literatur- und Kulturwissenschaftler, Historiker, Geographen und Anthropologen (u. a. Mary Louise Pratt, John Beverly, W. George Lovell, Doris Sommer, Ileana Rodríguez, Dante Liano oder Arturo Taracena) verteidigten die alternativen Geschichtsversionen der lateinamerikanischen *testimonios*. Sie argumentierten unter anderem mit dem spezifischen Charakter des Genre *testimonio*, in dem häufig kollektive Erfahrungen von Gruppen zusammengefasst und einer Trägerperson zugeschrieben würden. STOLL wurde vorgeworfen, in seiner Negierung der Repräsentativität der *testimonios* der indigenen Bewegung Lateinamerikas eine wichtige Stimme geraubt zu haben – ein Argument, das von vielen indigenen Aktivisten ins Feld geführt wurde. Einen guten Überblick über diese Debatte bietet die von dem guatemaltekischen Literaturwissenschaftler A. ARIAS [1.2.3] herausgegebene Anthologie.

Kontroverse um Aussagekraft von Zeugnissen Indigener

In Guatemala selbst entwickelte sich eine hochpolitisierte Auseinandersetzung, weil das Ende des Bürgerkriegs dessen Ursachen nicht beseitigt hatte, die Täter nicht bestraft worden waren, sich die Diskriminierung der indigenen Bevölkerungsmehrheit

Debatten in Guatemala

fortsetzte und vor allem seitens der Regierung und des Militärs der politische Wille zur Anerkennung der „historischen Wahrheit" und für eine Entschädigung der Opfer fehlte. Der Streit um Authentizität und Repräsentativität des *testimonio* Menchús war davon nicht zu trennen. Um mehr Wissenschaftlichkeit in der Debatte bemühte sich der guatemaltekische Literaturwissenschaftler und Soziologe M. R. Morales, der zusammen mit der Herausgeberin von Menchús *testimonio*, E. Burgos Debray, 2001 den Band *Stoll-Menchú. La invención de la memoria* [1.2.3] herausbrachte. Einen Überblick über die guatemaltekische Kontroverse bietet ein Artikel des Historikers B. Molden [1.2.3].

1.3 Historiographie in Lateinamerika

Übergreifende Darstellungen

Bislang gibt es nur wenige übergreifende Darstellungen zu der Historiographie in und zu Lateinamerika, eine Ausnahme bilden C. A. Aguirre Rojas [1.3] oder J. Malerba [1.3], letzterer widmet sich der Entwicklung ab den 1960er Jahren. Allerdings gibt es mehrere national oder thematisch orientierte Untersuchungen. In übergreifenden Darstellungen bzw. Sammelbänden sind es meist die großen drei Länder, Argentinien, Brasilien und Mexiko, die behandelt werden. Dies liegt allerdings nicht nur an ihrer führenden Position, sondern auch daran, dass sie führend in der historiographischen Diskussion in Lateinamerika sind. Die Bände 4 und 5 der *Oxford History of Historical Writing* [Bd. 4, Macintyre/Maiguashca/Pók 1.3; Bd. 5; Schneider/Woolf 1.3] enthalten jeweils Aufsätze zu der Geschichtsschreibung in den genannten Ländern von der Unabhängigkeit bis bzw. nach 1945. Eine Kombination von geographisch und thematisch ausgerichteten Beiträgen findet sich in *The Oxford Handbook of Latin American History* [Moya 1.3].

Man kann das Fehlen eines allgemeinen Überblicks mit kaum noch überschaubaren Produktion wissenschaftlicher Einzelstudien nationaler und internationaler Autoren erklären, vielleicht liegt es aber auch daran, dass die Geschichtsschreibung Lateinamerikas einerseits durch die Suche nach regionalen oder nationalen Spezifika gekennzeichnet ist, gleichzeitig aber auch durch die Aneignung globaler, vor allem europäischer und US-amerikanischer Trends. Entgegen traditioneller Annahmen übernahm die Historiographie in Lateinamerika allerdings nicht kritiklos die europäischen Modelle, sondern hatte ihre eigenen Debatten und theoretisch-methodischen Ansätze. Bereits im 19. Jahrhundert entspannen sich vor allem in Chile und Argentinien, bzw. unter in Chile exilierten Argentiniern, Debatten darüber, wie die nationale Geschichte zu schreiben sei, welche Art von Quellen wichtig sei und ob es sich dabei eher um eine Wissenschaft oder eine Kunst handele. Im Zuge der Professionalisierung der Geschichtsschreibung entstanden dann neue Fragen. So hatte sich die *Nueva Escuela Histórica* (Neue historische Schule), die sich in den 1920er Jahren in Argentinien etablierte, explizit das Ziel gesetzt, eine spezifisch lateinamerikanische Form der Geschichtsschreibung zu finden [Maiguashca 1.3]. In den 1930er Jahren wurde sie von dem sogenannten Revisionismus abgelöst, der sich gegen die liberale Geschichtsschreibung wandte und das kosmopolitische Erbe des Landes ablehnte [Horowitz 1.3]. In Mexiko kam es unter der Regierung von Lázaro Cárdenas 1939 bzw. 1940 zur Gründung *Instituto Nacional de Antropología e Historia* (INAH), sowie des *Colegio de México*. Diese Gründungen profitierten auch von der Ankunft zahlreicher spanischer Akademiker, die vor dem Spanischen Bürgerkrieg geflohen waren [Zermeño Padilla 1.3].

Debatten um die Nationalgeschichtsschreibung

Europäische, insbesondere französische, und ab dem 20. Jahrhundert US-amerikanische Modelle waren also durchaus wichtig für die Entwicklung der Geschichtsschreibung in Lateinamerika, diese zeichnet sich sogar durch die rasche Einarbeitung neuer Ansätze aus. So wurden zum Beispiel die italienischen Theorien zur Mikrogeschichte oder die diejenigen der *Annales* aus Frankreich sehr viel rascher aufgenommen als in Deutschland, was nicht zuletzt an engen persönlichen Kontakten lag. Darüber hinaus lehrten französische Historiker, wie z. B. Fernand Braudel, einige Zeit in Brasilien und nahmen auch Einflüsse von dort auf. Lateinamerikanische Forscher wiederum studierten häufig in Europa und den USA. Durch diese Wechselwirkungen ist die Historiographie in Lateinamerika letztlich kosmopolitischer und offener als viele europäische Historiographien [Aguirre Rojas, 1.3: 145].

Europäische und US-amerikanische Vorbilder

Insgesamt lassen sich für die Zeit ab dem frühen 19. Jahrhundert mehrere Epochen der Geschichtsschreibung erkennen. Die erste umfasst die Jahrzehnte nach der Unabhängigkeit, als die Staaten infolge der langwierigen Staatsbildungsprozesse noch über keine professionellen Historiker verfügten. Die ersten großen historischen Darstellungen dienten daher vor allem der Legitimie-

Periodisierung

Schaffung eigener Traditionen

rung der neuen Staaten und der Schaffung eigener Traditionen. Eine Institutionalisierung der Geschichtsschreibung durch die Gründung von Archiven, Museen und Akademien setzte meist erst im letzten Drittel des 19. oder zu Beginn des 20. Jahrhunderts ein, als sich die politische und ökonomische Situation konsolidiert hatte. Gleichzeitig stand durch den Ausbau des Schul- und Universitätswesens nun eine Generation professioneller Historiker und Archivare zur Verfügung, die diese Aufgaben übernehmen konnten. Diese waren jedoch „Monumentalhistoriker" im Sinne einer Geschichtsschreibung des Historismus.

Institutionalisierung der Geschichtsschreibungen

Abkehr von europäischen Traditionen

Eine zweite Phase lässt sich zwischen 1910 und 1945 ausmachen, als die Hegemonie der europäischen geistigen Traditionen ins Wanken geriet und allmählich derjenigen der USA wich. Gleichzeitig entstanden neue kulturelle Strömungen, die sich von den europäisch orientierten Eliten abwandten. Verstärkte Bildungsanstrengungen verbreiterten zudem die Basis der Autoren und Leser historischer Werke. Insgesamt nahmen die Professionalisierung, Diversifizierung und Institutionalisierung historischer Forschung in dieser Periode an Fahrt auf, bei gleichzeitiger Fortdauer historisierender und nationalistischer Tendenzen.

Sozialhistorische Ansätze

Eine dritte Phase der Geschichtsschreibung beginnt nach dem Zweiten Weltkrieg und zieht sich bis zu den Umbrüchen in der Folge der Studentenrevolten von 1968. In ihrer Folge etablierten sich die sozialhistorischen Ansätze der *Annales*-Schule sowie unterschiedliche marxistische Geschichtstheorien an den meisten lateinamerikanischen Universitäten. Gleichzeitig setzte eine breite Professionalisierung und Verankerung einer modernen Geschichtswissenschaft an den Universitäten ein, die auch durch die beginnende Industrialisierung und damit einhergehende soziale Mobilität ermöglicht worden war. Die Gründung gesamtlateinamerikanischer Institutionen, insbesondere der UN-Wirtschaftskommision für Lateinamerika (CEPAL), führte nun wieder zur Suche spezifischer „lateinamerikanischer" oder auch nationaler Charakteristika in der historischen Entwicklung. Gleichzeitig begann, nicht zuletzt beeinflusst von der Dependenztheorie (siehe Kap. II.2.1), eine „revisionistische" Geschichtsschreibung, die die alte positivistisch-liberale Geschichtsschreibung methodisch, aber auch inhaltlich kritisierte. Diese ist allerdings nicht zu verwechseln mit dem argentinischen Revisionismus der 1930er Jahre, denn sie war nicht rückwärtsgewandt und modernisierungsfeindlich. Der neue Trend führte auch zur Etablierung intellektueller Netzwerke progressiver Historiker über die nationalen Grenzen hinweg, die sich auch in der Gründung neuer Zeitschriften niederschlug.

Struktur- und Mentalitätsgeschichte

Vorreiter der nach 1945, insbesondere aber ab den 1970er Jahren dominierenden neuen Sozial- und Mentalitätsgeschichte, der Wirtschafts- und Strukturgeschichte waren Argentinien, Uruguay, Peru, Mexiko und Brasilien, gefolgt von Kolumbien, Venezuela, Costa Rica. Spätestens ab den 1970er Jahren verbreiteten sich aber auch in den meisten anderen Ländern die marxistische sowie die unter dem Namen *Annales*-Schule bekannten historiographischen Ansätze. Hinzu kamen die erwähnten dependenztheoretischen Ansätze, auch wenn deren Theorien einer historischen Überprüfung oft nicht standhielten. Sie beeinflussten aber eine kritische Geschichtsschreibung sowie eine populärwissenschaftliche dependenztheoretische Sicht auf die Geschichte, für die der Bestseller „Die offenen Adern Lateinamerikas“ (*Las venas abiertas de Latinoamérica*, 1971) des uruguayischen Journalisten und Schriftstellers E. Galeano [1.3] paradigmatisch ist. Dieser prägte für Jahrzehnte die Sicht europäischer und US-amerikanischer Intellektueller auf die Geschichte Lateinamerikas.

Regionalgeschichtsschreibung

Besonders hervorzuheben ist, dass sich in den meisten lateinamerikanischen Staaten in den letzten Jahrzehnten eine sehr produktive Regionalgeschichtsschreibung entwickelt hat, die die zumeist aus der Perspektive der Hauptstadt geschriebenen Nationalgeschichten auf den Prüfstand stellt und ebenfalls zu einer methodisch und thematisch diversen Sicht auf die jeweiligen historischen Entwicklungen geführt hat [Knight 1.3]. Diese Suche nach einer regional aber auch sozial inklusiven, der ethnischen, sozialen und kulturellen Diversität des Kontinentes Rechnung tragenden Geschichtsschreibung bei gleichzeitiger Einbettung in globale Trends, setzt diese Entwicklung im 21. Jahrhundert fort.

Postkoloniale Debatten

Postkoloniale Ansätze und Impulse aus den *subaltern studies* fanden zwar auch Verbreitung in Lateinamerika, weniger aber in der Geschichtsschreibung, da sie sich nur bedingt auf diese Region übertragen lassen. Ausnahmen bilden der von I. Rodríguez herausgegebene Sammelband *The Latin American Subaltern Studies Reader* [1.3] und derejnige von M. Moraña/E. D. Dussel/C. A. Jáuregui *Coloniality at large: Latin America and the postcolonial debate* [1.3]. Bedeutender auch für die Geschichtsschreibung sind hingegen die „dekolonialen" Ansätze genuin lateinamerikanischen Ursprungs, die vor allem aus der Soziologie und der Kulturwissenschaft stammen, wie sie etwa von W. Mignolo, B. d. S. Santos oder N. García Canclini vertreten werden [Moraña/Dussel/Jáuregui, 1.3; Mignolo, 1.3; Santos, 1.3; García Canclini, 1.3].

1.4 Gesamtdarstellungen

Gesamtdarstellungen der Geschichte Lateinamerikas gibt es in verschiedener Ausführlichkeit. Bis heute grundlegend, wenn auch nicht mehr ganz aktuell, ist die 12-bändige *Cambridge History of Latin America* [Bethell 1.4]. Auf Deutsch gibt es das dreibändige *Handbuch der Geschichte Lateinamerikas* [Bernecker u. a. 1.4], für das ähnliches gilt. Historische Atlanten sind rar für Lateinamerika, allerdings finden sich in den meisten Darstellungen historische Karten. Hilfreich ist *Atlas histórico de Latinoamérica. Desde la prehistoria hasta el siglo XXI* [Lucena Salmoral 1.4].

Neuere kürzere Darstellungen liegen auch auf Deutsch vor. Eine trotz ihres Titels recht detaillierte Gesamtdarstellung ist die *Kleine Geschichte Lateinamerikas* von H.-J. König [1.4]. Wirklich knapp fasst dagegen S. Rinke die Geschichte Lateinamerikas zusammen [Geschichte Lateinamerikas, 1.4; Lateinamerika, 1.4]. Thematisch orientierte Überblicke bieten die beiden bei Promedia erschienen Bände *Lateinamerika 1492–1850/70* [Edelmayer u. a., 1.4] und *Lateinamerika 1870 – 2000* [Bernecker u. a. 1.4]. Einen guten Einstieg bietet auch das *Lateinamerikalexikon* [Hensel/Potthast, 1.4], eine eher gegenwartsbezogene aber sehr ausführliche Einführung findet sich bei G. Maihold/H. Sangmeister/N. Werz [1.4], eine politikwissenschaftliche Einführung bei Werz [1.4]. Eine interessante neuere Interpretation der lateinamerikanischen Geschichte in spanischer Sprache bietet die *Historia global de América Latina, del siglo XXI a la independencia*, von H. Pérez Brignoli [1.4].

Von den neueren englischsprachigen Gesamtdarstellungen, die oft stark auf ein US-amerikanisches studentisches Publikum zugeschnitten sind, finden sich die Wichtigsten in Teil III., Kapitel 1.4.

Da diese gesamtlateinamerikanischen Darstellungen nur große Trends aufzeigen und einzelne Beispiele nennen können, die der Komplexität und Diversität der Entwicklungen in den einzelnen Staaten nicht gerecht werden, haben wir in Teil III, Kapitel 1.5 für jedes lateinamerikanische Land bis zu drei Gesamtdarstellungen aufgelistet. Mit Rücksicht auf unsere Leser haben wir in beiden Bänden vor allem auf deutsch- und englischsprachige Publikationen verwiesen. Darüber hinaus gibt es zu allen Themen umfangreiche wissenschaftliche Studien auf Spanisch und Portugiesisch. Diese haben wir angeführt, wenn keine adäquaten deutsch- oder englischsprachigen Titel vorlagen. Zudem werden stellenweise wichtige umfangreiche nationale Gesamtdarstellungen erwähnt. Ferner findet sich in Teil III, Kap. 1.6 eine Liste der wichtigsten Fachzeitschriften.

2 Wirtschaftsgeschichte und Entwicklungskonzepte

Grundprobleme der Wirtschaftsentwicklung

„Die wirtschaftliche Entwicklung Lateinamerikas ist seit der Unabhängigkeit eine Geschichte unerfüllter Versprechen“, konstatierte der britische Wirtschaftshistoriker V. Bulmer-Thomas [1994, 2: 410; 2014, 2: 436] in den vergangenen Jahrzehnten wiederholt. Ungeachtet des Überflusses an natürlichen Ressourcen, des günstigen Verhältnisses zwischen verfügbarem Land und Arbeitskraft und auch noch zwei Jahrhunderte nach dem Ende der Kolonialzeit habe keine der lateinamerikanischen Republiken die Standards entwickelter Länder der nördlichen Halbkugel erreicht. Diese Debatte über die Gründe der schwachen wirtschaftlichen Entwicklung Lateinamerikas seit der Unabhängigkeit ist im Grunde so alt wie die unabhängigen Staaten selbst. Schon im 19. Jahrhundert konstatierten die lateinamerikanischen Eliten, dass sich ihre Länder anders entwickeln würden als beispielweise Frankreich, Großbritannien und die USA. Und schon damals blickte man zurück auf das Erbe der Kolonialzeit, um diese defizitäre wirtschaftliche Entwicklung zu erklären. Der US-amerikanische Wirtschaftshistoriker J. Coatsworth [2] vertritt angesichts vergleichender globaler Daten den Standpunkt, dass Lateinamerika regional unterschiedlich, aber insgesamt erst in einem Zeitraum zwischen 1750 und 1850 in seiner wirtschaftlichen Entwicklung im Vergleich mit Europa und den USA deutlich ins Hintertreffen geraten sei. In vielen Regionen habe die europäische Kolonisation – insbesondere durch die Transfers von Technologie, Institutionen, Flora und Fauna – wirtschaftliches Wachstum generiert. Erst während der Industrialisierung der nordatlantischen Gesellschaften habe Lateinamerika stagniert. Über die Frage, inwieweit die 300jährige koloniale Wirtschaftspolitik verantwortlich dafür war, dass sich die nachkolonialen Gesellschaften Lateinamerikas weder wirtschaftlich, technologisch als auch institutionell so dynamisch entwickelten wie etwa Nordamerika oder Europa, gibt es eine lange Debatte.

V. Bulmer-Thomas [2], dessen Urteil auf einer genauen Kenntnis einer schier unüberschaubaren Vielzahl von Fallstudien, Makro- und Mikroanalysen beruht, kommt zu dem Schluss, dass die relative Rückständigkeit Lateinamerikas zu den Staaten des Nordatlantik zwar auch externen Einmischungen und Einflüssen geschuldet war, diese allerdings niemals allein entscheidend gewesen seien. „Einmal befreit vom kolonialen Status hatte Lateinamerika ein Ausmaß an Unabhängigkeit, das vielen anderen Nationen verwehrt war, die sich aber trotzdem aus ihrem peripheren Status befreien konnten. Deshalb liegen die Hauptgründe für die relative Rückständigkeit Lateinamerikas in der Region selbst.“ [Bulmer-Thomas, 2, 2014: 437–438] Er verdeutlicht damit, dass die Dependenztheorie – unabhängig davon, wie sie beurteilt wird – noch heute Anlass für eine äußerst rege Forschungstätigkeit auf dem Gebiet der Wirtschaftsgeschichte Lateinamerikas bietet.

Endogene oder exogene Faktoren verantwortlich für die Abhängigkeit?

Die historische und sozialwissenschaftliche Forschung hat vor allem seit den 1960er Jahren eine Vielzahl unterschiedlicher Modelle entwickelt, um diese untergeordnete Einbindung Lateinamerikas in die internationale Arbeitsteilung und den Weltmarkt – und die daraus resultierende Abhängigkeit (Dependenz) – zu erklären. Die am intensivsten diskutierte Frage dabei ist, ob die ungünstigere Wirtschaftsentwicklung Lateinamerikas eher endogenen oder eher exogenen Faktoren geschuldet ist bzw. ob die von Bulmer-Thomas [2] reklamierte Vernachlässigung der vorhandenen Reichtümer und Ressourcen selbstverschuldet oder externen Mächten zuzuschreiben ist. Derjenige lateinamerikanische Intellektuelle, der diese am plakativsten mit einem äußerst einprägsamen Bild externen Akteuren zu Lasten legte, war der uruguayische Journalist und Schriftsteller E. Galeano [1.3] in seinem 1971 veröffentlichten Buch *Die offenen Adern Lateinamerikas.* Auch wenn über die Ursachen der ökonomischen Unterentwicklung Lateinamerikas im Vergleich zu anderen Kontinenten heutzutage längst nicht mehr so erhitzt gestritten wird wie noch in den 1970er Jahren, steht sie doch – gerade angesichts der immer wiederkehrenden wirtschaftlichen Krisen Lateinamerikas – immer noch hinter den ganz unterschiedlichen Konzepten, die Wirtschaftswissenschaftler, Historiker und Soziologen als Erklärungsmuster zugrunde gelegt haben [HABER, 2]. Die entscheidende Motivation für die meisten der neueren Studien zur Wirtschaftsgeschichte Lateinamerikas war die Suche nach Ursachen und Bedingungen der konstatierten relativen Unterentwicklung im Vergleich zu den nordatlantischen Staaten, die durch Handel und Industrialisierung schon im frühen 20. Jahrhundert einen höheren Lebensstandard aufwiesen als Lateinamerika. Obwohl diese Vergleiche immer infrage gestellt wurden, belegen zeitgenössische OECD-Studien, dass die sozialen Parameter Lateinamerikas heute hinter denen der USA und den meisten europäischen Staaten [PRADOS DE LA ESCOSURA, 2] zurückliegen.

2.1 Dependenztheorie, *cepalismo* und Modernisierung

Die Dependenztheorie entstand Mitte der 1960er Jahre im Kontext der Kubanischen Revolution und vor dem Hintergrund enttäuschter Hoffnungen auf eine beschleunigte Wirtschaftsentwicklung, die sowohl die UN-Entwicklungsdekade geweckt hatte, als auch das von der US-Regierung ins Leben gerufene Entwicklungsprogramm der „Allianz für den Fortschritt". Die Bemühungen zur Modernisierung und Industrialisierung der Volkswirtschaften Lateinamerikas hatten nicht gefruchtet und die bis dahin verfolgten Entwicklungsstrategien gerieten in Misskredit. Die Dependenztheorie beinhaltete einerseits eine kritische Neuinterpretation von Entwicklung im Kontext der historischen Nord-Süd-Beziehungen, andererseits den Versuch lateinamerikanischer Politiker und Wirtschaftstheoretiker, die Kontrolle über die eigene wirtschaftliche Entwicklung zu gewinnen. Hinzu kam das Bedürfnis, einen eigenen, identitätsstiftenden entwicklungstheoretischen Erklärungsansatz zur Interpretation der lateinamerikanischen Realität zu finden.

Gescheiterte Entwicklungsstrategien

Debatten um Ursachen wirtschaftlicher Abhängigkeit

Der spanische Begriff *dependencia* bezeichnet sowohl das Phänomen der Abhängigkeit als auch die wissenschaftliche Diskussion darum: Erstmals wurde jetzt versucht, die Konsequenzen einer historisch gewachsenen, asymmetrischen Weltwirtschaftsordnung, geprägt durch koloniale und imperiale Bestrebungen, systematisch aus der Perspektive der betroffenen Länder zu analysieren. Die Ursachen der wirtschaftlichen Ungleichheit zwischen Lateinamerika bzw. anderen Regionen der sogenannten Dritten Welt und dem Globalen Norden wurden ihrer untergeordneten Einbindung in die internationale Arbeitsteilung zugeschrieben, gekennzeichnet durch asymmetrische Wirtschaftsbeziehungen und die daraus folgende Abhängigkeit und Unterentwicklung. Die Dependenztheoretiker stellten – häufig auf einer marxistischen Grundlage – die bisher gängigen Erklärungen für Unterentwicklung auf den Kopf, indem sie Unterentwicklung nicht mehr nur als ein Zurückbleiben hinter dem Entwicklungsstand von Industrieländern aufgrund selbstverschuldeter endogener Entwicklungsdefizite interpretierten, sondern als die Folge einer sehr effektiven Integration der lateinamerikanischen Länder (Peripherien) in den von den kapitalistischen Industrieländern (Zentren) dominierten Weltmarkt. Eine ausführlichere Definition bieten J. Mahoney/D. Rodríguez-Franco [in: Lancaster/van de Walle, 2.1]. In ihrem Handbuch finden sich auch Artikel zu verwandten Themen.

Regionale Ungleichheiten

Asymmetrische Beziehungen

Zentrum und Peripherie

Dependenztheorien

Die Dependenztheorie ist nicht als einheitliches Konzept, sondern vielmehr als eine vielstimmige Debatte zu verstehen, weshalb man auch von Dependenztheorien spricht. Mit ihrem Ursprung in Lateinamerika gilt sie als eine der einflussreichsten Entwicklungstheorien und ist bis heute eines der wenigen sozialwissenschaftlichen Paradigmen, die im Süden formuliert und im Norden rezipiert wurden.

UN-Wirtschaftskommission für Lateinamerika (CEPAL)

Prägenden Einfluss hatte auch die Entwicklungsdoktrin der 1948 gegründeten UN-Wirtschaftskommission für Lateinamerika (*Comisión Económica Para América Latina*, CEPAL), deren Gründung der kritischen wirtschaftlichen Lage Lateinamerikas nach dem Zweiten Weltkrieg geschuldet war. Anders als für Westeuropa gab es für Lateinamerika keinen Marshallplan und der Kontinent war nach 1945 in kein umfassendes US-Hilfsprogramm einbezogen. Angesichts der neuen, von den USA beherrschten Weltordnung kam es, auch mit Rückblick auf die Erfahrungen aus der Weltwirtschaftskrise und der Abkehr vom exportorientierten Entwicklungsmodell, zu einer weit gefächerten Entwicklungsdebatte über die Rolle Lateinamerikas in der internationalen Arbeitsteilung. Die CEPAL wurde auf Initiative des Wirtschafts- und Sozialrats der Vereinten Nationen gegründet, nachdem die US-Regierung eigenständige Vorstöße zum Aufbau neuer Handelsbeziehungen Lateinamerikas blockierte. Sie war über zwei Jahrzehnte das Zentrum der entwicklungspolitischen Diskussion in Lateinamerika und wurde zum Ausgangspunkt eines der Modernisierungstheorie folgenden Konzepts der nachholenden Entwicklung [Fernández/Brondino, 2.1].

Beschleunigung der Importsubstitution

Der nach der CEPAL benannte *cepalismo* war Theorie und Konzept gleichermaßen: Er diente der Erforschung wirtschaftlicher Ungleichheit zwischen Lateinamerika und dem Globalen Norden, woraus dann Entwicklungsstrategien unter den Bedingungen von Unterentwicklung entworfen wurden, die allerdings allesamt im Rahmen des kapitalistischen Systems angelegt waren. Es handelte sich also um eine Art sozialdemokratisches Wirtschaftsprogramm: Die Reformvorschläge zielten auf die Beschleunigung und Vertiefung der Importsubstitutionsstrategie, die Förderung struktureller Binnenveränderungen wie Agrarreformen, Diversifizierung der Produktion und Exportförderung. Umgesetzt werden sollten sie mittels eines Kompromisses zwischen Arbeiterklasse, Unternehmern und Staat. Die bedeutendsten Protagonisten des Konzepts waren der argentinische (nicht-marxistische) Ökonom Raúl Prebisch, Exekutivsekretär der CEPAL, und der Wirtschaftswissenschaftler Hans Walter Singer, ein Schüler Joseph Schumpeters und John Maynard Keynes .

Basierend auf einem Zentrum-Peripherie-Modell stellte R. Prebisch [2.1] die These auf, dass der Handelsaustausch zwischen Entwicklungs- und Industrieländern ungleich verlaufe, und zwar zugunsten der Zentren. Dafür machte er die *terms of trade* verantwortlich, die sich über längere Zeiträume hinweg zu Ungunsten der Peripherie entwickelt hätten. Obwohl sich Prebischs Theorie in der von ihm beanspruchten Allgemeingültigkeit nicht bewiesen hat, beeinflusste sie die Entwicklungspolitik maßgeblich, insbesondere die auf Importsubstitution basierende Industrialisierungspolitik in Entwicklungsländern. Eine weitere Entwicklungsstrategie, die von den Kritikern später als *desarrollismo* bezeichnet wurde, übernahm etliche Elemente des CEPAL-Konzepts wie die Industrialisierung oder den Technologietransfer und die federführende Rolle des Staats im Rahmen einer ökonomischen Modernisierung. Der *desarrollismo* plädierte allerdings im Gegensatz zum *cepalismo* für eine Weltmarktöffnung als außenorientierte Wachstumsstrategie, nahm eine ungleiche Entwicklung in Kauf und ließ Sozialprogramme vermissen, weshalb er in die Kritik der Dependenztheoretiker geriet. Einen aktuellen Einblick in das Thema bietet der Sammelband von M. E. MARGULIS [2.1].

Dependenztheorien beeinflussen alternative Entwicklungspfade

Nachdem deutlich wurde, dass die Strategie der Industrialisierung durch Importsubstitution des *cepalismo* ebenso wie der *desarrollismo* ihre Ziele zur Verringerung der wirtschaftlichen Abhängigkeit und der Reduzierung der sozialen Ungleichheit zumeist verfehlt hatten, rückte die Dependenztheorie als neues Paradigma in den Fokus lateinamerikanischer Intellektueller. Gleichzeitig inspirierte die Kubanische Revolution das Nachdenken über Alternativen zu herkömmlichen Entwicklungspfaden. Trotz aller Unterschiedlichkeiten stimmen die *dependentistas* dahingehend überein, dass die Staaten Lateinamerikas auch in der Vergangenheit wirtschaftliches Wachstum nur in Abhängigkeit von der wirtschaftlichen Expansion anderer Staaten hätten erreichen können. Einer der wichtigsten Vertreter der Dependenztheorie war der deutschstämmige, in den USA, Kanada und Lateinamerika lehrende und forschende marxistische Wirtschaftswissenschaftler A. FRANK [2.1], der eine der radikalsten Strömungen vertrat. Der brasilianische Wirtschaftshistoriker C. FURTADO [2.1] verfeinerte die Analyse der Abhängigkeit und Unterentwicklung, indem er topographische, geologische und auf Rohstoffe bezogene Begebenheiten und Klima- und Umweltfaktoren mit einbezog.

Politiker der Dependenztheorie

Die Vertreter der Dependenztheorie kamen nicht nur aus den Geschichts- und Wirtschaftswissenschaften, sondern auch aus den Politik- und Sozialwissenschaften. Nicht wenige von ihnen waren aktiv in die Wirtschaftspolitik ihrer jeweiligen Länder involviert. Das prominenteste Beispiel ist der brasilianische Soziologe H. CARDOSO, der 1995 bis 2003 die Präsidentschaft seines Landes innehatte. CARDOSO hatte zusammen mit dem chilenischen Soziologen E. FALETTO [2.1] 1976 eine richtungsweisende Publikation der Dependenztheorie veröffentlicht. Der chilenische Soziologe O. SUNKEL [2.1] erweiterte den strukturalistischen Ansatz und stellte fest, dass die Industrialisierung Lateinamerikas nur mit ausländischer Unterstützung erfolgreich sei, sowohl durch private als auch durch staatliche Anleihen und Investitionen.

Einfluss von Dependenztheorien auf Wissenschaft und Politik

Der Wirtschaftshistoriker P. GOOTENBERG [2.1] konstatierte 2004, dass die durch die Dependenztheorien geprägte Wirtschaftsgeschichte Lateinamerikas in den 1960er bis Mitte der 1980er Jahre nicht nur die „Königsdisziplin" der Lateinamerikastudien gewesen sei, sondern die historische Analyse auf struktureller Grundlage auch sozialgeschichtliche Paradigmen entscheidend beeinflusst habe. Die Aussage GOOTENBERGS bezog sich auf die Lateinamerikastudien in Europa oder den USA, aber insbesondere auch auf die ökonomische und sozialwissenschaftliche Forschung an lateinamerikanischen Universitäten und Forschungseinrichtungen: *De facto* haben Dependenztheorien über Jahrzehnte hinweg die sozialwissenschaftlichen Debatten in Lateinamerika entscheidend geprägt und auch die entwicklungspolitischen Diskussionen in den Industrieländern – unter anderem in Deutschland – dominiert. Sie waren aber auch Anlass für breite öffentliche Diskussionen um den Zusammenhang zwischen Entwicklung und Unterentwicklung – obwohl konkrete Politikempfehlungen aufgrund ihres hohen Abstraktionsgrads nur schwer abgeleitet werden konnten. Ein wichtiges Ergebnis war dennoch die Einsicht, dass Eingriffe in das internationale Handelssystem getätigt werden müssten. Allerdings zeigten globale Interventionsversuche – etwa von Seiten der UNO zur Steuerung von Handelsströmen oder der OPEC zur Regulierung der weltweiten Erdölpreise – nur geringe Wirkung. Auch die Übertragung dependenztheoretischer Konzepte auf andere Weltregionen blieb relativ beschränkt.

Diskussionen um Entwicklung und Unterentwicklung

Unter Afrikawissenschaftlern fanden die Dependenztheorien einige Berührungspunkte mit dem dort angewandten Untersuchungskonzept des Neokolonialismus und dann in ihrer weiterentwickelten Form der Wallerstein'schen Weltsystemtheorie [WALLERSTEIN, 2.1]. Seitdem wurden sie aber immer häufiger in Frage gestellt, insbesondere auch in Hinblick auf die Staaten Südostasiens, die eine autozentrierte Entwicklung in Gang setzten und ab den 1980er Jahren ausgerechnet mit weltmarktorientierten Industrialisierungsstrategien enorme Wachstumserfolge erzielten – was sich mit dependenztheoretischen Ansätzen nicht mehr erklären ließ. Darüber hinaus verdeutlichte die höchst unterschiedliche Entwicklungsdynamik innerhalb des Globalen Südens in den letzten Jahrzehnten, dass die Dependenztheorien mit ihrer Einteilung der Welt in „Zentren" und „Peripherien" und der entsprechenden Zuschreibung von bestimmten Strukturmerkmalen, die

Weltsystemtheorie

im Globalen Süden, aber auch in anderen Weltregionen stattfindenden Differenzierungsprozesse analytisch nicht mehr zu erfassen vermögen. Dieses Scheitern an einer differenzierten Realität ist auch dem Umstand geschuldet, dass das von den Dependenztheoretikern eingeforderte historische Verständnis von Prozessen der Entwicklung und Unterentwicklung kaum berücksichtigt wurde [Reinhard, 2.1; Puhle, 2.1]. Die Kritik an den Dependenztheorien wurde durch den Kollaps des realen Sozialismus beschleunigt und der damit einhergehenden Abkehr von marxistischen Paradigmen und dem Vormarsch neoliberaler Ideologien weltweit. Zunächst einmal geriet die Wirtschaftsgeschichte insgesamt, nicht nur diejenige Lateinamerikas, ins Hintertreffen. Denn im Vergleich zu den 1960er bis 1980er Jahren kamen ökonomische Perspektiven und strukturelle Analysen nach 1990 aus der Mode. Akademisch und intellektuell manifestierte sich dies im *cultural turn*, der Hinwendung zur Untersuchung „weicher" Faktoren gesellschaftlicher Transformationen.

Kritik an Dependenztheorien

cultural turn

Erweiterung der Dependenztheorien

Damit geriet auch der paradigmatische Anspruch des häufig rein ökonomistischen Ansatzes der Dependenztheorien in die Kritik, die im Grunde nicht über eine schlichte Umkehrung von modernisierungstheoretischen Ansätzen hinausgekommen waren: Während die globale Expansion des Kapitalismus für die Modernisierungstheorien der Beginn von Entwicklung war, war er für die Dependenztheorien der Beginn von Unterentwicklung. Eine neuere Generation von Dependenztheoretikern griff diese Kritik auf und wies darauf hin, dass die Dependenztheorie nicht auf die Logik kapitalistischer Ausbeutung reduziert werden könne. Insbesondere der peruanische Soziologe A. Quijano [2.1] wies mit seinem Konzept der „Kolonialität der Macht" auf die historisch gewachsenen kulturellen und sozialen Zusammenhänge von Moderne und Kolonialismus hin, die die klassischen Dependenztheorien nicht berücksichtigten. Inspiriert von postkolonialen Theorien, die mit ihrer Kritik an eurozentrischen Strukturen und ihren kolonialen Ursachen eine Analyse von Machtstrukturen, sozialen Hierarchien, Diskursen, Wissenssystemen und -ordnungen als soziale und kulturelle Basis von Herrschaft und Hegemonie fordern, entwickelte Quijano sein Konzept: Er ging dabei von der historischen Erfahrung Lateinamerikas aus, das als erster Kontinent der europäischen Dominanz unterworfen war, um das vielfältige Erbe des europäischen Kolonialismus zu entschlüsseln, das sich – etwa

„Kolonialität der Macht"

mittels rassistischer, eurozentrischer Hierarchien – bis heute in den Gesellschaften Lateinamerikas, den sozialen und Wissensordnungen niederschlägt.

Kritik am Moderneparadigma

Der puertorikanische Soziologe R. Grosfoguel [2.1] kritisierte, dass viele Dependenztheoretiker in den Mustern der Entwicklungstheorien der Moderne mit ihren Stufenmodellen und mit ihrer Verleugnung globaler Ungleichzeitigkeiten [Fabian, 2.1], die sie zu überwinden versucht hätten, verhaftet geblieben seien. Er argumentierte dabei historisch, indem er auf die *longue durée* von modernen Ideen verwies: Viele der von den Dependenztheoretikern hervorgebrachten, scheinbar neuen Argumente seien bereits im 19. Jahrhundert von den Anhängern eines nationalistischen, protektionistischen Wirtschaftssystems geäußert worden, während die Entwicklungstheorien der Moderne mit der liberalen Ideologie der Handelsfreiheit verbunden waren. Die kreolischen Eliten, die nach der Unabhängigkeit überall in Lateinamerika die Macht übernahmen, seien für die Festschreibung der ethnischen und sozialen Hierarchien verantwortlich. Genauso seien sie für die Konstruktion von „Rückständigkeit" zuständig, die, im Gegensatz zur *northernmania* (der Überhöhung der angelsächsischen Zivilisation als „fortschrittlich, zivilisiert und modern") mit dem hispanischen Erbe in Verbindung gebracht wird. Grosfoguel zufolge stärkten die Dependenztheoretiker des 20. Jahrhunderts diese Ideologie durch ihr Festhalten an den Institutionen und Werten der westlichen Moderne wie Rationalität, Organisation und Kontrolle innerhalb des Nationalstaats.

2.2 Verschuldungskrise und neoliberale Reformen

Die Verschuldungskrise des Jahres 1982 war keineswegs die erste in Lateinamerika, vielmehr waren Schuldenkrisen seit der Unabhängigkeit immer wieder aufgetreten [Marichal, 2.2.]. Sie ist bis heute jedoch die gravierendste, weil sie die meisten Volkswirtschaften Lateinamerikas in Mitleidenschaft zog und ein Katalysator für weitgehende wirtschaftliche Reformen im Rahmen von Strukturanpassungsprogrammen war. Die 1980er Jahre gelten deshalb als „verlorenes Jahrzehnt" für Lateinamerikas Wirtschaftsentwicklung. Verschuldungskrise und Globalisierung prägen die Wirtschaftsgeschichte seit dem Ende der Importsubstituie-

Die 1980er: das „verlorene Jahrzehnt"

rungsstrategie Ende der 1970er Jahre: Für beide Themenkomplexe existiert eine Vielzahl von Untersuchungen und Beiträgen. Im Falle der Verschuldungskrise bezieht sich die Literatur in der Regel ganz spezifisch auf Lateinamerika. In den Publikationen zur aktuellen Globalisierung wird Lateinamerika zumeist als ein Fall unter vielen gehandelt, weshalb diese allgemeineren Beiträge hier unerwähnt bleiben. Ein guter Ausgangspunkt für die Beschäftigung mit der Schuldenkrise ist R. Devlins *Debt and crisis in Latin America: The supply side of the story* [2.2]. Fallstudien der Länder, die am schlimmsten von der Krise betroffen waren enthält der von R. Thorp und L. Whitehead herausgegebene Band *Latin American debt and the adjustment crisis* [2.2]. Eine bemerkenswerte Studie am Beispiel Brasiliens legte R. Zoller [2.2] vor. Da diese Publikationen zu einem Zeitpunkt veröffentlicht wurden, als die Krise noch nicht beendet war, sollten darüber hinaus einige rückblickende Perspektiven herangezogen werden, etwa die von Bulmer-Thomas [Debt, adjustment, 2.2]. Die Krisenbewältigung ging einher mit neoliberalen Reformen, die eine Liberalisierung der Finanzmärkte miteinschlossen.

Washington Consensus

Einen Überblick über die sozialen Konsequenzen dieser Strukturanpassungsmaßnahmen, die auch als neue Entwicklungsstrategie im Rahmen des *Washington Consensus* bekannt wurden, präsentieren V. Bulmer-Thomas [The new economic model, 2.2] und Ffrench-Davis [Reforming the Reforms, 2.2.]. Einen weiteren Überblick über Untersuchungen, damit verbundene Forschungsfragen und eine erste kritische Bilanz der Ergebnisse der Reformen bieten die in der *Latin American Research Review* [Vol. 39, 3, 2.2] publizierten Forschungsberichte. Eine eher positive Bilanz ziehen J. Williamson/P.-P. Kuczynski [2.2]. Chile war das Land, in dem die neoliberalen Reformen schon unter der Pinochet-Diktatur begonnen wurden und auch in der Phase der Demokratisierung mit Erfolg bis zum Ende des Jahrhunderts durchgezogen wurden, darüber existieren zahlreiche Analysen [Ffrench-Davis, Economic Reforms, 2.2].

Kritik am Neoliberalismus

Eine Kritik an den Ergebnissen des *Washington Consenus* und einen Überblick über die Konsequenzen der neoliberalen Reformen, die nicht nur neue Krisen, wie die Wirtschaftskrise in Argentinien (2001), hervorbrachten, in vielen Ländern soziale Unruhen auslösten und linksgerichteten Regierungen an die Macht verhalfen, bietet ein von A. Margheritis und A. W. Pereira [2.2] veröffentlichter Artikel. Die Ursachen der Krise in Argentinien, das signifikanteste Beispiel für das Scheitern neoliberaler Reformen, wird bei M. E. Carranza [2.2] diskutiert.

2.3 Wirtschaftsgeschichte und -historiographie

2.3.1 Periodisierung

Seit der Unabhängigkeit lässt sich die Wirtschaftsgeschichte Lateinamerikas grob in vier Phasen unterteilen. In der ersten Phase, die die ersten fünf Jahrzehnte nach der Unabhängigkeit umfasst, waren Agrarwirtschaft und Bergbau die dominanten Wachstumsmotoren der jungen Republiken. Allerdings waren diese Jahrzehnte in den meisten Regionen Lateinamerikas durch wirtschaftliche Stagnation und extreme politische und militärische Instabilität gekennzeichnet, hinzu kamen vielerorts ungeklärte Machtverhältnisse und politische Grabenkämpfe zwischen Liberalen und Konservativen. Ab etwa 1870 konsolidierte sich die Situation in den meisten Regionen durch die einsetzende Industrialisierung und die zunehmende Integration in den Weltmarkt. Insbesondere die Ökonomien Argentiniens, Chiles, Brasiliens und Mexikos wurden jetzt zu Exportwirtschaften ausgebaut. Bis zur Weltwirtschaftskrise dominierte auf dem Kontinent das auf Handel basierende, liberale Export-Import-Modell. Die Industrialisierung konzentrierte sich deshalb vor allem auf die Ausfuhrhäfen, insbesondere auf die an der Atlantikküste gelegenen. Sie wurde jedoch nicht systematisch betrieben und verlief regional sehr unterschiedlich.

Stagnation und Instabilität

Konsolidierung, Weltmarktintegration und Industrialisierung

Die dritte Phase, die im Allgemeinen für die Jahrzehnte zwischen den 1930er Jahren bis zu Beginn der 1980er Jahre angesetzt wird, war durch eine sehr viel stärkere Binnenorientierung und vielfältige staatliche Interventionen gekennzeichnet. Als Alternative zum Export von Rohstoffen und Agrargütern wurde in den meisten Ländern Lateinamerikas die importsubstituierende Industrialisierung zum vorherrschenden Entwicklungsmodell. Staatliche Investitionen flossen jetzt direkt in den Aufbau einer binnenmarktorientierten Industrie, die die Abhängigkeit von der Weltmarktproduktion verringern und die Importe an Konsum- und Verbrauchsgütern durch lokale Produkte ersetzen sollten.

Importsubstitution

Die Schuldenkrise zu Beginn der 1980er Jahre beendete die Importsubstitution, weshalb die Jahrzehnte nach 1980 als vierte

Neoliberalismus

Phase angesetzt werden. Neoliberale Wirtschaftsmodelle – wie sie schon unter den Militärdiktaturen in Chile, Argentinien und Uruguay in den 1970er Jahren erprobt worden waren – wurden jetzt in allen Ländern als Gegensteuerung angewandt: Die Wirtschaft sollte durch Strukturanpassungsprogramme saniert und staatliche Ausgaben einer Privatisierungs- und Liberalisierungspolitik weichen. Die Folgen der Schuldenkrise und der neoliberalen Strukturanpassung verschärften die soziale Polarisierung überall und charakterisieren das „verlorene Jahrzehnt".

Wiederholte schwere Finanz- und Wirtschaftskrisen

Ab den 1990er Jahren kam es zwar durch vermehrte Investitionen und Kapitalzuflüsse zu einer Entspannung, aber die wiederholten schweren Finanz- und Wirtschaftskrisen in den 1990er Jahren und zuletzt in Argentinien 2001 verdeutlichen, dass auch die neoliberalen Modelle offenbar nicht geeignet sind, die tiefgreifenden strukturellen Probleme der lateinamerikanischen Ökonomien nachhaltig zu lösen. Darüber hinaus setzte Ende der 1980er Jahre wieder ein exportorientierter Trend ein, der sich aber nicht nur auf die traditionellen Rohstoff- und Agrarexporte erstreckte, sondern auch neue Produkte wie Gemüse, Blumen oder Manufakturprodukte – insbesondere Textilien – umfasste. Der wirtschaftliche Aufschwung Chinas beschleunigte diese Entwicklung, obwohl die Exportproduktion Lateinamerikas häufig nicht mit der Chinas mithalten kann und die Produktion unter den Bedingungen der Globalisierung dem internationalen Wettbewerb ausgesetzt ist.

Einfluss Chinas

2.3.2 Überblickswerke

Insgesamt lassen sich in der historischen Erforschung der Wirtschaftsstrukturen Lateinamerikas zwei Trends beobachten: Historiker in Lateinamerika tendieren dazu, Wirtschaftsgeschichte zumeist nur im nationalen Rahmen zu erforschen, in Lateinamerika selbst wurden nur wenige regional übergreifende Darstellungen oder vergleichende Studien vorgelegt. Diese Lücke wurde in den letzten fünf Jahrzehnten vor allem von Historikern und Verlagen aus dem anglophonen Raum geschlossen, die Großprojekte und enzyklopädische Werke wie die *Cambridge History of Latin America* [Bethell, 1.4] und die *Cambridge Economic History of Latin America* (CEHLA) [Bulmer-Thomas/Coatsworth/Cortés Conde, 2.3.2] anregten, was auch von dem Einfluss zeugt, den die anglophone Geschichtswissenschaft in diesem Segment ausübt. Zu diesen

Großprojekten zählt auch der Band VI, 1 der *Cambridge History of Latin America* [BETHELL, 2.3.2] mit den von V. BULMER-THOMAS, R. THORP, R. FFRENCH-DAVIS und anderen verfassten Schlüsselkapiteln, die übergreifende Darstellungen zur Wirtschaftsgeschichte insbesondere für das 20. Jahrhundert bieten. Die *Economic History of Latin America since Independence* von V. BULMER-THOMAS [2.3.2] erschien 2014 in der dritten überarbeiteten Auflage und die von R. THORP im Auftrag der *Interamerican Development Bank* 1998 vorgelegte Studie kam 2000 als dreibändiges Werk heraus [CÁRDENAS/OCAMPO/THORP, 2.3.2]. Das 2012 publizierte *Oxford Handbook of Latin American Political Economy* [SANTISO/DAYTON-JOHNSON, 2.3.2], das bewusst die Wechselwirkungen zwischen Ökonomie und Politik in den Blick nimmt und globale Vergleiche zieht, setzt diesen Trend fort.

Mitte der 1980er Jahre publizierte R. CORTÉS CONDE zusammen mit S. HUNT und J. M. C. D. MELLO einen ebenfalls richtungweisenden Titel mit Fallstudien: *The Latin American economies: growth and the export sector 1880–1930* [2.3.2]. Zieht man die *Cambridge Economic History of Latin America* (s. o.) aus dem Jahre 2006 als Vergleich heran, ist der Zuwachs an Studien, ihre Breite und die Auffächerung der Themen und Fragestellungen mehr als beachtlich. Dies ist vor allem dem Umstand geschuldet, dass in den letzten Jahrzehnten sehr viele archivbasierte empirische Regionalstudien unternommen wurden, durch die insgesamt ein weitaus differenzierteres Bild über die ökonomische Entwicklung Lateinamerikas und ihre sozialen Konsequenzen entstanden ist (siehe hierzu auch OGG 48: Lateinamerika 1800–1930, Kap. II.7.1.3).

Die erwähnte zweibändige *Cambridge Economic History of Latin America* (CEHLA) wurde von den derzeit renommiertesten Wirtschaftshistorikern zu Lateinamerika, V. BULMER-THOMAS, J. COATSWORTH und R. CORTÉS CONDE [2.3.2] herausgegeben und ist die mit Abstand bedeutendste zeitgenössische Zusammenfassung der neuesten Erkenntnisse dessen, was Historiker in den letzten dreißig Jahren über die Wirtschaftsgeschichte von der präkolumbischen Epoche bis in die Gegenwart zusammengetragen haben. Der erste Band deckt die Kolonialzeit und die ersten Jahrzehnte nach der Unabhängigkeit bis etwa 1850 ab, der zweite Band setzt Mitte des 19. Jahrhunderts ein und erstreckt sich über das gesamte 20. Jahrhundert. Einen guten Überblick über sektorale Studien (z. B. Einkommensverteilung, Lebensstandard, Industrialisierung,

Finanzmärkte, Institutionen, Globalisierung) oder die Phasen der wirtschaftlichen Entwicklung Lateinamerikas bieten die in Band 2 enthaltenen bibliographischen Essays. Für diejenigen, die an Primärquellen zur Wirtschaftsgeschichte interessiert sind, sei die von der in Mexiko-Stadt ansässigen historischen und sozialwissenschaftlichen Forschungseinrichtung, dem *Instituto Mora*, herausgegebene Zeitschrift *América en la Historia Económica: Boletín de fuentes* empfohlen, die seit 1994 dreimal jährlich ein Bulletin mit thematischen Essays und Quellen herausgibt, den gesamten Kontinent abdeckt und wichtige aktuelle Forschungsergebnisse präsentiert. Die Zeitschrift ist mittlerweile komplett digitalisiert und auch die älteren Ausgaben sind online zugänglich [1.7]. Weitere Überblickswerke zur Wirtschaftsgeschichte, die insbesondere auch die Entwicklungen ab dem 19. Jahrhundert in den Blick nehmen, sind in OGG 48: Lateinamerika 1800–1930, Kap. II.7.1.2 aufgeführt.

2.4 Die „neue" ökonomische Geschichte Lateinamerikas

In den letzten vier Jahrzehnten lässt sich eine weitere wirtschaftshistorische Tendenz beobachten, die sich dynamisch weiterentwickelt: Neben den strukturalistischen Ansätzen der Dependenztheorie begann sich eine allgemeinere Wirtschaftsgeschichte zu etablieren, die vorgibt, weniger ideologisch zu argumentieren und versucht, ihre Analysen auf der Basis von Datensammlungen, Zahlen, Statistiken und empirischen Erhebungen zu erstellen. Das Entstehen dieser „neuen" ökonomischen Geschichte Lateinamerikas – in Anlehnung an die *New Economic History* (NEH) in den USA – war unter anderem den Studien zur Rentabilität von Sklavenarbeit auf den Plantagen in den Südstaaten der USA geschuldet, die die Wirtschaftshistoriker S. Engerman und R. Fogel [2.4], prominente Vertreter dieser Ausrichtung, schon in den 1970er Jahren vorgelegt hatten. Engermans und Fogels Untersuchungen sind im Grunde eine Reaktion auf eine ganz andere wirtschaftshistorische (und vor allem politische) Kontroverse, die der aus Trinidad stammende marxistische Historiker und Politiker E. Williams [2.4] mit seinem Werk *Capitalism & Slavery* Mitte der 1940er Jahre ausgelöst hatte: Er stellte dort eine Verbindung her zwischen den in der Karibik durch Sklaverei erwirtschafteten Reichtümern, der in-

Kontroverse um die „Williams-These"

dustriellen Revolution in Großbritannien und dem Aufstieg des britischen Empire. WILLIAMS vertrat die Auffassung, dass ökonomische Interessen Haupttriebkräfte der Abolition gewesen seien, nicht etwa christliche Moral oder Humanismus. Die Sklaverei sei abgeschafft worden, weil sie nicht länger rentabel war. Dies konnte unter anderem durch die oben erwähnten Studien von ENGERMAN und FOGEL [2.4] widerlegt werden, weil diese die ökonomische Effizienz des Sklavereisystems unter Beweis stellten, und zwar auf einer sehr breiten empirischen Datengrundlage.

Revisionistischer Ansatz

Der neue Trend in der Wirtschaftsgeschichte Lateinamerikas ist revisionistisch und versucht, gegenüber strukturellen und dependenzgeleiteten Ansätzen die Verdienste einer exportgeleiteten Wirtschaft herauszustellen. Einen ersten knappen Überblick über die neuesten Trends bieten J. COATSWORTH und W. SUMMERHILL [2.4]. Vermehrt wurden jetzt endogene Faktoren in den Blick genommen, um zu erforschen, warum die Vorzüge einer globalisierten Wirtschaft nicht optimal zur eigenen ökonomischen Entwicklung genutzt wurden. Andererseits wurden die Erkenntnisse der Dependenz- und strukturalistischen Schule in neue wirtschaftshistorische Studien miteinbezogen, was zu einer „kreativen Explosion“ [GOOTENBERG, 2.1] führte mit dem Ergebnis, dass erstaunlich viele der strukturalistischen Annahmen, die historische Entwicklungen auf Strukturen und Wirtschaftsdynamiken reduzierten, überwunden wurden. Beispielhaft für diese Forschungsrichtung sind die Beiträge der mexikanischen Wirtschaftshistorikerin A. GÓMEZ-GALVARRIATO [2.4].

Untersuchung endogener Faktoren

Erweiterung strukturalistischer Ansätze

Erweiterung der Datenbasis

Die erhebliche Erweiterung der empirischen Datenbasis ermöglicht heutzutage Studien wie sie R. D. SALVATORE, J. COATSWORTH und E. CHALLÚ [2.4] 2010 vorlegten, die den Lebensstandard der lateinamerikanischen Bevölkerung in historischer Perspektive untersuchten und dabei Indikatoren für die anhaltende soziale Ungleichheit zu identifizieren vermochten. So wurde etwa der Zusammenhang zwischen institutioneller Macht und Ungleichheit erforscht, der auf die Studien der Wirtschaftshistoriker S. ENGERMAN und K. SOKOLOFF [2.4] zurückgeht, die argumentierten, dass die naturräumlichen und klimatischen Bedingungen Lateinamerikas schon in der Kolonialzeit agrarische Großproduktion – Haziendas und Plantagen – begünstigt und eine Konzentration von Reichtum in den Händen einer kleinen Elite ermöglichten. Diese Eliten hätten auch Politik und Institutionen zu ihren Gunsten dominiert.

Zusammenhang zwischen Macht und Ungleichheit

Die angebliche Determiniertheit des Kontinents durch seine naturräumlichen Begebenheiten ist allerdings ebenfalls umstritten [Haber, 2.4]. Die Etablierung institutioneller Macht wird – im Rückgriff auf soziologische und sozialanthropologische Konzepte – in den Augen einiger Wirtschaftshistoriker in aktuellen Debatten als ebenso bedeutend für den Prozess wirtschaftlicher Entwicklung erachtet wie die Akkumulation von Kapital [Portes/Smith, 2.4].

Differenziertere Beurteilung der Entwicklungschancen

Auch J. Mahoneys *Colonialism and Postcolonial Development: Spanish America in Comparative Perspective* [2.4] ist ein Beitrag zu den im Rahmen der neuen Wirtschaftsgeschichte geführten Debatten. Er plädiert für eine sehr differenzierte Betrachtung der Entwicklungschancen der einzelnen Regionen und Länder Lateinamerikas, geht aber von der Bedeutung des kolonialen Erbes für die Ursachen des Entwicklungsrückstands aus. Andere Autoren wie J. Coatsworth oder V. Bulmer-Thomas wiesen darauf hin, dass die Veränderungen im 19. und 20. Jahrhundert so gewichtig waren, dass sie vermochten, die Auswirkungen des kolonialen Erbes zu relativieren. So sei das heutige Argentinien beispielsweise überhaupt erst an der Wende vom 19. zum 20. Jahrhundert durch die europäische Einwanderung entstanden. Die historischen Wurzeln des modernen Argentiniens seien deshalb in den Auswanderergesellschaften (insbesondere Italiens) und in der spanischen Kolonialzeit gleichermaßen zu finden. In Mexiko wiederum sei die Nachbarschaft zu den USA zentral, deren Investoren und Märkte entscheidenden Einfluss auf die dortige Industrialisierung gehabt hätten. Kritische Studien zur Moderne [Knöbl, 2.4] aus den Sozialwissenschaften, die in Anlehnung an Shmuel N. Eisenstadts *Multiple Modernities* nicht mehr von einem modellhaften europäischen oder nordamerikanischen Entwicklungsweg in die Moderne ausgehen, verweisen darauf, dass es langfristig keine Pfadabhängigkeit gibt, sondern vielmehr immer wieder Brüche und Wendungen, die zum Verlassen des Pfades führen.

2.5 Sektorale Studien

2.5.1 Agrargeschichte und Agrarreformen

Wie bereits dargestellt, sind die ungleichen Eigentumsverhältnisse und der in vielen Regionen ungeklärte Landbesitz bis heute ein zentrales Problem der Agrarstruktur Lateinamerikas und der Karibik (siehe hierzu auch OGG 48: Lateiamerika 1800–1930, Kap. II.7.2.1). Einer der wichtigsten Meilensteine in der Geschichte Lateinamerikas für eine grundlegende Änderung war die im Zuge der Mexikanischen Revolution durchgeführte Agrarreform. Sie bot den entscheidenden Anknüpfungspunkt für weitere Agrarreformen des 20. Jahrhunderts, etwa in Bolivien oder Kuba, aber auch in Peru, Chile, Kolumbien, Guatemala, Ecuador oder Nicaragua. Im Zuge der Kubanischen Revolution und der *Alliance for Progress* der US-Regierung, die zur Verhinderung weiterer Revolutionen Reformmaßnahmen in Lateinamerika unterstützen sollte, kam es ab 1960 zu zusätzlichen Impulsen für Agrarreformen, die allerdings wenig positive Effekte zu verzeichnen hatten. Charakteristisch für die Agrarreformen in Lateinamerika ist, dass sie immer von „oben nach unten" durchgeführt wurden, auch wenn ihr Impuls zuweilen von bäuerlichen Bewegungen ausging, wie dies mit der von Emiliano Zapata angeführten Bewegung in der Mexikanischen Revolution der Fall war (siehe hierzu auch OGG 48: Lateinamerika 1800–1930).

Ökologische Probleme

Das Forschungsinteresse an den Agrarreformen ist in den vergangenen Jahrzehnten abgeebbt, bzw. abgelöst worden durch Untersuchungen zu den Landlosenbewegungen, die Ende des 20. Jahrhunderts in Erscheinung traten, oder zu ökologischen Problemen, die im Zusammenhang mit der Agrarwirtschaft auftraten, wie der Abholzung von Regenwäldern zur Anlage von Monokulturen, dem Pestizideinsatz, dem *landgrabbing* oder der zunehmend dominanten Rolle transnationaler Konzerne in der Agrarexportwirtschaft.

Landlosenbewegung in Brasilien

Hier ist vor allem die Bewegung der Landlosen in Brasilien, MST (*Movimento dos Trabalhadores Rurais Sem Terra*) zu nennen. Die MST ist heutzutage eine Massenbewegung, deren Vorläufer bereits in den 1970er Jahren infolge der Modernisierungsmaßnahmen in der Landwirtschaft entstanden. Damals verloren viele Landarbeiter ihre Arbeit bzw. ihren Boden durch die Ausdehnung agroindustrieller Exportbetriebe. Einen Überblick über die Geschichte der MST bietet der von M. Carter herausgegebene Sammelband *Challenging social inequality* [2.5.1]. Der von L. Vergara-Camus publizierte Sammelband *Land and freedom* [2.5.1] thematisiert die MST und die agrarpolitischen Forderungen der indigenen Bewegung der EZLN gleichermaßen.

Die richtungsweisenden, vergleichenden Untersuchungen zu den Agrarreformen des 20. Jahrhunderts stammen indes hauptsächlich aus den 1970er und 1980er Jahren [Alexander, 2.5.1; de Janvry, 2.5.1; Thiesenhusen, 2.5.1]. Neueren Datums ist die von K. Gabbert [2.5.1] herausgegebene Nummer der Zeitschrift *Lateinamerika Analysen und Berichte* 21, *Land und Freiheit*, die allerdings vor allem neuere Agrarreformen oder -reformversuche behandelt.

Die mexikanische Agrarreform

Die mexikanische Agrarreform wurde im Artikel 27 der 1917 verabschiedeten Revolutionsverfassung verankert. Mit Beginn der Amtszeit von Präsident Lázaro Cárdenas im Jahre 1934 wurden entscheidende Schritte zu ihrer Umsetzung unternommen: ein umfangreiches Programm zur Enteignung und Umverteilung von Land an besitzlose Landarbeiter und Kleinbauern sowie die Förderung gemeinschaftlicher Besitzformen, des *ejido*, einer Art dörflicher Genossenschaft. Dieses *ejido*-Land war unveräußerbar. Die von Cárdenas durchgeführte Reform war von einem integralen Ansatz geprägt, was u. a. auch Kreditvergabe, Ausbildung oder die Schaffung von Bewässerungssystemen beinhaltete. Mit der Einführung des *ejido-colectivo*, einer Agrargenossenschaft, in der das Land von Produktionsgenossenschaften gemeinschaftlich bearbeitet wurde, war auch für hochproduktive Bereiche der Landwirtschaft eine Form gefunden worden, die im Ertrag nicht hinter dem des traditionellen Großgrundbesitzes zurückblieb. Bei den meisten anderen Agrarreformen des Kontinents lag genau dort der neuralgische Punkt: Man wollte den Agrarexportbereich und die Lebensmittelversorgung nicht durch eine Reform gefährden.

Förderung gemeinschaftlichen Besitzes

Mexiko zählt auch hier zu den am besten erforschten Regionen. Exemplarisch für die vielfältigen Untersuchungen ist die Publikation des mexikanischen Ökonomen J. Silva Herzog [2.5.1]. Eine gute Analyse der Aushandlungsprozesse um die Landverteilung zwischen Staat und bäuerlicher Bevölkerung bietet ein Artikel von H. W. Tobler [2.5.1]. Über die Revolutionszeit hinaus analysierte D. Markiewicz [2.5.1] Reichweite und Grenzen der Agrarreform. Von U. Schüren [2.5.1] stammt ein sehr empfehlenswerter Überblick über die mexikanische Agrarreform, und zwar im Licht der mexikanischen Agrargesetzgebung des Jahres 1992, die wesentliche Errungenschaften dieser Reform rückgängig machte, unter anderem die Möglichkeit, *ejido*-Land zu veräußern (siehe auch OGG 48: Lateinamerika 1800–1930).

Agrarreform in Bolivien

Im Rahmen der Revolution in Bolivien von 1952 fand ebenfalls eine Agrarreform statt, bei der Großgrundbesitzer enteignet und Land an Besitzlose verteilt wurden. Allerdings wurde die Reform vor allem im Hochland durchgeführt und nicht in den Regionen, wo Exportprodukte wie Kaffee, Zucker und Zitrusfrüchte – und Coca – angebaut wurden. Die bolivianische Reform hatte bei weitem nicht die Reichweite der mexikanischen. Zwar wurde in Bolivien das System der Hazienda insofern aufgelöst, als dass keine Abgaben in Form von Pacht oder Arbeitsleistung erbracht werden mussten, aber Haziendas wurden nicht grundsätzlich beseitigt. Zur Agrarreform in Bolivien existieren einige Studien älteren Datums, die immer noch richtungsweisend sind, z. B. von A. Garcia [2.5.1] und D. Heyduk [2.5.1]. Über die sozialen und ökonomischen Veränderungen, die durch die Agrarreform ausgelöst wurden, liegen zu fast allen davon betroffenen Regionen Untersuchungen vor. Einen guten Einstieg in die Problematik bieten W. J. McEwen [2.5.1] und W. E. Carter [Aymara Communities, 2.5.1]. Weitere Regionalstudien legten u. a. J. Benton [2.5.1] oder K. Healy [2.5.1] vor (siehe unten, Kap. II.12.1).

Beispiele für Untersuchungen von Agrarreformen anderer lateinamerikanischer Länder, etwa in Peru sind bei C. McClintock [2.5.1] zu finden. Landkonflikte und Landreformen in Kolumbien behandelt der Aufsatz *Land use and land reform in Columbia* von A. O. Hirschman [2.5.1]. Für das sandinistische Nicaragua ist L. J. Enríquez' Untersuchung *Harvesting Change: labour and agrarian reform in Nicaragua 1979–1990* [2.5.1] richtungsweisend. Die in Guatemala zu Beginn der 1950er Jahre durchgeführte Agrarreform, die unter anderem die Bananenplantagen der *United Fruit Company* (UFCo) betraf und die letztendlich zum CIA-geleiteten Putsch der Reformregierung Jacobo Árbenz' führte, wird u. a. bei J. Handy [2.5.1], P. Gleijeses [2.5.1], S. Streeter [2.5.1] oder D. W. Trefzger [2.5.1] reflektiert.

Agrarreform in Kuba

Die Agrarreform der Kubanischen Revolution war mit Abstand die radikalste in ganz Lateinamerika. Anfang der 1960er Jahre ging es zunächst wie im mexikanischen oder bolivianischen Fall um die Enteignung von Großgrundbesitz und die Verteilung von

Land an Landlose und Kleinbauern, denn dem Selbstverständnis der Revolutionäre zufolge waren die verarmten Bauern die Protagonisten einer Revolution in der sogenannten Dritten Welt und damit die eigentlichen Helden [Grote, 2.5.1]. Ziel war die Enteignung der Latifundien, aber auch die Vermeidung der Entstehung von Minifundien. Die Enteignung betraf vor allem auch den Großgrundbesitz in US-amerikanischer Hand, wovon insbesondere die Ländereien der *United Fruit Company* (UFCo) betroffen waren. Gerade durch diese Enteignung von Land in der Hand US-amerikanischer Unternehmen eskalierte der Konflikt zwischen der US-Regierung und dem revolutionären Kuba sehr früh und mündete in das US-Embargo des Jahres 1960. Die Agrarreform wurde in einem weiteren Schritt durch die Enteignung mittelständischer Bauern erheblich verschärft. Ab 1963 befanden sich dadurch etwa 60–70 % der gesamten landwirtschaftlichen Produktion in staatlicher Hand. Die Diversifizierung der Landwirtschaft scheiterte, insbesondere durch die wachsende wirtschaftliche Abhängigkeit von der Sowjetunion. Die Konzentration auf den Zuckerexport hatte schwerwiegende Konsequenzen für die Lebensmittelproduktion und die Versorgung der Bevölkerung mit landwirtschaftlichen Produkten. Die Reform war von Beginn an durch die Implementierung eines staatlichen Agrarsektors gekennzeichnet, der in Agrargroßbetrieben kulminierte, die dem Modell der Agrarbetriebe der Sowjetunion und anderer sozialistischer Länder ähnelten und bis zur Dezentralisierung der Agrarwirtschaft ab 1990 vorherrschend waren. Die diesbezüglichen Untersuchungen sind nicht sehr umfassend, insbesondere mangelt es an zuverlässigem Datenmaterial, um Reichweite und Grenzen der Reform einschätzen zu können. Ein Resultat ist jedoch eindeutig: Die radikale Verstaatlichung ist mitverantwortlich für die anhaltenden Versorgungsprobleme der Insel. Aus den frühen Untersuchungen ist die von M. Gutelman hervorzuheben [2.5.1]. Richtungsweisend zum Agrarsektor sind vor allem die Studien von B. Grote [2.5.1] und der US-amerikanischen Entwicklungsökonomin D. Deere [2.5.1], die die Agrarentwicklung Kubas bis in die Gegenwart verfolgt. Beiträge von kubanischen Sozialwissenschaftlern und rares Datenmaterial zur Agrarreform enthält der 2000 von H.-J. Burchardt herausgegebene Sammelband *La última reforma agraria del siglo. La agricultura cubana entre el cambio y el estancamiento* [2.5.1]. Die Untersuchungen zur Umstrukturierung des Agrarsektors nach 1990 sind

Enteignung US-amerikanischer Agrarkonzerne

Versorgungsprobleme durch Verstaatlichung des Agrarsektors

vergleichsweise zahlreich, stellvertretend sei hier L. J. Enríquez [Economic Reform, 2.5.1] genannt.

2.5.2 Arbeit und Arbeiterbewegung

Im Gegensatz zur langen Tradition von Geschichten der Arbeiter- und Gewerkschaftsbewegung in Lateinamerika, die von Protagonisten dieser Bewegungen selbst verfasst wurden, trat die wissenschaftliche Erforschung der Geschichte der urbanen Industriearbeit und der Arbeiterbewegungen in Lateinamerika im 20. Jahrhundert lange Zeit hinter derjenigen der Agrargeschichte und der dortigen Arbeitsverhältnisse zurück. Das war vor allem dem Umstand geschuldet, dass Lateinamerika im Vergleich zu Europa oder Nordamerika als wenig industrialisierte Region erachtet und die gesellschaftliche Rolle urbaner Arbeiter- und Gewerkschaftsorganisationen wenig wahrgenommen wurde. Dies änderte sich erst im Laufe der 1960er und 1970er Jahre, als die organisierte urbane Arbeiterschaft, etwa in Chile unter der Regierung Allendes, als politische und zivilgesellschaftliche Kraft in Erscheinung trat oder als Opposition gegen die Militärdiktaturen in Argentinien, Brasilien, Bolivien, Chile und Uruguay. Ursprünglich beschäftigte sich die Forschung vor allem mit den gewerkschaftlichen und den politischen Organisationen der Arbeiterbewegung und ihren Beziehungen zu v. a. kommunistischen, sozialistischen und anarchistischen Organisationen bzw. Parteien und den Regierungen der jeweiligen Länder. Beispielhaft hierfür steht die den Kontinent übergreifende Studie von V. Alba [2.5.2]. Von dependenztheoretischen Analysen geprägt ist H. Spaldings *Organized labor in Latin America* [2.5.2]. Diese Arbeit war richtungsweisend für die Etablierung der historischen und sozialwissenschaftlichen Forschung zur Industriearbeit und zu den entsprechenden Arbeitsverhältnissen in Lateinamerika. Ein Jahrzehnt später unterstrich die Studie von C. W. Bergquist [2.5.2] die Bedeutung der Lohnarbeit, der Gewerkschaften und der Arbeiterbewegung in den Ländern Lateinamerikas, deren wirtschaftliche Entwicklung ganz besonders durch die Exportproduktion geprägt war.

„Neue“ Geschichte der Arbeit

Ein regelrechter Boom in der historischen Erforschung der Industriearbeit, der urbanen Arbeiterorganisationen und Gewerkschaften setzte in den 1980er Jahren ein. Einen guten Überblick darüber bieten die von J. D. French [2.5.2] und J. Wolfe [The Social

Subject versus the Political, 2.5.2] verfassten Aufsätze. Die „neue lateinamerikanische Geschichte der Arbeit", wie sie die Historikerin E. V. D. COSTA in ihrem Aufsatz *Experience versus structures: New tendencies in the history of labor and the working class in Latin America: What do we gain? What do we loose?* [2.5.2] bezeichnete, wurde vor allem von lateinamerikanischen und US-amerikanischen Historikern getragen. Die zahlreichen sozial- und kulturhistorisch angelegten Studien entstanden vor allem im nationalen und regionalen Rahmen und arbeiten die jeweiligen Spezifika und Besonderheiten heraus. Bedeutsam ist die politisch-ideologische Zäsur in diesem Untersuchungsfeld, das auch für Lateinamerika eher von marxistisch geprägten und mit strukturgeschichtlichen Ansätzen arbeitenden Historikern erforscht wurde: die Krise und der Niedergang des Sozialismus in der Sowjetunion und in Osteuropa. In dieser Umbruchzeit entstand beispielsweise die historisch angelegte Studie des Soziologen D. BORIS [2.5.2], die Argentinien und Mexiko fokussiert. Die Publikation eröffnet einen Einblick in die verschlungenen Pfade der ideologisch geprägten Kontroversen der Linken um den gesellschaftlichen Stellenwert der Arbeiterklasse in Lateinamerika und ihr Potenzial als gesellschaftsverändernde Kraft. Mit der Öffnung der Archive kommunistischer Parteien und dem der Kommunistischen Internationale entstanden vereinzelte empirische Studien, die das Verhältnis zwischen Arbeiterorganisationen, Gewerkschaften und kommunistischen oder sozialistischen Parteien bzw. den Einfluss der Kommunistischen Internationale in Lateinamerika kritisch beleuchten, wie etwa J. MOTHES' und K. MESCHKATS *Lateinamerika und der „Generalstab der Weltrevolution": zur Lateinamerika-Politik der Komintern* [2.5.2].

Zäsur: Niedergang des Sozialismus

Ab Ende der 1980er Jahre wurden kaum noch länder- oder regionenübergreifende Untersuchungen publiziert. Die Forschung konzentrierte sich einerseits auf das Verhältnis von Arbeiterorganisationen und Gewerkschaften zu den populistischen Regierungen in Argentinien, Mexiko und Brasilien in den Dekaden zwischen 1930 und 1960. Andererseits nahm sie die revolutionären Umbrüche und die Mobilisierungen von Arbeitern und Gewerkschaften ab den 1960er Jahren in den Blick und später die Reaktionen und Strategien auf die neoliberalen Strukturanpassungsmaßnahmen ab den 1980er Jahren. Auch die Perspektive änderte sich: Man nahm Abstand von strukturhistorischen Klassenanalysen und politikgeschichtlichen Untersuchungen von Arbeiterorganisationen, sondern widmete sich vielmehr sozial- und kulturgeschichtlichen Fragestellungen, etwa nach Identität und Selbstwahrnehmung von Arbeitern oder der Handlungsmacht ihrer Organisationen. Das Verhältnis zwischen Populismus und Arbeiterbewegungen ist insbesondere im Fall Argentiniens unter Perón hoch komplex, einerseits durch Widerstand und andererseits durch Integration gekennzeichnet. Stellvertretend hierfür stehen die Studien von D. James [2.5.2] und J. Horowitz [2.5.2]. M. Z. Lobato [2.5.2] legte 2001 eine sozial-, politik- und kulturgeschichtlich informierte Langzeitstudie über Identität und Handlungsmacht der Arbeiterschaft in der sich wandelnden argentinischen Fleischindustrie vor. Genderspezfische Untersuchungen zur Geschichte der Arbeiterinnen in Argentinien nahm ebenfalls Lobato [2.5.2.] vor. Eine neue, transnational angelegte Analyse der staatlichen Bildpropaganda um das Thema Arbeit und die Figur des Arbeiters im peronistischen Argentinien und im faschistischen Italien stammt von K. Schembs [2.5.2].

Sozial- und Kulturgeschichtliche Fragestellungen im Fokus

Für Brasilien war J. D. Frenchs 1992 veröffentlichte Studie *The Brazilian workers' ABC* [2.5.2] richtungsweisend. Sein zusammen mit A. Fortes 1998 vorgelegtes bibliographisches Essay *Urban labor history in twentieth-century Brazil* [2.5.2] bietet einen guten Überblick über die Vielzahl der Untersuchungen über die Beziehungen zwischen Gewerkschaften, Arbeitern und Staat in der populistischen Ära. Auch J. Wolfes *Working women, working men* [2.5.2] liefert immer noch bedeutende Einsichten in das Verhältnis zwischen Arbeiterschaft und dem *Estado Novo*. Die Studien zum Verhältnis zwischen dem *cardenismo* und der mexikanischen Arbeiter- bzw. Gewerkschaftsbewegung sind vergleichsweise dünn gesät, immer noch wegweisend ist aber die empirische Arbeit von K. J. Middlebrook [2.5.2], die den Aushandlungsprozess zwischen politischer Elite und der staatlich kontrollierten mexikanischen Gewerkschaft CTM analysiert. Die Geschichte des Kommunismus und der Arbeiterbewegung in Mexiko im 20. Jahrhundert untersuchte B. Carr [2.5.2].

Brasilien

Mexiko

Für Argentinien zog insbesondere der *cordobazo*, eine Serie von Aufständen in der Region um die Industriestadt Córdoba, in denen die Gewerkschaften eine wichtige Rolle spielten, die Aufmerksamkeit auf sich. Zu nennen sind hier vor allem die Studien von J. P. Brennan [2.5.2] und M. Gordillo [2.5.2]. Beide zusammen

Argentinien

publizierten 2008 ein gelungenes Resümee, in dem sie ihre Erkenntnisse zusammen mit neuen Forschungsergebnissen präsentierten [GORDILLO/BRENNAN, 2.5.2]. Für Mexiko stammt die wichtigste Untersuchung für diesen Zeitraum und in diesem Themenfeld von J. BORTZ [2.5.2], der die Löhne von Industriearbeitern analysierte. P. WINNS [2.5.2] empirische und vor allem auf *oral history* basierende Studie nahm die Beziehungen und Aushandlungsprozesse zwischen nationaler Politik und Arbeiterschaft in den Blick, und zwar am Beispiel der Erfahrungen, die unter Allendes Regierung 1971 mit der Besetzung und Übernahme einer Textilfabrik gemacht wurden.

Widerstand gegen Neoliberalismus

Ab den 1980er Jahren verschob sich der Fokus der Untersuchungen auf Strategien des Widerstands gegen neoliberale Strukturanpassungsprogramme, die Gewerkschaften, aber insbesondere soziale Bewegungen entwickelten. Unter dem Vorzeichen des Neoliberalismus verloren Gewerkschaften in Lateinamerika mit dem Rückgang an formalisierten Arbeitsverhältnissen und dem Erstarken des informellen urbanen Sektors an Bedeutung. Vermehrt wurden jetzt wieder Entwicklungen auf dem gesamten Kontinent in den Blick genommen und teilweise auch transnationale und globale Perspektiven auf den Strukturwandel eröffnet. Im Fokus standen akteurszentrierte Ansätze. Beispielhaft hierfür sind der von O. KALTMEIER herausgegebene Sammelband *Neoliberalismus, Autonomie, Widerstand: soziale Bewegungen in Lateinamerika* [2.5.2] oder jener von P. W. POSNER, V. PATRONI und J. F. MAYER [2.5.2]. Als Folge der neoliberalen Reformen kann auch die zwischen 1996 und 2003 besonders aktive Bewegung der Arbeitslosen, der sogenannten *piqueteros*, angesehen werde [SVAMPA, 2.5.2; KAESE/WOLFF, 2.5.2]. Diese griffen einerseits die traditionellen Aktionsformen der Gewerkschaften und der Landlosenbewegungen auf, andererseits aber auch diejenigen der Stadtteilbewegungen. Neuerdings rücken auch die Arbeitsbedingungen und die Organisationen der für lange Zeit vernachlässigten Hausangestellten in den Vordergrund von Untersuchungen [BLOFIELD, 2.5.2].

Arbeitslosenbewegung

2.5.3 Produktbiographien und *commodity chains*

Insbesondere seit dem *cultural turn*, der Hinwendung zur historischen Anthropologie und mit dem *material turn*, dem Interesse an materieller Kultur – Ansätze, die ab den 1980er Jahren in Erweiterung der Struktur- und Sozialgeschichte entstanden – haben Forschungen über das „social life of things" (Arjun Appadurai) und Produktbiographien (von „Kolonialwaren", Genussmitteln oder Drogen), Warenketten oder Konsumgeschichte im erweiterten Sinne Hochkonjunktur. Da viele dieser Produkte vor allem in der nordatlantischen Welt konsumiert, aber (auch) in Lateinamerika angebaut werden, liefern diese Studien Beiträge zur Agrargeschichte Lateinamerikas, vor allem aber zur Kultur-, Konsum- und Handelsgeschichte, die Lateinamerika und Europa verbindet: Beispielhaft sei hier der 2015 von C. Berth, D. Wierling und V. Wünderich [2.5.3] herausgegebene Sammelband *Kaffeewelten* genannt, dessen Beiträge die Geschichte der Produktion, Vermarktung und des Kaffeekonsums aus globaler Perspektive untersuchen, wobei ein Hauptaugenmerk auf den lateinamerikanischen Produzenten und den (deutschen) europäischen Händlern und Konsumenten liegt. Da die untersuchten Produkte häufig auch in anderen Weltregionen angebaut und global konsumiert werden, haben im Zuge der Anwendung der Theorie der Warenketten häufig globalhistorische Perspektiven Einzug in die Forschung gehalten. Daraus entstanden Studien, die eine neue Perspektive auf die Agrargeschichte Lateinamerikas im 19. und 20. Jahrhundert werfen, z. B. der von den Wirtschaftshistorikern W. G. Clarence-Smith und S. Topik [2.5.3] herausgegebene Sammelband *The Global Coffee Economy*. Eingebettet in die Theorie der Warenketten versammelt der von S. Topik, C. Marichal und Z. Frank [2.5.3] herausgegebene Band *From Silver to Cocaine: Latin American Commodity Chains and the Building of the World Economy 1500–2000* Untersuchungen zu den wichtigsten Exportprodukten. Sie eröffnen einen innovativen Zugriff auf die Wirtschaftsgeschichte und die Geschichte der Entwicklung und Expansion kapitalistischer Produktion und Vermarktung in der Region.

Handel und Konsum

Produktion und Vermarktung

Globale Perspektiven

Die sozialwissenschaftliche Theorie der Warenketten entstand auf der Grundlage von I. Wallersteins Weltsystemtheorie und ihrer Gesetzmäßigkeit zwischen Entwicklung und Unterentwicklung. Allerdings wurde sie weiterentwickelt und dient heute der Analyse der systemischen Eigenschaften des Handels zwischen verschiedenen, unterschiedlich entwickelten Weltregionen. Die Warenkettentheorie befasst sich mit der Produktion vermarktbarer Güter von Beginn ihrer Herstellung über ihre Verarbeitung, den Transport und die Vermarktung bis hin zu ihrem Bestimmungsort

Theorie der Warenketten

bei den Verbrauchern. Mit ihr lassen sich die Beziehungen zwischen Produzenten und Konsumenten sowie wirtschaftlichen und finanziellen Mittlern zwischen Lateinamerika und anderen Teilen der Welt flexibel untersuchen: Anders als im starren Zentrum-Peripherie-Modell wird jedes Produkt und die entsprechende Warenkette gesondert untersucht, weil hinter jeder Produktion, Vermarktung und Konsumption einer Ware andere Voraussetzungen und eigene Logiken stecken, wie beispielsweise P. Gootenbergs [2.5.3] Studie über Coca zwischen 1860 und 1950 darlegt: vom in Europa und Nordamerika gefragten Lokalanästhetikum über die Zutat zum Massenkonsumprodukt Coca-Cola bis hin zur illegal gehandelten Droge. Mithilfe der deklassifizierten Akten der US-Drogenbehörde DEA (*Drug Enforcement Administration*) verfolgt er die Entwicklung der Coca-Produktion und -Vermarktung von einer legalen zu einer illegalen Droge ab den 1950er Jahren. Diese Entwicklung ist das Resultat von Prohibitionspolitiken, schwachen Regierungen, profithungrigen Händlern (und ihren Protektoren) und einem ab den 1970er Jahren exponentiell wachsenden Drogenkonsum vor allem in den USA, aber auch in Europa.

2.5.4 Umweltgeschichte

Die Umweltgeschichte Lateinamerikas ist ein relativ neues Forschungsfeld, auch wenn umwelthistorische Themen im Rahmen von Wirtschaftsgeschichte oder historischer Ethnologie bereits seit langem eine Rolle spielen. Angesichts der aktuellen Herausforderungen aufgrund des Klimawandels und einer zunehmend ungleichen Verteilung von Ressourcen hat sie allerdings einen großen Aufschwung erfahren und ist inzwischen ein zentrales Forschungsfeld. Die Ressourcenfrage steht auch im Zusammenhang mit den neoliberalen und extraktivistischen Tendenzen der letzten Jahrzehnte, so dass es oft zu Verbindungen mit wirtschafts- und politikwissenschaftlichen Studien kommt. Wissenschaftler sind zudem häufig selbst Teil sozialer Bewegungen, denn aufgrund der Konsequenzen der Umweltzerstörung sind ökologische Konflikte in vielen Regionen Lateinamerikas von besonderer Dringlichkeit. Als Hintergrund zum Verständnis der aktuellen Ressourcenkonflikte und der verschiedenen Akteure, die sich in dem Feld bewegen, ist das Buch von J. Martínez Alier hilfreich, der sich in dem relativ neuen Forschungsfeld der *ecological*

Extraktivismus und Umweltzerstörung

economics verortet. Ökologische Konflikte, die aus dem Ressourcenabbau in vielen Ländern entstehen, darunter prominent in Lateinamerika, resultieren auch aus der vermeintlichen Unvereinbarkeit von ökonomischen und ökologischen Werten. Diese stehen im Zentrum der Überlegungen von J. Martínez Alier. Er analysiert anhand theoretischer Überlegungen und zahlreicher Fallbeispiele aus verschiedenen Ländern, wie sich ein *environmentalism of the poor* manifestiert und in welchen „Sprachen" Umweltgerechtigkeit verhandelt wird. Seine These ist, dass Menschen der unteren Einkommensklassen aus verschiedenen Gründen häufiger auf der Seite der Ressourcenschonung stehen, dies aber meist mit anderen Argumenten als ökologischen begründen. Vorstellungen von der „Heiligkeit" der Natur oder der Einheit von Mensch und Natur sind, wie Martínez Alier darlegt, in den Auseinandersetzungen um die Kontrolle über Ressourcen zudem oft erfolgversprechender für die arme Bevölkerung als ökonomische Argumente [Martínez Alier, 2.5.4].

ecological economics

Inzwischen hat die Beschäftigung mit der Ökologie und die Auseinandersetzung um ihre ökonomische Inwertsetzung auch aus historischer Perspektive eine Reihe von Studien hervorgebracht. Eine erste Institutionalisierung der lateinamerikanischen Umweltgeschichte fand mit der Gründung der *Society for Latin American and Caribbean Environmental History* (Solcha) [1.7] 2004 statt, deren Zeitschrift HALAC (*Historia Ambiental Latinoamericana y Caribeña*) ein bedeutendes Forum für aktuelle Studien ist. Aufgrund der Vielfalt der Themen ist das Feld schwer auf einen Nenner zu bringen, einen guten Überblick bietet aber die Online-Bibliographie *Historia Ambiental Latino Americana* [1.7]. Darüber hinaus liegen inzwischen einige neuere Einführungen vor. Einen ersten Überblick geben L. Sedrez [Latin America Environmental History, 2.5.4] sowie M. Carey [Latin American Environmental History, 2.5.4] und S. Gallini [Semillas de Historia Ambiental, 2.5.4].

Institutionalisierung der Umweltgeschichte

Ferner finden sich in allgemeinen Überblickswerken jeweils instruktive Kapitel über Lateinamerika [z. B. McNeill/Mauldin, 2.5.4]. S. W. Miller [2.5.4] bietet einen guten Überblick, konzentriert sich allerdings auf die Kolonialgeschichte, während der Sammelband *A Living past* [Soluri/Leal/Pádua, 2.5.3] auf aktuelle Debatten der Umweltgeschichte Lateinamerikas mit einem Schwerpunkt auf dem 19. und 20. Jahrhundert fokussiert ist.

Umweltzerstörung und Ressourcenkonflikte

Traditionell spielen gerade die Geschichte der Umweltzerstörung und Ressourcenkonflikte eine zentrale Rolle für die Umweltgeschichte. Umweltzerstörung wurde für Lateinamerika im Zusammenhang mit Kolonialismus, Imperialismus und der Einordnung in eine kapitalistische Wirtschaftsordnung analysiert [Tucker, 2.5.4; Dean, With Broadax and Firebrand, 2.5.4; Carey, In the Shadow of Melting Glaciers, 2.5.4]. Zentral ist das Thema der Rodung des Waldes in unterschiedlichen Regionen Lateinamerikas, da in den letzten zweihundert Jahren riesige Waldflächen stark dezimiert wurden [zu Brasilien: Dean, With Broadax and Firebrand, 2.5.4; Zu Kuba: Funes Monzote, 2.5.4, zu Chile: Klubock, 2.5.4]. Ab den 1980er Jahren kam die Bedeutung des Regenwaldes zur Bewahrung der biologischen Diversität ins Blickfeld.

Umwelt und Exportwirtschaft

Zahlreiche Studien widmen sich aber auch der Bewahrung der Umwelt. Im Zuge der Staatenbildung in Lateinamerika wurde die Umwelt häufig zum nationalen Erbe deklariert, Nationalparks gegründet und Gesetze zum Schutz der Tierwelt verabschiedet [Evans, 2.5.4; Wakild, 2.5.4]. Zugleich entwickelten sich nationale Ressourcen jedoch auch zu Exportprodukten. Hierzu zählen nicht nur die auf Plantagen angepflanzten *commodities* wie etwa Zucker, Kaffee und Bananen, sondern auch in den Wäldern gesammelte Rohstoffe wie Kautschuk und Chinarinde. Der durch die Eingliederung Lateinamerikas in den Weltmarkt entstandene Exportboom des 19. Jahrhunderts, der weitgehend auf dem Verkauf einiger weniger Produkte beruhte, führte auch zur Beschäftigung mit einzelnen Waren und Warenketten (*commodity chains*) als Teil der Umweltgeschichte. Zu wichtigen Produkten wie Kaffee, Guano, Bananen und Gummi liegen bereits fundierte Studien vor [Weinstein, 2.5.4; Cushman, 2.5.4; Gallini/Palma Murga/Anduckia, 2.5.4; Soluri 2.5.4]. In der zweiten Hälfte des 20. Jahrhunderts nahm der Bezug zwischen Umwelt und landwirtschaftlicher Produktion zunehmend Raum in öffentlichen Diskussionen ein, etwa im Zusammenhang mit der mexikanischen Agrarreform oder im Sinne der Leistungssteigerung durch eine „Grüne Revolution" [Wolfe, 2.5.4]. Bergbau und Erdöl spielten zudem eine wichtige Rolle in der Geschichte einiger Staaten [Jones, 2.5.4].

Folgen der Urbanisierung

Der hohe Urbanisierungsgrad Lateinamerikas und seine Konsequenzen für die Umwelt sind ebenfalls ein wichtiges Thema [Zu Mexiko City: Vitz, 2.5.4; zu Brasilien: Sedrez, Urban Nature, 2.5.4]. Insbesondere die Wasserversorgung und die Luftverschmutzung bereiteten und bereiten Probleme in großen Städten. Zu Beginn des 20. Jahrhunderts breiteten sich im urbanen Raum Krankheiten und Epidemien besonders stark aus, was Anlass dazu gab, diesen Aspekt urbanen Lebens unter umweltgeschichtlicher Perspektive zu erforschen [McNeill, Yellow Fever, Empire, 2.5.4; ders., Mosquito Empires, 2.5.4; Cueto, 2.5.4]. Neben Krankheiten widmen sich eine Reihe von Studien indes auch Naturkatastrophen und ihren Auswirkungen [Pérez, 2.5.4; García, 2.5.4]. Gerade in den letzten Jahren spielen in der Umweltgeschichte Fragen des Wissens eine zunehmende Rolle [Brannstrom, 2.5.4; Dean, 2.5.4; McCook, 2.5.4; Soluri, 2.5.4].

Umwelthistoriker brachten zudem vermehrt transatlantische und globale Perspektiven ein, da die Untersuchung von Ökosystemen, Meeren, Flüssen und Wäldern nicht im nationalen Kontext behandelt werden kann. Insbesondere die Migration von biologischen Organismen, Pflanzen, Tieren und Menschen und die Auswirkungen dieser Prozesse stehen im Mittelpunkt vieler Forschungen, seitdem A. W. Crosby mit seiner These vom *Columbian exchange* die Grundlage dafür gelegt hat [Crosby, 2.5.4; Carney/Rosomoff, 2.5.4]. Einen bedeutenden Teil der Umweltgeschichte bildet zudem die Agrargeschichte, die aufgrund von Ressourcenkonflikten zwischen Staaten und Indigenen in Lateinamerika eine wichtige Rolle spielt (siehe Kap. II.2.5.1).

3 Indigene Bevölkerung und indigene Bewegungen

Das Verhältnis von Indigenen und Staat mündete zu Beginn des 20. Jahrhunderts in eine als *indigenismo* bezeichnete Strömung, die allerdings keine indigene Bewegung war, sondern von den politischen und künstlerischen (weißen oder mestizischen) Eliten ausging, die eine Verbesserung der Lebensbedingungen der indigenen Bevölkerung anstrebten (siehe OGG 48: Lateinamerika 1800–1930). Ab der Mitte des 20. Jahrhunderts wurde die „indigene Frage“ durch die Verbreitung einer vom Marxismus inspirierten Gesellschaftsanalyse dann zu einer „Klassenfrage“ umgedeutet und damit heruntergespielt [hierzu die klassische Studie von Spalding, 3]. Sie kehrte in den 1980er Jahren unter neuen Vorzeichen aber zurück. Denn mit der Demokratisierung in Lateinamerika sowie dem in den neuen Verfassungen festgeschriebenen Mul-

Klasse oder Ethnie?

Neue Verfassungen

tikulturalismus oder Plurinationalismus rückten Themen wie die Beziehungen zwischen Staat und indigenen Gruppen wieder stärker in den Fokus. Hinzu kamen die Auswirkungen des Neoliberalismus, als durch die Forderung nach Demokratisierung indigenen Stimmen Gehör verschafft wurde, gleichzeitig aber Wirtschaftsstrukturen gefördert wurden, die viele Minderheiten aus dem Wirtschaftssystem ausschlossen bzw. deren prekäre Situation verstärkten. Hierzu gehörten vielfach gerade die Indigenen [Hale, 3]. Die neuen indigenen Bewegungen der 1990er Jahre werden aber von Historikern in einen größeren Kontext gestellt. Sie gehen davon aus, dass die indigene Bevölkerung des gesamten Kontinents schon ab den 1970er Jahren begonnen hatte, sich zu organisieren und Rechte einzufordern [van Cott, 3; Barre, 3; Díaz Polanco/Rayas, 3]. Ferner wird darauf verwiesen, dass in den 1980er Jahren durch die Diskussionen um die Frage, wie 1992 der fünfhundertste Jahrestag seit der „Entdeckung" des Kontinents durch Kolumbus begangen werden sollte, die Geschichte der Indigenen wieder stärker in der politischen Öffentlichkeit auf nationaler wie internationaler Ebene wahrgenommen wurde. Diese Entwicklungen bilden den Hintergrund für neue transnationale lateinamerikanische Organisationen, die sich anderen internationalen Bewegungen wie dem *World Council of Indigenous Peoples* anschlossen [Bengoa, 3]. Bis 2000 hatten sich viele indigene Bewegungen institutionalisiert und wurden Bestandteil der nationalen Politik vieler lateinamerikanischer Staaten [Brysk, 3]. D. J. Yashar [3] zufolge liegen die Gründe für die Mobilisierung der indigenen Bevölkerung in den 1990er Jahre dagegen vor allem in dem Unwillen oder der Unfähigkeit der lateinamerikanischen Staaten, ihre Versprechen von Staatsbürgerschaft und Gleichberechtigung nach dem Ende der Diktaturen umzusetzen. Auch andere weisen darauf hin, dass die Rechtsreformen mehrerer lateinamerikanischer Staaten ab den 1980er Jahren zugunsten der indigenen Bevölkerung – die Stärkung von Selbstverwaltungsstrukturen, die Anerkennung der kulturellen und ethnischen Diversität der Nation – oft zum Schutz kollektiver indigener Landrechte und bilingualer Erziehung führten, gleichzeitig aber eine Kritik an dominanten Nations- und Staatskonzepten implizierten [Assies/van der Haar/Hoekema, 3]. Verfassungsreformen mit der Anerkennung von multi- bzw. pluriethnischen Gesellschaften stellten einen Bruch mit der bisherigen Homogenisierungs- und Assimilierungspolitik

Neue indigene Bewegungen

Veränderte Nationskonzepte

dar. Sie waren jedoch nicht nur Ergebnis indigener Mobilisierungen, sondern auch den Diskussionen verschiedenster Akteure über Staats- und Nationsbildung bzw. Demokratie und Staatsbürgertum geschuldet. Auch B. LARSON [3] sieht die indigenen Protestbewegungen ab den 1980er Jahren in Lateinamerika als die möglicherweise politisch folgenreichsten für die Neudefinition der Beziehungen zwischen Staat und Gesellschaft in Zeiten des Neoliberalismus.

buen vivir

Eng mit den Diskussionen um die Anerkennung indigener Völker und ihrer jeweiligen Kosmovisionen verbunden ist das Konzept des lateinamerikanischen *buen vivir*, auch wenn es aufgrund der politischen Entwicklungen in Bolivien und Ecuador inzwischen in der politischen Debatte etwas zurückgetreten ist. Die Diskussion wurde durch neue wissenschaftliche Fragestellungen angeregt. Diese drehen sich, auch im Zuge der verstärkten Aufmerksamkeit für nicht-westliche Wissensbestände und Umweltgeschichte, stärker um Fragen nach Mensch-Umwelt-Beziehungen und traditionellem indigenem Wissen. Politisch wird das Konzept des *buen vivir* unterschiedlich interpretiert. Für Neo-Indigenisten geht es vor allem um eine Alternative zur herkömmlichen „Entwicklung", für Sozialisten ist es ein Gegenentwurf zu Neoliberalismus und Kapitalismus. Die Postwachstumsbewegung betont ebenfalls die Ablehnung des westlichen Entwicklungskonzepts, verbindet diese aber mit der Suche nach einem multiplen, heterogenen Ansatz für gesellschaftliches Zusammenleben. Lateinamerikanische Wissenschaftler und Intellektuelle interpretieren das Konzept des *buen vivir* ebenfalls aus unterschiedlichen Perspektiven. Hierzu gehören vor allem Eduardo Gudynas, A. QUIJANO oder C. WALSH, aus der Perspektive der Befreiungstheologie greifen L. BOFF und E. DUSSEL das Konzept auf. Zu den historischen und entwicklungspolitischen Aspekten des *buen vivir* haben V. BRETÓN SOLO DE ZALDÍVAR [3] sowie C. WALSH [3] Untersuchungen vorgelegt. Die Publikation, die A. ACOSTA [3], Ökonom und Politiker sowie Protagonist der Bewegung, 2015 vorlegte, stellt das Konzept einem breiteren Publikum vor.

4 Gender, Sexualität, Familien

Genderstudien haben in der Lateinamerikaforschung in den letzten drei Jahrzehnten einen großen Aufschwung erlebt und sind heute eines der dynamischsten Felder der Lateinamerikaforschung. Prinzipiell folgen sie, wenn auch mit einem anderen Rhythmus, den Fragestellungen und Theorien in den USA und Europa, allerdings haben gerade lateinamerikanische Forscherinnen und Forscher sehr früh die dort entwickelten Paradigmen hinterfragt oder bestätigt. Der vielleicht wichtigste Beitrag der Lateinamerikaforschung zur Theoriebildung (nicht nur in den Genderstudien) liegt in der frühen und intensiven Betonung des Zusammenspiels von Gender, Klasse und Ethnizität. Das aus der sozialwissenschaftlichen Diskussion stammende Konzept der Intersektionalität [Zapata Galindo, 4; Célleri/Schwarz/Wittger, 4], also der Interrelationalität von Differenzkategorien wie Ethnie, Gender, soziale Hierarchie oder Alter, ist hierfür inzwischen auch in den Geschichtswissenschaften und insbesondere in den historischen Genderstudien fest verankert.

Intersektionalität

Familie, Klasse und Gender

Einen allgemeinen Überblick über die Familien- und Genderstrukturen bietet B. Potthast [Familienstrukturen und Genderbeziehungen, 4; Von Müttern und Machos, 4] sowie N. Milanich [Women, Gender, and Family, 4]. Aus historischer und gesamtgesellschaftlicher Perspektive haben einige Arbeiten in den letzten Jahren untersucht, wie die Entstehung einer Arbeiter- und einer Mittelschicht zu Beginn des 20. Jahrhunderts mit Gender und Sexualität zusammenhing. Moralische Fragen wurden zu einem wichtigen sozialen Unterscheidungskriterium und markierten Klassen- und „Rassen"-Hierarchien [Milanich, Children of Fate, 4]. Familienforscher konnten herausarbeiten, wie die Einbeziehung Lateinamerikas in die globalisierte Wirtschaft und die auf kapitalistischen Kriterien beruhende, großflächige Ausbeutung der Ressourcen (Minen, Plantagen) das Ideal der häuslichen Arbeiterfamilie durchsetzten: mit dem männlichen Brotverdiener und der sparsamen, sauberen und in Erziehungsfragen bewanderten Ehe- und Hausfrau. Gleichzeitig wurden Rationalisierung, Moralisierung und Modernisierung der Arbeiterfamilie zum wesentlichen Element des nationalen Wohlstands und Fortschritts erklärt [Klubock, 4; Rosemblatt, 4; Findlay, We are left, 4; Findlay, Imposing

Decency, 4; Olcott/Vaughan/Cano, 4; Vaughan, 4; Hutchison, 4; Putnam, The company, 4; Putnam, To Study the Fragments, 4; Weinstein, 4].

Feminismus

Parallel dazu begannen Frauen der Mittel- und Oberschicht den patriarchalischen Haushalt zu hinterfragen. Die meisten Feministinnen setzten bei der Diskussion um Einführung staatlicher Gesundheitssysteme und den mit nationalem Fortschritt assoziierten „modernen" Vorstellungen von Familie und Genderbeziehungen an. Dabei beriefen sie sich immer wieder auf die Bedeutung der Mutterschaft und Kindererziehung für die Gesellschaft, ein Argument, das gerade angesichts der öffentlichen Diskussionen um „wissenschaftlich" abgestützte Kindererziehung, Hygiene, Eugenik und Bildung sehr effektiv war. Die Rechtfertigung für ein *empowerment* der Frauen lief somit vor allem über ihre Rolle als Mutter. Der Maternalismus erwies sich als ein kulturell und politisch erfolgreicher Weg, um Frauen politische Rollen und Rechte zu geben. Das Thema zieht sich seither wie ein roter Faden durch die Studien über öffentliche Aktivitäten von Frauen in Lateinamerika [Lavrin, 4; Miller, 4; Potthast, Von Müttern und Machos, 4; Potthast-Jutkeit/Scarzanella, 4; Pieper Mooney, 4]. V. Giordano [4] wies in ihrer Untersuchung auf die zentrale Funktion der Familie als Matrix für staatsbürgerliche, politische und soziale Rechte hin und legte dar, dass in den von ihr untersuchten Staaten (Argentinien, Brasilien, Chile, Uruguay) die Diskussion über das Frauenwahlrecht parallel zu den Diskussionen in Europa und den USA verliefen, wenn auch in anderer Weise. Weitere Studien zu diesem Themenkomplex weisen auch auf die enge Verbindung von traditioneller Wohlfahrt und dem Entstehen des Feminismus sowie des Wohlfahrtsstaates ab den 1930er Jahren hin [Guy, Introduction, 4: 372; Eraso, 4]. Andere Forscherinnen verwiesen auf die große Bedeutung der transnationalen Ebene für die lateinamerikanischen Frauenbewegungen [Scarzanella/Schpun, 4].

Maternalismus

Eine gute Einführung in die Geschichte des Kampfes lateinamerikanischer Frauen um Gleichstellung bietet die Monografie von F. Miller [4]. Einen knappen Überblick findet man in einem Beitrag von B. Potthast und L. Helfrich-Bernal [4]. Aus sozialwissenschaftlicher Perspektive untersuchen N. Craske und M. Molyneux in verschiedenen Studien das Thema [siehe hierzu vor allem Craske/Molyneux, 4]. Darüber hinaus gibt es zahlreiche auf ein

Land konzentrierte Studien zu Entstehung der Frauenbewegungen, die hier nicht einzeln aufgeführt werden können.

Auch in der zweiten Hälfte des 20. Jahrhunderts blieb das Thema Maternalismus in der Forschung wie in der Öffentlichkeit präsent. 1979 legte die Soziologin E. Chaney [4] in ihrem Buch *Supermadres* dar, dass die politische, soziale sowie berufliche Betätigung von Frauen in Chile sowohl von ihnen selbst als auch von der Gesellschaft als eine Verlagerung der Mutterrolle in den öffentlichen Bereich hinein verstanden wurde. Das Konzept der *supermadre* ist sehr einflussreich gewesen, neuere Studien zeigen allerdings, dass das öffentliche Engagement von Frauen nicht darauf reduziert werden kann. Dies gilt auch für die Beteiligung von Frauen an den neuen sozialen Bewegungen, die vor allem seit den Militärdiktaturen der 1970er und dem Übergang zur Demokratie in den 1980er Jahren eine wichtige Rolle spielten. Emblematisch hierfür ist die Bewegung der *Madres de Plaza de Mayo* (Mütter von der Plaza de Mayo) in Argentinien. Deren Bedeutung geht weit über das Engagement für die „Verschwundenen" der argentinischen Militärdiktatur hinaus. Die *Madres* prägten den Übergang zur Demokratie sowie die juristische und gesellschaftliche Aufarbeitung entscheidend mit (siehe unten, Kap. II.14). Diese sowie andere weiblich dominierte soziale Bewegungen haben eine entscheidende Rolle dabei gespielt, „das Politische" neu zu definieren [Potthast/Helfrich-Bernal, 4; Alvarez 4; Jaquette, The Women's movement, 4; Molyneux, Women's Movements, 4]. Mutterschaft spielt noch immer eine wichtige Rolle für das politische und soziale Engagement von Frauen, wird aber von diesen, entsprechend ihrer jeweiligen Erfahrungen, unterschiedlich aufgefasst.

supermadre

Mütterbewegungen für Demokratie

Feminismus und politische Ideologien

Neben dem Maternalismus prägt ein weiteres Thema die Studien zu Frauenbewegungen und Feminismus in Lateinamerika im 20. Jahrhundert: das oft schwierige Verhältnis zu linken politischen Positionen, die feministische Forderungen zumeist zum „Nebenwiderspruch", wenn nicht gar zu einer lediglich die Mittel- und Oberschicht tangierenden Angelegenheit erklärten. Daher haben sich verschiedene Forscherinnen immer wieder der Frage nach dem Zusammenhang von liberalen, populistischen oder revolutionären Programmen und Genderideologien zugewandt [Guy, Future Directions, 4; Deutsch, 4]. Auch hierbei spielte der Mutterschaftsdiskurs wieder eine entscheidende Rolle [González/

Praktische und strategische Genderinteressen

KAMPWIRTH, 4; KAMPWIRTH, 4]. Die Frage, welche Folgen die Betonung des Maternalitätsparadigmas für die Genderbeziehungen hat und warum der Maternalismus von Frauenbewegungen verschiedener Richtungen immer wieder in den Mittelpunkt gestellt wurde, versuchte M. MOLYNEUX [Mobilization, 4] durch eine Unterscheidung zwischen praktischen und strategischen Genderinteressen zu klären. Letztere zielen auf die Überwindung der Genderhierarchien, erstere hingegen entstehen in den Auseinandersetzungen um die Lebensbedingungen von Frauen, ohne dass sie notwendigerweise die grundsätzlicheren Asymmetrien der Geschlechterbedingungen thematisieren. Allerdings ist es möglich, dass diese auch Genderbeziehungen beeinflussen, z. B. indem sie Frauen mobilisieren und im Verlauf der Aktivitäten auf Geschlechterungerechtigkeiten hinweisen. Die von M. MOLYNEUX getroffene Unterscheidung wird häufig benutzt, da sie einige Phänomene gut zu erklären vermag, ist aber auch umstritten, da es auch andere Wege zu weiblichem Aktivismus gibt, vor allem im Rahmen der verschiedenen neueren sozialen Bewegungen.

Frauenbewegungen und Demokratisierung

Im Zusammenhang mit den sozialen Bewegungen ist der Beitrag von Frauen zur Demokratisierung in Lateinamerika für fast alle Länder Lateinamerikas hervorzuheben, sowie insgesamt die Bedeutung weiblicher Beteiligung für die Qualität der Demokratie [JELIN, 4; JAQUETTE, Feminist agendas, 4]. Forderungen nach Geschlechtergerechtigkeit haben die Formulierung von sozialen Rechten und Staatsbürgerschaft stark beeinflusst und führten zu einer „Kultur der Rechte" oder, wie es in Lateinamerika oft heißt, „dem Recht, Rechte zu haben" [CRASKE, 4; CRASKE/MOLYNEUX, 4). Dabei geht es den sozialen Bewegungen in Lateinamerika zunehmend auch um die sozioökonomischen Ungleichheiten, die Folgen neoliberaler Politik sowie um die Rechte von Personen mit nicht hegemonialer kultureller und sexueller Orientierung. In den letzten Jahren haben aber auch „traditionelle weibliche" Themen wie das Recht auf körperliche Unversehrtheit und Selbstbestimmung sowie der Kampf gegen genderbasierte Gewalt wieder an Aktualität gewonnen [MILANESIO, 4; DE LA DEHESA, 4].

Wandel der Genderrollen

Neuere Arbeiten stellen daher immer wieder die Frage, ob bzw. wann sich die Genderrollen in den lateinamerikanischen Staaten gewandelt haben. Urbanisierung, die Unsicherheit männlicher Arbeitsverhältnisse, die zunehmende Beteiligung von Frauen am (formalen) Erwerbsleben sowie „moderne" Vorstellungen von Partnerschaft, die sich seit den 1960er Jahren vor allem in der jungen Generation verbreiteten, werden als wichtigste Ursachen genannt. Diese veränderten die Leitbilder der bürgerlichen Geschlechterordnungen und forderten die Befürworter der etablierten Gendervorstellungen heraus. Miniröcke und „die Pille" symbolisierten die Auseinandersetzungen um die soziokulturelle Modernisierung im Hinblick auf Sexualität und Genderrollen, auch wenn die Veränderungen in den meisten lateinamerikanischen Staaten durch Zensur und den starken Einfluss der katholischen Kirche nicht ganz so weit gingen wie im Europa der sechziger Jahre. Untersuchungen zur sexuellen Revolution und zu den Auswirkungen auf Genderbeziehungen finden sich im Sammelband von K. E. Bliss und A. Blum [4]. Fallstudien zu Argentinien und Chile haben K. Felitti [El Placer de Elegir, 4], J. E. Pieper Mooney [4] und K. Felitti [La revolución, 4] vorgelegt.

Die veränderten Geschlechterrollen durch den Einfluss der Hippie- und der 1968er-Bewegungen sowie der Popkultur werden auch in allen Arbeiten angesprochen, die sich mit der Jugendkultur sowie dem Entstehen einer Konsum- und Freizeitgesellschaft in den 1950er und 1960er Jahre befassen (siehe unten, Kap. II.15 und II.16). Auch Studien über die Alltagskultur greifen dieses Thema auf. Einen anderen spannenden Ansatz wählte I. Cosse in ihrer Studie über die besonders in Lateinamerika extrem erfolgreiche Comicserie „Mafalda", die die Wandlungen der Geschlechter- und Hierarchievorstellungen in dieser Zeit nachzeichnet [Cosse, Mafalda, 4].

Maskulinität

Obwohl der Fokus in vielen Forschungen zu Gender in Lateinamerika noch immer stärker auf den Frauen liegt, wenden sich inzwischen mehrere Studien zu Sexualität und Genderbeziehungen auch dem Thema der Maskulinität(en) in der zweiten Hälfte des 20. Jahrhunderts zu. Während frühere Arbeiten vor allem den vielbeschworenen lateinamerikanischen Machismo analysierten und davon ausgingen, dass die Kontrolle der Frauen (Partnerinnen, Ehefrauen, Töchter) zentral für die Konstituierung einer männlichen Identität sei, betonen neuere Studien, vor allem von Anthropologen [Archetti, 4; Gutmann, 4], den Drang nach Bestätigung der Männlichkeit vor allem gegenüber anderen Männern und in männlich dominierten Kontexten, etwa beim Fußball. Aber auch in Lateinamerika haben sich die Männlichkeitsvorstellungen geändert und diversifiziert, wie I. Cosse für Argentinien nachgezeichnet hat [La emergencia, 4].

LGBT-Bewegungen

Männliche Identitäten sind auch in Lateinamerika kontingent und heterogen. Dies haben auch die LGBT-Bewegungen gezeigt, die in einigen lateinamerikanischen Ländern inzwischen zu einer größeren Akzeptanz von sexueller Diversität geführt haben. Studien zu Homo- und Transsexualität sind vor allem in der englischsprachigen Lateinamerikaforschung keine Seltenheit mehr [Balderston/Guy, 4]. Insgesamt zeichnen sich die meisten lateinamerikanischen Gesellschaften jedoch noch immer durch eine starke Homophobie aus. Die Versuche, die traditionellen Dichotomien aufzuheben, stoßen nicht zuletzt bei den verschiedenen kirchlichen Gruppen an ihre Grenzen. Dies beeinträchtigt auch die Etablierung einer Forschung, die sich diesen Themen widmet.

Migration und Gender

Große Bedeutung hat in den letzten Jahren die Forschung zu Migration und Transnationalismus erlangt [Alvarez/Caridad Bueno, 4]. Zunächst waren es vor allem die *chicano studies*, die Untersuchungen zu in den USA lebenden Mexikanern, die sich der Frage nach den Auswirkungen von Migration und transnationalen Familienbeziehungen auf die Genderrollen zuwandten. Darauf aufbauend entstand ein von Forschungen zur Globalisierung inspiriertes Themenfeld, das sich der Analyse von lokalen und globalen Dynamiken und ihren Auswirkungen auf die Genderbeziehungen widmet. Transnationale Mutterschaften sowie die Beteiligung vieler Lateinamerikanerinnen an den *global care chains* (transkontinental wie auch inneramerikanisch) sind wichtige Themen [Potthast/Helfrich-Bernal, 4]. Hinzu kommen Ansätze, die Wissensordnungen und Umweltprobleme aus der Genderperspektive betrachten und diese wiederum zu ethnischen und kulturellen Kategorien in Beziehung setzen [Donato/Escobar/Ulloa Cubillos, 4].

5 Die neuen Mittelschichten

Untersuchungen zu sozialen Strukturen stehen für Lateinamerika oft nicht nur vor dem Problem der Definition, da gängige in Europa oder den USA entwickelte Parameter nicht passen, sondern auch vor demjenigen der oftmals nicht miteinander vergleichbaren Daten. Hinzu kommt die Verbindung von sozialer und ethnischer Identifikation, die dazu geführt hat, dass sich die Forschung lange Zeit auf die städtischen Unterschichten und die ländliche indigene Bevölkerung konzentrierte (siehe hierzu auch die Kap. II.2.5.1; 2.5.2; II.3 sowie OGG 48: Lateinamerika 1800–1930). In den letzten zwei Jahrzehnten sind jedoch auch sozial- und kulturgeschichtliche Studien zu den Mittel- und Oberschichten hinzugekommen. Vor allem die 1950er bis 1980er Jahre, die im Zeichen von Modernisierung, Entstehung der Konsumgesellschaft und dem Ausbau der Bildungssysteme stehen, und die die „goldenen Jahre" der Mittelschicht in Lateinamerika darstellen, haben die Aufmerksamkeit der Forschung auf sich gezogen. Zu ihren Pionieren gehören D. S. Parker [5], B. P. Owensby [5] sowie E. Adamovsky [Historia de la clase media argentina, 5]. Insbesondere für Argentinien ist die Forschung sehr umfangreich, da hier die Existenz einer breiten, modernen Mittelklasse seit der Mitte des 20. Jahrhunderts als ein wesentliches Charakteristikum der nationalen Identität angesehen wurde [siehe hierzu Garguin, 5].

„Goldene Jahre" der Mittelschichten

Definitionen

Die Mittelschicht bzw. die Mittelschichten werden oft als besonders heterogen (im Vergleich zu den Unterschichten oder der „Oligarchie") beschrieben. Während Ökonomen und Soziologen vor allem das Einkommen sowie den Beruf als Indikatoren wählen, charakterisieren die neueren historischen Studien die Mittelschichten als eine historisch kontingente Gruppe, deren Charakter sich im Lauf der Zeit änderte. Der Fokus liegt dabei zumeist auf der öffentlichen Sphäre (Politik, Arbeit) oder aber auf dem Alltags- und Familienleben. B. P. Owensby [5] verbindet beide Stränge, indem er auf die politische Seite des Alltagslebens hinweist. Hier werden Interessen verhandelt, und bestimmte Haltungen haben umgekehrt politische Wirkungen. Diese neueren Arbeiten, die über die strukturalistischen Ansätze hinausgehen, werfen auch eine Reihe von neuen epistemologischen Fragen auf, so etwa über die Verbindung von Materiellem und Symbolischem sowie der historischen Chronologie.

Zugehörigkeit

In den neueren Studien geht es nicht mehr darum, die Mittelschicht zu definieren, sondern vielmehr darum, herauszuarbeiten, wann und warum bestimmte Personen sich der Mittelschicht zugehörig fühlen und wie die jeweiligen Menschen soziale Ungleichheit erleben. Klassen- oder Schichtenzugehörigkeit werden als soziale Praxis und politischer Diskurs untersucht [Adamovsky/Vargas/Visacovsky, 5]. Der Sammelband von D. S. Parker und L. E.

Walker [5] verdeutlicht diesen Wandel in den Fragestellungen, indem er klassische Aufsätze zum Thema Mittelschichten neueren gegenüberstellt. Die Beiträge charakterisieren die Mittelschichten oftmals als eine Gruppe, die sich angesichts der Überlappung von modernen Marktmechanismen und traditionellen Hierarchievorstellungen verunsichert fühlte. Gleichzeitig zeichnen sie die seit Jahrzehnten – ähnlich wie in Europa – geführten Debatten über die Frage nach, ob die Mittelschicht ein stabilisierender und demokratisierender gesellschaftlicher Akteur ist, der die politische und wirtschaftliche Modernisierung sowie soziale Reformen vorantreibt, oder aber nicht [Johnson, 5; zu Gino Germani siehe Halper/Sterling/Germani, 5]. Neuere Studien zeigen unterschiedliche „Mittelschichten", die entsprechend der Epoche und der Region andere Positionen vertreten. Neben den modernisierenden und demokratisierenden Mittelschichten, die vor allem zu Beginn des 20. Jahrhunderts wichtig waren, stehen die konservativen, die sich zunehmend von unten bedroht fühlten und, beginnend mit dem brasilianischen Militärputsch 1964, Diktaturen unterstützten.

Politische und wirtschaftliche Rolle der Mittelschichten

Dieses „Versagen" angesichts der autoritären Regime, in Argentinien als „nationales Scheitern" (*fracaso nacional*) bezeichnet, wird allerdings traditionell meist eher bei der Oligarchie, dem Industriebürgertum oder den imperialistischen Mächten gesucht, alternativ bei den Populisten (Perón, Vargas) und der sie unterstützenden Arbeiterklasse. Besonders für Argentinien gibt es hierzu eine Reihe von neueren Studien, die sowohl die Homogenität und Allmacht der Oberschicht, als auch die unkritische Akzeptanz der These von der relativ egalitären, aus der Einwanderung hervorgegangenen argentinischen Mittelschichtsgesellschaft hinterfragen [Alonso, 5]. Insgesamt haben die neueren Arbeiten die Komplexität und dynamische Entwicklung der Mittelschichten in verschiedenen Ländern und ihre Verschränkung mit transnationalen Prozessen herausgearbeitet. Bereits D. S. Parker hat in seiner Studie zu Peru auf den Einfluss der USA für die Entwicklung der Mittelschichten hingewiesen, die versuchten, im Rahmen des Kalten Krieges diese als stabilisierende politische Gruppe zu stärken, damit aber auch Konflikte heraufbeschworen [Parker, 5]. Der Sammelband von A. R. López und B. Weinstein [5] hingegen vereint in vergleichender Perspektive eine Reihe von Aufsätzen zu den Themen Mittelschicht und Modernität, Revolutionen, Staat, Öf-

Soziale Schichtung und andere gesellschaftliche Prozesse

Oberschicht

fentlichkeit und Arbeit in verschiedenen Ländern, unter ihnen mehrere in Lateinamerika.

Die Bedeutung der Mittelschichten ab Mitte des 20. Jahrhunderts wird darüber hinaus von Arbeiten hervorgehoben, die sich mit politischen Entwicklungen wie den Jugendprotesten in Mexiko [Zolov, 5], der Verbreitung der Psychoanalyse in Argentinien [Plotkin, 5] oder dem Sturz Allendes in Chile [Power, 5] beschäftigen. Amüsant und erhellend zugleich ist die Porträtierung des Lebens und der Weltsicht eines vorlauten Mittelschichtskindes in dem bekannten Comic „Mafalda", den Cosse nachzeichnet [Mafalda, 4].

clases populares

Ähnliche Definitionsprobleme wie für die Mittelschichten stellen sich bei den Unterschichten, die in Lateinamerika als *clases populares* bezeichnet werden. Der Plural deutet bereits an, dass es sich um eine heterogene Gruppe handelt, unter der nicht nur ländliche Saisonarbeiter, Kleinbauern und städtische Industriearbeiter subsumiert werden, sondern auch ethnisch differente Gruppen [Adamovsky, Historia de las clases populares, 5]. In Lateinamerika gab und gibt es eine Korrelation zwischen Hautfarbe und sozialer Schichtung und nach wie vor gilt die Regel, dass die *clases populares* tendenziell dunklerer Hautfarbe sind. Eine Untersuchung der Rolle der Unterschichten kann daher nur relational zu derjenigen der anderen sozialen Gruppen erfolgen.

6 Ungleichheit und Entwicklung

Lateinamerika ist die Weltregion, die für Studien über Ungleichheit exemplarisch ist. Der Kontinent gehört nicht zu den ärmsten oder den reichsten, aber zu den Weltregionen mit der höchsten sozialen Ungleichheit und zeichnet sich durch eine große historische Beharrlichkeit derselben aus. In der Forschung sind immer wieder drei ursächliche Faktoren genannt worden: 1. die auf die Kolonialzeit zurückgehende historische Position Lateinamerikas in der internationalen Arbeitsteilung; 2. der interne Kolonialismus, der Diskriminierung, Rassismus und Ausgrenzung bewahrte und weitertrug; 3. der Staat, der durch seine Institutionen und seine innere Verfasstheit dazu diente, die Strukturen der Ungleichheit aufrecht zu erhalten. Welcher dieser Faktoren nun bedeutender und wirkmächtiger ist, ist bis heute Gegenstand wissenschaft-

Ursachen und Faktoren

licher und politischer Debatten. Angesichts dieser Beharrlichkeit sozialer Ungleichheit ist heutzutage deutlicher denn je, dass sie nicht allein durch ökonomische, materielle und strukturelle Faktoren bestimmt ist, sondern auch komplexe kulturelle oder ethnische Dimensionen aufweist.

Beharrlichkeit von Ungleichheitsfaktoren

Die Erforschung sozialer Ungleichheit ist nicht nur eines der Pionierthemen bzw. das „Kerngeschäft" der Soziologie und der Sozialwissenschaften, sondern war immer auch Ausgangspunkt für sozialhistorische Forschungen. Gerade angesichts der Beharrlichkeit verschiedenster Ungleichheitsfaktoren in Lateinamerika haben Soziologen und Historiker immer wieder kritisiert, dass die „großen Gesellschaftstheorien" unter Bedingungen zugespitzter Ungleichheit nicht funktionierten [Centeno/López-Alves, 6]. Eine Schlüsselthese ist, dass in Lateinamerika die Kräfte des Marktes und der Liberalismus zu einer Verschärfung der Ungleichheit geführt hätten. Der Zugang zu Ressourcen und der politische Einfluss sei nach der Unabhängigkeit von der kreolischen Oberschicht dazu genutzt worden, alternative politische Projekte zu verhindern [Burns, 6; Tutino 6; Mallon, 6]. Positivistische und rassistische Doktrinen des Fortschritts ebneten diesen Pfad weiter. Für das 20. Jahrhundert existieren, wie bereits mehrfach thematisiert, unzählige Studien über Klassenzugehörigkeit, Gender und Ethnizität bei der Konstruktion nationaler Hegemonie über kulturell diverse Bevölkerungen. Genauso intensiv untersuchten Historiker verschiedene Modernisierungsprozesse – nationale und soziale Revolutionen eingeschlossen – auf ihre Inklusions- und Exklusionsmechanismen [Ferrer, 6; Joseph/Nugent, 6; Rosemblatt, 4]. Andere fragten danach, wie sich regionale und ethnische Ungleichheiten topographisch niederschlugen [Appelbaum/Macpherson/Rosemblatt, 6; Weinstein, 6].

Wirtschaftshistoriker waren lange Zeit zu sehr auf strukturelle Faktoren fixiert (Landbesitzverhältnisse, Arbeit, Rohstoffe) und vernachlässigten die Dynamik von Machtverhältnissen; auch der Zugang zu ökonomischen Ressourcen (Krediten oder Besitzrechten) verschärfte im 19. Jahrhundert Monopole und Klassenprivilegien, ebenso ethnische Diskriminierung, die aus der Sklaverei heraus erwuchs [Glade, 6; Haber/Razo/Maurer, 6; Engerman/Sokoloff, 2.4]. Es ist allerdings das Verdienst der im Rahmen der Dependenz- und Marginalisierungstheorien der 1950er bis 1970er Jahren entstandenen Arbeiten, das eklatante Wohlstandsgefälle zwischen den Weltregionen und innerhalb der Gesellschaften Lateinamerikas auf die Forschungsagenda gebracht zu haben. Strukturalisten wie der brasilianische Wirtschaftshistoriker C. Furtado bezeichneten dieses Gefälle als ein Resultat asymmetrischer Verflechtungen innerhalb der Weltwirtschaft und Hemmnis für die Industrialisierung (siehe hierzu auch Kap. II.2.1). Auch Agrarreformen galten als entscheidende Faktoren für eine egalitärere Wohlstandsverteilung (siehe oben, Kap. II.2.5.1).

Soziale Ungleichheiten in Lateinamerika wurden in der Regel als synchrone Prozesse im nationalstaatlichen Rahmen und innerhalb des Konzepts sozialer Klassen untersucht, d. h. das Phänomen wurde lange Zeit kaum in seinen historischen und globalen Zusammenhängen wahrgenommen. Ebenso wenig wurden Verbindungen zwischen Klassenzugehörigkeit und anderen sozialen Kategorien gezogen. Neuere Forschungen, inspiriert durch die postkoloniale Theorie und das Konzept der Intersektionalität, gehen hingegen von einer viel breiteren Stratifizierung von Differenzkategorien aus als die drei klassischen, Ethnizität/*race*, Klasse und Geschlecht. Einflussreich sind weitere wie Einkommen, Alter, regionale Herkunft, Bildung, Religion, kulturelle Zugehörigkeit und Handicaps. Entscheidend bleiben jedoch weiterhin Machthierarchien. Heutzutage geht es in der Ungleichheitsforschung insbesondere um die Frage, inwiefern diese Kategorien sozial konstruiert sind, in welcher Beziehung sie zu einander stehen, welche Mechanismen sie am Laufen halten und warum sie immer wieder reproduziert werden. L. Reygadas und P. Gootenberg

indelible inequalities

[6] entwickelten das Modell der *indelible inequalities* (unauslöschlichen Ungleichheiten), das auf dem Konzept der *durable inequalities* (beständigen Ungleichheiten) des Soziologen und Historikers Charles Tilly aufbaut. Seinem Konzept zufolge liegen die Ursachen von Beharrlichkeit sozialer Ungleichheiten in ihrer Relationalität. Gootenberg und Reygadas betonen noch stärker als Tilly den Konstruktionscharakter der Ungleichheit und die damit verbundene menschliche Handlungsmacht [Heller/Evans, 6].

„Refeudalisierung“

Die Diskussion über soziale Ungleichheiten in Lateinamerika umfasst mittlerweile auch das Konzept der „Refeudalisierung“, die Tendenzen zur Wiederherstellung originärer, wenn auch nicht analoger Formen feudaler Ordnung in Politik, Wirtschaft und Gesellschaft. Bezogen auf Lateinamerika werden Befunde einer zunehmend extremen sozialen Polarisierung der Sozialstruktur ins

Feld geführt, so etwa der räumlichen Segregation in Form von *gated communities*, einer extraktivistischen Ökonomie oder einer Verdopplung der ökonomischen Macht durch politische Macht in Gestalt von Millionären, die zu Staatspräsidenten werden, wie zuletzt Mauricio Macri in Argentinen oder Sebastián Piñera in Chile [Kaltmeier, 6].

7 Urbanisierung und Megastädte

Entstehung von Megastädten

Nach dem Entstehen moderner Metropolen um 1900 erlebte Lateinamerika einen weiteren Schub der städtischen Entwicklung ab den 1960er Jahren. In dieser Zeit wuchsen mehrere Metropolen zu Megastädten mit mehr als 10 Mio. Einwohnern heran. Diese sogenannte Hyperurbanisierung ging erst in den 1990er Jahren zu Ende. In den Hauptstädten der meisten Länder entstanden moderne Finanz- und Geschäftsviertel jenseits der traditionellen Altstädte, die Sitz sowohl internationaler als auch nationaler Firmen sind. In den Innenstädten ging dies einher mit einer Vertikalisierung der Bebauung, sofern diese nicht wie in São Paulo, Rio de Janeiro und Buenos Aires bereits in den 1920er Jahren eingesetzt hatte. In erdbebengefährdeten Städten wie Mexiko-Stadt oder Santiago de Chile war dies jedoch erst möglich, als auch Hochhäuser entsprechend sicher gebaut werden konnten.

Städtebauliche Segregation

Einige größere Städte entwickelten sich ab den 1960er Jahren zu großen Industriemetropolen und zogen zahlreiche Migranten aus dem ländlichen Raum bzw. kleineren Städten an. Die Lebenswelten der verschiedenen sozialen Gruppen entfernten sich noch weiter voneinander, denn die wohlhabenden Schichten zogen zunächst in die luxuriösen Hochhäuser eleganter Viertel an der Copacabana in Rio de Janeiro, den *jardims* (Gärten) genannten Vierteln in São Paulo oder in die Nähe der Parks im Norden von Buenos Aires. Seit Ende des 20. Jahrhunderts zog es viele auch in die abgeschotteten *gated communities* außerhalb der Städte. Dort entwickelte sich ein eigener, von globalen Lebensentwürfen und Konsumverhalten geprägter Lebensstil, der mit demjenigen der Migranten in den Marginalvierteln wenig gemein hat. Diese leben seit den 1960er Jahren vermehrt in informellen Siedlungen am Stadtrand und auf Territorien, die zum Wohnen ungeeignet sind, z. B. wegen Überschwemmungs- oder Erdrutschgefahr oder aber

gated communities

Marginalsiedlungen

weil das Erdreich kontaminiert ist. Hinzu kommt eine ungleiche Anbindung an Infrastrukturen wie Wasser, Strom- und Verkehrsnetze, die durch die Privatisierungswelle der 1990er verschärft wurde. Allerdings führte diese Entwicklung auch zu einer Gegenreaktion, insbesondere der Gründung von Nachbarschaftsvereinen und anderen sozialen Bewegungen. Hausbesetzungen sowie unautorisierte Landnahmen auf brachliegenden Flächen gehören heute ebenso zu den lateinamerikanischen Städten wie Hochhausschluchten und klimatisierte Shoppingzentren.

Stadtgeschichte

Diese Prozesse werden in allgemeinen Überblicken über die stadtgeschichtliche Entwicklung dargestellt, die oft aus der Feder von Geographen stammen [Bähr/Mertins, 7; Greenfield, 7] oder von Soziologen [wie Castells, 7], die an soziohistorischen Phänomenen der Stadt interessiert sind, in diesem Fall insbesondere an urbanen sozialen Bewegungen. Neben der relativ breit erforschten Sozialgeschichte im urbanen Raum gibt es auch die klassischen Forschungen zur Geschichte der Urbanisierung, einen guten historiographischen Überblick bieten D. Armus und J. Lear [7]. Historische Überblicke zur Stadtplanung und Architektur bieten A. Almandoz [7] und S. Arango Cardinal [7]. Einschlägig für die historische Forschung sind die Studien von G. M. Joseph und M. D. Szuchman [7] sowie J. L. Romero [7]. Einen Einstieg bietet B. Potthast [7]. Darüber hinaus gibt es eine Vielzahl von Einzelfallstudien, von denen hier nur exemplarisch einige hervorgehoben werden können. Diese konzentrieren sich einerseits auf die Zeit des wirtschaftlichen Aufschwungs und der Massenmigration zu Beginn des 20. Jahrhunderts (siehe hierzu OGG 48: Lateinamerika 1800–1930) sowie auf das rasante Städtewachstum in der Zeit der Industrialisierung

Die 1960er Jahre

und internen Migration der 1960er Jahre. Dabei gerieten insbesondere die nun stark anwachsenden Marginalviertel und die dort lebenden Menschen in den Fokus der Forschung. Neben einer Reihe von wissenschaftlichen Analysen beförderte auch die ethnographische Darstellung bzw. die *testimonio*-Literatur das Thema (siehe Kap. II.1.2.1 und II.1.2.2). Diese boomte besonders in den 1960er Jahren, als einerseits die Enttäuschung über die Modernisierungs- und Industrialisierungsbemühungen, andererseits marxistische und sozialistische Theorien den Blick auf die Marginalviertel und ihre Bewohner lenkten. Klassiker sind dabei die Titel von O. Lewis [The children of Sánchez, 1.2.1; dt. Version: Die Kinder von Sánchez, 1.2.1] und von Poniatowska [1.2.2]. Beide hatten zwar nicht die Stadt als solche im Fokus, entzündeten mit ihren Arbeiten aber eine Debatte über soziale Marginalität und die Möglichkeiten, diese zu überwinden [siehe hierzu PERLMAN, 7 sowie PINO, 7 und PETERS, 7].

Marginalviertel und soziale Bewegungen

Neben diesen von Forschern geschriebenen *oral history*-Erzählungen machte in Brasilien die Entdeckung des Tagebuches einer Bewohnerin eines Marginalviertels in den 1960er Jahren Furore und inspirierte eine ganze Generation von Forschern [JESUS, Tagebuch der Armut, 7; dies., Das Haus aus Stein, 7; LEVINE, 7]. Die Entstehung von Marginalvierteln, im Deutschen auch unter dem brasilianischen Begriff *favela* bekannt, gehört zu den klassischen Themen der Stadtforschung ebenso wie das Aufkommen sozialer Bewegungen, die in Lateinamerika nicht erst seit der Jahrtausendwende wichtig und allgegenwärtig sind [LANZ, 7].

8 Informeller Sektor

Definitionen

Die Unterscheidung zwischen formellen und informellen Wirtschaftssektoren entwickelte sich in den 1950er Jahren in den Sozialwissenschaften im Zusammenhang mit der Diskussion über jene gesellschaftlichen und wirtschaftlichen Entwicklungen, die als „unvollständige“ Modernisierungsprozesse in Entwicklungs- und Schwellenländern gewertet wurden. Der Begriff der „Informalität“ wurde Anfang der 1970er Jahre im Umfeld der Internationalen Arbeitsorganisation (IAO) geprägt. Ungeachtet seiner Geläufigkeit existiert bis heute keine einheitliche Definition. Es handelt sich jedoch vor allem um ein urbanes Phänomen. Der Ökonom Hans Walter Singer umschrieb den informellen Sektor in einem viel zitierten Bild als eine Giraffe, die schwer zu definieren, aber leicht zu erkennen ist. Es handelt sich um Beschäftigungen und Arbeitsformen, die mit den gewöhnlichen Kategorien der geregelten, in offiziellen Statistiken verzeichneten Erwerbsarbeit gar nicht oder nur teilweise zu erfassen sind. Generell dominieren zwei Methoden, Informalität zu definieren: Die erste orientiert sich an formalen Merkmalen wirtschaftlicher Aktivitäten. In der Regel sind damit Selbständige oder Kleinstunternehmer im urbanen Raum gemeint, deren Tätigkeit unter anderem durch geringe Produktivität und arbeitsintensive Erzeugung charakterisiert ist. Die zweite orientiert sich an der Beziehung der wirtschaftlichen Einheiten zum

Staat: Die Soziologen A. Portes, M. Castells und L. Benton [8] bezeichnen jene Tätigkeiten als informell, die staatlicherseits nicht reguliert werden, obwohl vergleichbare Tätigkeiten in der betreffenden Gesellschaft durchaus gesetzlich reguliert sind. Informelle Tätigkeiten, ihre Produkte und Dienstleistungen sind also legal, auch wenn sie Gesetze umgehen; nur die Art wie sie erbracht werden, befindet sich außerhalb des gesetzlichen Rahmens. Das grenzt sie von illegalen Tätigkeiten ab, wie z. B. Drogen- oder Menschenhandel.

Dem liberalen peruanischen Ökonomen H. de Soto [8] zufolge, der mit einer Arbeit über den informellen Sektor in Peru großen Einfluss auf die Debatte der späten 1980er und frühen 1990er Jahre hatte, ist der informelle Sektor an sich legal, lediglich der Staat und seine „Überregulierung" seien für das Entstehen eines informellen Sektors verantwortlich. In modernisierungstheoretischer Perspektive wird Informalität weiterhin als ein Übergangsphänomen im Wandel von einer ländlich-agrarischen zu einer städtisch-industriellen Gesellschaft betrachtet [Tokman, 8]. Strukturalistische und dependenztheoretische Ansätze erachten die Informalität weder als ein Überbleibsel einer zu überwindenden Entwicklung noch als vorübergehend. Ungesicherte Arbeitsverhältnisse sind aus dieser Perspektive vielmehr eine Konstante kapitalistischer Entwicklung, werden stets aufs Neue reproduziert und bestehen als Teil globaler Ausbeutung und sozialer Ungleichheit weiter. Aus sozialanthropologischer Perspektive, wie sie die mexikanische Anthropologin L. Lomnitz [8] vertritt, steht die Frage im Mittelpunkt, wie marginalisierte Bevölkerungsteile in urbanen Zonen – zumeist sind es Zugewanderte vom Land – angesichts des Fehlens staatlicher Infrastruktur und Fürsorge ihre Existenz sichern können. Lomnitz zufolge überleben die Slumbewohner deshalb, weil sie eine soziale Organisation hervorbringen, in der die soziale und ökonomische Absicherung durch informelle Austauschbeziehungen gewährleistet wird.

Aus der Perspektive der klassischen Modernisierungstheorie müssten Entwicklungsländer das von dem US-amerikanischen Ökonomen Walt Whitman Rostow entworfene Phasenmodell der Industrialisierung und gesellschaftlichen Entwicklung zeitverzögert nachholen. Demnach wurde dem informellen Sektor in Lateinamerika in den letzten Jahrzehnten mehrfach das Aus vorhergesagt, als ein bedauernswerter, aber unumgänglicher Bestandteil des Übergangs von der traditionellen zur modernen Gesellschaft. Der Soziologe L. Pries [8] konstatierte 1996, dass der urbane informelle Sektor sich weder als reales Phänomen noch als wissenschaftliches Erklärungsmodell erledigt habe. Nach der sogenannten verlorenen Dekade (die 1980er und der Beginn der 1990er Jahre) bestand aufgrund neoliberaler Strukturanpassungsprogramme kurzzeitig die Hoffnung, Lateinamerika und die Karibik könnten durch wirtschaftliche Öffnung und Modernisierung den Anschluss an die Industrieländer doch noch schaffen. Doch die mexikanische Finanzkrise Mitte der 1990er Jahre, der indigene Aufstand in Chiapas, der 1994 mit dem Beginn der NAFTA einherging, und die damit verbundene Abwertung des Peso verdeutlichten schlagartig, dass die zuvor gefeierten Erfolge der Modernisierung an drei Vierteln der Bevölkerung vorbeigegangen waren bzw. sich überhaupt nicht auf die Beschäftigten und die Beschäftigungsuchenden ausgewirkt hatten: Offene Arbeitslosigkeit und der relative Rückgang formalisierter Arbeitsverhältnisse waren die Anzeichen für das Erstarken des informellen urbanen Sektors. Auch als wissenschaftliches, praktisch-politisches oder ideologisches Konzept blieb er erhalten. Im wirtschaftswissenschaftlichen Diskurs wird der informelle Sektor – immer häufiger als „informelle Wirtschaft" bezeichnet – heutzutage sowohl als Resultat mangelnder Investitionen, unzureichender Regulierung und insgesamt steigender sozialer Ungleichheit im Globalisierungsprozess gewertet. Aufgrund seiner Flexibilität und seiner hohen wirtschaftlichen Dynamik ist der informelle Sektor zum integralen Bestandteil lateinamerikanischer Ökonomien avanciert und ein Symptom des Mangels an Erwerbsarbeit und von Armut gleichermaßen, auf der anderen Seite aber auch eine Strategie zur Armutslinderung. Eine Bestimmung des Ausmaßes des informellen Sektors ist schwer, da er dadurch charakterisiert ist, dass er ganz oder teilweise jenseits des offiziell und statistisch erfassten Bereichs der Arbeitsbeziehungen funktioniert. Die Datenlage ist entsprechend dürftig, aber die verfügbaren Informationen verdeutlichen, dass der modernisierungstheoretische Optimismus verfehlt ist [Mathews/Ribeiro/Alba Vega, 8; Alba Vega/Braig, 8; Bizberg, 8: 621–693].

Kritik am modernisierungstheoretischen Optimismus

9 Die Beziehungen zwischen Lateinamerika und den USA

Studien zu den Beziehungen zwischen Lateinamerika und den USA aus den 1970er und 1980er Jahren spiegeln einerseits eine kritische Perspektive auf die imperialistische Politik der USA in Lateinamerika wider, andererseits aber auch den von rassistischen Stereotypen geprägten Blick vieler US-amerikanischer Akteure. Die in dieser Zeit entstandenen geschichts- und politikwissenschaftlichen Interpretationen fokussierten in der Regel auf die US-Dominanz in Politik und Wirtschaft Lateinamerikas. Den Lateinamerikanern wurde darin zumeist eine passive Rolle zugeschrieben. B. WEINSTEIN [9] zufolge führte dies zur Verfestigung bipolarer Deutungen in der US-amerikanisch-lateinamerikanischen Geschichte, in der die USA als „modern" und „dominant" erachtet wurden und Lateinamerika als „passiv", „traditionell" und „rückständig". Diese diskursiven (Re)produktionen von Hierarchien dienten oftmals der Legitimation der hegemonialen Politik der US-amerikanischen Regierungen gegenüber Lateinamerika. Seit etwa zwei Jahrzehnten wurde der Fokus von politikgeschichtlichen Aspekten, militärischen Interventionen und ökonomischen Themen zugunsten einer interamerikanischen Perspektive verschoben, die die historische Analyse des kulturellen Austausches und der Zirkulation von Wissen zwischen beiden Amerikas impliziert. Kritische Stimmen [WEINSTEIN, 9] merkten allerdings an, dass diese Perspektivverschiebung hin zu den *cultural encounters* auch die Gefahr berge, die historische Dominanz der USA innerhalb der interamerikanischen Beziehungen zu verharmlosen.

Überholte Deutungsschemata

(Re)produktion von Hierarchien

Kritik an US-Außenpolitik

In den 1970er Jahren kritisierten viele US-amerikanische Autoren die US-Außenpolitik gegenüber Lateinamerika. Viele Arbeiten betonten die destruktiven Konsequenzen US-amerikanischen Handelns in Lateinamerika, und zwar unabhängig davon, ob sie einen dependenztheoretischen Hintergrund hatten oder Imperialismus- und Neokolonialismus-Theorien vertraten [z.B. LAFEBER, The New Empire, 9; DERS., Inevitable Revolutions, 9; HEALY, 9; BLASIER, 9; PASTOR, 9; P.H. SMITH, 9; SCHOULTZ, 9]. Die Autoren, die sich als „progressiv" verstanden, zeigten oftmals ihre Sympathie gegenüber Lateinamerika, das bisher als „Objekt US-amerikanischer Außenpolitik" behandelt wurde. B. WEINSTEIN [9] zufolge kann aber allenfalls die politisch-ideologische Haltung der Autoren als progressiv bezeichnet werden, die theoretischen Postulate und die angewandten Ansätze und die Methodik seien konventionell geblieben, weil die US-Regierungen in ihrer Rolle als Hauptakteur stets als die politischen und militärischen Verfechter des internationalen Kapitals interpretiert würden.

Einfluss von Rassismus und Ethnozentrismus

Nachdem in den 1970er und 1980er Jahren der Fokus der Forschung in den USA auf der Durchsetzung wirtschaftlicher Interessen US-amerikanischer Akteure, der militärischen Interventionen in der Karibik und in Zentralamerika und damit zusammenhängend der Doktrin der nationalen Sicherheit gelegen hatte, zeichneten sich in den späten 1980er Jahren neue Tendenzen ab. Im Zentrum stand jetzt die Rolle der US-amerikanischen Innenpolitik und ihr Einfluss auf die Außenpolitik [Hunt, 9]. Die Studien basierten zum Teil auf profunden Analysen der von Rassismus und Ethnozentrismus geprägten US-amerikanischen Diskurse über Lateinamerika, die ihre Wurzeln teilweise sogar noch in der *leyenda negra* hatten, der „schwarzen Legende“, einem seit der Conquista im Zuge der Reformation verbreiteten antispanischen Geschichtsbild, das die katholischen Spanier als fanatisch und brutal darstellte. Auch diese Vorstellungen dienten der Legitimation militärischer Interventionen. Viele Historiker untersuchten nun auch andere Formen US-amerikanischer Einflussnahme, die nicht in erster Linie militärischer oder ökonomischer Natur waren, sondern sich auf Religion, Kultur und Bildung erstreckten (siehe hierzu auch OGG 48: Lateinamerika 1800–1930). Eine umfassende historiographische Analyse entsprechender Arbeiten, die bis Ende der 1990er Jahre erschienen, bietet Joseph [9]. Zunehmend gerieten auch lateinamerikanische Regierungen und Eliten, die zuvor häufig als leicht manipulierende Marionetten charakterisiert worden waren, als aktiv handelnde und einflussreiche Akteure ins Blickfeld. Damit widersprachen viele Autoren dem Bild der „übermächtigen USA“ und banden jetzt zumindest einen kurzen Blick auf lateinamerikanische Perspektiven auf die USA in ihre Arbeiten mit ein [Haynes, 9; P. H. Smith, 9].

Ungeachtet dessen blieb die (US-amerikanische) Forschung in den 1990er Jahren weitgehend den Ansätzen und Methoden der traditionellen Politikgeschichte treu, was eine Perspektivverschiebung letztendlich verhinderte. Symbolisch für diesen Trend steht die Arbeit von L. Schoultz [9], dessen Analyse fast ausschließlich auf US-amerikanischen Archivdokumenten basiert, damit aber aufzeigen kann, wie US-amerikanische Akteure negative Stereotype über lateinamerikanische Länder und ihre Kultur verbreiteten und damit entscheidenden Einfluss auf die Gestaltung der US-Politik gegenüber Lateinamerika hatten. Andere [Bethell/Roxborough, 9; Roorda, 9] hingegen betonten zunehmend die Bedeutung der lateinamerikanischen Politik für die interamerikanischen Beziehungen. Trotzdem herrschte in vielen Arbeiten nach wie vor eine hierarchische Perspektive vor, die Dominanz der Hegemonialmacht über den Kontinent betonend ebenso wie eine undifferenzierte Sichtweise, die die ganz unterschiedlichen Politiken und Interessen der lateinamerikanischen Länder außer Acht ließ. Insgesamt rückte aber in den 1990er Jahren und danach [Gilderhus,9; Friedman, Nazis and good neighbors, 9] die Handlungsmacht lateinamerikanischer Akteure stärker in den Fokus [Plummer, Haiti and the United States, 9; dies., Evolution of the Black Foreign Policy Constituency, 9, Roorda, 9, Renda, 9, Rabe, 9]. Viele neuere Studien basieren auf intensiven Recherchen in lateinamerikanischen Archiven und verbinden nationale und internationale Geschichte sowie politik- und kulturgeschichtliche Ansätze miteinander [Clark Jr., 9; Niblo, 9; Longley, 9; Roorda, 9; Joseph/LeGrand/Salvatore, 9; siehe auch Friedman, Retiring the Puppets, 9]. Untersuchungen zu lateinamerikanischen Arbeitern im *US Commercial Empire* legten J. Greene [zum Panama-Kanal, 9] und G. Grandin [zu Fordlândia, 9] vor.

Handlungsmacht lateinamerikanischer Akteure

Interamerikanische Perspektiven

Die USA und Lateinamerika wurden in den Studien zu den interamerikanischen Beziehungen bis in die späten 1990er Jahre hinein als zwei klar voneinander getrennte Räume behandelt, was allein angesichts der massenhaften Migration von Lateinamerikanern in die USA höchst problematisch ist [Weinstein, 9], denn gerade sie ist ein wirkmächtiges Symbol für die gegenseitige Beeinflussung beider Regionen. Die innovativsten Studien entstanden zunächst im kulturgeschichtlichen und kulturwissenschaftlichen Bereich, verorteten sich in der Gender- oder Globalgeschichte und verfolgten transnationale Ansätze [z. B. Schwartz, 9; Zolov 5; Findlay, Imposing Decency, 4; Prutsch, 9]. Obwohl diese eine große Bandbreite von Themen behandelten, ist ihnen gemein, dass sie eine deutliche Verschiebung weg von politik-, wirtschafts- und diplomatiegeschichtlichen Fragestellungen und den Themenkomplexen „Intervention“ und „Konflikt“ hin zur kulturgeschichtlichen Themen (Sexualität, alternative Lebensformen etc.) vornahmen und den alltäglichen Austausch zur Sprache brachten.

Tourismusstudien

Ein expandierendes Forschungsfeld ist hier der Tourismus, wodurch kulturelle, politische, ökonomische und soziale Interaktionen zwischen den Amerikas in den Blick genommen werden. Eine Pionierstudie liegt von D. Merrill [9] vor, der den Tourismus auf Kuba, Puerto Rico und in Mexiko als eine Form des kulturellen und ökonomischen US-Imperialismus und *empirebuildings* untersuchte. Kontroverse Diskussionen rief er mit seiner Betonung auf das *self-empowerment* lateinamerikanischer Akteure hervor. So verdeutlichte etwa C. Skwiot [9] mit ihrer Studie zum Tourismus auf Kuba und Haiti, dass die Profite der Tourismusbranche die Angestellten und Arbeiter nicht erreichten und wie der Tourismus unter Batista für die *habaneros* zum Symbol für alle Fehlentwicklungen seiner Regierung wurde. Bereits aus dem Jahr 1997 datiert die Untersuchung von R. Schwartz zu US-amerikanischen Visionen von Kuba als exotischem Paradies, die auch analysiert, wie einheimische Akteure in der Tourismusbranche zwischen 1920 und 1959 diese Visionen „verwirklichten" und dabei ihre eigene Agenda verfolgten. Zum US-Tourismus in Mexiko aus historischer Perspektive liegt ein von A. G. Wood und D. Berger 2010 herausgegebener Sammelband vor [9]. Wesentlich zur kulturgeschichtlichen Perspektive trugen auch die Publikationen bei, die in der von L. D. Langley herausgegebenen Reihe *United States and the Americas* erschienen. Die Autoren [Raat/Brescia, 9; J. Smith, 9; Conniff, 9] legen den Fokus auf zivile Akteure und Beziehungen im privaten Bereich. Sie stellen u. a. Studierende, Touristen, Künstler, Missionare, Freiwilligen-Organisationen, Stiftungen sowie Unternehmen und ihre Rolle in der Gestaltung der interamerikanischen Beziehungen ins Zentrum. In den vergangenen Jahren legten insbesondere auch lateinamerikanische Autoren innovative Beiträge in diesem Feld vor, z. B. R. D. Salvatore [9], A. P. Tota und D. J. Greenberg [9], M. Iglesias Utset [9], B. Calandra und M. Franco [9] sowie einige Aufsätze im Band von G. Cramer und U. Prutsch [9]. Auch der Antiamerikanismus in Lateinamerika wurde aus kulturgeschichtlicher Perspektive untersucht. A. McPherson [9] unterschied zwischen den revolutionären (Kuba), konservativen (Panama) und „episodischen" (Dom. Republik) Varianten des Antiamerikanismus. Die unterschiedlichen Reaktionen auf US-Amerikaner in Mexiko analysierte J. Moreno [9].

Im Zuge dieser Akzentverschiebung werden die interamerikanischen Beziehungen heutzutage nicht mehr als Einbahnstraße behandelt, sondern die wechselseitige Beeinflussung rückt als Fragestellung zunehmend ins Zentrum, auch wenn ein Großteil der US-amerikanischen Forschungen diesen Aspekt weiterhin ausblendet. Ein früher Ansatz, Nord- und Südamerika nicht nur miteinander zu vergleichen, sondern auch miteinander in Beziehung zu setzen, findet sich in den thematisch breit aufgestellten Beiträgen in zwei von W. Reinhard und P. Waldmann herausgegebenen Sammelbänden [9]. In diesem Zusammenhang spielen auch die „Kontaktzonen" eine größere Rolle, etwa die Grenze zwischen den USA und Mexiko, die in den neu entstandenen, interdisziplinär arbeitenden Wissenschaftsnetzwerken, wie etwa den *Interamerikanischen Studien* [Interamerican Studies Assocication, 1.7] und dem CIAS [*Center for InterAmerican Studies*, Universität Bielefeld, 1.7] nicht mehr nur als geographische Räume behandelt werden. Sie untersuchen vielmehr auch die Zirkulation von Menschen und Gütern, Wissen und Diskursen sowie ihre Adaptionen an lokale Kontexte. Aus kulturwissenschaftlicher Perspektive sind die Analysen und Fallbeispiele des von A. Bandau herausgegebenen Sammelbands [9] aufschlussreich. S. Rinke [Begegnungen mit dem Yankee, 9] untersuchte die These von der „Nordamerikanisierung" am chilenischen Beispiel und konnte dabei aufzeigen, dass die US-amerikanische Präsenz in Wirtschaft, Kultur und Gesellschaft des Landes weder zur kulturellen Homogenisierung Chiles führte noch zur Übernahme wesentlicher Bestandteile nordamerikanischer Kultur. Damit überwand die Studie die traditionellen Vorstellungen des historischen Nordamerikadiskurses, der von einem Prozess einseitiger Beeinflussung ausging.

„Nordamerikanisierung"

In der US-amerikanischen Forschung stehen seit dem Ende des Kalten Kriegs verstärkt die sogenannten *intermesic issues* im Fokus, die „International questions with substantial domestic implications", d. h. Themen wie Migration, Freihandelsabkommen (NAFTA etc.), Drogenhandel oder Umweltschutz. Auch das neue Feld der *borderland studies* lässt sich hier hinzurechnen. Der steigende Anteil von Lateinamerikanern in den USA hat auch dazu geführt, dass in Universitäten Kurse zur Geschichte Lateinamerikas, der Karibik und der interamerikanischen Beziehungen vermehrten Zulauf von Studierenden erfahren. In den vergangenen Jahren erschienen deshalb auch Einführungen und Überblicks-

borderland studies

werke zur Geschichte der interamerikanischen Beziehungen [O'Brien, 9; Langley, 9; Loveman, 9; Kaltmeier, 9 sowie für die deutschsprachige Forschung Rinke, Lateinamerika und die USA, 9].

9.1 Lateinamerika und die USA im Zweiten Weltkrieg und im Kalten Krieg

Good Neighbor Policy

In der älteren (US-amerikanischen) Forschungsliteratur zu Franklin Delano Roosevelts *Good Neighbor Policy* in Lateinamerika und den interamerikanischen Beziehungen im Zweiten Weltkrieg wurde vor allem darüber diskutiert, ob für die Roosevelt-Administration eher Handel und Investitionen oder strategische und somit politisch-militärische Notwendigkeiten im Vordergrund standen [siehe u. a. Smith, in: Liggio, 9.1; Gellman, 9.1; Grow, The Good Neighbor Policy, 9.1]. F. B. Pike [FDR's Good Neighbor Policy, 9.1], der aus einer kulturgeschichtlichen Perspektive die Wahrnehmung Lateinamerikas in der US-amerikanischen Zivilgesellschaft untersuchte, kam zu dem Schluss, dass beide Faktoren nicht voneinander zu trennen sind [siehe auch Gilderhus, 9.1]. Darüber hinaus wurde diskutiert, ob die *Good Neighbor Policy* eher als liberaler Internationalismus oder als liberaler Imperialismus bezeichnet werden müsse.

Wirtschaftliche Interessen oder „nationale Sicherheit"?

Viele Autoren folgten dependenztheoretischen Ansätzen und fokussierten auf die Durchsetzung wirtschaftlicher Interessen US-amerikanischer Akteure, die militärischen Interventionen in der Karibik und in Zentralamerika und damit zusammenhängend die „Doktrin der nationalen Sicherheit". M. Gilderhus [9.1] wies auf den Einfluss des Vietnam-Kriegs auf die US-amerikanische Forschung zu den interamerikanischen Beziehungen hin und insbesondere auf radikal-kritische Interpretationen des Kalten Krieges in Lateinamerika [Morley, 9.1]. Die Debatten konzentrierten sich auf die Frage, ob die Motivation für verdeckte geheimdienstliche Operationen und „offene" militärische Interventionen in Lateinamerika eher der Durchsetzung wirtschaftlicher Interessen geschuldet war oder der Stabilisierung im Sinne der „nationalen Sicherheit". S. G. Rabe [9] hob in Bezug auf die ältere Forschung hervor, dass sich Ende der 1980er Jahre viele US-amerikanische „Interamerikanisten" bereits des Chauvinismus und des Patriotismus entledigt hätten, der frühere Arbeiten geprägt habe [z. B. Be-

MIS, The Latin American policy of the United States, 9.1; PERKINS, 9.1; WHITAKER, 9.1]. Bereits in den späten 1980er Jahren seien Ansätze entwickelt worden, die die interamerikanischen Beziehungen als Summe aller Verbindungen offizieller, privater, kommerzieller und kultureller Art zwischen Lateinamerika und den USA interpretiert hätten. Viele der in den 1970er und 1980er Jahren publizierten Studien beruhen tatsächlich bereits auf lokalen Archivrecherchen und die Autoren arbeiteten auch mit spanisch- oder portugiesischsprachigen Quellen. Ungeachtet dessen fokussierten sie vor allem auf die US-amerikanischen Aktivitäten in Lateinamerika und ihre Auswirkungen [MCCANN, 9.1; HILTON, Brazil and the Great Powers, 9.1; IMMERMAN, 9.1; CALDER, 9.1; PÉREZ, Cuba under the Platt Amendment, 9.1]. In den Blick genommen wurden nicht nur US-Politiker und Diplomaten, sondern auch US-Offiziere [LANGLEY, 9.1], nordamerikanische Bankiers und Finanzberater in Lateinamerika [ROSENBERG, 9.1; DRAKE, 9.1] sowie Juristen, Wissenschaftler und andere Experten.

Handlungsmacht lateinamerikanischer Regierungen

Als Reaktion auf dependenztheoretische Ansätze bemühten sich seit den 1970er Jahren zahlreiche Autoren darum, die lateinamerikanische Perspektive auf die *Good Neighbor Policy* zu untersuchen und das Handeln lateinamerikanischer Akteure in den Vordergrund zu stellen. Dabei kamen viele zu dem Schluss, dass lateinamerikanische Regierungen, ob demokratisch oder autoritär, in den 1930er und 1940er Jahren geschickt taktiert und die USA und NS-Deutschland zugunsten eigener Interessen gegeneinander ausgespielt hätten [MCCANN, 9.1; HILTON, Brazil and the Great Powers, 9.1 zu Brasilien unter Vargas; MCBETH, 9.1 zu Venezuela; CLARK JR., 9 zu Nicaragua unter Somoza; ROORDA, 9.1 zur Dominikanischen Republik unter Trujillo; NIBLO, 9 sowie SCHULER, 9.1 zu Mexiko unter Cárdenas]. Als Standardwerk zur Ära der Neutralität (1939–1942) gilt nach wie vor die Arbeit von R. A. HUMPHREYS [9.1], der die Bemühungen der USA um lateinamerikanische Ressourcen, die Pan-Amerikanischen Konferenzen und den Kriegseintritt lateinamerikanischer Staaten auf Seiten der Alliierten bzw. den Abbruch diplomatischer Beziehungen mit den Achsenmächten und die Aufrechterhaltung neutraler Positionen (Argentinien, Chile) nach 1941 untersuchte.

Zweiter Weltkrieg und *hemispheric solidarity*

Untersuchungen über die neuen Herausforderungen, die der Zweite Weltkrieg für die interamerikanischen Beziehungen, die *Good Neighbor Policy* und das US-amerikanische Konzept der *he-*

mispheric solidarity darstellte, haben T. M. LEONARD und J. F. BRATZEL zusammengestellt [9.1]. Einen Fokus auf die Beziehungen zwischen den USA und den Ländern des *Cono Sur* im Zweiten Weltkrieg legten u. a. F. MCCANN [9.1], G. FRANK [9.1], M. J. FRANCIS [9.1] und M. GROW [The Good Neighbor Policy, 9.1]. Seit den 1980er Jahren erschienen vermehrt Publikationen zur Spionage in Lateinamerika im Zweiten Weltkrieg [siehe u. a. HILTON, Hitler's Secret War in South America, 9.1, ROUT/BRATZEL, 9.1, NIBLO, 9]. M. E. PAZ SALINAS [9.1] kam zu dem Ergebnis, dass deutsche und japanische Geheimdienstaktivitäten ineffizient waren, da das FBI unter Präsident J. Edgar Hoover entsprechende Kreise schnell ausfindig gemacht habe, auch wenn die lateinamerikanischen Regierungen kaum kooperiert hätten. Siehe hierzu auch die Studien von A. MCPHERSON [9.1] zu Hoover und der *Good Neighbor Policy* und J. VAN DEN BERK [9.1] zum U. S. Foreign Service in Zentralamerika während Roosevelts Präsidentschaft. Die reale und die empfundene Bedrohung durch das nationalsozialistische Deutschland und die NS-Aktivitäten in Lateinamerika untersuchten M. P. FRIEDMAN [Nazis and good neighbors, 9] und U. LÜBKEN [9].

Kulturdiplomatie

Über das 1940 gegründete, von Nelson Rockefeller geleitete *Office of the Coordinator of Inter-American Affairs* (OCIAA) und die *cultural diplomacy* der USA in Lateinamerika im Zweiten Weltkrieg haben G. K. HAINES [9.1] und C. C. ERB [9.1] geforscht, die Rolle des *State Department* im Rahmen der kulturellen Beziehungen nahm J. M. ESPINOZA [9.1] in den Blick. D. RIVAS stellte 2003 fest, dass die Kulturdiplomatie und die Propaganda-Aktivitäten der USA in Lateinamerika im Zweiten Weltkrieg zwar umfassend untersucht worden seien, nicht aber deren Wahrnehmung durch die Lateinamerikaner [United States – Latin American Relations, 9.1]. Diese Desiderate behandelten U. PRUTSCH [9] und D. J. SADLIER [9.1], außerdem die Aufsätze in dem von U. PRUTSCH und G. CRAMER 2012 herausgegebenem Sammelband [9].

Nachkriegspolitik

Ab den 1970er Jahren widmete sich die einschlägige Forschung den ab 1944 einsetzenden US-amerikanischen Planungen für die Nachkriegszeit und dem Richtungsstreit innerhalb der Roosevelt-Administration, der v. a. auch die Gestaltung der *Good Neighbor Policy* und der interamerikanischen Beziehungen beeinflusste. Die unterschiedlichen Fraktionen wurden von Autoren wie D. GREEN [The Containment of Latin America, 9.1], I. F. GELLMAN [9.1] und R. B. WOODS [9.1] in *latin americanists* bzw. *regionalists*

(z. B. Sumner Welles und Nelson Rockefeller) und *internationalists* bzw. *europeanists* (z. B. Cordell Hull und Spruille Braden) unterteilt. Diese Autoren stimmten darin überein, dass die *Good Neighbor Policy* über das Ende der Präsidentschaft Roosevelts 1945 hinaus bis in die frühen 1950er Jahre andauerte und erst mit der CIA-gestützten Intervention in Guatemala 1954 ein Ende fand.

Die Forschung, die bereits in einer frühen Phase des Kalten Krieges (1942–1960) einsetzte, konzentrierte sich vor allem auf die Gründung von interamerikanischen Institutionen, die Auswirkungen des Zweiten Weltkriegs und des Kalten Kriegs auf die interamerikanischen Beziehungen, auf Konflikt und Kooperation in wirtschaftlichen Angelegenheiten und die Unterstützung diktatorischer Regime in Lateinamerika durch die US-Regierungen. Zu verzeichnen sind außerdem viele Studien über die bilateralen Beziehungen zwischen den USA und lateinamerikanischen Staaten. Insbesondere riefen die Reaktionen der US-Regierungen auf Nationalismus und die Revolutionen in Bolivien, Guatemala und Kuba großes Interesse unter Historikern hervor. Gemäß der traditionellen Diplomatiegeschichte wurde dabei vor allem die Politik Washingtons analysiert. Die Roosevelt-Administration wurde überwiegend positiv beurteilt, die Rolle der USA ab 1945 und insbesondere ab den späten 1950er Jahren hingegen sehr viel kritischer: D. Rivas zufolge hat die US-Politik gegenüber Lateinamerika wesentlich zur politischen Instabilität und zum Anwachsen ökonomischer und sozialer Ungleichheiten beigetragen [United States-Latin American Relations, 9.1].

New Cold War history

Obwohl die Auswirkungen der US-Politik auf Lateinamerika bis heute weiterhin im Fokus stehen, richten neuere Forschungen [Gilderhus/Neagle, 9.1] ihr Augenmerk vermehrt auf nichtstaatliche Akteure und können dabei mittlerweile auf umfassende Analysen der lateinamerikanischen Perspektive auf die interamerikanische Politik zurückgreifen. Die Ansätze basieren auf der *New Cold War history*, die ihre Aufmerksamkeit seit den 2000er Jahren verstärkt den „heißen Kriegen im Kalten Krieg“ [Greiner, Krisen im Kalten Krieg, 9.1] widmete. O. A. Westad [9.1: v. a. 331–48]; J. Coatsworth [9.1] und C. Hatzky [9.1] nahmen Schauplätze in der sogenannten Dritten Welt und mindermächtige Akteure aus globalgeschichtlicher Perspektive in den Fokus. Darüber hinaus existieren mittlerweile auch aus Lateinamerika stammende Perspektiven auf den Kalten Krieg [Pettinà, 13.2]. Richtungsweisend für eine lateiname-

„Heiße Kriege im Kalten Krieg“

rikanische Perspektive mit einem transnationalen Ansatz sind bei G. Grandin und G. M. Joseph zu finden [9.1], denen zufolge Lateinamerikas Kalter Krieg aufgrund seiner nachhaltigen Auswirkungen auf die US-lateinamerikanischen Beziehungen bereits mit der Mexikanischen Revolution begann. Die Autoren verblieben allerdings im Narrativ von Revolution und US-gestützter Konterrevolution. Einen anderen Ansatz wählte T. Harmer [Fractious Allies, 9.1], die am Beispiel des Putsches gegen die Allende-Regierung verstärkt die Entwicklung im Innern in den Blick nahm und die US-Beteiligung relativierte.

Lateinamerikanische Spezifika des Kalten Kriegs

H. Brands [9.1] legte eine umfassende und vielbeachtete historische Untersuchung aus lateinamerikanischer Perspektive vor. Er hob die aktive Rolle der Lateinamerikaner hervor und legte seiner Studie das Konzept des Kalten Kriegs als einer „Serie sich überlappender Konflikte" (*multi-layered conflicts*) zugrunde. Darüber hinaus ging er von einer „Lateinamerikanisierung" des Kalten Kriegs aus: Ausgehend von der Kubanischen Revolution verwandelte sich das sandinistische Nicaragua Anfang der 1980er Jahre zusammen mit seinen mittelamerikanischen Nachbarstaaten zu einem der letzten Schauplätze, an denen der Kalte Krieg einen heißen Krieg mit Hunderttausenden von Todesopfern herbeiführte. Dabei vernachlässigte Brands nicht die entscheidende Rolle der US-Regierung, des Militärs und der CIA in den zentralamerikanischen Bürgerkriegen in und um Nicaragua. Seine Studie zeichnet sich insgesamt durch eine kritische Distanz zu den revolutionären Bewegungen und Regierungen aus.

Cold War cultural studies

Eine weitere Perspektivverschiebung liegt in der Untersuchung kultureller Aspekte als einem neuen Forschungsfeld der *Cold War cultural studies*. Eine zunehmende Anzahl von Autoren untersucht, wie *race*, Gender und Identität das Denken und Handeln historischer Akteure beeinflusste. Eine den interamerikanischen und den *Cold War studies* gewidmete Ausgabe des *Culture & History Digital Journal* [9.1] befasst sich mit der politischen und kulturellen *agency* Lateinamerikas im Kalten Krieg sowie den globalen Verflechtungen, und zwar jenseits der traditionell untersuchten Beziehungen zwischen Lateinamerika und den USA. Auch hier arbeiten Autoren vermehrt mit transnationalen Ansätzen [Friedman, 9; Harmer, 9, Allende's Chile; 9.1; The Cold War in Latin America, in: Kalinovsky/Daigle, 9.1: 144; Schmidli, 9.1]. Ungeachtet dessen ist jedoch ein Narrativ dominant, das den Kalten

Krieg in Lateinamerika als ein Kapitel in der Geschichte der US-Hegemonie in der westlichen Hemisphäre deutet. So wählen Autoren wie z. B. S. Fein [9.1] und E. Zolov [9.1] zwar kulturgeschichtliche Zugänge, gehen aber weiterhin von der Hegemonie der USA aus.

US-Unterstützung diktatorischer Regime

Die Unterstützung rechtsgerichteter, diktatorischer Regime in Lateinamerika durch US-Regierungen, Militär oder CIA untersuchten u. a. W. LaFeber [Inevitable Revolutions, 9], T. M. Leonard [9.1] und D. F. Schmitz [9.1] aus einer gesamtlateinamerikanischen Perspektive. Bilaterale Studien, die meist detaillierter auf den lateinamerikanischen Kontext eingehen, legten u. a. P. C. Clark Jr. [9] und M. Gambone [9.1] zu Nicaragua, E. P. Roorda [9], G. P. Atkins/L. C. Wilson [9.1] und M. R. Hall [9.1] zur Dominikanischen Republik vor. Diese Arbeiten untersuchen die *turning points*, etwa die Gründung der Organisation Amerikanischer Staaten (OAS) 1948 oder die späten 1950er Jahre in der US-Politik, und werfen gleichzeitig einen Blick darauf, wie sich lateinamerikanische Diktatoren diese zunutze machten. Die US-Unterstützung für demokratische und „populäre“ Regierungen untersuchten z. B. C. D. Ameringer [9.1] und K. Longley [9] für Costa Rica und brachen damit mit dem fast exklusiven Fokus der Forschung auf Krisen und Konflikte im Kalten Krieg. Neuere Arbeiten zur „Allianz für den Fortschritt“ legten J. E. Taffet [9.1] und G. M. Joseph [in: Joseph/Spenser, 9.1] vor. Letzterer betonte, dass eine von den USA eingebrachte „Kalte Kriegs-Logik“ (*Cold War rationale*) den ideologischen und politischen Kontext für die Menschenrechtsverletzungen in Lateinamerika gebildet habe.

Gründung der OAS

„Schmutzige Kriege“

Kontroverse Diskussionen um die Beteiligung von US-Regierungen und -Militär an Repression, Folter, Mord, dem Sturz demokratisch legitimierter Regierungen und an der Unterstützung autoritärer Regime in Lateinamerika sind charakteristisch für neuere Forschungen über den Kalten Krieg in Lateinamerika. S. G. Rabe [9.1] nimmt den „schmutzigen Krieg“ der argentinischen Militärdiktatur, das Folterregime Pinochets in Chile und die Todesschwadronen in El Salvador in den Blick und fokussiert dabei auch auf die komplexen Dimensionen der lateinamerikanischen und US-amerikanischen Zusammenarbeit in der „Kalten Kriegsführung“. Auch M. Danner [9.1] und R. Crandall [The Salvador Option, 9.1] diskutierten die „lateinamerikanische *agency*“. Verschiedene Autoren kommen dabei zu ähnlichen Ergebnissen wie Rabe.

Destabilisierung demokratischer Regierungen

M. Grow [U.S. presidents and Latin American interventions, 9.1], der die Destabilisierung demokratischer Regierungen und die Einsetzung von Diktaturen erforschte, ist der Meinung, dass die US-Regierungen die CIA und die US-Marines nicht in erster Linie zur Durchsetzung der nationalen Sicherheit oder privater US-Wirtschaftsinteressen eingesetzt hätten, sondern vielmehr um ihre Glaubwürdigkeit daheim und im Ausland zu stärken. In diesem Zusammenhang spricht er von *symbolic battlefields* und *exercises in imagery*. Der von G. Joseph und D. Spenser [9.1] herausgegebene Sammelband widmet sich den Auswirkungen des Kalten Kriegs auf lateinamerikanische Zivilgesellschaften, so etwa der Beitrag von V. Langland [9.1] über die Unterstützung des brasilianischen Militärregimes durch die USA bei der Repression weiblicher Aktivistinnen der Studentenbewegung, Feministinnen und der sexuellen Befreiung in den späten 1960er Jahren, um nur ein Beispiel zu nennen (siehe hierzu auch Kap. II.14).

Gesellschaftliche Auswirkungen von Repression

Verschiedene neuere Publikationen relativieren die Rolle der USA, so etwa H. Brands [9.1], der, ausgehend von der *two demons theory* (lateinamerikanische Bevölkerungen gefangen zwischen radikalen Rechten und Linken), Repression, Folter und Mord als logische, wenn auch übertriebene Reaktion der Militärregime auf linken Radikalismus beschrieb. Auch R. Crandall [Gunboat Democracy, 9.1] und T. Harmer [Allende's Chile, 9.1] relativierten die Bedeutung US-amerikanischen Eingreifens im Kalten Krieg. Brands' Thesen widersprachen u. a. J. Gould [9.1], der linken Aktivismus als Reaktion auf rechte Repression beschrieb, und P. Winn [9.1], der auf Allendes friedlichen gesellschaftspolitischen Kurs verwies, ungeachtet massiver Attacken gegen seine Regierung [hierzu außerdem Green, We cannot remain silent, 9.1; Peace, 9.1 und Schmidli, 9.1].

Wirtschaftsbeziehungen USA-Lateinamerika

Ein weiterer Schwerpunkt in der Forschung ist die ökonomische Entwicklung Lateinamerikas bzw. die wirtschaftlichen Beziehungen zwischen Lateinamerika und den USA. Seit den 1990er Jahren wurde dabei herausgestellt, wie (stereotype) Vorstellungen von Lateinamerika die US-amerikanische Wirtschaftspolitik beeinflussten, z. B. von F. B. Pike [The United States and Latin America, 9.1] und J. W. Park [9.1], der den Rassismus und Ethnozentrismus US-amerikanischer Entscheidungsträger betonte. Studien, die sich nicht auf die Wirtschaftspolitik, sondern auf multinational agierende US-Unternehmen und ihre lateinamerikanischen „Gastgebernationen“ sowie die Übertragung der US-amerikanischen *corporate culture* konzentrierten, legten M. Wilkins [9.1], E. Cobbs Hoffman [9.1], T. F. O’Brien [9.1] und D. Rivas [Missionary Capitalist, 9.1] vor. Zur einflussreichen *United Fruit Company* (UFCo) verfolgten W. LaFeber [Inevitable Revolutions, 9] und P. Dosal [9.1] „neodependenztheoretische“ Ansätze und vertraten die Ansicht, dass korporativer Kapitalismus notwendigerweise zur steigenden Abhängigkeit lateinamerikanischer Staaten von US-amerikanischen Investitionen führen müsse. In einer neueren Studie zur UFCo in Zentralamerika gelang es J. M. Colby [9.1], die lange vernichtet geglaubten Dokumente der UFCo in Costa Rica aufzuspüren. Er analysierte sie im Hinblick auf das Leben auf den Bananenplantagen der UFCo (mit Fokus auf der Zeit vor 1940), wobei es ihm gelang, eine „*new social history of the U.S. Empire*“ zu schreiben (siehe unten, Kap. II.12.2). Die interamerikanischen Wirtschaftsbeziehungen im Kalten Krieg untersuchten auch J. K. Lipman [9.1] in seiner Studie zu kubanischen Arbeitern auf der US-Basis in Guantánamo und M. Tinker Salas [9.1], der u. a. beschreibt, wie US-amerikanische und britisch-niederländische Ölfirmen versuchten, venezolanische Arbeiter an einen korporativen Lebensstil zu akkulturieren.

9.2 US-amerikanische Reaktionen auf Revolutionen in Lateinamerika

Reaktionen der US-Regierungen auf Nationalismus und Revolutionen in Lateinamerika haben viel Aufmerksamkeit erfahren. Zu den häufig behandelten Themen gehört der Sturz der Regierung Árbenz in Guatemala 1954 (vgl. Kap. II.12.2). S. Schlesinger und S. Kinzer [9.2] untersuchten den Einfluss der *United Fruit Company* (UFCo) und das Handeln des US-Botschafters John Peurifoy. R. Immerman [9.1] legte den Fokus eher auf strategische und ideologische Motive der Eisenhower-Administration und P. Gleijeses [9.2] betonte den Einfluss des Marxismus auf Árbenz. S. Streeter [9.2] und vor allem G. Grandin [9.2] beleuchteten die Rolle, die die USA bei der politischen und militärischen Organisation von Massakern und Massenmorden in Guatemala spielten. Analysen zu den US-amerikanischen Reaktionen auf die Revolution in Bolivien und die politischen Entwicklungen in Costa Rica zeichneten ein kom-

Guatemala

Bolivien

Costa Rica

plexeres Bild der US-Politik und verdeutlichten, wie lateinamerikanische Regierungen die US-Politik gegenüber ihren Ländern zu beeinflussen wussten, insbesondere durch antikommunistische Politik und Rhetorik [siehe LONGLEY, 9 und LEHMANN, 9.2]. Komparative Studien zur US-Reaktion auf verschiedene Revolutionen in Lateinamerika legten u. a. C. BLASIER [9], M. L. COTTAM [9.2] und J. F. SIEKMEIER [9.2] vor. BLASIER untersuchte die Revolutionen in Mexiko, Bolivien, Guatemala und Kuba und arbeitete heraus, wie Revolutionen (scheinbar) private US-Wirtschaftsinteressen und den politischen Einfluss der USA in Lateinamerika bedrohten. COTTAM arbeitete mit Theorien aus der psychologischen Forschung und untersuchte die kognitiven Images, die US-Politiker von Guatemala, Kuba und Bolivien hatten. J. W. WILKIE [9.2] sowie L. WHITEHEAD [9.2] analysierten die umstrittene US-Unterstützung einiger lateinamerikanischer Länder im Rahmen der „Allianz für den Fortschritt“.

Kuba

Studien mit speziellen Fokus auf die US-Reaktionen auf die Kubanische Revolution (vgl. Kap. II.12.3) legten u. a. R. E. WELCH [9.2], S. G. RABE [9.2] und J. R. BENJAMIN [9.2] vor. Die von der CIA unterstützte und der Kennedy-Administration gebilligte Invasion von Exilkubanern in der Schweinebucht [KORNBLUH, 9.2; BLIGHT/KORNBLUH, 9.2], scheiterte kläglich und bedeutete eine herbe Niederlage für Exilkubaner und die US-Regierung gleichermaßen. Kurz darauf folgte die Raketenkrise, die im Oktober 1962 die Welt an den Rand eines Atomkriegs brachte und deren Details erst mit der Öffnung US-amerikanischer und sowjetischer Archive in den 1990er Jahren erforscht werden konnten [GREINER, 9.2; FURSENKO/NAFTALI, 9.2]. Eine minutiöse, neuere Diplomatiegeschichte, die das schwierige politische Verhältnis zwischen Kuba und den USA seit der Revolution analysiert und weit über die großen Krisen hinausgeht, legte L. SCHOULTZ [9.2] vor. H. JONES [9.2] setzte den Fokus auf die Schweinebucht-Invasion und die Pläne zur Ermordung Castros.

CIA in Lateinamerika

Die Öffnung der Archive diverser lateinamerikanischer Außenministerien in den 1990er Jahren und der Einsatz von mit dem *National Security Archive* (NSA) assoziierten Historikern wie T. S. BLANTON, K. DOYLE und P. KORNBLUH, die seinerzeit auf die Freigabe von Dokumenten zu verdeckten Operationen der CIA in Lateinamerika drängten, ermöglichten neue Perspektiven auf die interamerikanischen Beziehungen im Kalten Krieg [siehe hierzu u. a.

Blanton, 9.2 und Harmer, Allende's Chile, 9.1]. Zu den kubanischen-US-amerikanischen Beziehungen in historischer Perspektive liegen zahlreiche Arbeiten von L. A. Pérez vor [u. a. The War of 1898, 9.2; Cuba and the United States, 9.2; Cuba in the American Imagination, 9.2]. L. Schoultz [9.2] betonte, dass die rassistischen und paternalistischen Attitüden vieler US-Regierungsmitglieder einen *modus vivendi* im Umgang mit der Kubanischen Revolution verhindert hätten. Im Rahmen der *International History* verdeutlichten jüngere Forscher [Harmer, s. o.], wie Akteure in den USA, Kuba, Brasilien und West- und Osteuropa über die Allende-Regierung in Chile stritten und das Land zum Zentrum eines interamerikanischen Ringens um Revolution, Sozialismus und eine neue internationale Wirtschaftsordnung wurde.

10 Supranationale Zusammenschlüsse

Außen- und Bündnispolitik

Die Außen- und Bündnispolitik der Länder Lateinamerikas war nicht nur auf den Doppelkontinent beschränkt, sondern bewegte sich ab dem frühen 20. Jahrhundert auch auf globaler Ebene, etwa im Rahmen des Völkerbunds. Die lateinamerikanische Politik im Völkerbund in den Jahren 1920 bis 1946 behandeln die Publikationen von T. Fischer [10] und A. McPherson bzw. Y. Wehrli [10]. Der Panamerikanismus der ersten Hälfte des 20. Jahrhunderts, die *Good Neighbor Policy* und die Kooperation zwischen den USA und diversen lateinamerikanischen Staaten im Zweiten Weltkrieg waren Ausganspunkt für die Bemühungen um eine interamerikanische Integration nach 1945. Der Rio-Pakt von 1947 über den interamerikanischen Beistand und die Gründung der Organisation Amerikanischer Staaten (OAS) 1948 wurden während des Kalten Kriegs häufig als Instrumente zur Konsolidierung der US-Hegemonie in der westlichen Hemisphäre (und insbesondere über Lateinamerika) gedeutet. Die Forschung zum Verhältnis der OAS zu den lateinamerikanischen Staaten diskutierte vor allem die Konflikte der interamerikanischen Kooperation, die wirtschaftliche Dominanz der USA durch Freihandelspolitik sowie sicherheitspolitische Aspekte [z. B. Sheinin, 10; Bray, 10; Sicker, 10: 105–126; Shaw, 10; Cooper/Legler, 10; Maúrtua de Romaña, 10; Maihold, Die Zukunft der OAS, 10]. Zur Menschenrechtspolitik der OAS siehe K. Dykmann [10].

Regionale Kooperationen

Die regionale Kooperation zwischen lateinamerikanischen Staaten seit den 1980er Jahren legte den Grundstein für Handelsabkommen, die im Zuge des sogenannten offenen Regionalismus (*open regionalism*) in den 1990er Jahren geschlossen wurden. Seit Anfang der 2000er Jahre gibt es neue Initiativen zur regionalen Kooperation und Integration, die zur Gründung neuer Zusammenschlüsse wie die *Alianza Bolivariana para los Pueblos de Nuestra América* (ALBA, 2004), *Unión de Naciones Suramericanas* (UNASUR, 2008), *Comunidad de Estados Latinoamericanos y Caribeños* (CELAC, 2010) oder der Pazifischen Allianz (*Alianza del Pacífico* AP, 2012) führten. Die Koexistenz dieser neuen Organisationen mit älteren Institutionen wie dem 1991 gegründeten *Mercosur* war in den vergangenen Jahren Gegenstand intensiver Debatten [Dinkel, 10]. Darüber hinaus erschienen etliche Publikationen, die mit jeweils unterschiedlichen Schwerpunktsetzungen einen Überblick über die historische Entwicklung der regionalen Integration in Lateinamerika bieten: J. Briceño Ruiz [10] und O. Dabène [10] erarbeiteten detaillierte historische Analysen der regionalen Integration und ihrer Institutionen. V. Bulmer-Thomas [10], L. Fawcett/M. Serrano [10] und G. Mace/A. F. Cooper/T. Shaw [10] gaben jeweils Sammelbände zum Regionalismus in den Amerikas heraus, deren Beiträge die Integration im Kontext der interamerikanischen Beziehungen diskutieren. G. L. Gardinis 2012 erschienene Publikation *Latin America in the 21st Century* [10] beschäftigt sich mit der interamerikanischen Integration im Kontext der Beziehungen zwischen Lateinamerika und den USA und enthält außerdem Kapitel zum *Mercosur* und zur NAFTA. Die von P. Riggirozzi und P. Tussie [10] bzw. A. Rivarola Puntigliano und J. Briceño Ruiz [10] herausgegebenen Sammelbände thematisieren den lateinamerikanischen Regionalismus.

Die Literatur zu den regionalen Integrationsabkommen ist nach wie vor dominiert von empirisch orientierten Beiträgen über Lateinamerika bzw. Südamerika [z. B. Mols/Wilhelmy von Wolff/Gutiérrez, 10; Mace/Bélanger, 10; Kurtenbach/Bodemer/Nolte, 10; Roett/Paz, 10; Bodemer/Gratius, 10; Mace/Thérien/Haslam, 10; Birle, 10] oder nimmt vergleichende Perspektiven ein [z. B. Fawcett/Hurrell, 10; Hettne/Inotai/Sunkel, 10; Acharya/Johnston, 10; Laursen, 10; Börzel, 10]. Viele dieser Arbeiten sind deskriptiv, was häufig zu einer durchweg positiven Beurteilung der untersuchten Institutionen führt. Hinzu kommt, dass zumeist eine Institution bzw. ein

Abkommen separat untersucht und die Verbindungen zwischen den einzelnen Integrationsprojekten vernachlässigt werden [Ausnahmen bilden Ziccardi, 10; Muno, 10; Bernal-Meza, 10; Martínez, 10]. Studien aus dem Umfeld der internationalen politischen Ökonomie diskutieren häufig darüber, ob regionale Integration den Welthandel fördert oder eher behindert und fragen danach, ob diese als Antwort auf die Globalisierung zu verstehen ist bzw. welche wirtschaftlichen Verflechtungen daraus entstehen [z. B. Schirm, 10; Mansfield/Milner, 10; Mattli, 10; Salazar X./Robert, 10; Aggarwal/Espach/Tulchin, 10].

Ökonomische Aspekte regionaler Kooperation

Im Gegensatz zu Bolívars Visionen eines politischen Zusammenschlusses standen nach dem Zweiten Weltkrieg ökonomische Aspekte im Fokus der Initiativen zur regionalen Integration. In der ersten Phase (ca. 1950–1985) waren sie geprägt vom Prinzip der importsubstituierenden Industrialisierung (ISI) und von den Entwicklungsempfehlungen der CEPAL [siehe Dinkel, 10: 25–26]. Informationen zur 1960 gegründeten Lateinamerikanischen Freihandelszone (*Latin American Free Trade Association*, LAFTA) lieferte S. Rivera [10: 174–1992]. Studien zum ebenfalls 1960 gegründeten gemeinsamen zentralamerikanischen Markt (*Mercado Común Centroamericano*, MCC) sowie dem 1969 geschlossenen Anden-Pakt finden sich im Sammelband von V. Bulmer-Thomas und A. M. El-Agraa [10]. Die zweite Phase (ca. 1990–2003) war von den Erfahrungen der Schuldenkrise geprägt sowie vom wirtschaftlichen Prinzip des *open regionalism* mit dem Ziel, Lateinamerika stärker in den globalen Wirtschaftsmarkt zu integrieren, was 1994 von der CEPAL als neues grundlegendes wirtschaftliches Prinzip zur regionalen Integration in Lateinamerika und der Karibik definiert wurde [siehe Dinkel, 10: 26]. Dieser offene Regionalismus schlug sich etwa im nordamerikanischen Freihandelsabkommen (*North American Free Trade Association*, NAFTA) nieder, einem Wirtschaftsverband zwischen Mexiko, den USA und Kanada, der 1994 gegründet wurde. Die wirtschaftlichen und sozialen Folgen des Abkommens für Mexiko und für Lateinamerika werden unterschiedlich beurteilt [Morris/Passé-Smith, 10; de la Garza Toledo/Salas, 10; Lederman, 10; Long, 10]. Über die Herausforderungen für eine interamerikanische Integration informiert der von G. Mace, A. F. Cooper und T. Shaw [10] herausgegebenen Sammelband.

(Randnotizen: open regionalism; NAFTA)

Mercosur

Zum *Mercosur*, dem 1991 gegründeten gemeinsamen Markt Südamerikas mit den Vollmitgliedern Argentinien, Brasilien, Parguay und Uruguay, legte M. A. Sardegna [10] eine Studie über Arbeitsmigration, Harmonisierung von Arbeitsgesetzgebungen und Sozialpolitik und soziokulturellen Aspekten in den Mitgliedsstaaten vor. Sie analysiert u. a. vergleichend die Arbeitsbeziehungen innerhalb des *Mercosur*, der EU und der NAFTA. V. G. Arnaud [10] lieferte eine historische Analyse zur regionalen Integration in Lateinamerika, in der er verschiedene Fallbeispiele aus Lateinamerika, aber auch aus Europa und Asien in den Blick nahm. Einen neueren Überblick, der den *Mercosur* in Zusammenhang mit den Bemühungen um politische und wirtschaftliche Integration kontextualisiert, bietet S. Rivera [10: 226–255]. A. Grimson [10] untersuchte die öffentliche Wahrnehmung des *Mercosur* in der Presse Argentiniens und Paraguays, und A. Grimson bzw. G. Kessler [10] fokussierten auf Argentinien und die Debatten um Integration bzw. Nationalismus unter neoliberalen Vorzeichen. Den öffentlichen und politischen Diskurs zum *Mercosur* (und zur NAFTA) thematisieren auch die Beiträge des von A. Hurrelmann und S. Schneider 2015 herausgegeben Sammelbands [10]. Eine Untersuchung zum *Mercosur* im historischen Kontext legten J. S. Tulchin, R. H. Espach und H. A. Golding [10] vor und G. L. Gardini [The origins of Mercosur, 10] beleuchtete die Entstehung des *Mercosur* und die argentinisch-brasilianische Kooperation in historischer Perspektive.

„Post-hegemoniale" Phase

Die dritte Phase der wirtschaftlichen Integration wird auch als „post-neoliberale" oder „post-hegemoniale" bezeichnet: Wirtschaftliche Fragen sind zwar nach wie vor wichtig, gelten aber nicht mehr als der alleinige Motor für regionale Integration. Als neue Leitlinien lassen sich physische Integration, sicherheitspolitische Erwägungen und politische Konzertierung identifizieren, außerdem ist eine Abkehr vom offenen Regionalismus und eine Rückkehr zur Binnenmarktorientierung festzustellen. Die *Alianza Bolivariana para los Pueblos de Nuestra América* (ALBA) wurde 2004 als wirtschaftspolitische Kooperation zwischen Venezuela und Kuba gegründet als Alternative zu der von den USA geplanten *Área de Libre Comercio de las Américas* (ALCA). Ihr gehören heute neben den Gründerstaaten Bolivien, Nicaragua und die karibischen Inseln Dominica, Grenada, Antigua und Barbuda an. A. T. Sánchez [10] bezeichnete sie in Anlehnung an die Visionen Martís und der Kubanischen Revolution als „utopisches Projekt". Auch C. D. Absell [10] steht für eine durchweg positive Bewertung

ALBA

der ALBA. T. Muhr [10] interpretierte ALBA als Antwort auf die Probleme der Globalisierung und O. V. Heredia [10] als Beispiel für ein „post-hegemoniales“ Integrationsprojekt. Weitere Deutungen finden sich bei D. Munevar Sastre [10]. Zur regionalen Integration in Zeiten wirtschaftlicher Rezession und dem Verhältnis zu Projekten der Süd-Süd-Kooperation liegen verschiedene Studien vor [Ojeda Medina, 10; Martins, 10; Aponte Garcia, 10; Silva Flores/Martins, 10].

UNASUR Die Union südamerikanischer Nationen (*Unión de Naciones Suramericanos*, UNASUR) wurde 2008 in Brasília von allen zwölf unabhängigen Staaten Südamerikas gegründet mit dem Ziel der Bekämpfung von Armut und sozialer Ungleichheit. N. F. Lockhart [10] thematisierte in diesem Zusammenhang die Diskussion um einen post-hegemonialen bzw. post-neoliberalen Regionalismus, D. Flemes und L. Westermann [10] analysierten ALBA und UNASUR als konkurrierende regionale Zusammenschlüsse, die argentinische Linguistin E. Narvaja de Arnoux [10] untersuchte in ihrer Studie die diskursiven Strategien und (vermeintlichen) externen Bedrohungen gegenüber der UNASUR. Einen guten Gesamtüberblick über die „neuen Regionalismen“ bietet E. Vivares [10]. Im Gegensatz zu ALBA und UNASUR setzte die im Juni 2012 gegründete Freihandelszone, die Pazifische Allianz, *Alianza del Pacífico* (Chile, Kolumbien, Mexiko, Peru und Costa Rica) wieder wirtschaftliche Schwerpunkte und orientiert sich am Prinzip des „offenen Regionalismus“ und am Freihandel. Analysen zur Pazifischen Allianz wurden schon bald nach deren Gründung vorgelegt [Roldán Pérez/Castro Lara/Eusse Giraldo, 10; Nolte/Wehner, 10; Nolte, 10]. J. F. Palacio [10] ordnete die Allianz in den historischen Kontext der regionalen Integration in Lateinamerika ein, J. P. Prado Lallande [10] in den der Süd-Süd-Kooperationen. Die von A. Roldán Pérez [10] sowie I. Rodríguez Aranda und E. Vieira Posada [10] herausgegebenen Sammelbände leuchten die Möglichkeiten einer Kooperation der Pazifischen Allianz mit Asien aus. Eine wirtschaftswissenschaftliche Analyse mit historischer Perspektive bieten J. E. Spillan und N. Virzi [10].

CELAC Zu der im Februar 2010 als Nachfolgerin der Rio-Gruppe gegründeten Gemeinschaft Lateinamerikanischer und Karibischer Staaten CELAC (*Comunidad de Estados Latinoamericanos y Caribeños*), der im Gegensatz zur OAS alle Mitgliedstaaten der OAS außer USA und Kanada angehören, lieferten G. Maihold [Lateinamerika auf dem Weg zu neuer Einheit?, 10] sowie die Beiträge des von F. Rojas Aravena [10] herausgegebenen Sammelbands erste Analysen. A. L. R. d. Silva und I. L. d. Silveira [10] thematisierten die Herausforderungen der regionalen Integration Brasiliens innerhalb der CELAC, dabei interpretierte J. Estay [10] die CELAC als eine kontra-hegemoniale Integration. J. A. Sanahuja [10] thematisierte die Beziehungen zwischen der CELAC und der EU und M. Kirton [10] interpretierte den Zusammenschluss im Rahmen des neuen Regionalismus in Lateinamerika.

11 Populismus

Der Populismus gilt als eine Konstante in der lateinamerikanischen Politik, oft wird er in eine Linie mit dem *caudillismo* des 19. Jahrhunderts gestellt [Eickhoff, 11]. (Zum *caudillismo* siehe OGG 48: Lateinamerika 1800–1930). Im Gegensatz zu diesem ist der Populismus jedoch eine Erscheinung der Massendemokratien des 20. und 21. Jahrhunderts. Zudem ist er in Lateinamerika meist eng mit nationalistischen Positionen verbunden. Historiker und Politikwissenschaftler debattieren seit langem darüber, was genau unter Populismus zu verstehen ist, ob sich dahinter eine bestimmte Ideologie oder nur ein politischer Stil verbirgt, und ob es überhaupt sinnvoll ist, den Begriff zu verwenden. J. R. Hentschke vertritt für die Regierung Getúlio Vargas' die Auffassung, „Nationalrevolutionarismus" oder „nationalrevolutionäre Bewegung" seien angemessener [Hentschke, 11]. Der argentinische Soziologe G. Germani interpretierte Populismus in modernisierungstheoretischer Perspektive als Phänomen des Übergangs in peripheren Gesellschaften und bezeichnete Juan Domingo Perón als einen „Nationalpopulisten" [Germani, 11]. Sein Landsmann T. S. Di Tella wies, ebenfalls unter dem Eindruck des Peronismus, auf den Bewegungscharakter des Populismus hin sowie auf die starke Betonung des Gegensatzes von Volk (*pueblo*) und Oligarchie (*oligarquía*) [Di Tella, 11]. Aus politikwissenschaftlicher Sicht analysiert C. Rovira Kaltwasser die klassischen Populismen als Elitenkonflikte, die je nach Konstellation andere Formen der „nationalpopulären Ordnung" einschlugen. Zudem schlägt er vor, statt über Autoritarismus oder Totalitarismus der Populisten zu debattieren, diese Populismen als politische Experimente zu definieren [Rovira

Definitionen

Kaltwasser, 11]. A. Knight, ein Spezialist für mexikanische Geschichte, will Populismus dagegen „nur“ als einen besonderen politischen Stil verstanden wissen [Knight, 11]. Ungeachtet dieser Differenzen wird der Begriff sowohl in der Forschung als auch in der öffentlichen Diskussion immer wieder in verschiedenen Kontexten verwendet.

Phasen des Populismus in Lateinamerika

Für Lateinamerika wird zumeist zwischen dem „historischen“ oder „klassischen“ Populismus (1930–1960) und dem Neopopulismus unterschieden, der ab den 1980er Jahren neue *caudillos* oder „Antipolitiker“ an die Macht brachte. Davon wiederum wird häufig ein neuer Populismus im 21. Jahrhundert unterschieden. Getúlio Vargas, Juan Domingo und Eva Perón sowie Lázaro Cárdenas werden als die wichtigsten Populisten der ersten Kategorie angeführt. Aber auch Parteien wie die peruanische APRA (*Alianza Popular Revoucionaria Americana*) unter Víctor Haya de la Torre oder der bolivianische MNR (*Movimiento Nacional Revolucionario*) unter Víctor Paz Estenssoro finden in diesem Zusammenhang Erwähnung.

Charakteristika der klassischen Populismen

Die klassischen Populismen der Mitte des 20. Jahrhunderts wurden zunächst vor allem im Lichte des Modernisierungsprozesses analysiert. Sie suchten demnach einen Weg aus der Krise der liberalen Entwicklungsmodelle und wollten neue, die Klassengegensätze überbrückende nationale Identitäten schaffen. Sie taten dies durch einen Rückgriff auf alte Abhängigkeitsstrukturen wie den Klientelismus und katholisch-korporative Organisationen, die durch eine moderne Sozialgesetzgebung, staatliche Bürokratie und nationale Entwicklungsstrategien ersetzt werden sollten. Diese führten aber, anders als in Europa, nicht zu einer allmählichen Auflösung der Klassenzugehörigkeit, sondern eher zur Lösung aus bisherigen Bindungen und Abhängigkeiten, vor allem auf dem Lande. Daher wird oft die Einbeziehung ländlicher Migranten in das politische System als ein wichtiges Element des Populismus angesehen. Die Berufung auf das Volk und der Appell an nationalistische Emotionen legitimierte die autoritäre Regierungsform, mit deren Hilfe institutionelle und soziale Veränderungen auch gegen Widerstände durchgesetzt werden konnten. Die meisten Populismen machten allerdings im Laufe der Jahre einen Wandel durch. Viele wandten sich eher konservativ-autoritären Positionen zu oder wurden zu einem Sammelbecken unterschied-

Wandel der Populismen

licher Strömungen, wie man am Beispiel des Peronismus in Argentinien sehr gut nachvollziehen kann [Werz, Populismus, 11].

Neopopulisten

Wie sich dann aber zeigte, verschwanden die Populisten nicht bzw. kamen unter anderen Vorzeichen immer wieder an die Macht. Die Neopopulisten zeichnen sich dadurch aus, dass sie, ungeachtet eines etatistischen Diskurses im Wahlkampf, die Privatisierung staatlicher Unternehmen einleiteten. Die bekanntesten Beispiele sind Carlos Menem (Argentinien 1989–1999) und Alberto Fujimori (Peru 1990–2000). Die neuen oder Links-Populisten seit der Jahrtausendwende (Hugo Chávez, Rafael Correa, Evo Morales, Andrés Manuel López Obrador, kurz AMLO) verbinden traditionellen Personenkult und politischen Klientelismus mit Kritik am Neoliberalismus. Mit den klassischen Populismen verbindet sie eine an die untersten Schichten gerichtete Sozial- und Bildungspolitik. Im 21. Jahrhundert geht es aber nicht mehr um die Integration der Arbeiter, sondern um die oft in der informellen Wirtschaft tätigen Armen der städtischen Marginalviertel oder um die ausgegrenzter ethnischer Gruppen. Daher bezeichneten Evo Morales oder Hugo Chávez ihre Politik als einen eigenen Weg zum Sozialismus und lehnten die Charakterisierung als Populisten als „westliches" Vorurteil ab [Werz, Populisten, Revolutionäre, Staatsmänner, 11; Gené, 11]. Rechtspopulismus ist in Lateinamerika eher selten, der brasilianische Präsident Jair Bolsonaro kann als solcher gelten, passt aber nicht in die traditionellen Schemata und orientierte sich eher an Donald Trump.

11.1 Getúlio Vargas

Die großen „Meistererzählungen" zur brasilianischen Geschichte gehen nach wie vor davon aus, dass es sich bei der Ära Vargas um einen tiefen Einschnitt in der brasilianischen Politik und Gesellschaft handelte. Das Land habe, so die gängige Meinung, seit der Proklamierung der Ersten Republik 1889 einen langsamen, aber unaufhaltsamen Niedergang des Liberalismus erlebt, der sich in den 1920er Jahren zuspitzte und die „Revolution" unter Vargas sozusagen unausweichlich machte. Die Debatte drehte sich eher um die Frage, ob es sich um eine „bürgerliche Revolution" im marxistischen Sinne handelte oder nicht. Neuere Forschungen haben seit den 1980er Jahren auf eine Reihe von Konti-

Revolution?

nuitäten hingewiesen sowie darauf, dass die Veränderungen in den Arbeitsbeziehungen, aber auch in den Gender- und Familienverhältnissen bereits vorher einsetzten. Die „Revolution“ wird seither meist in Anführungszeichen gesetzt. Neuere kulturgeschichtliche Arbeiten rehabilitieren diesen Begriff allerdings wieder ein Stück, denn unter Vargas' Regierung können deutliche Veränderungen der gesellschaftlichen Diskurse ausgemacht werden. Ähnlich wie im Peronismus integrierte das Vargas-Regime die städtischen Unterschichten in die politische Arena, auch wenn es ihm im Gegensatz zu Perón nicht gelang, eine Massenbewegung zu etablieren [WEINSTEIN, 11.1]. Wie im Falle Argentiniens wurde auch für Brasilien der von der zeitgenössischen politischen Opposition erhobene Faschismus-Vorwurf, der in den 1970er Jahren wieder aufgegriffen wurde, inzwischen von der Forschung klar widerlegt. Die Autoren verweisen darauf, dass Brasilien zu diesem Zeitpunkt noch kein Nationalstaat im europäischen Sinne war und der gering institutionalisierte Staat gar nicht in der Lage gewesen sei, eine umfassende Kontrolle der verschiedenen Lebensbereiche zu etablieren. Selbst das brasilianische Militär strebte, mit Ausnahme der kleinen Gruppe der Integralisten, aufgrund seiner positivistischen und nationalistischen Orientierung keine Übernahme faschistischer europäischer Modelle an [CAPELATO, 11.1; WILLIAMS, 11.1; HENTSCHKE, 11.1]. Allerdings, so die Meinung der meisten Historiker, legte der *Estado Novo* mit der Schaffung einer zentralen Bürokratie auch den Grundstein für spätere Militärdiktaturen, die sich dieser Institutionen bedienen konnten. Andere Autoren betonen hingegen, dass die Entmachtung der starken regionalen politischen „Maschinen“ mit ihren klientelistischen Netzwerken eine spätere Demokratisierung erst ermöglichte.

Faschismus?

Folgen des *Estado Novo*

Inklusion marginalisierter Gruppen

Auch die größere Anerkennung der Industriearbeiterschaft und der (staatlich kontrollierten) Gewerkschaften kann in diesem Sinne interpretiert werden. Die Gewährung von politischen und sozialen Rechten sowie die Integration der Unterschichten in den öffentlichen Diskurs diente nicht nur der populistisch-klientelistischen Beziehung von Arbeiterschaft und Staat, sondern legte auch den Grundstein für die Entstehung einer modernen Industriearbeiterschaft nach dem Zweiten Weltkrieg [FRENCH, The Brazilian Workers' ABC, 2.5.2; GOMES, 11.1]. Ähnliches gilt für die Einbeziehung der indigenen und der afrobrasilianischen Bevölkerung [GARFIELD, 2.1; ANDREWS, 11.1]. Diese wurde vorwiegend über die Förderung der Populärkultur erreicht (siehe Kap. II.16). Doch auch die Avantgarde stellte sich in den Dienst des „Neuen Staates", ein Faktum, das die Forschung seit längerem beschäftigt. Entgegen der früheren Annahme, der Staat habe die Intellektuellen kooptiert, wiesen S. Miceli [11.1] und D. Williams [11.1] darauf hin, dass es eher umgekehrt war: Künstler und Intellektuelle nutzten die Spielräume, die ihnen das Regime bot.

Im Zuge des *cultural turn* entstanden auch eine Reihe von Arbeiten, die sich mit der Inszenierung politischer Macht beschäftigten. U. Prutsch konnte in ihrer Untersuchung der Politik des *Office of Inter-American Affairs* in Brasilien und Argentinien die Bedeutung von Kultur und Kulturpolitik in den internationalen Beziehungen aufzeigen. Gleichzeitig betont sie die zentrale Rolle von Radio und Film für die Verbreitung politischer Ideen, ein Themenbereich, der sicherlich in Zukunft noch weiter ausgebaut werden wird [Andermann, 11.1; Prutsch, 11.1].

Raça, Gender und Identität am Beispiel São Paulos

B. Weinstein hingegen nahm die Rebellion des Bundesstaates São Paulo gegen die Politik Vargas' 1932 zum Anlass, um die Verbindungen von „Rasse", Gender sowie nationaler und regionaler Identität zu untersuchen. Anhand dieses Putsches sowie einer genaueren Analyse der Feierlichkeiten zum 400. Jahrestag der Gründung der Stadt São Paulo zeigte sie, wie sowohl die Eliten als auch die Unter- und Mittelschichten eine regionale Identität schufen, die die europäische Abstammung der Bewohner betonte. Ferner gehörten Modernität und Fortschritt zu den Charakteristika, beides Eigenschaften, die mit der weißen Hautfarbe assoziiert wurden (siehe OGG 48: Lateinamerika 1800–1930, Kap. I.4.2 und II.10). Der Wohlstand der Industriemetropole São Paulo wiederum trat umso stärker hervor, als er mit dem „rückständigen", dunkelhäutigeren ländlichen Armenhaus Brasiliens, dem Nordosten, kontrastiert wurde [Weinstein, The Color of Modernity, 4]. B. Weinstein führte ferner aus, wie diese Stereotypen in eine Politik mündeten, die die Differenzen verstärkte statt sie abzubauen. Diese Arbeit steht stellvertretend für eine ganze Reihe von regional ausgerichteten Untersuchungen, die die Grundlage jeder differenzierten Analyse der Geschichte Brasiliens bilden. Angesichts der enormen geografischen Ausdehnung des Landes, der sehr verschiedenen demografischen, sozialen und wirtschaftlichen Charakteristika der einzelnen Bundesstaaten und der daraus resultierenden unterschiedlichen kulturellen Prägungen entsteht sowohl

Regionalgeschichte

für die Ära Vargas als auch für andere Epochen erst aus der Zusammenschau solcher Forschungen eine Nationalgeschichte, die über die Perspektive der Hauptstadt hinausgeht.

11.2 Juan Domingo und Eva Perón

Bedeutung des Peronismus

Die Jahre des Peronismus stellen eine der am intensivsten erforschten Epochen der argentinischen Geschichte dar. Für die meisten Autoren, gleich welcher politischer Couleur, stellt vor allem der sogenannte „erste Peronismus" eine Art Wasserscheide der argentinischen Politik dar, und dies nicht nur, weil die Polarisierung in Peronisten (und ihre Nachfolger) und Antiperonisten Politik und Gesellschaft des Landes bis heute prägt, sondern auch weil hier die Grundlagen eines modernen Wohlfahrtsstaates gelegt wurden. Darüber hinaus bedeutete die Aufwertung der Unterschichten und ihrer Kultur einen Paradigmenwechsel, der auch das nationale Selbstbild langfristig verändern sollte.

Einordnung des Peronismus

Zunächst aber beschäftigte die Zeitgenossen vor allem eine Frage, nämlich diejenige, ob Perón als Faschist eingestuft werden müsse oder nicht. Seine offenkundige Bewunderung für Mussolini, seine Beteiligung an einer Regierung, die so lange es irgend ging, an der Neutralität im Zweiten Weltkrieg festhielt, sowie seine autoritäre Regierungsform sprachen dafür [zur *década infame* und der Militärregierung nach dem Putsch von 1943 vgl. Buchrucker, 11.2 sowie Rock, 11.2]. So baute auch das oppositionelle Parteienbündnis, die *Unión Democrática*, im Wahlkampf 1946 auf den vermeintlichen Faschismus Peróns [García Sebastiani, 11.2]. Die Behauptung hielt sich vor allem bei den Gegnern des Peronismus beharrlich, obwohl in der Forschung seit längerem ein breiter Konsens darüber herrscht, dass der Peronismus nicht in dieses Schema passt. Gleich ob man von einer engen Definition des Faschismus, die diesen auf Europa in der Zwischenkriegszeit beschränkt, ausgeht oder von einer weiteren, die diesen auch in Lateinamerika ausmacht, kommt man zu demselben Schluss [Larsen, 11.2; Paxton, 11.2; Finchelstein, 11.2]. Zwar bediente sich der Peronismus ähnlicher Propagandatechniken wie das nationalsozialistische Deutschland und das faschistische Italien, etablierte aber kein entsprechendes inneres oder äußeres Feindbild jenseits der Klassenhierarchie. Das Ausmaß politischer Gewalt war im Ver-

Faschismus?

gleich zu Europa gering, auch führte die korporativistisch-nationalistische Wirtschaftspolitik nicht zu einem militärischen Expansionsdrang. Ein wichtiger Unterschied liegt zudem in der politischen Basis, denn anders als der Nationalsozialismus und der italienische Faschismus stützte sich das peronistische Regime auf die Arbeiterorganisationen und die nicht organisierten städtischen und ländlichen Unterschichten. Nicht zu vergessen ist auch, dass der Peronismus sich zwar ebenso traditioneller Geschlechtermodelle bediente, mit Eva Perón aber über eine weibliche Führungsfigur verfügte [Buchrucker, 11.2; Torre, 11.2; Rein, 11.2]. Als Diktatur kann der Peronismus schon deshalb nicht bezeichnet werden, weil sowohl die Wahlen von 1946 als auch die von 1951 demokratischen Prinzipien folgten und Institutionen wie das Parlament weiterhin funktionierten. Zwar gab es rechtstaatliche Einschränkungen bei der Meinungs- und Pressefreiheit, doch rechtfertigen diese nicht den Diktaturvorwurf. Modernisierungstheoretische Erklärungen, etwa diejenige der „autoritären Entwicklungsdiktatur" oder des „Bonapartismus", wie sie in den 1970er und 1980er Jahren diskutiert wurden, sind daher ebenfalls obsolet [Waldmann, 11.2]. Die Mehrheit der Autoren charakterisiert das peronistische Regime heute als (national-) populistisch und autoritär [u. a. Rein, 11.2; James, 2.5.2; Plotkin, 11.2; Torre, 11.2]. Sie folgt damit einem der wichtigsten argentinischen Soziologen (und Antiperonisten) der Zeit, G. Germani, der sich bereits kurz nach dem Sturz Peróns gegen die Faschismusthese gewandt hatte [Germani, 11; Germani, 11.2]. Obgleich auch Germanis Charakterisierung als Nationalpopulismus angesichts seiner Unschärfe umstritten ist, scheint sie doch geeignet, das Phänomen besser zu erfassen. Perón gilt heute, zusammen mit Getúlio Vargas in Brasilien und Lázaro Cárdenas in Mexiko, als paradigmatisches Beispiel für nationalpopulistische Regime in Lateinamerika im 20. Jahrhundert [Conniff, 11.2; Laclau, 11.2]. Nach wie vor viel diskutiert wird auch das Verhältnis des Peronismus zu den Gewerkschaften und der Arbeiterschaft [Doyon, 11.2; James, 2.5.2; Lobato, 11.2]. Standardwerke liegen zum Thema Militär und Peronismus von R. A. Potash [11.2] und zur Kirche von L. Caimari [11.2] vor.

Diktatur?

Modernisierungstheoretische Erklärungen

Nationalpopulismus

Neuere Studien zum Peronismus haben sich vor allem seiner Kultur-, Bildungs- und Sozialpolitik zugewandt [Schembs, 2.5.2]; Karush/Chamosa, 11.2]. Auch die Frage nach der symbolischen und rituellen Absicherung der Herrschaft ist, nicht zuletzt im Rahmen

Kultur- und Sozialpolitik

der Diskussion um die faschistischen Seiten des Peronismus, analysiert worden [Plotkin, 11.2]. Die Studien haben neben vielen spannenden Details vor allem gezeigt, dass Perón über den Versuch hinaus, den Kulturbegriff zu erweitern und den unteren Schichten zugänglich zu machen, keine klaren kulturpolitischen Ziele verfolgte. Anders als Getúlio Vargas konnte Perón hierfür keine prominenten Intellektuellen gewinnen. Im Gegenteil, diese standen fast ausschließlich im Lager der Antiperonisten [Fiorucci, 11.2].

Eva Perón

Ein weiteres viel diskutiertes Thema ist die Rolle Eva Peróns sowie die Veränderung der Geschlechterrollen und Familienstrukturen im Peronismus. Es gibt eine große Anzahl von zumeist für ein breiteres Publikum geschrieben Biografien Evitas [stellvertretend hierfür Prutsch, 11.2]. Das wissenschaftliche Standardwerk stellt jedoch noch immer die Arbeit von M. Navarro [11.2] dar. Aus Gender- und familienhistorischer Perspektive sind die allgemeinen Veränderungen der bis dahin stark von katholischen Vorstellungen geprägten Rollenbilder wichtiger. Diese betreffen sowohl die Familienverhältnisse, insbesondere die nicht ehelichen Geburten [Cosse, 11.2], den *Partido Peronista Femenino* [Bianchi/Sanchís, 11.2] oder die Mutterschafts- und Natalitätspolitik [Nari, 11.2].

Deutschland und Argentinien

Ein für den deutschen Zusammenhang wichtiges Thema ist die Einwanderung nach Argentinien während des Nationalsozialismus und in der unmittelbaren Nachkriegszeit. Während letztere auch in einer breiteren Öffentlichkeit immer wieder Aufmerksamkeit fand, ist die Einwanderung der 1930er Jahre weniger bekannt. Zwar wurden die bis dato sehr liberalen argentinischen Einwanderergesetze unter den national-konservativen Regierungen verschärft, dennoch suchten zwischen 1933 und 1945 rund 50 000 Flüchtlinge aus NS-Deutschland in Argentinien Zuflucht, eine Zahl, die gemessen an der Gesamtbevölkerung diejenige der Asylsuchenden in den USA übertraf (siehe auch Kap. II.19). Die Attraktivität Argentiniens beruhte einerseits auf der Existenz einer großen jüdischen Gemeinde sowie relativ guten Arbeits- und Lebensbedingungen. Die Migranten trafen auf ca. 45 000 bereits in Argentinien lebende Deutsche verschiedener politischer Couleur, jedoch blieben Kontakte der unterschiedlichen Gruppen mit ihren jeweils eigenen Vereinen und Presseorganen weitgehend aus [Friedmann, 11.2]. Nach dem Ende des Zweiten Weltkriegs kam es dann zu einer neuen Einwanderungswelle aus Deutschland und

Flucht und Einwanderung vor 1945

Nach 1945

Österreich, unter ihnen waren zahlreiche NS-Kriegsverbrecher. Die Zahl der mehr oder weniger legalen Einwanderer zwischen 1945 und 1955 wird auf ca. 30 000 bis 50 000 geschätzt. Wirtschaftsflüchtlinge, Wissenschaftler und Techniker, Angehörige von SS und Wehrmacht sowie ehemalige Funktionsträger des Deutschen Reiches fanden in Peróns Argentinien aufgrund seiner Industrialisierungspolitik Aufnahme. Vor allem Rüstungsexperten wurden mit offenen Armen empfangen. Die von Perón anvisierte Führung in der Entwicklung von Kampfflugzeugen und Nuklearenergie scheiterte jedoch nach Anfangserfolgen [Meding, 11.2; Meding/Ismar, 11.2].

11.3 Lázaro Cárdenas

Dass der Mexikanischen Revolution in der Historiographie häufig eine drei Jahrzehnte währende Phase zwischen 1910–1940 zugeschrieben wird, deren Ende mit jenem der Amtszeit des Präsidenten Lázaro Cárdenas übereinstimmt, verweist auf dessen Bedeutung innerhalb des revolutionären Prozesses [Tobler, 11.3: 623] (vgl. OGG 48: Lateinamerika: 1800–1930, Kap. I.7.3; Kap. II.17). Sein Name ist gleich mehrfach mit einigen der zentralen Errungenschaften der Revolution verbunden. Auf internationaler Ebene wird die Regierungszeit Cárdenas darüber hinaus mit der Bereitschaft Mexikos verbunden, Exilierten aus aller Welt politisches Asyl zu gewähren [Maihold, 11.3; Rein/Rinke/Sheinin, 11.3]. Einer der bekanntesten Historiker der Mexikanischen Revolution, J. Silva Herzog, nahm in seiner Publikation [11.3] eine Einordnung der ideologischen Grundlagen cardenistischer Politik in Verlauf und Geschichte der mexikanischen Revolution vor. Bis heute wird Cárdenas auch in der wissenschaftlichen Literatur als besonders „volksnah" bezeichnet und in der älteren Forschung oft geradezu mystifiziert. Der Politikwissenschaftler T. Medin [11.3] analysierte in seiner bis heute maßgeblichen Studie die wichtigsten politischen Handlungsfelder Cárdenas' und bezeichnete seine Außenpolitik aufgrund seiner deutlichen Positionierung gegenüber den Interessen der US-Regierung sogar als „antiimperialistisch". F. Benítez [11.3: 13], der sich in seiner ideengeschichtlich angelegten Publikation mit der Wirkungsgeschichte des *cardenismo* auseinandersetzte, nannte Cárdenas den „letzten großen Utopisten Me-

Ideologische Einordnungen

xikos". Auch der Sozialwissenschaftler A. Gilly [11.3] nahm diese Perspektive in seiner 1994 erschienenen Publikation auf, in der er die zentralen Konflikte der Regierungszeit Cárdenas analysierte.

Allerdings steht Cárdenas wie kein anderer für die tiefgreifenden Auseinandersetzungen über das Entwicklungsmodell Mexikos. Er distanzierte sich sowohl vom klassischen Liberalismus als auch deutlich vom Kommunismus sowjetischer Prägung und setzte sich für eine Stärkung der politischen und wirtschaftlichen Gestaltungsfunktion der bäuerlichen Kooperativen und Gewerkschaften bei der Umverteilung von Reichtum und Bodenschätzen ein. Der Staat sollte in ihrem Sinne regulierend in die Wirtschaftsabläufe eingreifen.

Konsolidierung und Institutionalisierung der Revolution

S. R. Niblo [11.3] thematisierte diese Ambiguität seines politischen Programms und seiner Regierungspolitik. G. Eickhoff legte in seiner Publikation [11] den Schwerpunkt hingegen auf den Übergang zur Präsidentschaft Cárdenas, der sich von seinem übermächtigen Vorgänger Plutarco Elías Calles emanzipieren musste. Eickhoff analysierte auch den schwierigen gesellschaftlichen und politischen Aushandlungsprozess, den Cárdenas weiterführte, unter anderem die Eindämmung der militärischen Hegemonie in der Regierungspartei, die Einbindung der Massenorganisationen und die Konsolidierung des korporativen Staatsmodells. Dadurch sei es Cárdenas gelungen, die Doppelstruktur „Partei-Regierung" zu etablieren und die in der Folgezeit gewaltlosen, durch Wahlen legitimierten Machtübergänge zu ermöglichen. Durch die Stärkung der Präsidentschaft habe Cárdenas ein Instrument geschaffen, das es ermöglichte, politisch-soziale Konflikte innerhalb der Partei auszutragen. Er habe damit allerdings auch die patriarchalen Tendenzen des mexikanischen politischen Systems gestärkt. M. Mols zufolge war sein Einfluss auf die nachfolgende Politik Mexikos prägend, weil seine Präsidentschaft zwischen 1934 und 1940 den Übergang zwischen der spätrevolutionären Konsolidierung und der Institutionalisierung der Revolution, also der Verstetigung der Macht der PRI bis zum Ende des Jahrhunderts gestaltete [Mols, 11.3].

Anders als bei Perón oder Vargas ist die Auseinandersetzung mit Cárdenas weniger polemisch, weil mit seiner Präsidentschaft keine repressiven Regierungssysteme verbunden sind, sondern im Gegenteil die bereits genannten Umsetzungen der Versprechen der Revolution und das darauf aufbauende Wirtschaftswunder (*milagro mexicano*) der 1940er bis 1960er Jahre. Neuere Forschungen, die sich mit Cárdenas und der mexikanischen Variante des Populismus auseinandersetzen, suchen andere Ansätze, um den Regierungsstil Cárdenas' zu bewerten. Ein vielbeachteter von A. M. Kiddle, M. L. O. Muñoz und C. Cárdenas Solorzano herausgegebener Sammelband [11.3] vergleicht die Präsidenten Cárdenas und Luis Echeverría (1970–1976) und versucht damit, die Kriterien zur Bewertung des politischen Einflusses populistischer Staatsmänner in Mexiko (und Lateinamerika) zu schärfen. Aufgrund der Verantwortung, die Echeverría als Innenminister für das Massaker vom Tlatelolco trug, mit dem im Zentrum von Mexiko-Stadt im Oktober 1968 die Studentenproteste blutig niedergeschlagen wurden (s. unten Kap. II.15), ist dieser Vergleich mit der fast unantastbaren Figur Cárdenas besonders spannend.

12 Befreiungsbewegungen, revolutionäre Experimente und Revolutionen

Die Forschungsliteratur zu Befreiungsbewegungen, Revolutionen oder revolutionären Experimenten in Lateinamerika drehte sich häufig um die zwei „großen" Revolutionen Lateinamerikas, die mexikanische und die kubanische. Die Mexikanische Revolution inspirierte und unterstützte zwar Befreiungsbewegungen, hatte aber doch eher Einfluss auf soziopolitische Erscheinungsformen, die im staatlichen Rahmen verliefen, sich Verfassungen gaben oder auf die Mobilisierung von Massen setzten (vgl. OGG 48: Lateinamerika 1800–1930, Kap. I.7.3; Kap. II.17). Die Kubanische Revolution (siehe unten, Kap. II.12.3) hingegen wurde in der Forschung als Ausgangspunkt für das Aufkommen zahlreicher revolutionärer Experimente identifiziert und wird heutzutage als entscheidende Zäsur der neueren Geschichte Lateinamerikas begriffen. Hier spielt insbesondere der Aspekt eine Rolle, dass die Revolution neue Wege für das Ringen unterprivilegierter Bevölkerungsschichten um soziale Gerechtigkeit und Teilhabe eröffnete. Die nach wie vor bedeutendsten Überblicksstudien stammen aus der Feder des historisch arbeitenden Soziologen T. P. Wickham-Crowley [12], die äußerst systematisch, ja fast enzyklopädisch die zwei revolutionären Wellen zwischen 1956 und 1970 (Kuba) und ab 1970 (Nicaragua und Zentralamerika) erfasst, sowie die von T. C. Wright [12]. Die Politologin K. Kampwirth [12] untersuchte die Entstehung von revolutionären Bewegungen unter geschlechterspezifischen Aspekten und lenkte den Blick auf das Phänomen des ab den 1960er Jahren zunehmenden Engagements von Frauen in revolutionären Bewegungen und ihre Teilnahme als bewaffnete Kämpferinnen in Guerillaverbänden. Siehe hierzu auch die Studie des Soziologen I. A. Luciak [12].

Guerillabewegungen

Einen guten Überblick über bewaffnete Bewegungen in Lateinamerika im 20. Jahrhundert und ihre Vorläufer aus der Kolonialzeit und dem 19. Jahrhundert bietet eine von D. Castro herausgegebene Anthologie [12]. Systematisch aufbereitete und kontextualisierte Fallstudien finden sich bei B. Loveman und T. M. Davies [12]. Biographische Zugänge zu Guerillakämpfern und -kämpferinnen in Zentralamerika und deren Wiedereingliederung im Zuge der Friedensprozesse eröffnen die Studien des niederländischen Soziologen D. Kruijt [12] sowie von T. C. Brown [12]. Eine die zentralamerikanischen Länder vergleichende Studie legten J. A. Booth, C. J. Wade und T. W. Walker [12] vor.

EZLN

Einen Einblick in die historische Entwicklung und die Besonderheiten der 1994 im Bundesstaat Chiapas im Süden Mexikos an die Öffentlichkeit getretenen neozapatistischen indigenen Bewegung EZLN (*Ejército Zapatista de Liberación Nacional*) und ihre unterschiedlichen Protagonisten im Vergleich zu anderen lateinamerikanischen Guerillabewegungen des 20. Jahrhunderts bietet die Publikation von G. L. Collier und E. L. Quaratiello [12] (siehe auch oben, Kap. I.3.5.). Die Beiträge des von J. Rus herausgegebenen Sammelbands *Mayan Lives, Mayan Utopias* [12] kontextualisieren den zapatistischen Aufstand im Umfeld des bereits in den 1970er Jahren einsetzenden Widerstands indigener Gemeinden in der Region. A. Huffschmid [12] analysierte die verschiedenen Ebenen der damals noch neuen digitalen Kommunikation der EZLN und ihre Resonanz in der Öffentlichkeit auf nationaler und internationaler Ebene. Immer noch wichtig ist die Quellensammlung mit einer guten Einführung von J. Womack [12]. Die Aspekte indigener Autonomie und Genderfragen im neozapatistischen Projekt untersuchten S. L. Mattiace [12] und M. Mora [12]. Mora legt dabei einen stärkeren Fokus auf den Rassismus und die jahrhundertelange Ausgrenzung der indigenen Bevölkerung in Chiapas.

Die Dialektik von Revolution und Konterrevolution, Staatsgewalt und Aufstandsgewalt in Lateinamerika im 20. Jahrhundert ist Gegenstand einer von den Historikern G. Grandin und G. M. Joseph herausgegebenen Anthologie [9.1]. Nicht allein auf revolutionäre Bewegungen und Guerillas fokussiert, aber Protest- und Widerstandsbewegungen im weiteren Sinne thematisiert ein immer noch lesenswerter Sammelband, den die Soziologin S. Eckstein herausgegeben hat [12]. Revolutionäre – bzw. Guerillabewegungen im globalen Kontext analysierte der Soziologe J. DeFronzo [12]. Eine knappe Typologie von Revolutionen und sozialen Protesten in Lateinamerika von der Unabhängigkeit bis ins 20. Jahrhundert legte A. Knight [12] vor.

12.1 Die Revolution in Bolivien

Der Revolution in Bolivien wurde längst nicht so viel Beachtung geschenkt wie der kubanischen oder der mexikanischen, zumal ihre Auswirkungen nicht so nachhaltig waren. Einen sehr guten generellen Überblick über die politische Geschichte bieten nach wie vor die Publikationen von J. Dunkerley [Rebellion in the veins, 12.1], Malloy [Bolivia, the uncompleted Revolution, 12.1], J. M. Malloy und E. Gamarra [Revolution and reaction, 12.1] sowie der von J. M. Malloy und R. S. Thorn herausgegebene Sammelband [Beyond the Revolution, 12.1]. Auch ältere Werke von R. J. Alexander [12.1] und dem bolivianischen Historiker M. Frontaura Argandoña [12.1] sind weiterhin lesenswert. C. Arnade [12.1] gibt einen Überblick über den Forschungstand der revolutionären 1950er Jahre und erfasst dabei vor allem auch die entsprechenden Archivbestände in Bolivien ebenso wie im Land angefertigte Studien und Analysen. Lesenswert ist des Weiteren ein von M. S. Grindle und P. Domingo 2003 herausgegebener Sammelband [12.1], der Aufsätze renommierter Historiker, Kenner der bolivianischen Revolution aus Europa, den USA und Lateinamerika, versammelt. Ausgehend von dem einsetzenden Demokratisierungsprozess ab 1985 analysierte der Politikwissenschaftler W. Hofmeister [in: Hofmeister/Thesing, 12.1: 81–140] den politischen, wirtschaftlichen und gesellschaftlichen Zustand Boliviens und griff dabei aber auch immer wieder auf die Voraussetzungen zurück, die die Revolution dafür schuf.

Eine pointierte Zusammenfassung der Entwicklungen nach dem Zweiten Weltkrieg bis zur Revolution bietet L. WHITEHEAD [12.1 in: BETHELL/ROXBOROUGH 9] und unter dem Aspekt des Populismus analysierte C. MITCHELL die Politik der Revolutionspartei MNR [12.1]. Inwiefern die Revolution alle Lebensbereiche der Bevölkerung umfasste und zahllose Biographien für immer veränderte, diskutierte A. L. SPEDDING [in: LEÓNS/SANABRIA 12.1].

„Che“ Guevara in Bolivien

Der 1967 gescheiterte Versuch Ernesto „Che“ Guevaras, in den östlichen Anden Boliviens einen Guerillafokus mit der Unterstützung bolivianischer Bauern aufzubauen, und seine Ermordung wurden in den Biographien Guevaras [CASTAÑEDA, 12.1; ANDERSON, 12.1] thematisiert. Die unterschiedlichen Gründe des Scheiterns dieses Versuchs analysierte R. H. BUTTERFIELD [12.1]. Zur deutschen Unterstützerin des Unternehmens Tamara Bunke („Tánia“) liegt bis heute keine wissenschaftliche fundierte Untersuchung vor. Jene von G. RODRÍGUEZ OSTRIA [12.1] ist eine der wenigen ausgewogenen und auf solider Quellenbasis basierenden Darstellungen. Ein Dokumentarfilm von C. BAUDISSIN [12.1] thematisiert das Leben von Monika Ertl, „Che Guevaras Rächerin“, wie sie in Deutschland bisweilen bezeichnet wurde. Die Tochter des Weltkriegsberichterstatters und Kameramanns von Leni Riefenstahl, Hans Ertl, wanderte mit ihrer Familie im Zuge der Entnazifizierung nach Bolivien aus. Ende der 1960er Jahre schloss sie sich der von Guevara gegründeten Guerillaorganisation an, 1971 wurde sie der Ermordung des bolivianischen Generalkonsuls in Hamburg verdächtigt und zwei Jahre später in Bolivien vom Militär getötet. Gut recherchiert, aber nicht wissenschaftlich ist das Buch von SCHREIBER [12.1].

Die Minenarbeiter, die stärkste an der Revolution beteiligte gesellschaftliche Gruppe, und ihr Gewerkschaftsverband *Central Obrera Boliviana* (COB) wurden von J. LAZARTE ROJAS [12.1] untersucht. Ihnen verlieh später D. BARRIOS DE CHUNGARA in ihrem berühmten Zeugnis eine Stimme [BARRIOS DE CHUNGARA/VIEZZER, 1.2.2]. Die Studien über bäuerliche und indigene Bewegungen in der Revolution sind zahlreich, einen guten Überblick bietet S. RIVERA CUSICANQUI [12.1] und aus anthropologischer Perspektive X. ALBÓ [12.1]. Zu den spezifisch indigenen Mobilisierungen gibt eine Studie von J. A. ROCHA [12.1] einen ersten Überblick. Über die Agrarreform existieren zahlreiche Studien, eine umfassende Bilanz legten die Sozialwissenschaftler D. B. HEATH/C. J. ERASMUS/H. C. BUECHLER [12.1] vor. Weitere Überblicke bieten J. BENTON [2.5.1] und W. J. MCEWEN

[2.5.1] (vgl. auch oben, Kap. II.2.5.1.) Die Bedeutung der bolivianischen Coca-Produktion für den internationalen Markt, wie wir sie heute kennen, entstand hingegen erst in den 1980er Jahren, wie H. SANABRIA [12.1] in einer eigenen Studie untersuchte.

Regierung Evo Morales

Nach der Machtübernahme der linksgerichteten Regierung von Evo Morales wurde das Thema nach 2006 erneut aufgegriffen und Vergleiche zur aktuellen Situation bzw. den Reformen und Nationalisierungsprojekten der Regierung Morales gezogen. J. DUNKERLEY verfasste 2007 einen Band [Bolivia: revolution and the power of history in the present, 12.1], in dem er die beiden Revolutionen zueinander in Beziehung setzte und die Regierung Morales in den weiter gefassten Kontext der Geschichte Boliviens einordnete. In ähnlicher Absicht verfuhr eine von F. HYLTON und S. THOMSON [12.1] verfasste Untersuchung. Auch die politischen Beziehungen zwischen der US-Regierung und den bolivianischen Regierungen während und nach der Revolution von 1952 rückten wieder ins Zentrum der Betrachtung. Einen guten Überblick bietet die politikgeschichtliche Darstellung von J. F. SIEKMEIER [12.1]. Aus ethnologischer und kulturhistorischer Perspektive analysierte der Anthropologe F. RÍOS [12.1] das Zusammenspiel zwischen populärer Musik – in diesem Fall Panflötenensembles – und dem revolutionären Projekt.

12.2 Guatemala: demokratischer Aufbruch und CIA-Putsch

Demokratische Transformation 1945–1954

Die revolutionären Transformationen, die der zentralamerikanische Staat Guatemala durchlief, lassen sich weniger auf die Zäsuren zurückführen, die die Revolutionen in Kuba bzw. Nicaragua mit sich brachten, sondern unterlagen anderen Parametern. Mit der demokratischen Transformationsphase zwischen 1945 und 1954 unter den Präsidenten Juan José Arévalo (1904–1990) und Jacobo Árbenz Guzmán (1913–1971), die auch als „Oktoberrevolution" in die Geschichte einging, wurden weitgehende politische, soziale und wirtschaftliche Reformen umgesetzt, um das Land zu modernisieren. Die Landreform der Árbenz-Regierung betraf unter anderem auch Land der UFCo, was ihr von Seiten der US-Regierung den Vorwurf einbrachte, ein kommunistisches Regime errichten zu wollen. Die Reformen mündeten in einen gewaltsamen, von der CIA initiierten Putsch gegen die Regierung Árbenz 1954.

CIA-Putsch

Die demokratischen Errungenschaften der beiden Reformregierungen waren so kurzlebig und wurden durch den Putsch so radikal revidiert, dass die guatemaltekische „Oktoberrevolution" meist nicht unter die „echten" Revolutionen Lateinamerikas subsummiert wird.

Die meisten Publikationen zur Geschichte Guatemalas identifizieren die Ursachen der im Land herrschenden Gewalt und Unterdrückung, die diese demokratische Revolution vergeblich zu verändern versuchte, in der Kolonialzeit. Seit der Eroberung war die indigene Bevölkerungsmehrheit der erdrückenden Herrschaft einer kleinen, spanischstämmigen Elite ausgesetzt. Dieses Verhältnis zwischen dominanter Kolonialgesellschaft und indigener Bevölkerung analysierten W. G. Lovell in seiner historisch-geographischen Studie des Hochlands [12.2] und G. Grandin, indem er den Spannungsprozess zwischen indigener Identität und Nationsbildung auslotete [1.4].

Das Jahrzehnt des demokratischen Aufbruchs, der Sturz der Árbenz-Regierung und die Folgen sind tiefgreifende Zäsuren in der Geschichte Guatemalas sowie in der Geschichte der US-amerikanischen-guatemaltekischen Beziehungen. Davon geprägt sind sämtliche Beziehungen zwischen US-amerikanischen und lateinamerikanischen Regierungen im Kalten Krieg. Hierzu entstanden zahlreiche historische Studien, von denen hier exemplarisch nur einige genannt werden. Einen generellen ersten Überblick über die politischen, wirtschaftlichen und sozialen Entwicklungen in Guatemala zwischen den 1930er und 1980er Jahren bietet J. Dunkerley [12.2].

Agrarreform

Unerlässlich für das Verständnis der Agrarreform ist die Geschichte der UFCo in Guatemala seit Beginn des 20. Jahrhunderts. Eine von P. Dosal vorgelegte Studie [9.1] verdeutlicht, dass die UFCo auch unter Árbenz' Landreform längst nicht die Verluste aufzuweisen hatte, die sie vorgab. J. Handys Publikation von 1994 [Revolution in the countryside, 12.2] dokumentiert die politischen und sozialen Auswirkungen der Agrarreform.

Ethnische und geschlechtsspezifische Aspekte

Eine sehr fundierte, quellengestützte sozialhistorische Studie, die vor allem auch die ethnische und geschlechterspezifische Dimension berücksichtigt, legte C. Forster [12.2] vor. Ihr gelang es darzulegen, in welchem Ausmaß die Revolution von der guatemaltekischen Bevölkerung (indigene und nicht-indigene Guatemalteken) gestaltet und getragen wurde und eben nicht das Top-down-Projekt war, das die Geschichtsschreibung so häufig evozierte, indem sie sich auf die politische Geschichte der externen Einflüsse im Kalten Krieg beschränkte.

Politisch-ideologische Einordnung

In seiner 1985 erschienen Geschichte Guatemalas [Gift of the Devil, 12.2] verdeutlichte Handy, dass der Oktoberrevolution ein kapitalistisches Wirtschaftskonzept zugrunde lag und es sich nicht um ein sozialistisches Projekt handelte, sondern die Reformregierungen eigenständige Entwicklungsprogramme verfolgten, um die kleine Nation zu modernisieren. Auch die Historiker S. Schlesinger und S. Kinzer [9.2] sowie R. Immerman [9.1] kamen zu dem Ergebnis, dass Árbenz kein kommunistisches Regime errichten wollte, sondern die US-Regierung eine demokratisch legitimierte Regierung rücksichtslos und absichtlich zerstörte. Eine extrem minutiöse auf extensive Archivrecherchen und Zeitzeugeninterviews gestützte politisch-diplomatische Geschichte der sich dramatisch verschlechternden Beziehungen zwischen der US- und der guatemaltekischen Regierung legte P. Gleijeses [9.2] vor. S. Schlesinger/S. Kinzer und R. Immerman rückten die entscheidende Rolle der USA beim Sturz Árbenz in den Vordergrund, während J. Handy und P. Gleijeses eher die internen Faktoren analysierten. All diese Befunde wurden später durch die Publikation von N. Cullather [12.2] bestätigt, die auf den CIA-Akten zur PBSUCCESS (so wurde der Putsch im CIA-internen Jargon bezeichnet) basiert, die Mitte der 1990er Jahre deklassifiziert wurden. Die Stabilisierung der US-gestützten Militärregime, die in die Entstehung einer Guerillabewegung mündete, dokumentierte S. Streeter [9.2] wiederum anhand deklassifizierter CIA-Dokumente. Die CIA-Akten zu Guatemala sind heute digital über das *National Security Archive* (NSA) [1.7] einsehbar, eine der *George Washington University* angegliederte wissenschaftliche Forschungs- und Archiveinrichtung, die kontinuierlich von der US-Regierung freigegebene Unterlagen zu ausgewählten Themen der US-amerikanischen Außenpolitik veröffentlicht.

Interne und externe Faktoren des Putsches

Entwicklung nach dem Putsch

Die bewaffneten Auseinandersetzungen zwischen Militärregime und Guerillabewegung konzentrierten sich in den 1970er Jahren im westlichen Hochland Guatemalas. Dort entstanden weitere Guerillaorganisationen, die auf die Missionsarbeit der katholischen Kirche aufbauen konnten. Befreiungstheologischen Konzepten folgend, hatten sie ein Netz von Laienpredigern und Basisgemeinden aufgebaut, um indigene und bäuerliche Gemeinden zu organisieren. Einen allgemeinen, epochenübergreifenden und gut strukturierten Überblick über die verschiedenen sozialen Bewegungen in Guatemala bietet eine von der Sozialwissenschaftlerin E. Kalny 2015 vorgelegte Studie [12.2]. Die guevaristisch, marxistisch oder maoistisch inspirierten Guerillaorganisationen interpretierten die Geschichte des Landes als eine Abfolge von Klassenkämpfen und waren – mit Ausnahme einer Organisation – wenig sensibel für die ethnisch-kulturellen Differenzen der indigenen Bevölkerungsmehrheit. In diesem Kontext ist eine zwischen guatemaltekischen Intellektuellen in den 1960er Jahren geführte Kontroverse zu verstehen: Der Soziologe S. Martínez Peláez [12.2] befürwortete eine strukturalistisch-marxistische Gesellschaftsanalyse, in der ethnische Unterschiede hinter Klassenunterschieden zurücktreten, während die Soziologen C. Guzmán Böckler und J.-L. Herbert [12.2] den Konflikt zwischen indigenen und europäischstämmigen Bewohnern im Zentrum der historischen Entwicklung Guatemalas sahen. Sie warfen der Linken Guatemalas vor, diese ethnische Komponente zu ignorieren und deshalb kolonialistische Denkweisen nicht überwunden zu haben.

Kritik an strukturalistischer Gesellschaftsanalyse

Aufstandsbekämpfung und Repression

Einen Einblick in die katholische Basisarbeit unter der indigenen und bäuerlichen Bevölkerung eröffnen die Schriften des Anthropologen und Jesuitenpriesters R. Falla, der in diesen Prozess involviert war [12.2]. Ein von der Anthropologin C. A. Smith herausgegebener Tagungsband [12.2] versammelt Wissenschaftler, die das Verhältnis zwischen indigenen Gemeinden und Staat von der Kolonialzeit bis in die 1980er Jahre untersuchten. Dieser Antagonismus wirkte sich auf die staatliche Repression aus, die als flächendeckende Aufstandsbekämpfungsmaßnahme gegen die Zivilbevölkerung ausgeübt wurde. Genozidale Ausmaße nahm die staatliche Repression unter der Militärregierung der Generäle Romeo Lucas García (1924–2006) und Efraín Rios Montt (1926–2018) zwischen 1978 und 1983 an, als das in der Regel in den USA ausgebildete Militär eine Politik der verbrannten Erde verfolgte, durch die mit kaum vorstellbarer Brutalität die Zivilbevölkerung massakriert und massenhaft sexualisierte Gewalt ausgeübt wurde. Betroffen davon war in erster Linie die indigene Bevölkerung.

An Studien, die dieses für Lateinamerika einzigartige Ausmaß an Staatsterror und Repression untersuchen, mangelt es nicht, weshalb ebenfalls nur die wichtigsten genannt seien: die von R. M. Carmack herausgegebenen Fallstudien [12.2]; die Arbeiten von B. Manz [12.2] und S. Jonas [12.2] sowie von R. M. McCleary [12.2] und D. Wilkinson [12.2]. Geschlechtsspezifische Aspekte von Gewalt und Repression untersuchten J. N. Zur [12.2] und L. Green [12.2]. J. G. Schirmer [12.2], R. A. May [12.2] und G. Grandin [The last colonial massacre, 9.2] stellten die staatliche Repression ins Zentrum. Ein von R. Sieder herausgegebener Konferenzband [12.2] präsentiert eine erste Bestandsaufnahme nach dem Ende des Bürgerkriegs.

12.3 Die Kubanische Revolution. Bedeutung und Auswirkungen

Die Publikationssituation zur Geschichte dieser Revolution ist aufgrund der Vielzahl der Veröffentlichungen kaum mehr überschaubar. Diese sind – zumindest bis 1990 – häufig polarisierend und vom politisch-ideologischen Standpunkt der jeweiligen Autoren geprägt. Die Darstellungen lassen sich grob in zwei Richtungen einteilen, die „Erklärungsliteratur" und die „Begeisterungsliteratur". Hier sei eine knappe Auswahl aus erster Kategorie erwähnt: Die bedeutendsten Darstellungen stammen aus der Feder US-amerikanischer und exilkubanischer Historiker und Sozialwissenschaftler, unter anderem von L. A. Pérez [Cuba between Reform and Revolution, 12.3], J. I. Domínguez [Cuba. Order and Revolution, 12.3], L. Huberman/P. M. Sweezy [12.3.] und M. Pérez-Stable [12.3]. Immer noch lesenswert und ebenso detail- wie kenntnisreich ist das monumentale Werk des britischen Historikers H. Thomas [12.3], der die Perspektive auf die historischen Wurzeln der Revolution lenkt und dabei bis ins 18. Jahrhundert zurückblickt. Nationalismus und radikale Denkansätze rückten ab den 1970er Jahren verstärkt in den Fokus [Liss, 12.3]. J. R. Benjamin [12.3] verdeutlichte, dass die Ursachen der Revolution auch in der dominanten Politik der USA vor 1959 lagen. C. Mesa Lago [12.3] und S. Farber [12.3] rückten personalistische Gründe und den in Lateinamerika existierenden Linkspopulismus stärker in den Vordergrund. Der bedeutendste deutschsprachige Historiker ist M. Zeuske, der verschiedene Publikationen zur Geschichte der Revolution vorlegte und dabei struktur- und kulturgeschichtliche Aspekte gleichermaßen berücksichtigte [12.3; Kleine Geschichte Kubas, 1.4].

Bedeutung für Lateinamerika

Die Bedeutung und die Auswirkungen der Kubanischen Revolution für den lateinamerikanischen Kontinent, für Nordamerika und sogar weltweit können nur schwer überschätzt werden: Die

Revolution war nicht nur jahrzehntelang entscheidend für die US-Politik gegenüber Lateinamerika und für die gegenseitigen Beziehungen, sie inspirierte darüber hinaus zwei Generationen von Revolutionären und war der Katalysator für die Entstehung von zahlreichen nationalen Befreiungs- und Guerillabewegungen auf dem Kontinent. Der Historiker T. C. Wright schrieb vor fast zwei Dekaden, dass der große Einfluss dieser Revolution auf Lateinamerika darauf zurückzuführen sei, dass sie die Wünsche und Imaginationen der Lateinamerikaner verkörpert habe wie keine andere politische Bewegung zuvor. Das führte er darauf zurück, dass die Revolutionsregierung die erste war, die einen klaren Bruch mit den USA vollzog und damit dem hegemonialen Anspruch der USA auf Lateinamerika eine klare Absage erteilte [Wright, 12]. Verstärkt wurde der Effekt dadurch, dass es sich um die Regierung einer kleinen Insel handelte, die so nah an der US-Grenze liegt und historisch in vielfältiger Weise eng mit den USA verknüpft ist, und zwar nicht nur im Sinne einer politisch-hierarchischen Beziehung, sondern insbesondere auch durch wirtschaftliche und kulturelle Verflechtungen. Die Historiker und Exilkubaner L. A. Pérez [Cuba and the United States, 9.2; On becoming Cuban, 12.3] und J. I. Domínguez [Cuba: Internal and international Affairs, 12.3] haben unter anderem diese Aspekte untersucht.

Internationale Resonanz

Nicht zu unterschätzen sind auch die internationalen Folgen der Revolution, und zwar nicht nur im Globalen Süden, sondern auch für Entstehung und Selbstverständnis der Neuen Linken in Europa und Nordamerika [Slobodian, 12.3; Neuner, 12.3]. Für die Linke in Europa waren die französischen Philosophen und Intellektuellen J. P. Sartre und Simone de Beauvoir, die die Insel 1961 besuchten, bedeutende Vermittler [Sartre, 12.3, s. hierzu auch Slobodian, 12.3]. Eine frühe Debatte über Ideologie und Charakter der Revolution, die ebenfalls außerhalb Kubas und (auch) innerhalb der Linken geführt wurde, beantwortete Castro 1961 mit seiner Ankündigung, dass die Revolution sozialistisch sei. Mit Ausnahme der Analyse des US-amerikanischen Journalisten H. Matthews [12.3], der die sozialistische Orientierung als Ergebnis und nicht als Grund der Revolution deutete, waren viele andere Publikationen antikommunistisch. Die Debatte war hoch politisiert und wurde vor dem Hintergrund der starren Dichotomien des Kalten Kriegs geführt, im Rahmen derer die Kubanische Revolution als ein sowjetischer Übergriff auf die westliche Hemisphäre gedeutet wurde. Zu Beginn der 1960er Jahre wurde die Insel zum Zentrum des Kalten Kriegs in Lateinamerika. Die Spannungen kulminierten 1961 in der Invasion in der Schweinebucht und 1962 in der Raketenkrise (siehe oben Kap. II.9.2).

Die charismatischen Persönlichkeiten der Revolution Fidel Castro und Ernesto „Che" Guevara verstanden die Revolution als global und permanent. „Revolutionsexport" wurde aktiv betrieben und die Revolutionsregierung unterstützte durch „internationalistische Solidarität" Befreiungsbewegungen und progressive Regierungen im Globalen Süden, insbesondere aber in Afrika und Lateinamerika [Hatzky, 9.1; Gleijeses, 12.3; Kruijt, 12.3; George, 12.3; Domínguez, To make a world safe, 12.3]. Dahinter stand die Überzeugung, dass die Revolution in Kuba die Avantgarde eines globalen Kampfes gegen Kolonialismus, Neokolonialismus und Imperialismus bilde. Programmatisch dazu hatte sich vor allem Guevara in seinen Schriften geäußert [Gross, 12.3]. Neben all diesen politischen und gesellschaftlichen Erklärungsmustern fand die defizitäre Wirtschaft seit jeher wenig Aufmerksamkeit in der Forschung: Die fundiertesten noch aus den 1980er Jahren stammenden Studien legten die Wirtschaftswissenschaftler A. Zimbalist und C. Brundenius [12.3] vor. Zur Geschichte der Agrarreform und ihren Konsequenzen arbeiteten B. Grote [2.5.1] und C. D. Deere [12.3], älteren Datums ist eine Studie von M. Gutelman [12.3]. Eine Bestandsaufnahme der Agrarwirtschaft während der in den 1990ern stattfindenden krisenbedingten Umbrüche mit Beiträgen kubanischer Wissenschaftler bietet eine von H.-J. Burchardt herausgegebene Anthologie [2.5.1].

„Revolutionsexport"

Über kaum einen Politiker des 20. Jahrhunderts seien so viel Biographien verfasst worden wie über Fidel Castro, konstatierte M. Zeuske [Kuba im 21. Jahrhundert, 12.3]. Hier sind nur einige genannt, die aus verschiedenen Epochen stammen, aus unterschiedlichen Blickwinkeln verfasst wurden und immer auch die Geschichte der Insel miteinschließen: Einen umfassenden Einblick in das Leben Castros bietet die Biographie der Historikerin C. Furiati [12.3], die auch sehr viele persönliche Informationen enthält, dabei aber unprätentiös ist und sachlich bleibt. Der französische Journalist I. Ramonet [12.3] verarbeitete seine langen Gespräche mit Castro aus wohlwollender Perspektive. Ganz anders der Exilkubaner N. Fuentes, ehemals einer der engsten Gefolgsleute

Fidel Castro

Castros, der eine Autobiographie Castros [12.3] aus kritischer Distanz fingierte. Der Historiker R. E. QUIRK [12.3] beschrieb Castro aus einer eher konservativen Perspektive, sein Vorbild war die von T. SZULC 1986 [12.3] verfasste Biographie. Zum Selbstverständnis Castros und zum Verständnis der Hintergründe der Revolution wichtig ist die von F. CASTRO 1953 verfasste Verteidigungsrede [12.3]. Die meisten der politischen Reden Castros sind in der Übersetzung des *Latin American Network Information Center* [LANIC, 1.7] der *University of Texas* dokumentiert. Raúl Castro, der jüngere Bruder Fidels, der immer in seinem Schatten stand, aber zwischen 2006 und 2018 die Insel regierte, ist vergleichsweise wenig portraitiert worden. Im Jahre 2005, als sich das Ende der Regierungszeit Fidel Castros bereits abzeichnete, legte der Geheimdienstspezialist und selbst ehemaliger CIA-Mitarbeiter B. LATELL erstmals eine Biographie Raúl Castros vor [12.3]. Die überzeugendsten und historisch fundiertesten Biographien Ernesto „Che" Guevaras sind immer noch die von J. L. ANDERSON [12.1] und J. G. CASTAÑEDA [12.1]. Aufschlussreich für die Herausforderungen und das Scheitern einer internationalistischen Mission in Afrika ist das von ihm selbst verfasste Tagebuch der Kongo-Expedition [GUEVARA, Der afrikanische Traum, 12.3].

In den letzten Jahren widmete sich die Forschung zunehmend den Protagonisten der Revolution, die in zweiter und dritter Reihe standen, wie z. B. die Studie von A. KAPCIA [Leadership in the Cuban Revolution, 12.3]. Zeitzeugeninterviews mit Guerillakämpfern und Veteranen des Militärs, die insbesondere im „internationalistischen Einsatz" in Lateinamerika standen und dessen Umsetzung ermöglichten, veröffentlichte der niederländische Sozialwissenschaftler D. KRUIJT [12.3]. Mit den Mythen und Narrativen der Revolution, die visualisiert oder durch Massenmedien verbreitet wurden, beschäftigt sich die Studie der Historikerin L. GUERRA [12.3].

Nach 1990 Eine wissenschaftliche Debatte über den kubanischen „Exzeptionalismus", den Guevara angesichts der welthistorischen Avantgarderolle des revolutionären Kuba schon 1961 reklamiert hatte [GUEVARA, Guerilla – Theorie und Methode, 12.3], entspann sich allerdings erst zu Beginn des 21. Jahrhunderts, und zwar unter ganz anderen Vorzeichen: dem Staunen über die Überlebensfähigkeit des Sozialismus nach dem Niedergang des „real existierenden" Sozialismus, und zwar unter extrem erschwerten Bedingungen aufgrund der gravierendsten ökonomischen Krisen in der

Geschichte der Insel [Burchardt, Kuba im Herbst des Patriarchen, 12.3]. Diese wurden ausgelöst durch den Wegfall der Subventionen der Sowjetunion und der Ostblockstaaten [Hoffmann/Whitehead, 12.3]. Ein Ergebnis dieser Debatte ist die Erkenntnis, dass mit der Kubanischen Revolution eine viel weitreichendere soziale Transformation in Gang gesetzt wurde als mit den Revolutionen in Mexiko oder Bolivien. Deutlich geworden ist aber auch, dass die Insel keineswegs sklavisch dem Modell des real existierenden Sozialismus gefolgt war.

Exil

Ein relativ neuer Forschungszweig ist die Geschichte des Exils – von den politischen Exilanten der ersten Stunde bis hin zu der im Jahre 2000 zwischen kubanischen und der US-amerikanischen Regierung geführten Auseinandersetzung um die Zugehörigkeit des Flüchtlingsjungen Elián González, der die Überfahrt nach Florida auf einem selbstgebastelten Floß überlebte, während seine Mutter starb. Dabei wird auch der große Einfluss der Exilkubaner auf die US-Politik untersucht [Torres, 12.3; Eckstein, 12.3]. Neuere Studien, die das Verhältnis zwischen den USA und Kuba nach der Revolution analysieren, beziehen nicht nur die exilkubanische Gemeinde in den USA mit ein, sondern verlassen häufig auch die politisch-diplomatische Ebene und identifizieren die vielfältigen Facetten des Austauschs, die es jenseits des Embargos gab und gibt, darunter auch die Beziehungen zwischen Familien und Verwandten oder den kulturellen Austausch [Erikson, 12.3; Gjelten, 12.3; Ziegler, 12.3; Pérez, Cuba in the American Imagination, 9.2].

Rassismus

Die jüngere Generation von US-basierten Historikern wie A. de la Fuente [1.5] widmete sich sehr kontrovers diskutierten Themen, etwa dem Rassismus auf Kuba, der durch die Revolution nicht beseitigt wurde. Die Historikerin A. Helg [12.3] befasste sich mit dem politischen Kampf von Afrokubanern um Gleichberechtigung während der Unabhängigkeitskämpfe und nach der Unabhängigkeit, der 1912 mit einem blutigen „Rassenkrieg“ beendet wurde. Sehr polemisch, aber immer noch sehr erhellend über den im nachrevolutionären Kuba herrschenden Rassismus ist eine Studie des Soziologen C. Moore [12.3]. Neuere Forschungen der vergangenen 20 Jahre beschäftigen sich vermehrt mit Teilaspekten der Revolution und ihren Wurzeln. Eine der wichtigsten kulturhistorischen Studien zur Geschichte der Insel und ihrer Mythen verfasste der Historiker A. Kapcia [Island of Dreams, 12.3]. Unter den Gen-

Mythen

Gender

derstudien bzw. den Darstellungen des Wandels der Geschlechterrollen in der Revolution dominiert die sozialwissenschaftliche Pionierstudie von L. M. Smith und A. Padula [12.3], ferner ein Sammelband mit Zeitzeuginneninterviews von M. Randall [12.3] und M. Chase [12.3]. Die mit Abstand wichtigste Zeitschrift zur Erforschung der Revolution und zur Analyse von Geschichte und Gesellschaft sowie ein wichtiges Forum der akademischen Debatte über die Revolution sind die seit 1985 von der *University of Pittsburgh* herausgegebenen *Cuban Studies*.

Gesellschaftliche und kulturelle Transformation

Die Erforschung der ganz frühen Jahre der revolutionären Transformation ist jüngeren Datums und konzentriert sich nicht mehr nur auf den Zeitraum nach dem Triumph der Revolution, sondern nimmt auch die Jahrzehnte davor – etwa seit der Revolution von 1933 – in den Blick. Die wichtigsten Beiträge, die unterschiedliche gesellschaftliche Aspekte in den Blick nehmen, wie Guerillakampf und Massenmobilisierung jenseits der offiziellen Geschichte, haben J. Sweig [12.3] und R. Whitney [12.3] vorgelegt.

Alphabetisierungskampagne

Nur wenig erforscht sind bis heute sozialhistorische Aspekte der Revolution: die Geschichte der Bildungsreform, die mit der Alphabetisierungskampagne 1961 einsetzte, [Fagen, 12.3; Mesa Lago, 12.3; Schultz, 12.3] oder die Gründung der Volksmilizen [Manke, 12.3]. Das liegt vor allem an fehlenden statistischen Daten und soziologischen Studien, von unabhängigen Untersuchungen ganz zu schweigen. Die Veröffentlichung soziopolitischer Daten wird nach wie vor von der Regierung kontrolliert. Die historische Forschung leidet insgesamt unter dem sehr eingeschränkten Zugang zu kubanischen Archiven. Dies betrifft das gesamte 20. Jahrhundert, insbesondere aber die Zeit nach 1959. Den immer noch besten Einblick in die gesellschaftliche und kulturelle Transformation, die nach 1959 einsetzte, bieten die Bände der Anthropologen R. M. Lewis, O. Lewis und S. Ridgon [12.3]. Ihre Studie wurde von der kubanischen Regierung abgebrochen, weil sie zu viele Ungereimtheiten zutage brachte, die das Bild von der erfolgreichen Revolution trübten. An dieses Konzept knüpfte die britische Historikerin E. Dore an und verfolgte zwischen 2004 und 2015 ein umfangreiches *oral history*-Projekt in Zusammenarbeit mit dem von Mariela Castro geleiteten *National Center for Sex Education* (CENESEX) [1.7] mit Männern und Frauen verschiedener Generationen, Hautfarben und sexueller Orientierung [Dore, 12.3].

So schwierig sozialwissenschaftliche und historiographische Studien in Kuba selbst nach der Revolution wurden, so sehr veränderten sie die Wissenschaftslandschaft weltweit. Mit der Revolution rückte nicht nur die Insel, sondern ganz Lateinamerika in den Fokus des historischen und sozialwissenschaftlichen Interesses, und zwar auf globaler Ebene. In vieler Hinsicht etablierte sich erst jetzt die historische, soziologische und politikwissenschaftliche Forschung zu Lateinamerika in großem Stil. Dazu gehört auch die Einrichtung der interdisziplinären *area studies*, die sich aus historischer, politik- und sozialwissenschaftlicher, anthropologischer oder literatur- und kulturwissenschaftlicher Perspektive mit dem Kontinent befassen. Ein Großteil der Forschungsinstitute, Verbände und Zeitschriften zu Geschichte und Gesellschaft in Lateinamerika und der Karibik, die in Ost- und Westeuropa, der damaligen Sowjetunion und in den USA entstanden, wurden in den 1960er Jahren etabliert, wie die *Latin American Studies Association* (LASA, 1966) [1.7], in der die US-amerikanische Lateinamerikaforschung prominent vertreten ist, oder die *Arbeitsgemeinschaft deutscher Lateinamerikaforschung* (ADLAF, 1965) [1.7].

12.4 Chile: Allende und die *Unidad Popular*

Die Regierung der *Unidad Popular* (UP) unter Salvador Allende (1970–1973) und der Putsch von General Augusto Ugarte Pinochet am 11. September 1973 lösten einen wahren Boom an wissenschaftlichen und nichtwissenschaftlichen Veröffentlichungen aus. Der Politikwissenschaftler B. Loveman stellte 1988 fest, dass nie zuvor so viel über Chile publiziert worden sei wie nach dem gewaltsamen Ende der *Unidad Popular* [Loveman, Chile. The Legacy of Hispanic Capitalism, 12.4: 429]. Viele der noch in den 1970er Jahren erschienen Publikationen weisen einen hohen Grad an Emotionalität auf und insbesondere die Debatten um die Hintergründe des Staatsstreichs von 1973 waren scharf und mythenbeladen. Einen guten Überblick, der die unterschiedlichen Standpunkte innerhalb der Linken anhand zeitgenössischer Literatur widerspiegelt, ist der bibliographische Aufsatz von A. Valenzuela und J. S. Valenzuela *Visions of Chile* [12.4], der nach wie vor hilfreich ist, um die damaligen Auseinandersetzungen nachvollziehen zu können. Dasselbe gilt für eine von denselben Autoren herausgegebene Essay-Sammlung zu Chile in den 1960er und 1970er Jahren [Chile: Politics and Society, 12.4]. Eine der besten Darstellungen, die die damaligen turbulenten politischen Ereignisse mit einigen Jahren Abstand analysiert, ist A. Valenzuelas *Chile. The Breakdown of Democratic Regimes* [12.4]. Ebenfalls hilfreich ist eine Essaysammlung mit wirtschaftshistorischem Schwerpunkt von S. Sideri [12.4]. Sehr nahe am Zeitgeschehen, aber nicht immer mit der notwendigen kritischen Distanz verfasst, ist ein oft zitierter von I. Roxborough, P. O' Brien und J. Roddick herausgegebener Band [12.4].

Regierung Allende

Nach dem Sturz Allendes stand die Wirtschaftspolitik der UP im Zentrum der Debatten: Eine zeitgenössische Analyse veröffentlichte S. De Vylder [12.4]. Zehn Jahre später folgte S. Bitar, ehemaliger Bergbauminister unter Allende, mit seine Perspektive auf die Geschehnisse in *Chile: Experiment in Democracy* [12.4]. G. Martner García, Wirtschaftswissenschaftler und Politiker, publizierte *El Gobierno de Salvador Allende 1970–1973: Una evaluación* [12.4] zu einem Zeitpunkt, als er selbst als einer der Hauptverfechter in der „*no*-Initiative" gegen die Wiederwahl Pinochets aktiv war. Daneben wurde auch die politische Mobilisierungsfähigkeit der UP frühzeitig zu einem häufigen Untersuchungsgegenstand der chilenischen und internationalen Forschung, wie u. a. im Aufsatz des argentinischen Politikwissenschaftlers A. A. Borón [12.4]. Den Debatten über den *poder popular* („Volksmacht"), eine Form der direkten Demokratie, widmete sich A. Angell [Political Mobilization and Class Alliances in Chile, 12.4]. Über Gewerkschaften und gewerkschaftliche Aktivtäten bietet die Analyse des Politikwissenschaftlers D. Nolte [12.4] einen guten Überblick, zur Arbeiterpolitik der UP die Publikation von J. G. Espinosa und A. Zimbalist [12.4]. Ebenfalls älteren Datums, aber immer noch lesenswert ist eine sozialhistorische Arbeit von P. Winn [2.5.2], die die turbulenten Entwicklungen während der Allende-Regierung anhand einer Fallstudie zu Textilarbeitern untersucht. Den Bildungsreformen unter Allende widmete sich J. P. Farrell [12.4], die Justizreformen der *Unidad Popular* beleuchtete J. Spence [12.4].

poder popular

Debatten um die Linke

Auch das Verhältnis verschiedener Fraktionen innerhalb der chilenischen Linken untereinander wurde immer wieder untersucht. Basierend u. a. auf Interviews analysiert die Politikwissenschaftlerin K. Hite in *When the Romance Ended* [12.4] die politischen Eliten, die 1970 mit Allende an die Macht kamen und ihre politischen Ziele unter den verschiedenen Regierungen während der Regierungszeit der UP, nach dem Putsch und schließlich im Prozess der Redemokratisierung Chiles konzipierten und rechtfertigten. Eine weitere Untersuchung zur chilenischen Linken während der Regierung der UP legte der Historiker J. FERMANDOIS vor [La revolución inconclusa, 12.4]. Der ikonenhafte Status, der Salvador Allende nach seinem legendenumwobenen, gewaltsamen Tod zugesprochen wurde, brachte zahlreiche Biographien hervor, von denen hier nur die weniger ideologisch aufgeladenen genannt werden. Älteren Datums ist jene von M. NOLFF [12.4]. Auf Deutsch liegen die Biographie von F. DIEGO GARCÍA und O. SOLA [12.4] und J. ECKELS biographisches Essay [Salvador Allende, 12.4] vor. G. WESSEL widmet sich in *Die Allendes* [12.4] der gesamten Familie. T. Harmer [12.4] legte 2020 eine viel beachtete Biographie von Allendes Tochter Beatriz vor. Der chilenische Schriftsteller E. LABARCA GODDARD rief 2007 mit *Salvador Allende. Biografia Sentimental* [12.4] eine Polemik zwischen ehemaligen Unterstützern der UP hervor. Keine Biographie, aber einen guten Überblick über Allendes Werdegang und die Regierungszeit der UP verfasste D. NOHLEN [12.4].

Biographien Allendes

Frühe Erklärungsansätze zum Scheitern der UP, die sich je nach politischer Perspektive ihrer Autoren sehr voneinander unterscheiden, finden sich u. a. bei A. TOURAINE [12.4], F. BOURRICAUD [12.4], S. BITAR [Transición, socialismo y democracia, 12.4], B. LOVEMAN [Allende's Chile, 12.4], E. KAUFMAN [Transition to Stable Authoritarian-Corporate Regimes, 12.4] sowie bei N. DAVIS [12.4], der von 1971 bis 1973 US-Botschafter in Chile war.

Scheitern der *Unidad Popular*

Eine minutiöse Darstellung des Putsches vom 11. September 1973 hat I. GONZÁLEZ CAMUS vorgelegt [12.4], eine gute Analyse bietet auch A. ANGELL [Chile de Alessandri a Pinochet, 12.4]. Der chilenische Philosoph H. H. BENÍTEZ analysierte in *Las Muertes de Salvador Allende* [12.4] den Staatsstreich, griff dabei u. a. auf Zeitzeugenaussagen und Polizeiberichte zurück und erörterte außerdem die verschiedenen Legenden um Allendes Tod. Die Historikerin O. ULIANOVA thematisierte die unmittelbaren sowjetischen Reaktionen auf den Umsturz [12.4]. Zentraler Gegenstand in der Debatte um das Scheitern der UP war von Anfang an die Rolle der Vereinigten Staaten und ihre Verwicklungen in den Staatsstreich. Ende der 1980er Jahre resümierte der Friedens- und Konfliktforscher E. KAUFMAN, dass bis dato zumeist die USA (so etwa bei PETRAS/MORLEY

Militärputsch

[12.4], bei Fagen [12.4] bzw. im NACLA-Bericht des Jahres 1973 [12.4]) oder die UP selbst (etwa bei Moss [12.4]) für das Scheitern der Allende-Regierung verantwortlich gemacht wurden. E. Kaufman selbst analysierte in *Crisis in Allende's Chile: New Perspectives* [12.4] die Memoiren zentraler Akteure in Chile (Carlos Prats, Augusto Pinochet, Joan E. Garcés) und den USA (Henry Kissinger, William Colby, Richard Nixon) und kam zu dem Ergebnis, dass nicht die Konfrontation zwischen radikalen linken und rechten Kräften zum Untergang der chilenischen Demokratie geführt habe, sondern das Versagen der moderaten Kräfte. Damit schloss er sich der Analyse A. Valenzuelas [Chile. The breakdown of democratic regimes, 12.4] an, der das Fehlen eines politisch-gesellschaftlichen Kompromisses, den schwindenden Einfluss vermittelnder Institutionen, die zunehmende Mobilisierung bzw. den fortschreitenden Kontrollverlust politischer Anführer über ihre Anhänger als entscheidende Stationen auf dem Weg zum Sturz Allendes identifiziert hatte.

US-Einfluss

Hinsichtlich der Gründe für die (verdeckte) US-Intervention in Chile verwies E. Kaufman [Crisis in Allende's Chile, 12.4: xxxvii] auf den von R. R. Fagen entwickelten, multikausalen Erklärungsansatz, der fünf Punkte hervorhob: 1. den entscheidenden Einfluss Kissingers und Nixons auf die US-Politik gegenüber Allendes Chile, 2. die Logik des Kalten Kriegs und die Überzeugung von der Existenz einer realen kommunistischen Bedrohung in Lateinamerika, 3. die damit verbundene Furcht vor einem „Domino-Effekt", der sich auch auf Europa auswirken könnte, insbesondere auf Italien und Frankreich, wo ebenfalls starke „Volksfronten" existierten, 4. ein ähnlicher Effekt in anderen Ländern Lateinamerikas und 5. die Wahrnehmung Chiles als ernstzunehmende Gefahr für die US-amerikanische Vorherrschaft auf dem amerikanischen Kontinent. Viele der in den 1970er und 1980er Jahren veröffentlichten Studien zum Sturz der UP konzentrierten sich auf das Agieren Kissingers und Nixons gegen die Allende-Regierung und mündeten in einer teils klischeehaften Beschreibung des US-Interventionismus im Kalten Krieg. Dem gegenüber stellte S. De Vylder [12.4] eine sorgfältige Analyse der politischen, ökonomischen und sozialen Entwicklungen der Jahre unter Allende und der Faktoren, die zum Putsch führten. Aus konservativer Perspektive liegen Studien von P. E. Sigmund [The Overthrow of Allende, 12.4], N. Davis [12.4] und E. Kaufman [Crisis in Allende's Chile] vor.

In den späten 1990er Jahren entfachte die Freigabe entscheidender US-Dokumente die Debatte erneut. Viele Historiker widmeten sich jetzt der Frage nach der Möglichkeit einer verdeckten Operation Washingtons und versuchten, entsprechende Thesen zu belegen oder zu entkräften. Unter den neueren Studien zur US-Intervention in Chile sind jene von K. Gustafson [12.4], J. Haslam [12.4] und P. Kornbluh [12.4] hervorzuheben. Die jüngere Debatte konzentrierte sich erneut auf die Rolle Kissingers. Während der Historiker Haslam Kissinger und Nixon als die Verantwortlichen für den Putsch unter Pinochet erachtete, argumentierte Gustafson, Experte für die Geschichte der amerikanischen Geheim- und Nachrichtendienste, vehement dagegen. Haslams Argumentation erscheint allerdings fragwürdig, weil er sich auf anonyme Interviews bezieht [s. hierzu Harmer, Allende's Chile and the Inter-American Cold War, 9.1: 7]. Zur Debatte insgesamt siehe K. Maxwell und W. D. Rogers [12.4].

Transnationale Untersuchungsansätze

In ihrer 2011 erschienenen Studie *Allende's Chile and the Inter-American Cold War* plädiert die Historikerin T. Harmer [9.1] für einen transnationalen Untersuchungsansatz, da es nur möglich sei, das Wirken und Scheitern Allendes zu verstehen, wenn die Geschichte der UP in ihren internationalen Verflechtungen untersucht würde, da die Diskussion um Nixon und Kissinger die Komplexität der Entwicklungen im Chile der frühen 1970er Jahre und der Ereignisse rund um den Putsch bei weitem nicht erfasse. Sie relativierte die Bedeutung der US-amerikanischen Außenpolitik für den Sturz Allendes und verwies vielmehr auf Pinochet und die Militärs als wichtige Akteure. Sie thematisierte auch die Unterstützung durch das brasilianische Militärregime und betonte, dass der Putsch gegen Allende und die *Unidad Popular* nur dann zu verstehen sei, wenn dem bislang wenig beachteten Engagement Kubas in Chile und in Lateinamerika generell mehr Bedeutung zugemessen werde.

In einer älteren Publikation hatte sich der Historiker J. Fermandois [Chile y el Mundo, 12.4] bereits mit Allendes Außenpolitik befasst und sich dabei auf archivalische Quellen, Zeitzeugen-Interviews und publizierte Quellen gestützt. Auch Allendes Bemühungen um ausgeglichene diplomatische Beziehungen zu den Vereinigten Staaten waren Gegenstand seiner umfassenden Studie *Mundo y Fin de Mundo: Chile en la Política Mundial 1900–2004* [12.4: 305–358, 359–392], in der er die innenpolitischen Reformen der UP mit der Außenpolitik und den Beziehungen Chiles zu anderen lateinamerikanischen Staaten, Westeuropa, der USA, der UdSSR und Kuba verknüpfte. Einige Jahre vor dieser Veröffentlichung hatte Fermandois bereits den Aufsatz *Pawn or Player? Chile in the Cold War (1962–1973)* [12.4] zur Außenpolitik Chiles unter den Regierungen Frei und Allende vorgelegt. C. Pérez hingegen fokussierte in *Che Guevara's Army and its Chilean Followers* [12.4] die Entwicklung des bolivianischen *Ejército de Liberación Nacional* zwischen 1967 und 1982 und seine Verbindungen zu Kuba und Chile. Insgesamt variieren die Einschätzungen über die Rolle Allendes in der internationalen Politik: Für manche Autoren war er eine Marionette des KGB, andere beschreiben ihn als *ad-hoc* Politiker, während eine dritte Position das pragmatische Element seines Handelns hervorhebt [siehe dazu v. a. Fortin, 12.4]. Einen Überblick über die polarisierten Einschätzungen bieten P. E. Sigmund [Multinationals in Latin America, 12.4] und J. Haslam [12.4: 168].

Deutsch-chilenische Beziehungen

Die deutsch-chilenischen Beziehungen erfuhren lange Zeit weit weniger Aufmerksamkeit. Den Wandel in der Haltung der Bundesregierung gegenüber Allende und der UP skizziert J. Fermandois in einem 2008 erschienenen Aufsatz [Del Malestar al Entusiasmo, 12.4]. In seinem 2014 erschienenen Buch *Partner im Kalten Krieg. Die politischen Beziehungen zwischen der Bundesrepublik Deutschland und Chile* [12.4] befasste sich der Berliner Historiker G. Dufner mit zentralen staatlichen und nichtstaatlichen Akteuren, die die politischen Beziehungen zwischen der Bundesrepublik und Chile prägten, und analysierte, wie sich letztere zwischen den 1950er und 1980er Jahren wandelten. Hinsichtlich der Jahre der UP-Regierung stellt er fest, dass sich die sozialliberale Koalition zunächst abwartend verhalten habe und sich innerhalb der SPD nur einzelne Vertreter für eine Unterstützung Allendes eingesetzt hätten. Zu einer breiteren Rezeption der Ereignisse in Chile in der deutschen Gesellschaft sei es erst nach dem Putsch gekommen, woraufhin sich dann allerdings eine politisch breite, aus unterschiedlichen politischen Lagern zusammengesetzte Solidaritätsbewegung formiert habe. Die chilenischen Akteure blieben bei Dufner allerdings weitgehend unbeachtet und er übernahm unkritisch zentrale zeitgenössische Paradigmen, die die westdeutsche Chile-Politik charakterisierten. Zum Verhältnis zwischen Chile und der DDR im Kalten Krieg veröffentlichte Dufner den Aufsatz

Die Beziehungen zwischen der DDR und Chile, 1949–1989 [in: DUFNER/FERMANDOIS/RINKE 12.4: 213–258]. Sehr viel stärker als DUFNER bezieht die auf deutschen und chilenischen Archivquellen sowie auf Interviews beruhende Publikation von I. EMMERLING [12.4] die chilenischen Akteure mit ein. Die US-amerikanische Historikerin B. ELSEY [12.4] thematisierte die westdeutsche Chile-Solidarität und ihre Protestaktion anlässlich der Fußballweltmeisterschaft 1974. Zur Debatte über die deutsche Chile-Solidarität und die Menschenrechtsfrage siehe auch die von J. ECKEL publizierten Aufsätze [12.4.] (vgl. auch Kap. II.13.2). Chile-Solidarität

12.5 Die Sandinistische Revolution in Nicaragua

Die Sandinistische Revolution weckte weltweit große Sympathien und ein reges wissenschaftliches Interesse, was die dementsprechend große Anzahl von Literatur über verschiedenste Teilaspekte der Revolution erklärt. Ähnlich wie im Fall der Kubanischen Revolution überwog zu Anfang die „Begeisterungsliteratur", der aber spätestens nach Abwahl der Sandinisten im Jahre 1990 sehr nüchterne Analysen des Scheiterns folgten. Auch diese Revolution polarisierte, aber niemals in dem Ausmaß wie die kubanische, was unter anderem auch daran gelegen haben mag, dass das revolutionäre Experiment wesentlich pluralistischer und demokratischer war und die von der Reagan-Administration verfolgte Strategie der *low-intensity-warfare* ein offensichtlicher Eingriff in die nationale Souveränität Nicaraguas war, der der Revolution keine Entwicklungsmöglichkeiten ließ.

Überblicksdarstellungen

Eines der aktuellsten und besten Überblickswerke über die Hintergründe, Dynamiken und Auswirkungen der Revolution ist die von D. CLOSE, S. MARTI I PUIG und S. A. MCCONNELL herausgegebene Anthologie *The Sandinistas and Nicaragua since 1979* [12.5], die Beiträge von ausgewiesenen Historikern und Sozialwissenschaftlern aus Nicaragua, den USA und Europa gleichermaßen enthält. Erörtert werden wirtschaftliche, politische, gesellschaftliche Entwicklungen, wobei, anders als der Titel suggeriert, die Revolutionsbewegung *Frente Sandinista de Liberación Nacional* (FSLN) nicht immer im Mittelpunkt steht. Innovativ ist, dass die Beiträge im Unterschied zu anderen Studien zur Revolution auch die Frage nach den Kontinuitäten thematisieren und die Politik der FSLN über die Wahlniederlage 1990 hinaus, die gleichzeitig das Ende der Revolution bedeutete, kritisch verfolgen. Die Autoren diskutieren am Ende des Bands außerdem die spannende Frage, ob die Revolution in Nicaragua im lateinamerikanischen Vergleich eine „Ausnahme" darstellte.

Eine gute Einführung in die Geschichte Nicaraguas mit einem Schwerpunkt im 20. Jahrhundert und auf der Sandinistischen Revolution bzw. der Rückkehr der FSLN mit der umstrittenen Politik des ehemaligen Revolutionsführers Daniel Ortegas bietet auch die von T. W. Walker und C. J. Wade verfasste, bereits in der 5. Auflage erschienene Monographie *Nicaragua. Living in the Shadow of the Eagle* [12.5]. Eine Ergänzung sind die jeweils im Abstand von drei Jahren ab 1985 von Walker herausgegebenen Sammelbände, die Aufstieg und Niedergang der Revolution bilanzieren [Nicaragua in Revolution, 12.5; Nicaragua. The first five years, 12.5; Reagan versus the Sandinistas, 12.5], und die Anthologien *Revolution and Counterrevolution in Nicaragua* [Walker, 12.5] und *Repression, resistance, and democratic transition* [Walker/Armony, 12.5]. Die erfolgreich verlaufene Alphabetisierungskampagne dokumentierten U. Wirper und O. Bujard [Die Revolution ist ein Buch und ein freier Mensch [12.5]. Dass die häufig positiv ausfallende Retrospektive auf die Revolution trotzdem weiterhin umstritten ist, verdeutlichte H. Brands [9.1, hier insbesondere Kapitel 6 „Maelstrom"]. Zahlreiche Publikationen thematisieren das US-Eingreifen gegen die Revolution in Nicaragua, so etwa W. LaFebers [Inevitable Revolutions, 9]. J. E. Findling [12.5] und die Beiträge in einer von T. W. Walker herausgegebenen Anthologie [Reagan versus the Sandinistas, 12.5] kritisieren die massiven Eingriffe der Reagan-Administration durch die Finanzierung von Contra-Truppen. Mit den ersten Jahren nach dem Ende der sandinistischen Ära und der Regierung Violeta Barrios de Chamorro setzten sich D. Close [12.5], L. E. Anderson und L. C. Dodd [12.5] und ein weiterer von Walker herausgegebener Sammelband [Nicaragua without illusions, 12.5] auseinander.

Ursprünge des Sandinismus

Unter den zahlreichen Publikationen, die den Sturz der Diktatur Somozas, den Triumph der Revolution und die ersten Jahre des Aufbruchs portraitieren, sind jene von J. A. Booth [12.5], G. Black [12.5] und S. Christian [12.5] hervorzuheben. Die historischen, ideologischen und kulturellen Wurzeln des Sandinismus und der sandinistischen Bewegung thematisierten C. Alegría und D. J.

Flakoll in *Nicaragua, la revolución sandinista* [12.5] mit einem Schwerpunkt auf der Zeit nach der Ermordung Augusto César Sandinos im Jahre 1934. Eine sorgfältige Untersuchung zur ideologischen Kontinuität des Sandinismus seit Sandino bietet L. Lozano [12.5]. Die beste deutschsprachige Biographie des Bürgerkriegsgenerals legte V. Wünderich [12.5] vor. Auf dem neuesten Forschungsstand ist die Biographie, die der nicaraguanische Historiker A. Bendaña [12.5] verfasste. M. Zimmerman [12.5] schrieb eine vielbeachtete Biographie des Gründers der FSLN, Carlos Fonseca.

Frauen in der Revolution

Die Revolution wurde von einer außergewöhnlich hohen Zahl von Frauen getragen, die sich auch aktiv am Guerillakampf der FSLN beteiligten. Organisierte Frauen waren auch nach 1979 in der Politik und im öffentlichen Leben sehr präsent und ihre geschlechtsspezifischen Bedürfnisse wurden in die politischen Umstrukturierungen mit einbezogen. Die sandinistische Regierung ergriff vor allem strukturelle und rechtliche Maßnahmen, um die Lebensumstände von Frauen zu verbessern. Dazu zählen die Landreform, gesetzliche Neuregelungen, die die rechtliche Gleichstellung von Männern und Frauen sichern sollten, sowie Maßnahmen wie die Alphabetisierungskampagne, der Ausbau des nationalen Gesundheitswesens und staatliche Sozialleistungen. Ein häufiger Kritikpunkt an dieser Reformpolitik war ihre Fokussierung auf den Produktionsbereich, wodurch Frauen – wie in vielen anderen sozialistischen Staaten auch – in die Produktion eingegliedert werden sollten, während der Reproduktionsbereich und die ideologischen Grundlagen der Geschlechterungleichheit unangetastet blieben. Zahlreiche Publikationen setzten sich damit auseinander, z. B. P. M. Chuchryk [12.5] und J. L. Disney [12.5].

Gender-Studien

Andere Studien befassten sich aus feministischer Perspektive kritisch mit der „Frauenfrage" im Sandinismus: A. Criquillón [12.5]; A. J. Brenes [12.5], C. Murguialday [12.5] und M. Randall [12.5]. Die Auswirkungen der Revolution auf gleichgeschlechtliche Beziehungen unter Frauen untersuchte M. Bolt González [12.5]. Eine kritische Stimme gegen den Machismo ihrer männlichen Kampfgefährten erhob stets die nicaraguanische Schriftstellerin G. Belli, ihr weltberühmter Roman *Bewohnte Frau* [span.: *La mujer habitada*, 12.5] ist Zeugnis ihrer eigenen Bewusstwerdung als Frau und als Revolutionärin. In ihren persönlichen Erinnerungen an ihren Lebensweg als Frau aus der Oberschicht, die sich in der Revolution engagierte, reflektiert Belli aus weiblicher Perspektive das

Scheitern der Revolution kritisch [Die Verteidigung des Glücks, 12.5].

Auch zahlreiche Politik- und Sozialwissenschaftlerinnen zogen Genderaspekte als Analysefokus zur Beurteilung der revolutionären Transformation in Nicaragua heran, unter ihnen K. Kampwirth [12.5] und L. Bayard de Volo [12.5]. Andere Publikationen nahmen auch die Zeit nach 1990 in den Blick und analysierten die Auswirkungen, die das Ende des sandinistischen Experiments und die neoliberale Politik der konservativen Regierungen Chamorro und Alemán auf die Geschlechterverhältnisse hatte, wie etwa die aufschlussreiche Studie der Anthropologin F. Babb [12.5]. Die von der nicaraguanischen Gewerkschafterin und Aktivistin der Frauenbewegung M. T. Blandón [12.5] herausgegebenen Kongressakten des zentralamerikanischen Frauenkongresses, der 1993 in Managua stattfand, verdeutlichen, dass mit der Abwahl der Sandinisten 1990 zwar die Revolution beendet wurde, dies aber nicht das Ende der nicaraguanischen Frauenbewegung bedeutete, die danach mehr politischen Freiraum gewann. Allerdings entstanden jetzt auf ökonomischer und sozialer Ebene insbesondere für Frauen neue Herausforderungen.

„Gemischte Wirtschaft“

Die ökonomischen Reformen zogen ebenfalls große Aufmerksamkeit auf sich, da sich die Sandinisten mit ihrem Konzept der „gemischten Wirtschaft“ ein neues Entwicklungsmodell, einen dritten Weg zwischen Kapitalismus und Sozialismus, auf die Fahnen geschrieben hatten. Dies war ein äußerst schwieriges Unterfangen, das zwar einerseits Ressourcen für ökonomisch schwächere Sektoren freisetzte, andererseits aber erbitterten Widerstand der Besitzenden hervorrief, da die von den Sandinisten verfolgte Umverteilungs- und Nationalisierungspolitik nicht nur die Länder und Produktionsstätten der Familie Somoza betraf. Diesen Antagonismus thematisierte die Politikwissenschaftlerin R. J. Spalding [Capitalists and Revolution in Nicaragua, 12.5]. Ein von ihr herausgegebener Sammelband bietet einen vorzüglichen Einblick in die sandinistische Wirtschaftspolitik [The political economy of revolutionary Nicaragua, 12.5]. Reflektionen eines Insiders über das ökonomische Modell der Sandinisten lieferte der nicaraguanische Ökonom A. E. Martínez Cuenca [12.5].

Agrarreform

Nicaragua war (und ist) ein agrarisch geprägtes Land, deshalb war die von den Sandinisten angeregte Agrarreform ebenfalls ein intensiv debattiertes und umstrittenes Thema. Das Interview der chilenischen Soziologin M. Harnecker mit dem sandinistischen Landwirtschaftsminister J. Wheelock [12.5] eröffnet Einblicke in Ziele und Strategien der sandinistischen Agrarpolitik. Die wichtigsten Analysen legten L. J. Enríquez [Harvesting change, 2.5.1], J. M. Paige [12.5] und die auf Agrarpolitik spezialisierte Ökonomin C. D. Deere vor, die das Thema stets auch gendersensibel diskutierte [12.5; Deere/Marchetti, 12.5]. Eine Langzeit- und Regionalstudie zur Landarbeiterbewegung in Nicaragua bis zum Sturz Somozas legte J. Gould [12.5] vor. Einen guten Überblick über die Landwirtschafts- und Ernährungspolitik der Sandinisten bietet J. Collins [12.5]. Einen Vergleich der Agrarpolitiken der sandinistischen Regierung und der sie ablösenden Violeta Barrios de Chamorros lieferte M. Spoor [12.5]. Die Historikerin C. Berth setzte sich mit der Ernährungssituation in Nicaragua vor, während und nach der sandinistischen Revolution auseinander [12.5].

13 Lateinamerika in seinen globalen Verflechtungen

13.1 Lateinamerika in der Globalgeschichte

Seit der Eroberung stand Lateinamerika im Zentrum von Prozessen globaler Reichweite und war ein wichtiges Experimentierfeld, beispielsweise für spätere Kolonisationsprozesse in Afrika oder Asien. Es ist also ein Paradoxon, dass Lateinamerika in den einflussreichen Konzeptionalisierungen der „neuen" Globalgeschichte häufig eine untergeordnete Rolle spielt. In der Vergangenheit wurde die Geschichte Lateinamerikas oft auf einen Anteil an der Geschichte der europäischen Expansion reduziert und bediente damit das Erfolgsnarrativ des „Aufstiegs des Westens". Einen guten Überblick über diese ältere Debatte bietet J. Adelman [13.1]. Sein Artikel ist Teil eines Dossiers in der *Hispanic American Historical Review* (HAHR), das die Verortung Lateinamerikas in der Weltgeschichte thematisiert. Die Verflochtenheit der Geschichte Lateinamerikas mit der Expansionsgeschichte Europas und die daraus erwachsende, problematische Identifikation Lateinamerikas mit Europa diskutierte M. Carmagnani [13.1].

Peripherie der Weltgeschichte?

Auch wenn der *mainstream* der heutigen Globalgeschichtsschreibung vielleicht nicht mehr vordergründig der Erfolgsgeschichte der europäischen Expansion folgt, so liegt ihr Fokus weiterhin auf den Dynamiken der Machtverhältnisse zwischen „dem Westen" (Europa/USA) und Asien. So erwähnte beispielsweise der Historiker K. Pomeranz in seiner einflussreichen Publikation *The Great Divergence* [13.1] zwar Lateinamerika, kategorisierte es aber als „peripher" für weltgeschichtliche Entwicklungen. Auch C. A. Baylys *Birth of the Modern World* [13.1] verortet Lateinamerika in der Peripherie der Globalgeschichte – im Gegensatz zu China, Südasien und Europa. D. Sachsenmaier [13.1] hat auf die entscheidende Bedeutung der Orte hingewiesen, an denen Globalgeschichte geschrieben wird. Einer der Befunde ist dabei, dass Globalhistoriker offenbar den Regionen den Vorzug geben, die mit dem British Empire in Verbindung standen. Unter dem *label* der Globalgeschichte veröffentlichen Historiker immer wieder Monographien und Aufsätze, ohne Lateinamerika überhaupt zu erwähnen bzw. näher zu spezifizieren. Der britische Lateinamerikahistoriker M. Brown [13.1], der sich mit einem Aufsatz in die Debatte einmischte, führte das Argument ins Feld, dass J. Osterhammels *Verwandlung der Welt* [13.1] zwar ein Korrektiv zu dieser spezifischen globalhistorischen Sichtweise biete, denn er bringe Lateinamerika zurück von den Rändern, lasse es aber trotzdem weiter an der Peripherie globaler Entwicklungen.

Frühe Kolonisation und frühe Unabhängigkeit

Lateinamerikahistoriker haben demgegenüber schon immer betont, dass Lateinamerika die erste Großregion der Welt war, die nachhaltig von Eroberungs- und Kolonisationsprozessen verändert wurde, und zwar bereits seit dem Beginn der Frühen Neuzeit. Während Afrika, Asien und Europa seit Jahrtausenden ökonomisch und kulturell miteinander verbunden waren, trat Amerika jetzt als „Neue Welt" quasi aus dem Nichts in die interkontinentalen Beziehungen ein und wurde innerhalb eines vergleichsweise kurzen Zeitraums politisch, religiös, wirtschaftlich und kulturell so tiefgreifend verändert, wie es mit den drei zuvor genannten Kontinenten nicht geschehen ist, und zwar bis hinunter auf die lokale Ebene. Ganz davon abgesehen, hatte die sogenannte Entdeckung dieses für Europa neuen Kontinents in beschleunigtem Maße große Auswirkungen auf andere Kontinente, wahrscheinlich am intensivsten auf Europa [Benton, 13.1; Hausberger, 13.1].

Weltgeschichtlich gesehen gibt es allerdings epochale Unterschiede in der Geschichte der Kontinente. In diesem Sinne wurde Lateinamerika „zu früh" kolonisiert und ist „zu früh" unabhängig geworden, um sich ohne Probleme in die Überblicksdarstellungen über die koloniale Ausdehnung Europas vom 17. Jahrhundert über Imperialismus und Kolonialismus bis zur Entkolonisierung einordnen zu lassen. Damit verbunden ist ein häufig diskutiertes historiographisches Problem über den Beginn von Globalisierungsprozessen. Einen Überblick über diese seit Mitte der 1990er Jahre geführte, vielschichtige Debatte in den Geschichtswissenschaften bietet der von M. GRANDNER, D. ROTHERMUND und W. SCHWENTKER 2005 herausgegebene Sammelband *Globalisierung und Globalgeschichte* [13.1]. Lateinamerikahistoriker ordnen außerdem – wie in diesem Band bereits angesprochen – die Unabhängigkeit des Kontinents in den Kontext der Atlantischen Revolutionen (US-amerikanische Unabhängigkeit – Französische Revolution – Unabhängigkeit Lateinamerikas) ein. Auf die Geschichte Europas fokussierte Historiker tendieren weiterhin dazu, die Staats- und Nationsbildung in Lateinamerika eher als defizitäre Kopie des europäischen Modells zu interpretieren. In der Historiographie Lateinamerikas hingegen wird spätestens seit dem 200. Jahrestag des Beginns des Unabhängigkeitskampfs auf die Originalität der überwiegend republikanischen Verfassungen der jungen Nationen hingewiesen [siehe z. B. RINKE 13.1]. Eine knappe Stellungnahme sowie Informationen zu dieser Debatte bieten S. HENSEL [13.1] und M. CHUST CALERO [13.1].

13.2 Transnationale Solidaritätsbewegungen

Die transnationalen Solidaritätsbewegungen in oder mit Lateinamerika bzw. zwischen Lateinamerika und anderen Regionen des Globalen Südens sind ein vergleichsweise junges Forschungsfeld. Gleichwohl sind die damit zusammenhängenden Phänomene nicht allein in der Zeitgeschichte mit ihren zunehmenden Möglichkeiten der technischen Vernetzung rund um den Globus und der Massenmobilität verortet. Es handelt sich um eine Begleiterscheinung des Entstehens einer globalen Linken im gesamten 20. Jahrhundert, wie die Historiker R. GROSSMANN [13.2] und B. CARR [13.2] am Beispiel der Sandino-Solidarität der 1920er Jahre oder R.

Rein [13.2] am Beispiel argentinischer Juden in den Internationalen Brigaden des Spanischen Bürgerkriegs verdeutlichten. Die Erforschung von Phänomenen transnationaler Solidaritätsbewegungen wurde auch durch das in den letzten beiden Jahrzehnten stark gewachsene Interesse an Verflechtungsgeschichte(n) (auch als *entangled histories* oder *histoire croisée* bezeichnet) dynamisiert. Diese Zugänge werden durch transnationale Perspektiven mit ihrem Blick auf Verbindungen und Bewegungen von Menschen und Ideen jenseits nationalstaatlicher Politik ergänzt. Neuere sozial- und kulturwissenschaftliche Ansätze beschäftigen sich mit dem Phänomen der sozialen Bewegungen nach dem Zweiten Weltkrieg und fokussieren die Interaktionen von Solidaritätsbewegungen untereinander sowie ihre Verbindungen mit staatlichen Akteuren und internationalen Organisationen [Keck/Sikkink, 13.2]. Dabei greifen sie ebenfalls verstärkt transnationale und transregionale Perspektiven auf und betonen die wachsende Bedeutung von nichtstaatlichen Akteuren im 20. und 21. Jahrhundert. Sie gehen davon aus, dass die Herausbildung neuer sozialer und kultureller Identitäten über nationalstaatliche Grenzen hinweg nur aus einer transnationalen Perspektive heraus erklärt werden kann, und betonen dabei die Bedeutung der Entstehung von Kommunikationssystemen, Medien und Transportmöglichkeiten seit der zweiten Hälfte des 20. Jahrhunderts, die die Rahmenbedingungen für transnationale Vernetzung von Individuen schufen. Allerdings reichen diese strukturellen Erklärungsansätze nicht aus, um das Phänomen erschöpfend zu begründen. Eine Ergänzung bietet hier der kulturhistorisch angelegte Überblick über Hintergründe, Entstehung und Motivationen von Solidarität mit zentralamerikanischen Befreiungsbewegungen von S. E. Nepstad [13.].

Zunehmende Bedeutung nichtstaatlicher Akteure

Hintergründe und Motivationen

Solidaritätsbewegungen mit Lateinamerika, die in Westdeutschland ab den 1970er Jahren entstanden, verorteten J. Hierlmeier [13.2] und C. Olejniczak [13.2] aus politikwissenschaftlicher Perspektive im Kontext der neuen sozialen Bewegungen. Allerdings gliederten sie diese thematisch auf und untersuchten beispielsweise die Frauenbewegung und die Nicaragua-Solidaritätsbewegung getrennt voneinander, anstatt deren politische und personelle Überschneidungen nachzuzeichnen. Da sie keine transnationale Perspektive verfolgten, standen hier ausschließlich die bundesrepublikanischen Akteure im Zentrum. Einer Konzeptualisierung der bundesdeutschen Dritte-Welt-Bewegung aus transnationaler Perspektive widmete sich erstmals der Sozialwissenschaftler D. Rucht [13.2]. Er klassifizierte diese als *distant issue movement* und somit als Solidarität „auf Distanz", ein Engagement fern der eigenen Situation und Betroffenheit. Die vornehmlich politischen, ideologischen oder auch altruistischen Motive, die den Solidaritätsaktivisten dabei unterstellt wurden, reichen wiederum als Erklärungsansätze nicht aus. So geriet ihre Kategorisierung als *distant issue movement* insbesondere in jüngster Zeit in die Kritik, da sie die Bedeutung lateinamerikanischer Akteure für Entstehung und Weiterentwicklung von Solidaritätsbewegungen außer Acht lässt [Gosse, 13.2; Perla, Si Nicaragua Venció, El Salvador Vencerá 13.2; ders., Heirs of Sandino, 13.2; Hatzky/Stites Mor, 13.2, Christiaens, Orchestrating Solidarity, 13.2; ders., Europe at the Crossroads, 13.2].

Die bisherige Forschung ging außerdem davon aus, dass für das Entstehen eines Gefühls von Solidarität ein kollektives Bewusstsein und gemeinsam geteilte Erfahrungen notwendig seien. Neuere Ansätze aus der US-amerikanischen Forschung argumentieren hingegen, dass gerade die Solidarität mit den Ländern Lateinamerikas nicht auf einem kollektiven Bewusstsein basiere, da kaum ein gemeinsam geteilter Erfahrungshorizont der Solidaritätsaktivisten mit der Bevölkerung des jeweiligen Landes existiere [Scholz, Political solidarity, 13.2; Nepstad, 13.2]. Vieles deutet deshalb auf eine Komplexität der Prozesse hin, die für die Motivation der Solidaritätsaktivisten ausschlaggebend waren. Gerade deshalb wurden in jüngster Zeit die lateinamerikanischen Akteure verstärkt in den Blick genommen. Wie J. Charlip und M. Power in ihrem programmatischen Aufsatz *On Solidarity* [13.2] feststellten, waren Solidaritätsbewegungen auch das Resultat von Wünschen und Projektionen seitens der Aktivisten. Vor dem Hintergrund des Kalten Kriegs und der scheinbaren Unveränderbarkeit der Situation in den Industrieländern boten insbesondere die Befreiungsbewegungen in Lateinamerika ein großes Mobilisierungspotential. Sie versprachen eine Beteiligung an den komplexen Prozessen sozialen Wandels und die „Dritte Welt" wurde, wie der Historiker E. Hobsbawm einmal formulierte, zum „*central pillar of the hope and faith of those who still put their faith in social revolution*" [Hobsbawm, 13.2: 436].

Hoffnungen, Wünsche, Projektionen

Publikationen über die westdeutsche Solidarität mit Lateinamerika stammten lange Zeit vor allem von den Aktivisten der Bewegung. Ein Standardwerk hierfür ist weiterhin die von den Journalisten W. Balsen und K. Rössel [13.2] verfasste Publikation *Hoch die internationale Solidarität*, die die bundesdeutschen Solidaritätsbewegungen seit dem Zweiten Weltkrieg resümiert. Sie verfolgt zwar keinen wissenschaftlichen Anspruch, basiert aber auf umfangreichem Quellenmaterial. Darüber hinaus existieren vereinzelte Untersuchungen wie die Dissertation der Sozialwissenschaftlerin R. Karges [13.2] aus dem Jahr 1995, die in vergleichender Perspektive die bundesdeutschen Solidaritätsbewegungen nach dem Zweiten Weltkrieg analysiert. Die auf Interviews basierende Studie des Psychologen M. Förch [13.2] untersucht das Nicaraguabild innerhalb der westdeutschen Solidaritätsbewegung Ende der 1980er Jahre. Darüber hinaus existieren (noch) laufende oder jüngst abgeschlossene Forschungsprojekte, beispielweise zur bundesdeutschen Chile-Solidarität [Hensel/Rommé/Rupflin, 13.2; Dufner, 12.4] sowie die von J. Eckel publizierten Aufsätze (siehe oben, Kap. II.12.4).

Solidarität im Kontext der neuen sozialen Bewegungen

In der Bundesrepublik Deutschland – aber auch in den USA und anderen west (und ost-) europäischen Ländern – bildete sich mit der Revolution in Nicaragua sehr schnell eine breite und heterogene Solidaritätsbewegung heraus. Sie rekrutierte sich nicht nur aus den neuen sozialen Bewegungen, z. B. der Friedens-, der Frauen- und der Umweltbewegung, sondern umfasste auch Gewerkschafter und engagierte Christen. Allein in Westdeutschland existierten in den 1980er Jahren über 300 Solidaritätskomitees, Städtepartnerschaftsinitiativen und Schulpartnerschaften, deren Aktivitäten von einer Koordinationsstelle unterstützt wurden, die im ständigen Austausch mit der sandinistischen Regierung und anderen revolutionären Organisationen stand. Eine umfassende Analyse der Wechselseitigkeit der deutsch-nicaraguanischen Interaktionen innerhalb der Solidaritätsbewegung bieten die Publikationen von C. Helm [Botschafter der Revolution sowie weitere Titel von ihm unter 13.2 und Bob, 13.2]. Helm befasste sich mit der bislang noch unbeantworteten Frage nach dem Einfluss der Akteure aus dem Süden auf die Konstruktion von Wünschen, Vorstellungen und Projektionen der Solidaritätsbewegten aus den Industrienationen.

Handlungsmacht der Sandinisten

Am Beispiel der westdeutschen Nicaragua-Solidarität verdeutlichte er, dass entscheidende Impulse für transnationale Verflechtungen und ein zunehmendes Bewusstsein für globale Zusammenhänge bei weitem kein alleiniges Ergebnis bundesdeutscher Projektionen und Aktivitäten war, sondern auch aus dem Globalen Süden kamen und die Solidaritätsaktivitäten durch Initiativen aus Nicaragua aktiv mitgestaltet wurden. Die *agency* der Akteure aus dem Globalen Süden thematisierten J. Charlip und M. Power [13.2], C. Hatzky/ J. Stites Mor [13.2] und C. Helm [Botschafter der Revolution, 13.2]. Eine genderspezifische Perspektive auf die Solidaritätsbewegung und ihre weiblichen Counterparts in Nicaragua eröffnete F. Apelt [13.2]. Helm befasste sich auch mit dem Phänomen der Solidaritätsbrigaden, die ins Leben gerufen wurden, als sich die kriegerischen Aktivitäten der von der US-Regierung finanzierten Contra-Truppen intensivierten. Zehntausende von Bundesbürgern waren in Nicaragua als „menschliche Schutzschilde" gegen die US-Intervention präsent und kamen so mit der Revolution hautnah in Berührung [Helm, SandinistInnen – AktivistInnen – PazifistInnen, 13.2].

Europäische und US-amerikanische Solidaritätsbewegungen

Nicaragua

Zu den europäischen und US-amerikanischen Solidaritätsbewegungen mit Nicaragua liegen eine Reihe von Untersuchungen vor, von denen einige genannt seien: T. Kadelbach [13.2] analysierte die Schweizer Solidaritätsbewegung, K. Christiaens [States Going Transnational, 13.2] fokussierte die Bewegung in Belgien und J. Rybak [13.2] jene in Österreich. Die bundesdeutsche und die spanische Solidaritätsbewegung vergleichend analysierten C. Helm und M. Ágreda Portero [13.2]. Ein noch wenig erforschtes Feld ist die DDR-Solidarität mit Lateinamerika, hier liegen bisher nur sehr wenige Arbeiten vor [Pieper Mooney 13.2]. Zur staatlichen Nahrungsmittelhilfe der DRR an Nicaragua schrieb C. Berth [12.5]. Mittlerweile existieren auch Untersuchungen über die Solidaritätsbewegungen in Europa, die auch ihre Kooperationen, Transfers und Wechselseitigkeiten berücksichtigen [für Belgien: Christiaens/Goddeeris/Rodríguez García, 13.2; Christiaens, States Going Transnational, 13.2; für die Niederlande: Ommen, 13.2; für Schweden: Camacho Padilla/Ramírez Palacio, 13.2]. Über die Solidarität mit Lateinamerika im US-amerikanischen Kontext liegen zahlreiche Studien vor [Charlip/Power 13.2; Gosse 13.2; Weber 13.2; Perla, Si Nicaragua Venció, El Salvador Vencerá 13.2; ders., Heirs of Sandino, 13.2; Beiträge in: Stites Mor, 12.4 und Hatzky/Stites Mor, 13.2].

Chile

Über die Chile-Solidarität in Österreich arbeitete H. Berger [13.2] und britische Chile-Solidarität untersuchte S. Hirsch [13.2], die französische Solidarität E. Davey [13.2]. Einen Gesamtüberblick über ost- und westeuropäische Solidaritätsbewegungen mit Chile bietet der von K. Christiaens/I. Goddeeris/M. Rodríguez García 2014 herausgegebene Sammelband *European Solidarity with Chile* [13.2]. Die auch auf politisch-diplomatischer Ebene bedeutende Solidarität zwischen Schweden und Chile untersuchte der Historiker F. Camacho Padilla [Las relaciones entre Chile, 13.2], der auch das chilenische Exil in Schweden in den Blick nahm [Los asilados, 13.2]. Ein relativ neues Forschungsfeld ist die Süd-Süd-Solidarität und daraus hervorgehende Kooperationen, die von Ländern Lateinamerikas und der Karibik ausgehen, siehe hierzu C. Hatzky [9.1] und K. Hansing [13.2] sowie H. Dorsch [13.2].

Genderspezifische Studien

Genderspezifische Untersuchungen wurden bisher vor allem im US-amerikanischen Kontext vorgelegt [Weber, 13.2; Disney, 13.2, Scholz, Feminist Political Solidarity, 13.2; Churchill, 13.2]. Einen solchen Ansatz für die Nicaragua-Solidarität bundesrepublikanischer Feministinnen mit Nicaraguanierinnen verfolgt F. Apelt [13.2]. Vieles deutet darauf hin, dass auch die Frauenbewegungen der ersten Hälfte des 20. Jahrhunderts in Lateinamerika Pionierinnen länderübergreifender Solidarität waren [Potthast, 13.2]. Auch etliche neuere Arbeiten, die sich transnationalen Aktivitäten der feministischen Bewegungen des 20. Jahrhunderts in globaler Perspektive widmen, nehmen die feministische Solidarität in und mit Lateinamerika in den Blick [Vargas, 13.2; Tripp/Marx Ferree, 13.2; Molyneux, Women's Movements, 4]. Dass Solidarität nicht nur eine Sache der Linken war, sondern es immer auch transnationale Verbindungen zwischen konservativen Frauen in Brasilien, Chile und den USA im Kalten Krieg gab, verdeutlichte Power in ihrem Aufsatz *Who but a Woman?* [13.2].

14 Militärdiktaturen und Transition

14.1 Militärdiktaturen

Diktatur, Totalitarismus, Autoritarismus

Staatliches Gewalthandeln in Form von Militärdiktaturen hat die Geschichte Lateinamerikas vor allem in der zweiten Hälfte des 20. Jahrhunderts entscheidend geprägt. Die politische, auf die innere Sicherheit ausgerichtete Rolle des Militärs, die von der Autoritarismusforschung als „neuer Professionalismus" bezeichnet wurde, entstand auch vor dem Hintergrund der gewalttätigen Auseinandersetzungen zwischen Guerillabewegungen und regulären Armeen. Auch formal-demokratisch verfasste Staaten Lateinamerikas wiesen häufig „autoritäre" Elemente auf, etwa indem sie sich klientelistischer oder korporativer Herrschaftstechniken bedienten. Umgekehrt schafften autoritäre Militärregierungen Parlament und Parteiwesen nicht immer völlig ab und führten auch weiterhin Wahlen durch. Im Rahmen der Autoritarismusforschung bezeichnete der deutsch-spanische Politikwissenschaftler J. Linz diese Doppelbödigkeit autoritärer Systeme als „limitierten Pluralismus" [Linz, 14.1]. Linz grenzte „Autoritarismus" von „Totalitarismus" einerseits und von „Demokratie" andererseits ab. In autoritären Systemen seien Pluralismus und Partizipation eingeschränkt, sie verfügten aber im Unterschied zu totalitären Systemen über keine eigenständige, die Massen mobilisierende, handlungsleitende und zukunftsweisende Ideologie. Die autoritären Systeme charakterisiere außerdem ein technokratischer Herrschaftsstil.

Bürokratischer Autoritarismus

Der Begriff des Autoritarismus hatte in den 1970er Jahren durch das Konzept des „bürokratischen Autoritarismus" des argentinischen Soziologen G. A. O'Donnell [14.1] Eingang in die Lateinamerikaforschung gefunden, der damit ein Modell zur Unterscheidung der lateinamerikanischen Militärregime entwarf. Dies geschah in einer Situation, in der in vielen Ländern das Militär auf unbestimmte Zeit die Macht übernommen hatte, legitimiert durch die „Doktrin der nationalen Sicherheit" im Kampf gegen die vermeintliche Gefahr eines kommunistischen Umsturzes. In Abgrenzung zu früheren optimistischen Modernisierungstheorien, die Entwicklung und Demokratie als zwei Seiten einer Medaille erachteten, diagnostizierte O'Donnell eine „Wahlverwandtschaft" zwischen höherem Modernisierungsgrad und bürokratischem Autoritarismus. Er grenzte dabei bürokratischen Autoritarismus von oligarchischen oder populistischen Formen autoritärer Herrschaft ab. Er identifizierte außerdem einen Zusammenhang mit der wirtschaftspolitischen Phase der Importsubstitution: Unter dem Druck von Zahlungsbilanzproblemen und wirtschaftlichen Krisen sei es nicht länger möglich gewesen, die Bedürfnisse breiter Bevölkerungsschichten zu befriedigen. Die Militärregierungen hätten die politische Öffentlichkeit deaktiviert, um politische Stabilität zu erzielen. Im Sinne Max Webers betrieben sie eine dem Muster bürokratischer Technokraten folgende Politik, um die Bedingungen für die Weiterführung der Industrialisierung zu erhalten. Der bürokratische Autoritarismus hatte sich O'Donnell zufolge in Ländern mit einer relativ weit fortgeschrittenen Urbanisierung und Industrialisierung entwickelt. Der Militärherrschaft kam hier eine ökonomisch-modernisierende Funktion zu. Er subsummierte darunter die Militärdiktaturen Brasiliens, Argentiniens, Chiles und Uruguays. In späteren Analysen bezog er sich vermehrt auf die Rahmenbedingungen der Weltwirtschaft, insbesondere im Zusammenspiel mit transnational operierenden ausländischen Unternehmen, wie IBM, *Philips, Dow Chemical oder Volkswagen.*

Unternehmensverantwortung

Dies verweist auf eine aktuell viel diskutierte Frage, wie Unternehmen, die in der einen oder anderen Form in die Menschenrechtsverletzungen von autoritären Regimen verstrickt waren, für ihre Handlungen verantwortlich gemacht werden können. Die *corporate criminal responsibility* (CCR) stellt äußerst schwieriges und nach wie vor ungelöstes Problem der *transitonal justice* dar, auf die in Kapitel II.14.3 näher eingegangen wird. Das Thema wird zudem meist entweder aus rechtswissenschaftlicher Perspektive behandelt, oder aber in einem hybriden Feld von Forschung, Menschenrechtsaktivitäten und investigativem Journalismus [so z. B. Verbitsky und Bohoslavsky, 14.1 oder Bohoslavsky/Opgenhaffen, 14.1; zu Brasilien siehe Bohoslavsky/Torelly, 14.1].

Phasen und Themen der wissenschaftlichen Aufarbeitung

Die wissenschaftliche Aufarbeitung des Staatsterrors, die sich unter anderem mit der Frage nach den Entstehungsbedingungen und den Funktionsweisen der gewaltsamen Repression beschäftigt, durchlief, ähnlich wie der Aufarbeitungsprozess selbst, mehrere Phasen. Nachdem in der politik- und geschichtswissenschaftlichen Auseinandersetzung mit der Diktaturvergangenheit zunächst vielfach die Täter im Mittelpunkt des Interesses standen, richtete sich der Blick in den letzten Jahren zunehmend auf die gesamte Bandbreite gesellschaftlicher Akteure. Die Militärdiktaturen selbst werden zumeist im nationalen Rahmen analysiert, es gibt aber inzwischen auch einige übergreifende Arbeiten [Riekenberg, 14.1; Corradi/Fagen/Garretón Merino, 14.1]. Zu der inzwischen auch durch einen Dokumentenfund in einer paraguayischen Polizeistation gut dokumentierten Zusammenarbeit der Militärdiktatoren im *Cono Sur* (Paraguay, Uruguay, Chile, Argentinien) liegen Studien von J. Dinges [14.1] und J. P. McSherry [14.1] vor. Mit den als *archivo de terror* bezeichneten Quellenfund beschäftigten sich A. Nickson [14.1] und K. Zoglin [14.1].

Rolle der Kirche

Die für die Menschenrechtsdebatte wichtige Haltung der Kirche zu den Diktaturen, die recht unterschiedlich ausfiel, ist Thema eines Sammelbandes von A. WILDE [14.1]. Einen Forschungsüberblick für Argentinien, wo die katholische Kirche lange Zeit die Militärs unterstützte, und für Chile, wo sie sich von Beginn an gegen die Menschenrechtsverletzungen des Regimes positionierte, geben S. HENSEL und S. RUDERER [14.1].

National orientierte Forschungen zu den verschiedenen Diktaturen sind inzwischen zahlreich, in diesem Kapitel können nur einige Titel über die emblematischen *De-facto*-Regime im *Cono Sur* genannt werden. Die Literatur zu den Ländern Zentralamerikas oder Boliviens wurde bereits oben unter der Perspektive der „Revolutionen und revolutionären Experimente" (Kap. II.12) erläutert, die unter den Bedingungen des Kalten Krieges mit Ausnahme Nicaraguas ebenfalls allesamt in Militärdiktaren mündeten. Auf Deutsch geben die in Kapitel III.1.4 aufgeführten allgemeinen Geschichten sowie die unten näher vorgestellten Werke zu Transition und Erinnerung ebenfalls alle eine kurze Einführung in die Jahre der Diktatur.

Argentinien und Brasilien

Eine klassische argentinische Darstellung verfassten M. PALERMO und V. NOVARO [14.1], eine Bestandsaufnahme vier Jahrzehnte später G. ÁGUILA, S. GARAÑO und P. SCATIZZA [14.1]. In Argentinien hat sich, ähnlich wie in Brasilien, in den letzten Jahren die Bezeichnung der Militärherrschaft von 1976 bis 1983 als „letzte" Diktatur durchgesetzt. Dies hängt unter anderem damit zusammen, dass neuere Arbeiten nicht mehr nur die Ungeheuerlichkeit der Menschenrechtsverbrechen darstellen, sondern auch auf Kontinuitäten zu früheren Diktaturen verweisen. Zudem hat sich der Terminus einer „zivil-militärischen" Diktatur durchgesetzt, der auf die engen Verbindungen von Militär und Teilen der Zivilgesellschaft aufmerksam machen soll. Eine gute neue und ausgewogene Darstellung der Jahre der Militärherrschaft in Brasilien verfasste M. NAPOLITANO [14.1], ein kürzlich erschienener Literaturüberblick von M. C. D'ARAÚJO [14.1] und C. FICO [14.1] ist für nicht portugiesischsprachige Leser ein guter Einstieg in die Debatte und den aktuellen Forschungsstand.

Paraguay

Der langlebigste Diktator Lateinamerikas war der deutschstämmige Alfredo Stroessner in Paraguay, der nach einem Bürgerkrieg 1954 die Macht ergriff und erst 1989 von einem Putsch seines engen Vertrauten und Heeresschefs General Andrés Rodríguez Pedotti abgelöst wurde. Entsprechend schwierig verlief die Transition. Da das Land weder strategisch noch ökonomisch wichtig ist und die Archivlage ausgesprochen problematisch, gibt es wenig historisch fundierte Untersuchungen zu Stroessners Regierungszeit. Klassiker zur Etablierung und Konsolidierung der Stroessner-Diktatur, wenn auch nur aus offiziellen Quellen gearbeitet, sind die Titel von P. Lewis [14.1] sowie C. R. Miranda [14.1]. Eine kluge Analyse liegt vom Politikwissenschaftler B. Arditi [El Estado omnívoro, 14.1] vor. Eine neuere Arbeit, die auf einer breiteren Quellenbasis durch die Auffindung des *archivo del terror* basiert, hat R. Paredes [14.1] verfasst. Zur Transition forschten B. Arditi sowie P. Lambert und A. Nickson [14.1]. Eine Kontextualisierung bieten B. Potthast und A. Sosna [14.1].

Kolumbien

Einen Sonderfall stellen Peru und Kolumbien dar, wo keine Militärdiktaturen im engeren Sinne entstanden. In Peru führte die Bekämpfung der brutalen Guerillaorganisation „Leuchtender Pfad" zu staatlicher Repression, in Kolumbien ist vor allem die Entstehung von paramilitärischen Kräften und deren staatliche Duldung sowie die Verstrickung verschiedener Akteure in den Drogenhandel ein großes Problem auf dem Weg zu einem gesellschaftlichen Frieden. Die Literatur hierzu, vor allem diejenige aus politikwissenschaftlicher Perspektive, ist inzwischen kaum noch überschaubar. Einen guten Einstieg in die Thematik der kolumbianischen Entwicklung verfassten W. Hörtner [14.1] sowie T. Fischer/S. Klengel/E. Pastrana Buelvas [14.1], S. Kurtenbach [14.1], T. Jäger [14.1] und J. Ríos Sierra/H. Cairo Carou [14.1].

Peru

Für die Epoche der internen, bewaffneten Auseinandersetzungen in Peru bieten N. Manrique [14.1] sowie D. Poole und G. Rénique [14.1] einen ersten Einblick. Neuerdings beschäftigte sich S. Wiehl [14.1] mit der Rolle des peruanischen Staates in den Auseinandersetzungen. Zur Rolle des *Sendero Luminoso* (Leuchtender Pfad) siehe die Publikation von S. Stern [14.1]. Hier findet sich auch ein erster Aufsatz zur ethnischen und genderbasierten Gewalt gegen Frauen, die in Peru noch stärker als in Guatemala zu verzeichnen ist [eingehender hierzu: Henríquez Ayin/Reynoso Rendón, 14.1]. Auch die Akten der Wahrheitskommission, die unten vorgestellt werden, trugen dazu bei, sich mit diesem zunächst von der Forschung vernachlässigten Thema zu beschäftigen. Zur Entstehung und Ideologie des „Leuchtenden Pfades" konnte S. Chávez Wurm [14.1] erstmals die Akten des Prozesses gegen den Gründer der Organisation, Abimael Guzmán, einsehen. Er kam zu dem Schluss, dass es nicht allein die wirtschaftliche und gesellschaftliche Situation in Peru war, die die Entstehung dieser Organisation und ihre Gewalttätigkeit erklären kann, sondern dass auch spezifische ideelle und organisatorische Faktoren dazu führten.

14.2 Menschenrechte

Die Diskussion um die Einhaltung von Menschenrechten kann im Fall Lateinamerikas auf die Zeit der Eroberung zurückgeführt werden, als der Dominikaner Fray Bartolomé de las Casas zu Beginn des 16. Jahrhunderts die Grausamkeit der spanischen Eroberung und Kolonisierung lautstark anprangerte. Bartolomé de las Casas und die spanischen Spätscholastiker führten die Diskussion um die *conditio humana*, lange bevor die Humanisten unter den Aufklärern begannen, über die Würde des Menschen zu philosophieren, die dann in der *Déclaration des Droits de l'Homme et du Citoyen* vom 26. August 1789 gipfelten. Die Sklavenrevolution der französischen Kolonie Sainte-Domingue (1791–1804) (siehe OGG 48: Lateinamerika 1800–1930) und der Beginn der Unabhängigkeitsbewegung in Lateinamerika und der Karibik, gleichzeitig Auftakt für die Abolition der Sklaverei in der atlantischen Welt, trugen zur Universalisierung der in der Französischen Revolution postulierten Menschenrechte und der staatsbürgerlichen Rechte bei. Denn hier wurde erstmals die Frage gestellt, inwiefern diese auch Versklavten und ehemals Versklavten zustehen würden [Gliech, 14.2; Dubois, 14.2].

Im Nachgang zur Verabschiedung der Allgemeinen Erklärung der Menschenrechte der Vereinten Nationen 1948 etablierte sich ein regionaler Menschenrechtsschutz, der 1969 in die Interamerikanische Menschenrechtskonvention mündete, der fast alle lateinamerikanischen Staaten beitraten. Klagen gegen die Verletzung der Menschenrechte in Lateinamerika verhandelt seitdem der Interamerikanische Gerichtshof in San José in Costa Rica, der 1979 eingerichtet wurde. Diese besondere Aufmerksamkeit für den Schutz der Menschenrechte in Lateinamerika war auch den Militärdiktaturen der 1960er bis 1980er Jahre geschuldet, einem Höhepunkt des staatlichen Machtmissbrauchs, der mit schwersten Menschenrechtsverletzungen einherging, was in den vergangenen Jahren zum Gegenstand zahlreicher Untersuchungen wurde. J. Eckel [14.2] bietet einen globalhistorischen Einblick und dar-

Interamerikanischer Gerichtshof für Menschenrechte

über hinaus auch eine ausführliche Auseinandersetzung mit den Menschenrechtsverletzungen in Chile nach dem Putsch, die von der Chile-Solidarität aufgegriffen wurden.

Menschenrechtsbewegungen

Das gewaltsame „Verschwindenlassen" wurde in Lateinamerika erstmals massiv in den 1960er Jahren in Guatemala praktiziert und in den 1970er Jahren zum grausamen Markenzeichen lateinamerikanischer Militärdiktaturen, insbesondere in Chile und Argentinien [MOLINA THEISSEN, 14.2; HUHLE, 14.2]. Ungeachtet des Staatsterrors und aus Schmerz über das Verschwinden von Angehörigen entstanden eindrucksvolle Bewegungen, wie die *Madres de Plaza de Mayo*, deren außergewöhnliche Geschichte in den letzten zwei Jahrzehnten eine große Anzahl von Publikationen hervorgebrachte. Ein häufig zitiertes Standardwerk ist mittlerweile der Titel von M. GUZMÁN BOUVARD [14.2], ebenso das zweibändige Werk des argentinischen Publizisten U. GORINI [14.2]. Die 12-bändige Geschichte von D. IRAMAIN [14.2] wurde im Verlag der Vereinigung der *Madres* veröffentlicht. Weitere Publikation liegen von A. MARTÍN [14.2], N. NAVARRO [14.2] und K. HAUCK/R. HUHLE [14.2] vor. Einen Fokus auf den Genderaspekt legen P. P. ORIA [14.2] und S. E. HOWE [14.2]. Mit der Rolle von Frauen in Menschenrechtsbewegungen in Lateinamerika befassten sich B. POTTHAST und L. HELFRICH-BERNAL [4].

Madres de Plaza de Mayo

Auch anderswo in Lateinamerika entstanden Menschenrechtsbewegungen im Widerstand gegen Staatsterror und Militärregime, gegen deren systematische Repression sich die klassischen Formen und Methoden des politischen Widerstands als wirkungslos herausstellten. Den Anfang bildete der Widerstand gegen die Militärdiktatur Pinochets in Chile, wo die katholische Kirche zum Kristallisationspunkt der Opposition wurde und sich für die Menschenrechte einsetzte [GERMAN, 14.2; ORELLANA/QUAY HUTCHISON, 14.2]. Vergleichbare Entwicklungen fanden in so unterschiedlichen Ländern wie Guatemala, El Salvador oder Brasilien statt und mit Einschränkungen auch in Argentinien, Uruguay und Paraguay.

Straflosigkeit

Bald nach dem Ende der Militärdiktaturen wurde der Begriff *impunidad* (Straflosigkeit) zu einem Schlüsselbegriff für die Menschenrechtsarbeit in Lateinamerika. Die (Wieder-) Einrichtung rechtsstaatlicher Demokratien nach dem Ende der Militärdiktaturen bedeutete nicht automatisch, dass das staatlicherseits begangene Unrecht geahndet wurde. Insbesondere im Fall Argentiniens und Chiles wurden aufgrund der Tötungen ausländischer Staatsbürger auch in anderen Ländern Fälle strafrechtlich verfolgt [KALECK, 14.2]. Im Fall Chiles erregte der Haftbefehl des spanischen Richters Garzón Valdés gegen General Pinochet und dessen kurzzeitige Verhaftung in London Aufsehen [ROJAS ARAVENA/STEFONI ESPINOZA, 14.2]. Eine grundlegende Analyse aus rechtswissenschaftlicher Perspektive, die die Problematik der Straflosigkeit in Kolumbien, Chile, Peru, Bolivien und Argentinien in den Blick nimmt, legte K. AMBOS [14.2] vor. Eine Bilanz eines jahrzehntelangen Kampfs gegen die Straflosigkeit, die außer Beispielen aus Lateinamerika auch Asien und Afrika mit einbezieht und eher die Perspektive der Menschenrechtsaktivisten einnimmt, legten B. SCHMOLZE und K. RAUCHFUSS in ihrem Sammelband *Kein Vergeben. Kein Vergessen. Der internationale Kampf gegen die Straflosigkeit* [14.2] vor. Den in diesem Zusammenhang stehenden, neueren Begriff der *transitional justice* für das Problem der Ahndung von Menschenrechtsverbrechen nach dem Ende von Diktaturen prägte der argentinische Soziologe CORRADI [CORRADI/FAGEN/GARRETÓN MERINO, 14.1] (siehe unten Kap. II.14.3).

Der Kampf gegen Menschenrechtsverletzungen und Militärdiktaturen in Lateinamerika mobilisierte Aktivisten weltweit und war eines der zentralen Motive für die Herausbildung transnationaler Solidaritätsbewegungen. Für viele dieser Bewegungen war der Schutz der Menschenrechte geknüpft an Forderungen nach politischer Demokratisierung oder sozialer Gerechtigkeit. Einen Überblick über die neuere Forschung mit Beispielen aus verschiedenen Ländern Lateinamerikas hierzu bietet der von J. STITES MOR herausgegebene Sammelband *Human Rights and Transnational Solidarities in Cold War Latin America* [12.4]. Darüber hinaus gibt es Studien zu einzelnen Ländern, etwa von B. RUPFLIN [14.2] und S. HENSEL/B. ROMMÉ/B. RUPFLIN [13.2]. Informativ sind außerdem die verschiedenen Dokumente des Nürnberger Zentrums für Menschenrechte, die die Menschenrechtsverletzungen und die Erinnerung daran für zahlreiche Länder Lateinamerikas verfolgt haben und bis in die Gegenwart begleiten [1.7].

14.3 Wahrheitskommissionen, *transitional justice* und Erinnerung

Auch die Forschung zur Transition in Lateinamerika folgte zunächst den eher politikwissenschaftlichen Leitlinien, wie sie auch für die Übergangsprozesse in Europa erarbeitet wurden. Als Klassiker sind hierbei die Publikationen von G. A. O'Donnell, P. C. Schmitter und L. Whitehead [14.3] sowie von J. J. Linz und A. Stepan [14.3] zu nennen. Diese weisen darauf hin, dass die „Übergänge" unsicher sind und nicht alle zu konsolidierten Demokratien führen, wie das Beispiel Lateinamerika zeigt. Gegenüber dieser eher strukturalistischen Transformationsforschung hat sich eine neuere Linie etabliert, die die Vielfalt sozialer und politischer Akteure und ihre unterschiedlichen Strategien sowie kulturelle Faktoren in den Blick nimmt [Krischke, 14.3]. Einflussreich ist seit Beginn des 21. Jahrhunderts auch das Konzept der Übergangsjustiz (*transitional justice*), das sich auf juristische und politische Maßnahmen bezieht, die der Aufarbeitung der Menschenrechtsverbrechen dienen. Schlagworte wie *accountability*, *justice* und *reconcilication* [Annan/United Nations, 14.3] stecken das Konzept ab, das ein neues strategisches Vokabular sowie juristische Argumente bietet, die von den jeweiligen nationalen Gesellschaften angewandt werden können. Allerdings ruft die rasche Übernahme des Konzepts durch unterschiedliche Akteure auch Kritik hervor [vgl. hierzu Schneider/Esparza, 14.3; Oettler, Transitional Justice, 14.3]. Studien neuster Art stellen inzwischen die Beziehungen zwischen Wahrheit, Gerechtigkeit, Erinnerung und Macht ins Zentrum ihrer Analysen [Schneider/Esparza, 14.3; Allier-Montaño/Crenzel, 14.3; Leiner/Flämig, 14.3]. Erheblich zur theoretischen Schärfung des Konzeptes hat der von S. Buckley-Zistel et al. [14.3] herausgegebene Sammelband beigetragen.

Wahrheitskommissionen

Eines der ersten Instrumente zur Untersuchung der Menschenrechtsverbrechen als Schritt zur Überwindung der nationalen Traumata und Etablierung demokratischer Strukturen waren die in Lateinamerika entstandenen, inzwischen weltweit verbreiteten Wahrheitskommissionen. Als solche bezeichnet man offiziell sanktionierte, zeitlich befristete Gremien, die den rechtlich festgelegten Auftrag haben, Gewaltsysteme zu untersuchen und einen Bericht hierüber vorzulegen. Die Kompetenzen dieser Kommissionen variieren allerdings je nach Land. Aus dem angloamerikanischen Sprachraum wurden hierzulande insbesondere die Studien von P. B. Hayner [14.3] und T. G. Ash [14.3] rezipiert, die sich auf einer allgemeinen oder komparatistischen Ebene mit dem Phänomen auseinandersetzten. Der Politikwissenschaftler D. Nolte legte 1996 einen Sammelband [14.2] vor und auch der Aufsatz von R. Sieder [14.3] verfolgt einen vergleichenden Ansatz. Die Anthropologen E. Halbmayer und S. Karl [14.3] verdeutlichten 2012 in einer Studie über neun Länder die Heterogenität, Pluralität und Polyphonie der Erinnerungsdiskurse und die Vielschichtigkeiten von Täter-Opfer-Beziehungen und richteten dabei einen kritischen Blick auf diese (Post-)Konfliktprozesse sowie auf die globale Diskussion um *transitional justice*.

Im Folgenden sollen beispielhaft einige Fälle kurz skizziert werden. Eine erste wichtige Bestandsaufnahme für verschiedene Länder, die gleichzeitig weitergehende Literaturhinweise bieten, lieferten E. Allier-Montaño und E. Crenzel in dem Sammelband *The struggle for memory in Latin America* [14.3].

Argentinien

Zwar hatte Bolivien bereits 1982 eine Kommission eingesetzt, die staatliche Repression untersuchen sollte, eine regelrechte Wahrheitskommission entstand aber erstmalig 1983 in Argentinien. Die *Comisión Nacional sobre la Desaparición de Personas* (CONADEP) setzte Maßstäbe im Hinblick auf institutionelle Strukturen und Berichterstattung [Sikkink/Walling, 14.3; Hayner, 14.3]. Der unter dem Titel *Nunca más* (Nie wieder) erschienene Bericht der Wahrheitskommission ist seither das Schlagwort für die demokratische Vergangenheitsaufarbeitung in Lateinamerika [Secretaría de Derechos Humanos/CONADEP, 14.3; dt. Version: Hamburger Institut für Sozialforschung, Nie wieder!, 14.3]. In Argentinien entwickelte sich eine intensive, bis heute aktive Menschenrechtskultur zur öffentlichen Verurteilung staatlicher Verbrechen, darüber hinaus beeinflussten Strafgerichtsmaßnahmen und die Opposition der Militärs nach der Diktatur die öffentliche Diskussion und die Auseinandersetzungen um die Erinnerung stark. Eine gute Analyse der Arbeit der Kommission und ihrer Wahrnehmung in der Öffentlichkeit legte E. Crenzel [14.3] vor [vgl. auch Figari Layús, 14.3; Lozada, 14.3]. Eine Zusammenfassung insbesondere auch unter dem Generationenaspekt bieten F. Lessa und C. Levey [14.3].

El Salvador

In El Salvador, um ein weniger bekanntes Beispiel zu nennen, führten nach dem Ende des Bürgerkrieges rein technokratische Reformen zu keiner Veränderung der Haltung in Militär und Polizei. Auch wichen beide ehemalige Kriegsparteien dem Thema Menschenrechtsverletzungen bewusst aus und die Gründung einer Wahrheitskommission in den 1990er Jahren kann daher als eine Farce angesehen werden. Hinzu kommt, dass die Ursachen der Gewalt in Zentralamerika insgesamt viel stärker in sozioökonomischen Problemen zu suchen sind, die von den Wahrheitskommissionen nicht behandelt werden. Die Problematik der Menschenrechte während des Bürgerkriegs und deren Aufarbeitung im Friedensprozess behandelte K. Dykmann [14.3]. Den schwierigen Friedensprozess in El Salvador analysierte H. Zinecker [14.3]. Eine retrospektive Analyse der Postkonfliktphase in El Salvador bietet R. Hatcher [14.3].

Guatemala

Im Nachbarland Guatemala wurde das Friedensabkommen zur Beendigung des seit 1960 andauernden Bürgerkriegs erst 1996 unterzeichnet, und zwar mit einer Auflage zur Aufarbeitung der schweren Menschenrechtsverletzungen. Anders als in El Salvador mündete dies in zwei Wahrheitskommissionen: Neben der offiziellen „Kommission zur historischen Aufklärung" (CEH, *Comisión para el Esclarecimiento Histórico*) untersuchte auch das Menschenrechtsbüro des Erzbistums Guatemala in einem umfangreichen *oral history*-Projekt (*Recuperación de la Memoria Histórica*, REMHI) die massiven Menschenrechtsverletzungen. Letzteres legte 1998 den Bericht mit dem Titel *Guatemala: Nunca Más* [14.3; dt. Ausgabe: Guatemala: nie wieder, 1.1] vor, ein Jahr später publizierte die offizielle Kommission den Bericht *Guatemala. Memoria del Silencio* [1.2.3]. Beide Berichte und ihr großer öffentlicher Widerhall boten wiederum Anlass zu zahlreichen Studien zur Vergangenheitsbewältigung bzw. den Defiziten der demokratischen Transition: von S. Jonas [14.3] und W. E. Little und T. J. Smith [14.3] zur Situation der Maya-Bevölkerung. Die Soziologin A. Oettler [Erinnerungsarbeit und Vergangenheitspolitik in Guatemala, 14.3] verfasste eine Fallstudie zu Reichweite und Bedeutung beider Kommissionen. Siehe hierzu auch die von Oettler 2004 edierte Ausgabe der *Lateinamerika Analysen* 9 [14.3] mit dem Schwerpunkt Vergangenheitsbewältigung in Lateinamerika [außerdem Grandin, 14.3]. Der Prozess der Vergangenheitsbewältigung in Guatemala stellt einen besonders interessanten Fall dar, weil hier die wichtigsten Aspekte gesellschaftlicher Kontroversen über die Vergangenheit zum Tragen kommen: Geschichtsforschung, Nachkriegsjustiz und Entschädigung, Amnestie und Gedenken.

Ein besonderes Beispiel ist auch Brasilien, wo sich die Probleme der mangelnden Aufarbeitung der gewaltsamen Vergangenheit unter anderem seit der Wahl von Jair Bolsonaro zum Präsidenten in aller Deutlichkeit zeigen. Die große Zeitspanne zwischen dem Ende der Militärdiktatur (1985) und der Einsetzung der Kommission 2012 unter der Regierung von Dilma Rousseff (und nach Ermahnungen durch die OAS) ist außergewöhnlich, allerdings auch die neue Struktur, die neben der nationalen Kommission auch lokale Kommissionen etablierte, die die oft zu sehr aus der Hauptstadt oder den wichtigsten Städten dominierte Perspektive ergänzte und modifizierte. Dies erleichterte die Arbeit allerdings ebenso wenig wie die Tatsache, dass es unter den Kommissionmitgliedern unterschiedliche Auffassungen gab. Dennoch legte die Wahrheitskommission 2014 einen fast viertausend Seiten umfassenden Bericht vor und wurde danach aufgelöst [Schneider, 14.3]. Brasilien

Erwähnenswert ist auch die 2001 eingesetzte *Comisión de Verdad y Reconciliación* in Peru, die zwischen 2000 und 2003 etwa 17 000 Zeugenaussagen aufnahm. Die mehrbändigen Akten der Untersuchung sind öffentlich zugänglich und bieten zahlreiche Ansatzpunkte für Forschungen. Eine Besonderheit der peruanischen Kommission ist, dass sie ihr Augenmerk auch auf genderbasierte Formen der Menschenrechtsverletzungen, insbesondere sexuelle Gewalt, richtete und in ihrem Abschlussbericht diesem Thema zwei gesonderte Kapitel widmete [Comision de la Verdad y Reconciliacion, 14.3]. Der peruanische Fall zeigt aber auch, wie ambivalent der Diskurs der *transitional justice* sein kann. Zunächst war die Einsetzung einer Wahrheitskommission und der Diskurs über *transitional justice* hilfreich für die Opfer, da dies einen Rahmen für Rechtsansprüche bot. Als die Forderungen nach Entschädigung allerdings mehr oder weniger ins Leere liefen, wandten sich die Opferorganisationen zunehmend von dem Konzept der Wahrheitskommissionen ab. Ähnlich wie in Guatemala war auch in Peru die Mehrheit der Opfer bäuerlich-indigener Herkunft, so dass Rassismus und Klassenunterschiede den Hintergrund für die Verletzung der Menschenwürde bildeten. Auch hier wurde deutlich, dass nur ein umfassenderer Ansatz, der soziale und ökonomische Rechte einschließt, zu Versöhnung führen kann. Peru

Kolumbien stellt, wie bereits erwähnt, einen Sonderfall dar, denn die Gewalt reicht bis in die Gegenwart und Instrumente der Kolumbien *transitional justice* wurden schon im noch laufenden Konflikt eingesetzt. Obwohl ein Friedensabkommen mit den beiden wichtigsten Guerillagruppen noch in weiter Ferne lag, setzte die kolumbianische Regierung 2005 eine *Comisión Nacional de Reconciliación y Reparación* (CNRR) ein, die die „Wahrheit" über die Menschenrechtsverbrechen herausfinden sollte. Damit dies inmitten eines noch andauernden Konflikts gelingen konnte, sollten die Ursachen und Motive des Konflikts ergründet werden, was eine von Historikern besetzte Unterkommission *Comisión de Memoria e Historia* (CMH) übernahm. Sie ist seit 2012 innerhalb des *Centro de Memoria Histórica* tätig und damit Teil der offiziellen Vergangenheitspolitik Kolumbiens. Diese komplexe Auseinandersetzung analysierte S. Schuster in seiner Arbeit *Die Violencia in Kolumbien: Verbotene Erinnerung? Der Bürgerkrieg in Politik und Gesellschaft, 1948–2008* [14.3]. Mit Ansätzen u. a. von Jörn Rüsen und Edgar Wolfrum arbeitend, untersuchte er die Aspekte von Geschichtskultur und -politik sowie deren Bedeutung für den Transitionsprozess. Darüber hinaus diskutierte er auch die Frage der Kontinuität zwischen der für lange Zeit aus dem kollektiven Gedächtnis verbannten *violencia* der 1940er und 1950er Jahre sowie dem Stellenwert der späteren Gewaltphasen [siehe hierzu auch die Fallstudie von L. Rehm, 14.3]. S. Schuster sprach sich wie inzwischen immer mehr Forscher dagegen aus, Kolumbien eine genuine „Gewaltkultur" zu unterstellen und plädierte für eine breiter gefasste Geschichtspolitik und Erinnerungskultur als wichtigen Baustein der Transition. Politische Veränderungen kamen durch das prekäre Friedensabkommen mit der FARC in Gang, führten aber nicht zu einer Beilegung des bewaffneten Konflikts. Andere Themen, wie das der etwa fünf Millionen im eigenen Land aufgrund des Bürgerkriegs vertriebenen Menschen, wurden bislang weitgehend vernachlässigt, wie T. Louis [14.3] in ihrer Untersuchung über intern Vertriebene in Kolumbien darlegt.

Erinnerung und Gedächtnis

Die beiden letztgenannten Arbeiten verweisen auf ein weiteres, florierendes multidisziplinäres Forschungsfeld: die Beschäftigung mit der Erinnerung und Aufarbeitung der Gewalt in Militärdiktaturen, Bürgerkriegen oder anderen internen Konflikten. Dieses bettet sich ein in Untersuchungen zur langen Geschichte der Gewalt in Lateinamerika seit den Unabhängigkeits- oder Bürgerkriegen des 19. Jahrhunderts. Wahrheitskommissionen stellen einen ersten Schritt dar, doch geht die Erinnerung an die Gräueltaten und die „Vergangenheitsbewältigung“ weiter. Auch die staatliche Auseinandersetzung mit der Gewalt der Vergangenheit und Geschichtspolitik gehören in diesen in Lateinamerika oft unter den Begriffen *memoria* oder *memoria histórica* zusammengefassten Komplex, der die im Deutschen unterschiedlichen Termini „Erinnerung“ und „Gedächtnis“ umfasst. Die nach wie vor lebendige Erinnerung an die neue Gewaltphase während des Kalten Krieges führte fast überall zu intensiven Auseinandersetzungen über den Umgang mit der Vergangenheit auf politischer Ebene. Dabei entwickelten sich in den verschiedenen lateinamerikanischen Ländern unterschiedliche Herangehensweisen und jeweils andere Themen standen im Vordergrund.

Vergangenheits- und Erinnerungspolitik

Die wissenschaftliche Beschäftigung mit der Vergangenheits- und Erinnerungspolitik und -kultur folgte zumeist den Theorien von Maurice Halbwachs, Michel Foucault sowie Pierre Nora, zumal die Arbeiten von Jan und Aleida Assmann erst spät auf Spanisch verfügbar waren. Oft wird diese *memoria* als Gegensatz zu einer offiziellen oder nationalen Geschichtsversion gesehen. Inzwischen liegen Untersuchungen hierzu für fast alle lateinamerikanischen Staaten vor. Die Literatur zum Thema ist kaum noch überschaubar, zumal ständig neue Akteure und Erinnerungsformen hinzukommen. Einen guten Einstig in die Diskussion auf Deutsch geben S. Peters/H.-J. Burchardt/R. Öhlschlager [14.3] sowie A. Pérotin-Dumon [14.3].

Pioniercharakter haben die Untersuchungen zum *Cono Sur* (vor allem Argentinien und Chile). Wegweisend für die lateinamerikanische Erinnerungskultur sind die Sammelbände der argentinischen Soziologin E. Jelin, die die Vielfältigkeit der Perspektiven nicht nur kontinentweit, sondern auch innerhalb verschiedener nationaler Gruppen herausgearbeitet hat und Mitherausgeberin der Reihe *Colección Memorias de la Repression* [14.3] ist. E. Jelin wandte sich in diesem Zusammenhang auch gegen den Gebrauch des in Lateinamerika lange Zeit gängigen Schlagworts der „Erinnerung gegen das Vergessen“ (*memoria contra el olvido*), da es verschiedene, oft miteinander rivalisierende Erinnerungen gibt, wobei jeweils andere Aspekte dessen, was vergessen und was erinnert wird, ausgewählt werden [Los trabajos de la memoria, 14.3; State Repression and the Labors of Memory, 14.3]. Auch um die Einrichtung von Erinnerungsorten entbrannte vielerorts ein heftiger Konflikt, wie F. Arellano Cruz beispielhaft für Chile und Peru

Erinnerungsorte

herausgearbeitet hat [14.3]. Sogar in Argentinien stellte sich die Frage der Errichtung von Erinnerungsorten (*lugares de memoria*) als unerwartet schwierig heraus. Im Zentrum der Debatte stand die von den *Madres de Plaza de Mayo* immer wieder geforderte Umwandlung eines der schlimmsten Folterzentren der Diktatur, der Technikschule der Marine (*Escuela Superior de Mecânica de la Armada*, ESMA) in ein Museum. Dieses wurde erst ein Vierteljahrhundert nach der Rückkehr zur Demokratie im Jahr 2007 eröffnet und wird heute von den *Madres* betrieben [KAUFMAN, 14.3]. Einen allgemeinen Überblick über diese Debatten bietet V. STRAßNER [14.3], eingehender für Chile S. RUDERER [14.3]. Aus kulturwissenschaftlicher Perspektive analysierte B. SARLO [14.3] das Thema. Eine gute Zusammenfassung der Erinnerungspolitik auf Deutsch bietet aus politikwissenschaftlicher Perspektive die Arbeit von R. FUCHS [14.3], historisch-kulturwissenschaftliche Ansätze verfolgen E. SCHINDEL und P. COLOMBO [14.3] und A. HUFFSCHMID [14.3], während bei N. ELSEMANN [14.3] und U. CAPDEPÓN [14.3] eine transnationale Perspektive vorherrscht.

Die Erinnerungskultur der nächsten Generation

Ein wichtiger Forschungszweig befasst sich inzwischen auch mit der zweiten Generation von Erinnerungskultur, nämlich derjenigen, die die Diktaturen selbst nicht mehr erlebt haben, aber in vielfältiger Weise von ihr betroffen sind. Darunter fallen nicht nur die Kinder der Opfer der Repression, sondern auch breitere Gruppen von jungen Menschen [vgl. JELIN/SEMPOL, 14.3; ROS, 14.3; LEVEY, 14.3].

15 Bildung, Studentenproteste und Jugendkultur

Die im Darstellungsteil beschriebene Bildungsoffensive der UNESCO, die „Allianz für den Fortschritt" sowie die aus der Enttäuschung über die Modernisierung entstandenen alternativen Bildungskonzepte von P. Freire und A. Boal etc. sind gut dargestellt worden von A. J. KIRKENDALL [15], A. BOAL [15], A. STAFFLER [15] und T. ZUMHOF [15] (siehe auch unten die Ausführungen zur Befreiungstheologie in Kap. II.17.1). Ein Überblick zur Bildung in Lateinamerika, vor allem mit Blick auf die aktuelle Situation, findet sich in den Sammelbänden von S. GVIRTZ und J. BEECH [15] sowie V. OELSNER und C. RICHTER [15].

Neben klassischer Bildungsforschung hat sich in den letzten Jahrzehnten die Untersuchung von studentischen Protesten und Jugendkulturen als ein neues, für viele Bereiche anschlussfähiges historisches Forschungsfeld entwickelt. Die Studien zu den Studentenprotesten der 1960er Jahre sind zwar nicht so zahlreich wie diejenigen zu den USA und Europa, Ausführungen dazu finden sich aber oft in anderen Kontexten wie den jugendlichen Gegenkulturen, vor allem jedoch in Analysen über Ursachen und Vorläufer der Militärdiktaturen. Siehe hierzu die allgemeine Darstellung der sechziger Jahre von D. Sorensen [15] sowie die Fallstudien von V. Langland [15] (Brasilien), P. Barr-Melej [15] (Chile) und V. Markarian [15] (Uruguay), zu Mexiko von E. Carey [15], J. M. Pensado [15] und in vergleichender Perspektive (Mexiko-Paris) von S. Stokes [15]. Zu Argentinien vgl. weiter unten die Ausführungen zu der Studie von V. Manzano [15]. Eine knappe Einführung in die Thematik und kommentierte Quellen finden sich auch bei B. Potthast und K. Schembs [15].

Studentenproteste

Ein fruchtbares Forschungsfeld, das verschiedene für die Studentenbewegungen wichtige Entwicklungen zusammenführt, ist die Erforschung der Jugend und die Entstehung einer „Gegenkultur" in den 1950er und 1960er Jahren aus kulturgeschichtlicher Perspektive. In dieser Zeit verbanden sich in vielen Ländern Lateinamerikas sozioökonomische Modernisierung, die Entstehung einer Konsumgesellschaft und eine massive Bildungsoffensive mit der Adaptation globaler, zumeist US-amerikanischer Lebensstile und Ideen. Sie lösten in den meisten Ländern ambivalente Reaktionen aus, die sich oft als Generationenkonflikt darstellten. Daher dienten mehreren Historikern die Übernahme oder die Weiterentwicklung bestimmter Musikstile, insbesondere des Rock'n Roll als Aufhänger für die Analyse einer Jugendprotestkultur. So legte E. Zolov mit *Refried Elvis. The Rise of the Mexican Counterculture* [5] in einer Pionierarbeit zu dem Thema dar, dass Rock'n Roll von vielen Älteren – wie andernorts – als ein US-imperialistisches Importprodukt angesehen wurde, gleichzeitig aber auch als Symbol dafür, dass das Land an der Moderne und einer globalen kulturellen Entwicklung partizipierte. Allerdings fürchtete man insbesondere in Mexiko die Erosion des Patriarchats und eine übertriebene Individualisierung. Ähnlich wie in Europa und den USA führte die Jugendbewegung in vielen lateinamerikanischen Staaten zur Zurückweisung autoritärer Werte und Strukturen, einer Befreiung

Gegenkulturen

Rock'n Roll in Mexiko

Aufweichung patriarchaler Strukturen

der Sexualität und verstärktem Konsum, auch wenn je nach nationaler Kultur die Auseinandersetzungen unterschiedlich gelagert waren. So zeigten sich in Mexiko die Verbindungen zwischen einer Krise der politischen Autorität (Tlatelolco 1968) und der familiären Beziehungen (sexuelle Befreiung vor allem der Frauen) besonders konfliktträchtig. Gleichzeitig blühte hier der kommerzielle nationale Rock, ähnlich wie in Argentinien, stark auf. Hierzu trugen nicht zuletzt Mexikos Nähe zu den USA und die Bekanntheit von mexikanischstämmigen Musikern wie Carlos Santana und anderen bei. Aber auch die Präsenz US-amerikanischer Hippies im Oaxaca („das amerikanische Nepal") sowie die Entstehung einer eigenen Hippiebewegung (*jipismo*, *jipiteca*) in Folge der Niederschlagung der Studentenbewegung förderten die Entstehung einer neuen, autonomen Rock- und Literaturkultur (*la onda*). Andererseits wurde die Bewegung durch die Film-, Fernseh- und Radioindustrie aus ihrer Außenseiterposition geholt und damit eingehegt, gefördert durch ihre Assoziierung mit Vorstellungen von Moderne und Kosmopolitismus.

Hippiebewegungen

tropicália in Brasilien

Einen etwas anderen Weg ging die Entwicklung einer Gegenkultur in Brasilien, wo bereits 1964 Militärs die Macht an sich gerissen hatten. Nachdem 1968 unter anderem in Folge von breiten zivilen Protesten Zensur und Repression verschärft worden waren, entwickelte sich eine als *tropicália* bezeichnete Musikrichtung, die sich durch eine Erneuerung der brasilianischen Volksmusik und Einflüsse von Rock, Pop und experimenteller Musik auszeichnete. Auf der diskursiven Ebene charakterisierte die *tropicália* unter bewusstem Rückgriff auf die Avantgardebewegung der 1920er Jahre eine oftmals ironisch-subversive Unterwanderung des Stereotyps eines tropischen Paradieses. Der Titel der Publikation von C. Dunn, *Brutality Garden* [15], bezieht sich auf eines dieser Lieder, in dem tropische Lebensfülle und staatliche Repression zueinander in Beziehung gesetzt werden. Auch in Brasilien ebnete diese Bewegung, die durch das Exil ihrer bekanntesten Exponenten Gilberto Gil und Caetano Veloso zunehmend Elemente aus der Londoner Rockszene und dem Reggae aufnahm, einer neuen kulturellen Haltung den Boden: Rasse, Geschlecht, Sexualität und persönliche Freiheiten wurden neu verhandelt.

Argentinien

In ihrer Studie zu Argentinien greift V. Manzano [15] viele dieser Themen auf. Bereits der Titel *The Age of Youth in Argentina: Culture, Politics and Sexuality from Perón to Videla* verweist darauf, dass sich in diesem sogenannten „Zeitalter der Jugend" Kultur, Politik und Sexualität in Argentinien und Lateinamerika insgesamt grundlegend veränderten und die Jugendlichen sowohl die Träger soziopolitischer Modernisierung als auch deren Herausforderer waren. Zudem hinterfragten sie überall die in den 1930er Jahren etablierten nationalistischen Stereotypen in Musik, Tanz und Soziabilität. Auf der einen Seite hatte die Reformbewegung von 1918 in Argentinien zur Etablierung eines selbstverwalteten Universitätssystems geführt, in dem eine selbstbewusste und kritische Studierendengeneration herangewachsen war. Auf der anderen Seite hatte die Konsum- und Freizeitgesellschaft neue gesellschaftlichen „Typen" wie die „moderne Frau" und die jungen, ikonoklastischen *petiteros* („Dandys") hervorgebracht, die die etablierten Werte herausforderten. Miniröcke und „die Pille" führten zum Aufbrechen der traditionellen Vorstellungen von Sexualität und Genderrollen.

V. Manzanos Studie sowie andere zu weiteren Ländern betonen auch die globale Dimension und ordneten die lateinamerikanischen Jugendbewegungen in diesen Kontext ein. Dies gilt sowohl für die politischen Proteste und Utopien als auch für die kulturellen Aushandlungen von Weiblichkeit und Männlichkeit im Film und insbesondere in der Rockmusik. V. Manzano zeigte auch auf, wie diese Gegenkultur zu einer politischen Bewegung führte, die sich von derjenigen in Europa und den USA unterschied. Die argentinische Studentenbewegung suchte sehr viel stärker die Nähe zum „Volk". Gleichzeitig erhielt der Slogan „*poner el cuerpo*" (wörtl. „seinen Körper einbringen", etwas riskieren) eine politische Note. Er bedeutete nicht mehr nur die Demonstration von neuen Formen der Kleidung, der Sexualität und der Erotik, sondern auch im ganz wörtlichen Sinne den Einsatz des Körpers für die Veränderung der Gesellschaft – im Argentinien der ausgehenden 1970er und der Militärdiktatur der 80er Jahre dann oft mit tödlichem Ausgang.

16 Kulturgeschichte und Sport

Einfluss der US-amerikanischen Kultur

Ein zentrales Thema der Kulturgeschichte Lateinamerikas ist das Verhältnis zu der US-amerikanischen Konsum- und Popkultur. Wie Lateinamerikaner auf das tatsächliche und vermeintliche

Mächteungleichgewicht und die (drohende) Durchdringung ihrer Gesellschaften durch US-(Pop-)Kultur reagierten, diskutieren neben den im vorigen Kapitel angeführten Arbeiten die Studien von K. Longley [9] zu Costa Rica, E. P. Roorda [9] zur Dom. Republik, J. F. Siekmeier [Aid, Nationalism, and Inter-American Relations, 9.2] zu Bolivien und Guatemala und J. F. Siekmeier [The Bolivian Revolution and the United States, 12.1] zu Bolivien, J. Hart [16] und M. A. Rankin [16] zu Mexiko. Sie verdeutlichen die vielfältige Beeinflussung Lateinamerikas durch die US-amerikanische Kultur. Seit einigen Jahren liegt der Akzent allerdings auf der Wechselseitigkeit, und es werden verstärkt lateinamerikanische Einflüsse auf die US-Kultur aus historischer Perspektive analysiert [z. B. aus Kuba: Pérez, On becoming Cuban, 12.3; Cuba in the American Imagination, 9.2]. Die (afro-)lateinamerikanischen Spieler im US-Baseball während der Jim-Crow-Ära untersuchte A. Burgos [16], die Repräsentationen Haitis in der US-amerikanischen Popkultur M. A. Renda [9]. Die Vermischung US-amerikanischer und lateinamerikanischer kultureller Praktiken und ihre Transformation ist auch Gegenstand der *borderland studies* bzw. der kulturwissenschaftlich ausgerichteten *chicano studies* [Lomelí/Segura/Benjamin-Labarthe, 16; Gilderhus/Neagle, 9.1] (siehe oben, Kap. II.9).

cultural turn

Die im darstellenden Teil beschriebene Aufwertung populärer, zumeist hybrider Kulturmanifestationen lässt sich mit entsprechenden Variationen für alle lateinamerikanischen Staaten beobachten. Diesen gilt im Zuge des *cultural turn* auch zunehmend die Aufmerksamkeit der Forschung. Allerdings werden Literatur, Tanz, Musik oder andere kulturelle Entwicklungen in diesen Arbeiten zumeist in einem größeren Kontext – wie z. B. der oben beschriebenen Jugendkultur – analysiert, so dass sie hier nicht explizit erwähnt werden sollen. Auch gesamtlateinamerikanische Perspektiven gehen zumeist auf verschiedene Aspekte der kulturellen Entwicklung ein. Die Analyse von M. Tenorio Trillo [16] über den Begriff Lateinamerika enthält z. B. ein Kapitel, das mit *Singing Latinoamérica* betitelt ist und die These vertritt, dass die Vorstellung einer gemeinsamen lateinamerikanischen Kultur von den meisten Lateinamerikanern erst im letzten Drittel des 20. Jahrhunderts angenommen wurde, und zwar über die Musik. Auch P. Palomino [16] betont, dass in den nationalistisch-populistischen Jahren um die Mitte des 20. Jahrhunderts transnationale Praktiken im Hinblick auf Copyright-Strategien bei Folklore, Mu-

Lateinamerikanische kulturelle Identität

sikpädagogik, Kulturdiplomatie u. a. herrschten, die eine regionale und transnationale kulturelle Identität formten.

Musik und Literatur

Darüber hinaus stellen Tanz, Musik, Feste und Konsum vor allem im Hinblick auf die urbanen Zentren einen wichtigen und sehr innovativen interdisziplinären Forschungszweig dar, der hier nur in Überblickswerken vorgestellt werden soll. Über die vielfältigen Musikstile Lateinamerikas kann man sich informieren bei A. Birkenstock und E. Blumenstock [16] und E. Morales [16]. Einen Einblick in die Literatur geben M. Rössner und W. Berg [16], auf die auch in Deutschland stark rezipierten Boom-Autoren konzentrierten sich G. Müller [16] oder X. Ayén [16].

Kino

Den Aufschwung des lateinamerikanischen Kinos begleitend, hat sich auch die Forschung auf diesem Gebiet besonders intensiv entwickelt und ausdifferenziert. Anthologien und Überblicksdarstellungen, die hauptsächlich Kurzcharakteristiken einzelner Filme, Regisseure, Gattungen oder Kinokulturen versammeln, hat B. Bremme [16] vorgelegt, länderübergreifende Aufsatzsammlungen finden sich bei D. Ingruber und U. Prutsch [16] und C. v. Tschilschke/M. Cedeño Rojas/I. Maurer Queipo [16], stärker thematisch ausgerichtete Studien bei L. Shaw und S. Dennison [16] sowie J. Raab/S. Thies/D. Noll-Opitz [16]. Zur *telenovela* s. J. Michael [16] sowie T. Tufte [16].

telenovela

Sport

Ein weiteres, sehr agiles Forschungsfeld ist die Kulturgeschichte des Sports, die sowohl unter politik-, sozial- und kulturgeschichtlichen Fragestellungen verhandelt wird, als auch im Hinblick auf die Manifestation von Genderbeziehungen [Arbena/LaFrance, 16]. Zu Geschichte und Bedeutung des für Lateinamerika besonders wichtigen Fußballs bietet der Aufsatz von S. Rinke [16] einen guten Überblick, allerdings in spanischer Sprache [siehe auch Miller, 16; Armus/Rinke, 16; sowie Fischer/Köhler/Reith, 16]. Von den zahlreichen Einzelstudien zu den nationalen Fußballkulturen sei hier nur diejenige auf Deutsch von C. Peters [16] erwähnt. Auch die heutzutage weltweit praktizierte afro-brasilianische Kampfkunst *capoeira*, die von Sklaven in der Region Bahia entwickelt wurde, zog ab den 2000er Jahren vermehrt das Interesse der historischen Forschung auf sich [Röhrig Assunção, 16].

17 Religionen

17.1 Theologie der Befreiung

Die „Theologie der Befreiung“ wurde erstmals in Lateinamerika formuliert und von dort aus weltweit zu einer der einflussreichsten kirchlichen Strömungen des 20. Jahrhunderts. Weit über den lateinamerikanischen Kontinent hinaus inspirierte sie Theologen im Globalen Süden. In Asien und in Afrika entstanden vergleichbare theologische Aufbruchsbewegungen mit einem jeweils eigenen Profil. Die „Theologie der Befreiung“ war darüber hinaus von Anfang an mehr als nur ein innerkatholisches Phänomen, auch protestantische Befreiungstheologen prägten das Profil entscheidend; der interreligiöse Dialog inspirierte in vieler Hinsicht vergleichbare Strömungen im Islam, im Judentum und im Buddhismus.

Auch weit über die Grenzen von Kirche und Religionen entfaltete die Befreiungstheologie eine erhebliche gesellschaftspolitische Relevanz. Das politische Engagement von Katholiken im Rahmen der Befreiungstheologie ist Gegenstand unzähliger wissenschaftlicher Studien. Die wichtigsten Stellungnahmen und Positionierungen stammten zunächst von Befreiungstheologen selbst, insbesondere die Abhandlungen von G. Gutiérrez [17.1] und L. Boff [17.1]. Beide Theologen formulierten einen deutlichen Bruch mit der von den Dependenztheoretikern identifizierten, wirtschaftlichen und politischen Abhängigkeit von den Zentren der Weltwirtschaft. Sie forderten die Überwindung der Ungleichheit durch die Unterstützung der Armen zur Selbstbefreiung mittels Stärkung ihrer basisdemokratischen Organisationen. Angestrebt wurde eine sozialistische Gesellschaftsordnung, basierend auf dem christlichen Prinzip der Nächstenliebe, verknüpft mit Solidarität und gegenseitiger Hilfe. Zur Wirkungsgeschichte dieser basisdemokratischen Organisation siehe den von J. Burdick und W.E. Hewitt herausgegeben Sammelband *The church and the grassroots in Latin America* [17.2].

Die Befreiungstheologie gab wichtige Impulse für die historische Neubewertung der Kirchengeschichte in Lateinamerika: Maßgeblich wirkte hier die *Comisión de Estudios de la Historia de la Iglesia de América Latina* (CEHILA, Kommission für die Erforschung der Geschichte der Kirche Lateinamerika). Sie wurde als ökumenische Forschergruppe 1973 in Quito gegründet. In ihrem Kontext entstand eine beachtliche Anzahl an Studien überwiegend auf Spanisch oder Portugiesisch. Die zwischen 1977 und 1995 erschienene Gesamtgeschichte der Kirche Lateinamerikas [Dussel, Historia General de la Iglesia de América Latina, 17.1] war der Versuch, die Geschichte des Christentums nach dem Konzept der *histoire totale* mit der Sozial-, Wirtschafts- und Politikgeschichte zu verbinden.

Rezeption in Deutschland

Die Befreiungstheologie wurde auch im bundesdeutschen Kontext rezipiert und kritisch diskutiert. Ein früher Beitrag ist die von dem deutschen Kirchenhistoriker H. J. Prien herausgegebene zweibändige Anthologie *Lateinamerika: Gesellschaft, Kirche, Theologie* [17.2]. Eine kritische Bilanz ihrer gesellschaftlichen Reichweite aus religionsphilosophischer Perspektive bietet die von R. Fornet-Betancourt herausgegebene dreibändige Anthologie Befreiungstheologie [17.1]. Die wichtigsten historischen Abhandlungen, die den Wandel der katholischen Kirche im gesellschaftlichen Kontext Lateinamerikas thematisieren, verfasste der argentinische Historiker und Theologe E. D. Dussel [Geschichte der Kirche in Lateinamerika, 17.1; Herrschaft und Befreiung, 17.1]. Hilfreich bei der historischen Verortung des Einflusses der Befreiungstheologie auf die lateinamerikanischen Gesellschaften ist der von J. Meier und V. Straßner herausgegebene Band 6 der Reihe *Kirche und Katholizismus seit 1945* [17.1], der die Entwicklungen des Christentums in eigenen Länderartikeln darstellt. Die Struktur der einbändigen *Cambridge History of the Religions in Latin America* [Garrard-Burnett/Freston/Dove, 17.1] ist systematisch und behandelt übergreifende Probleme der Religions- und Kirchengeschichte im gesamtgesellschaftlichen Kontext.

Konservative Gegnerschaft

Die Befreiungstheologie rief allerdings die erbitterte Gegnerschaft konservativer Kräfte inner- und außerhalb der Kirche hervor, und zwar auf internationaler Ebene. Darum drehten sich auch die großen Kontroversen, die sowohl innerkirchlich als auch gesamtgesellschaftlich ausgetragen wurden, siehe die Monographie des Politikwissenschaftlers D. H. Levine [17.1]. Bereits ein Jahr nach der lateinamerikanischen Bischofskonferenz von Medellín 1969 bereiste der spätere US-Vizepräsident Nelson Rockefeller im Auftrag der US-Regierung Lateinamerika und drückte in seinem Bericht Sorge über den Wandel der katholischen Kirche aus, die

„Komitee von Santa Fe“

sich, einstmals den politischen und wirtschaftlichen Eliten sowie dem Militär nahestehend, nun den unteren sozialen Schichten zugewandt habe. Das „Komitee von Santa Fe“, eine Privatinitiative rechtskonservativer Kreise in den USA, das auch die Leitlinien der Lateinamerikapolitik der Präsidenten Reagan und Bush entwarf, verurteilte die Befreiungstheologie im Kontext des Kalten Kriegs als eine politische Doktrin, die sich als religiöser Glaube tarne, aber nichts anderes als eine politische Waffe des Marxismus gegen Privateigentum und Kapitalismus [Kern, 17.1: 18–24] sei. Aufgrund dieser ideologisch aufgeladenen Frontstellung befand sich die Befreiungstheologie von Anfang an im Kreuzfeuer der Auseinandersetzungen des Kalten Kriegs. Die durch neue Basisorganisationen initiierte politisch-theologische Basisarbeit positionierte die Befreiungstheologie auf der politisch Linken und in Gegnerschaft zu autoritären Militärregierungen, insbesondere in Brasilien, Chile, Argentinien und Zentralamerika. Viele Vertreter der Befreiungstheologie, Laien, Ordensleute und Priester, wurden verfolgt. In diesem Kontext wurde und wird die katholische Kirche in Lateinamerika immer wieder im Zusammenhang mit staatlicher, parastaatlicher und struktureller Gewalt diskutiert, siehe hierzu die entsprechenden Beiträge zu dieser Auseinandersetzung in dem von S. Hensel und H. Wolf herausgegeben Band *Die katholische Kirche und Gewalt, Lateinamerika und Europa im 20. Jahrhundert* [17.1].

17.2 Afroamerikanische Religionen

Die mit den afrikanischen Sklaven von der afrikanischen Westküste mitgebrachten Yoruba-Kulturen und -Religionen entwickelten sich zu einer wichtigen sozio-kulturellen und religiösen Ressource im atlantischen Raum, die nicht nur religiöse Transformationen, ethnogenesische Prozesse, religiöse Rekonstruktionen sowie Identitäten in Lateinamerika und der Karibik beeinflussten, sondern auch auf Afrika zurückwirkten. Auch Bantu-Religionen aus dem südlichen Zentralafrika hinterließen deutliche Spuren, obwohl ihr Einfluss von den dominanteren westafrikanischen Elementen überlagert wurde. Worüber in der Forschung Uneinigkeit herrscht, ist das Ausmaß dieser Überlagerung [Cabrera, 17.2; Fuentes Guerra/Gómez Gómez, 17.2; Edmonds/González, 17.2; Fernández-Ol-

MOS/PARAVISINI-GEBERT, 17.2]. In der anthropologischen Forschung waren afroamerikanische Religionen seit Beginn des 20. Jahrhunderts ein zentraler Untersuchungsgegenstand. Einer ihrer Wegbereiter war der kubanische Anthropologe F. ORTIZ [17.2].

Die bekanntesten aus diesen religiösen Transformationen hervorgegangenen afroamerikanischen Glaubensrichtungen sind etwa *candomblé* und *umbanda* in Brasilien oder die afrokubanischen *santería* und *palo monte* und der *vodoo* in Haiti [REUTER 17.2]. Klassische anthropologische Studien über afrikanische Kulturen, Religionen und ihre Transformationen in Amerika identifizierten diese entweder als Überlebensstrategien [HERSKOVITS, 17.2] oder als Kreolisierungen [MINTZ/PRICE, 17.2]. Sie unterliegen seit den 1990er Jahren einem permanenten Diskussionsprozess, wobei Religionen, Kulturen und ihre Transformationen beiderseits des Atlantiks in den Blick genommen werden. Anthropologen wie J. D. Y. PEEL [17.2], S. PALMIÉ [17.2] oder J. L. MATORY [17.2] charakterisierten die transregionale Ethnogenese und Konstruktion der Yoruba-Kultur als einen andauernden Prozess oder einen *Afro-Atlantic live dialogue*. Dies manifestiert sich unter anderem auch in Re-Afrianisierungsprozessen [BROWN 17.2; RAUHUT 17.2; PRANDI 17.2].

17.3 Protestantismus und Pfingstkirchen

Während sich die historische und sozialwissenschaftliche Forschung bis in die 1990er Jahre hinein im Zusammenhang mit religiösen Entwicklungen in Lateinamerika vor allem mit der Befreiungstheologie beschäftigte, erhielt die Erforschung des Protestantismus mit dem raschen Anwachsen der Pfingstkirchen in Lateinamerika Auftrieb. Eine wachsende Zahl von Publikationen thematisiert diesen neuen religiösen Pluralismus und die politischen, sozialen, wirtschaftlichen und kulturellen Konsequenzen des protestantischen Booms und die Entwicklung charismatischer (protestantischer und katholischer) Bewegungen. Die Forschung findet hauptsächlich in den USA statt, aber auch in Lateinamerika, vor allem in Brasilien. Im Fokus stehen immer wieder zwei Länder, in denen die religiösen Erneuerungsbewegungen besonders dynamisch sind: Brasilien und Guatemala. Nicht zuletzt aufgrund dieser starken Dynamik herrscht Uneinigkeit über ihre Definition und Differenzierung etwa im Hinblick auf die Frage, was

Pfingstkirchen von charismatischen Kirchen unterscheidet. Unterschiedliche Definitionen bieten die Religionssoziologen D. H. Levine [17.1] und P. Freston [17.3]. Eine Analyse der Entwicklung neuer Religionen – katholisch-charismatische und afroamerikanische mit einbeziehend – in ökonomischen Kategorien eröffnete R. A. Chesnut [17.3]. Die 2016 erschienene *Cambridge History of Religions in Latin America* [Garrard-Burnett/Freston/Dove, 17.1] bietet einen guten Überblick über die neueren Entwicklungen. Der Bielefelder Theologe und Religionssoziologe H. Schäfer ist seit Jahren einer der wichtigsten deutschsprachigen Forscher in diesem neuen religiösen Feld [Schäfer, 17.3].

18 Gewaltursachen und Gewaltphänomene

In den Geschichts-, Politik- und Sozialwissenschaften herrscht Einigkeit darüber, dass Lateinamerika seit der Eroberung und Kolonisierung ab dem 15. Jahrhundert ganz entscheidend durch Gewalt geprägt wurde [z. B. Gabbert, 18; Chasteen, 1.4; Koonings/Kruijt, Fractured Cities, 18; Pansters, 18; Bodemer/Kurtenbach/Meschkat, 18; Koonings/Kruijt, Societies of fear, 18].

Kolumbien

Der vielleicht tiefgreifendste und am längsten anhaltende Gewaltkonflikt Lateinamerikas im 20. und 21. Jahrhundert, der immer wieder in Bezug zu einer begrenzten staatlichen Durchsetzungsfähigkeit gesetzt wurde und die Gesellschaft bis in die Gegenwart zutiefst prägt, ist der Konflikt in Kolumbien, der mit der sogenannten *violencia* begann, einem zwischen 1948 und 1963 wütenden Bürgerkrieg. In diesem Kontext entstand die größte der linksgerichteten kolumbianischen Guerillagruppen, die *Fuerzas Armadas Revolucionarias Colombianas* (FARC), und später u. a. das *Ejerctio de Liberación Nacional* (ELN). Beide Organisationen agierten ursprünglich in peripheren Regionen. Im Zuge der Überlagerung innerer Konflikte mit jenen, die durch den Kalten Krieg hervorgerufen wurden, verstärkten ihre Präsenz die Aufstandsbekämpfungsmaßnahmen von Seiten der Regierung. Auf der anderen Seite des politischen Spektrums standen rechtsgerichtete Paramilitärs, die zwischen Guerilla und Regierungstruppen eine dritte Konfliktpartei bildeten. Alle Parteien waren in den Drogenhandel involviert und die Zivilbevölkerung geriet zwischen die Fronten. Massaker, Entführungen, „Verschwindenlassen“, Folter von Seiten der Guerillas und Paramilitärs waren an der Tagesordnung, die staatlichen Sicherheitskräfte erhielten dabei massive Unterstützung von der US-Drogenbehörde DEA. Dieser Konflikt, der in über sechs Jahrzehnten Hunderttausende Menschenleben forderte, konnte letztendlich erst 2016 beigelegt werden, mündete allerdings in einen ebenso widersprüchlichen wie fragilen Friedensprozess, dessen Ende nicht absehbar ist. Länge und Komplexität des Konflikts spiegeln sich in der Forschungsliteratur wider, die kaum noch überschaubar und außerdem thematisch weit aufgefächert ist [wichtigste Studien: KURTENBACH, 18; BERGQUIST/PEÑARANDA/SANCHEZ, 18; FALS BORDA/GUZMÁN/UMAÑA LUNA, 18; HELFRICH-BERNAL/KURTENBACH, 18; BUSHNELL, 1.5; PALACIOS ROZO, 18].

Transformationen der Gewalt

Die mit dem Ende des Kalten Kriegs einhergehende Beilegung von Bürgerkriegen, das Ende von Militärdiktaturen und die Demokratisierung lateinamerikanischer Regierungen, brachte – entgegen aller Erwartungen – neue Phänomene, Formen und Muster von krimineller und privatisierter Gewalt (Todesschwadronen, Lynchjustiz, Drogenkartelle, Jugendbanden, Morde an Frauen) hervor. Die Ursachen liegen einerseits im Weiterbestehen der sozialen Ungleichheit, einer der Hauptgründe für viele gewaltsame Konflikte, andererseits in der Straffreiheit: Die Sicherheitskräfte, die während der jahrzehntelangen repressiven Herrschaftsformen agiert hatten, konnten auch nach der Demokratisierung dieser Regime weiterbestehen. Diese Koexistenz zwischen neuen Gewaltformen und demokratischen Regierungen in Lateinamerika sowie das Auftauchen neuer Gewaltakteure bezeichneten die niederländischen Soziologen K. KOONINGS und D. KRUIJT als eine „Demokratisierung der Gewalt“, die zuvor bestimmten Sektoren, der Oligarchie, dem Militär und den Sicherheitskräften vorbehalten war, wohingegen gewaltsame Auseinandersetzungen vor allem in urbanen aber auch in ruralen Umgebungen heute auf der Tagesordnung stehen [KOONINGS/KRUIJT, Societies of fear, 18; DIES., Fractured Cities, 18]. Der Alltag lateinamerikanischer Gesellschaften ist also weiterhin von Gewalt geprägt, die omnipräsent ist: Die Homizidrate stieg nicht zuletzt aufgrund der Eskalation des gewaltsamen Konflikts in Kolumbien seit den 1980er Jahren um 50 %, 2013 wurden in der Region ein Drittel aller Morde weltweit begangen und die zentralamerikanischen Länder Honduras und El Salvador hatten jahrelang die höchste Mordrate weltweit [SANTAMARÍA/CAREY, 18] aufzuweisen.

„Demokratisierung der Gewalt“

In vielen Teilen Lateinamerikas ist Gewalt darüber hinaus zu einem überwiegend städtischen Phänomen geworden, das eine Reihe neuerer historischer und sozialwissenschaftlicher Untersuchungen hervorbrachte [Moncada, 18; Koonings/Kruijt, Violence and Resilience in Latin American Cities, 18]. Ein besonders beunruhigender Aspekt der neuen Gewaltphänomene in Lateinamerika ist der starke Anstieg von tödlicher Gewalt gegen Frauen in den letzten zwei Jahrzehnten, vor allem in Mexiko und Zentralamerika, aber auch in Ländern wie Argentinien oder Peru. Dafür wurde der Begriff *femicidio* (oder auch *feminicidio*) geprägt, um in Kontrast zum Begriff *homicidio* (Mord) ausdrücklich auf den genderspezifischen Hintergrund dieses Gewaltphänomens hinzuweisen [Fregoso/Bejarano, 18; Bidaseca, 18].

femicidios

Nicht zuletzt aufgrund der weiteren Eskalation der Gewalt im bewaffneten Konflikt Kolumbiens und des Drogenkriegs in Mexiko sind in den vergangenen Jahren in der Forschung verschiedene Länder Lateinamerikas verdächtigt worden, eine spezifische „Gewaltkultur“ zu besitzen [Godoy, 18; Perea Restrepo, 18; Watt/Zepeda Martínez, 18]. Der Tenor der Veröffentlichungen darüber ist essentialistisch in den Zuschreibungen und bedient eher populäre Vorurteile als wissenschaftlichen Kriterien zu genügen. Er ist zudem wenig zielführend im Hinblick auf eine differenzierte Untersuchung der sozialen und politischen Ursachen für Gewalt. Das häufig verwendete Pauschalurteil über Lateinamerika als „Kontinent der Gewalt“ ignoriert die Differenzierung zwischen Gewaltformen, -ursachen, -motivationen und -akteuren. Die Feststellung wird oftmals im Vergleich mit den Vereinigten Staaten getroffen und Lateinamerika zum Paradigma für Instabilität, Autoritarismus und bewaffneten Konflikten konstruiert, um das stabile und demokratische Nordamerika als gesellschaftliches Erfolgsmodell zu überhöhen.

„Gewaltkultur“?

Ungeachtet dessen steht außer Frage, dass die *longue durée* der Gewalt in Lateinamerika, vor allem aber die zum Teil seit Jahrzehnten andauernde Gewalt im 20. und 21. Jahrhundert in vielen Gesellschaften nicht nur tiefe Spuren hinterließ, sondern sich Gewalt als kulturelles Phänomen verselbstständigt hat. Auf der anderen Seite haben historische Untersuchungen zu Gewalt und Gewaltphänomenen anderer Weltregionen – wie etwa Europa – längst herausgearbeitet, dass auch dort die Durchsetzung des staatlichen Gewaltmonopols und die Transformation von agrarischen zu urbanen Gesellschaften durch Gewalt geprägt war [Tilly, 18; Moore, 18].

19 Migration und Exil

Seit dem Ende des 19. Jahrhunderts sind vor allem Spanier, Portugiesen und Italiener in großer Zahl nach Argentinien, Brasilien, Uruguay und Kuba migriert, es kamen aber auch vermehrt Arbeitskräfte aus Asien nach Lateinamerika (vgl. OGG 48: Lateinamerika 1800–1930). Außerdem haben Ost- und Südosteuropäer, unter ihnen viele Juden, die vor Pogromen und Verfolgung flüchteten, Zuflucht in Lateinamerika gesucht. Aufgrund der Verfolgung durch die Nationalsozialisten kamen zwischen 1920 und 1947 allein nach Argentinien über 120 000 Juden [Mörner, 19; Avni, 19; Gleizer Salzman/Thomae, 19; Katz, 19]. Während Argentinien, Chile oder Brasilien zwischen 1933 und 1942 fünfstellige Aufnahmezahlen von Flüchtlingen und politischen Exilanten aufwiesen (siehe oben, Kap. II.6.5), nahm Mexiko nur etwa 3 000 Flüchtlinge auf, von denen einige Hundert politische Exilanten waren, darunter prominente Intellektuelle, Schriftsteller, Kommunisten und Sozialisten wie Anna Seghers, Egon Erwin Kisch oder Otto Katz. Mexiko wurde nach Kriegsbeginn der Zufluchtsort politischer Flüchtlinge, denen aufgrund der strengen Asylpraxis der Weg in die USA versperrt blieb. Außerdem bot kein anderes Land Lateinamerikas politischen Emigranten vergleichbar günstige Aufnahmebedingungen. Die wichtigsten Studien darüber stammen von P. von zur Mühlen [19], F. Pohle [19] und aus ostdeutscher Perspektive von W. Kießling [19].

Flucht vor den Nationalsozialisten

Mexiko nahm ab Ende der 1930er Jahre auch rund 50 000 spanische Flüchtlinge auf, die von den Franquisten verfolgt wurden [Fagen, 19; Domínguez Prats, 19; Kenny, 19, Lida, 19; Mateos, 19; Pla Brugat/Sánchez Albornoz, 19; Sánchez Albornoz, 19]. Die spanischen Republikaner gründeten unter anderem eine der heute bedeutendsten geistes- und sozialwissenschaftlichen Forschungseinrichtungen Mexikos, das *Colegio de México* (Colmex) [Lida u. a., 19; Valender/Corral/Díaz de Guereñu, 19]. Aber auch andere Länder wie Kuba, die Dominikanische Republik oder Argentinien nahmen spanische Republikflüchtlinge auf, allerdings in geringerer Zahl [Schwarzstein, 19].

Spanische Republikaner in Mexiko

Migration in die USA

Die massive Migration von Lateinamerikanern in die USA (oder auch nach Europa) setzte insbesondere mit dem 1942 abgeschlossenen *Bracero*-Programm für eine temporäre mexikanische Arbeitsmigration in die USA ein. Darüber entstanden zahlreiche Studien [z. B. Flores, 19; Mize, 19; Henderson, 19; Hensel, 19]. Heutzutage leben Millionen von Lateinamerikanern in den USA, einen ersten Einblick bietet die Studie von L. García Bedolla [19] und die politikgeschichtliche Publikation von K. Geron [19]. Zu den aktuellen Migrationsursachen zählen nicht nur die Suche nach Arbeit, sondern häufig, wie im vorangegangenen Abschnitt thematisiert, Gewalt, Drogenkriege, Kriminalität und damit verbunden eine allgemeine Perspektivlosigkeit besonders junger Lateinamerikaner ihre Zukunft betreffend. Einen guten, aktuellen Überblick über diese neueren Migrationsursachen und die Rückwirkungen auf lateinamerikanische Gesellschaften bietet der von E. Youkhana herausgegebene Sammelband *Border transgression* [19]. Aus soziologischer Perspektive untersuchen die von A. Margheritis herausgegebenen Beiträge in *Shaping migration between Europe and Latin America* [19] lateinamerikanische Migranten in Europa. Der von I. Wehr herausgegebene, spanischsprachige Sammelband *Un continente en movimiento: migraciones en América Latina* [19] nimmt auch die lateinamerikanische Binnenmigration aus interdisziplinärer Perspektive in den Blick.

III Quellen und Literatur

1 Archive, Bibliotheken und Historiographie

1.1 Archive und Bibliotheken

L. Busse, u. a. (Hrsg.), Clio Guide – Ein Handbuch zu digitalen Ressourcen für die Geschichtswissenschaften. Berlin 2016.

R. Hauschild-Thiessen, Führer durch die Quellen zur Geschichte Lateinamerikas in der Bundesrepublik Deutschland. Bremen 1972.

S. Hensel/F. Schulze, Clio-Online Guide Lateinamerika, in: L. Busse, u. a. (Hrsg.), Clio Guide – Ein Handbuch zu digitalen Ressourcen für die Geschichtswissenschaften. Berlin 2016. Zuletzt geprüft: 17.02.2021, verfügbar unter: http://www.clio-online.de/guides/regionen/lateinamerika/2016.

H.-O. Kleinmann, Lateinamerika. Probleme und Perspektiven. Stuttgart 1992.

P. C. d. Lago, O século XIX nos documentos latino-americanos. El siglo XIX en los documentos latino-americanos. São Paulo 2003.

A. Rama (Hrsg.), Der lange Kampf Lateinamerikas. Texte und Dokumente von José Martí bis Salvador Allende. Frankfurt am Main 1982.

S. Rinke/G. Fischer/F. Schulze (Hrsg.), Geschichte Lateinamerikas vom 19. bis zum 21. Jahrhundert. Quellenband. Stuttgart, Weimar 2009.

1.2 Mündliche Überlieferungen

1.2.1 *Testimonios* und Testimonialliteratur

M. Barnet, The Untouchable ‚Cimarrón', in: New West Indian Guide/Nieuwe-West-Indische Gids 71/3–4. 1997. 281–289.

M. Barnet/E. Montejo, Der Cimarrón. Die Lebensgeschichte eines entflohenen Negersklaven aus Cuba, von ihm selbst erzählt. Frankfurt am Main 1969.

J. Comaroff/J. Comaroff, Ethnography and Historical Imagination. Boulder 1992.

D. K. Dunaway/W. K. Baum (Hrsg.), Oral History. An Interdisciplinary Anthology. New York 1996.

G. M. Gugelberger (Hrsg.), The Real Thing. Testimonial discourse and Latin America. Durham 1996.

S. Hall, Rassismus und kulturelle Identität. Hamburg 1994.

O. Lewis, The children of Sánchez. Autobiography of a Mexican family. New York 1961.

O. Lewis, Die Kinder von Sánchez. Selbstporträt einer mexikanischen Familie. Düsseldorf 1963.

E. Meyer, Oral History in Mexico and the Caribbean, in: D. K. Dunaway/W. K. Baum (Hrsg.), Oral history. An Interdisciplinary Anthology. New York 1996, 343–350.

https://doi.org/10.1515/9783110730241-003

E. Meyer/A. Olivera de Bonfil, La historia oral. Origen, metodología, desarrollo y perspectivas, in: Historia Mexicana 21/2. 1971, 372–387.
R. Pozas Arciniega, Juan Pérez Jolote. Biografía de un Tzotzil. México 1952.
G. Yúdice, Testimonio and Postmodernism, in: G. M. Gugelberger (Hrsg.), The Real Thing. Testimonial discourse and Latin America. Durham 1996, 42–57.
M. Zeuske, Der ‚Cimarrón' und die Archive. Ehemalige Sklaven, Ideologie und ethnische Gewalt in Kuba, in: Grenzgänge: Beiträge zu einer modernen Romanistik 4/8. 1997, 122–139.
M. Zeuske, The „Cimarrón" in the Archives. A Re-Reading of Miguel Barnet's Biography of Esteban Montejo, in: New West Indian Guide/ Nieuwe West-Indische Gids 71/3–4. 1997, 265–279.

1.2.2 Zeugnisse von Frauen aus den Unterschichten

D. Barrios de Chungara/M. Viezzer, Si me permiten hablar. Testimonio de Domitila, una mujer de las minas de Bolivia. México 1966.
D. Barrios de Chungara/M. Viezzer, Wenn man mir erlaubt zu sprechen. Zeugnis der Domitila, einer Frau aus den Minen Boliviens. 2. Aufl. Bornheim – Merten 1978.
D. James, Doña María's Story. Life history, Memory, and Political Identity. Durham, London 2000.
R. Menchú/E. Burgos Debray, Rigoberta Menchú. Leben in Guatemala. Bornheim – Merten 1989.
E. Poniatowska, Hasta no verte Jesús mío. México 1969.
D. Rubiera Castillo, Ich, Reyita. Ein kubanisches Leben. Zürich 2000.

1.2.3 Die Menchú–Stoll-Kontroverse

A. Arias, The Rigoberta Menchú controversy. Minneapolis 2001.
Comisión para el Esclarecimiento Historico (CEH), Guatemala. Memoria del silencio. Guatemala 1999.
B. Molden, Die Debatte um Stolls Menchú–Kritik. Vom US-Akademiker-Streit zur geschichtspolitischen Kontroverse in Guatemala, in: Lateinamerika Analysen 7. 2004, 3–28.
M. R. Morales/E. Burgos Debray, Stoll-Menchú. La invención de la memoria. Guatemala 2001.
H. Oelers, Guatemala: nie wieder – nunca más. Bericht des interdiözesanen Projekts Wiedergewinnung der geschichtlichen Wahrheit. Aachen 1999.
D. Stoll, Rigoberta Menchú and the Story of all Poor Guatemalans. Boulder 1999.

1.3 Historiographie in Lateinamerika

C. A. Aguirre Rojas, La Historiografía en el Siglo XX. Historia e Historiadores entre 1848 y ¿2025? Rosario 2017.

E. Galeano, Die offenen Adern Lateinamerikas. Die Geschichte eines Kontinents. Wuppertal 1973.

N. García Canclini, Culturas híbridas. Estrategias para entrar y salir de la modernidad. México 2009.

J. Horowitz, Argentine Historical Writing in an Era of Political and Economic Instability, in: A. Schneider/D. Woolf (Hrsg.), The Oxford history of historical writing. Volume 5. Historical Writing Since 1945. Oxford 2011, 422–439.

A. Knight, Latinoamérica, Un balance historiográfico, in: Historia y grafía 10. 1998, 165–207.

S. MacIntyte/J. Maiguashca/A. Pók (Hrsg.), The Oxford History of Historical Writing. Volume 4. 1800–1945. Oxford 2011.

J. Maiguashca, Historians in Spanish South America. Cross-References between Centre and Periphery, in: S. MacIntyte/J. Maiguashca/A. Pók (Hrsg.), The Oxford History of Historical Writing. Volume 4. 1800–1945. Oxford 2011, 463–489.

J. Malerba, A história na América Latina. Ensaio de crítica historiográfica. Rio de Janeiro 2009.

W. D. Mignolo, Epistemischer Ungehorsam. Rhetorik der Moderne, Logik der Kolonialität und Grammatik der Dekolonialität. Wien, Berlin 2012.

W. D. Mignolo, Local histories/global designs. Coloniality, subaltern knowledges, and border thinking. Princeton 2012.

M. Moraña/E. D. Dussel/C. A. Jáuregui (Hrsg.), Coloniality at large. Latin America and the postcolonial debate. Durham 2008.

J. C. Moya (Hrsg.), The Oxford Handbook of Latin American History. Oxford 2011.

I. Rodríguez (Hrsg.), The Latin American Subaltern Studies Reader. Durham 2001.

B. d. S. Santos, Epistemologien des Südens. Gegen die Hegemonie des westlichen Denkens. Münster 2018.

A. Schneider/D. Woolf (Hrsg.), The Oxford history of historical writing. Volume 5. Historical Writing Since 1945. Oxford 2011.

G. Zermeño Padilla, Mexican Historical Writing, in: A. Schneider/D. Woolf (Hrsg.), The Oxford history of historical writing. Volume 5. Historical Writing Since 1945. Oxford 2011, 454–472.

1.4 Gesamtdarstellungen der Geschichte Lateinamerikas

C. Auroi/A. Helg (Hrsg.), Latin America 1810–2010. Dreams and legacies. London 2012.

P. J. Bakewell, A history of Latin America. C. 1450 to the present. Malden 2004.

W. H. Beezley/C. M. MacLachlan, Latin America. The peoples and their history. Belmont 2007.
W. L. Bernecker, u. a. (Hrsg.), Handbuch der Geschichte Lateinamerikas. 3 Bde. Stuttgart 1996.
W. L. Bernecker, u. a. (Hrsg.), Lateinamerika 1870–2000. Geschichte und Gesellschaft. Wien 2007.
L. Bethell (Hrsg.), The Cambridge History of Latin America. 12 Vols. Cambridge 1984–2008.
J. C. Chasteen, Born in blood and fire. A concise history of Latin America. New York 2006.
L. A. Clayton/M. L. Conniff/S. M. Gauss, A New History of Modern Latin America. Oakland 2017.
F. Edelmayer/B. Hausberger/B. Potthast (Hrsg.), Lateinamerika 1492–1850/70. Wien 2005.
W. Fowler, Latin America since 1780. London, New York 2008.
C. Hatzky/B. Potthast, Lateinamerika 1800–1930. Berlin 2021.
C. Hatzky/B. Potthast, Lateinamerika seit 1930. Berlin 2021.
S. Hensel/B. Potthast, Das Lateinamerika-Lexikon. Wuppertal 2013.
T. H. Holloway (Hrsg.), A Companion to Latin American history. Chichester 2011.
H.-J. König, Kleine Geschichte Lateinamerikas. Bonn 2006.
M. Lucena Salmoral, Atlas histórico de Latinoamérica. Desde la prehistoria al siglo XXI. Madrid 2009.
G. Maihold/H. Sangmeister/N. Werz, Lateinamerika. Handbuch für Wissenschaft und Studium. Baden-Baden 2019.
C. E. Martin/M. Wasserman, Latin America and its people. Boston 2012.
T. A. Meade, A history of modern Latin America. 1800 to the present. Chichester, Malden 2010.
H. Pérez Brignoli, Historia global de América Latina. Del siglo XXI a la Independencia. Madrid 2018.
S. Rinke, Geschichte Lateinamerikas. Von den frühesten Kulturen bis zur Gegenwart. München 2010.
S. Rinke, Lateinamerika. Darmstadt 2015.
T. E. Skidmore/P. H. Smith, Modern Latin America. New York 2014.
N. Werz, Lateinamerika. Eine politische Landeskunde. Baden-Baden 2013.
E. Williamson, The Penguin history of Latin America. London 2009.
T. C. Wright, Latin America since independence. Two centuries of continuity and change. Lanham, Boulder, New York, London 2017.

1.5 Nationalgeschichten

Argentinien

S. Carreras/B. Potthast, Eine kleine Geschichte Argentiniens. Berlin 2009.
M. Riekenberg, Kleine Geschichte Argentiniens. München 2009.
J. Suriano (Hrsg.), Nueva Historia Argentina. (13 Bde.). Buenos Aires 1998–2005.

Bolivien

H. S. Klein, A concise history of Bolivia. Cambridge 2011.

H. S. Klein, Historia mínima de Bolivia. México 2013.

J. Querejazu Calvo, Bolivia. Historia abreviada. Sucre 2003.

Brasilien

B. Fausto/S. Fausto, A Concise History of Brazil. Cambridge, New York 2014.

H.-J. König, Geschichte Brasiliens. Stuttgart 2014.

S. Rinke/F. Schulze, Kleine Geschichte Brasiliens. München 2013.

Chile

S. Collier/W. F. Sater, A History of Chile, 1808–1994. Cambridge 1996.

S. Rinke, Kleine Geschichte Chiles. München 2007.

R. Sagredo Baeza, Historia mínima de Chile. México 2014.

Costa Rica

I. Molina Jiménez/S. P. Palmer, The history of Costa Rica. San José 2004.

Dominikanische Republik

F. Moya Pons, The Dominican Republic. A National History. Princeton 2010.

Ecuador

E. Ayala Mora, Resumen de historia del Ecuador. Quito 2014.

G. Lauderbaugh, The history of Ecuador. Santa Barbara 2012.

M. Luna Tamayo/A. Andrade Stacey/M. Alvarado, Historia del Ecuador. Madrid 2004.

El Salvador

C. M. White, History of El Salvador. Westport 2009.

Guatemala

J. D. Contreras Reynoso, Breve historia de Guatemala. Guatemala 1998.

G. Grandin, The blood of Guatemala. A history of race and nation. Durham 2000.

Haiti

W. L. Bernecker, Kleine Geschichte Haitis. Frankfurt am Main 1996.

J. D. Popkin, A concise history of the Haitian revolution. Malden 2012.

Honduras

T. M. Leonard, The history of Honduras. Santa Barbara 2011.

Karibik

N. Foote (Hrsg.), The Caribbean history reader. New York 2013.

B. Hausberger/G. Pfeisinger (Hrsg.), Die Karibik. Geschichte und Gesellschaft, 1492–2000. Wien 2005.

S. Palmié/F. Scarano, The Caribbean. A History of the Region and its Peoples. Chicago 2011.

Kolumbien

D. Bushnell, The Making of Modern Colombia. A Nation in Spite of Itself. Berkeley 1993.

H.-J. König, Kleine Geschichte Kolumbiens. München 2008.

J. O. Melo, Historia mínima de Colombia. México 2017.

M. Palacios Rozo/F. R. Safford, Historia de Colombia. País fragmentado, sociedad dividida. Bogotá 2012.

Kuba

A. de la Fuente, A Nation for All. Race, Inequality, and Politics in Twentieth Century Cuba. Chapel Hill 2001.

M. Zeuske, Kleine Geschichte Kubas. München 2016.

Mexiko

W. L. Bernecker/H. Pietschmann/H. W. Tobler (Hrsg.), Eine kleine Geschichte Mexikos. Frankfurt am Main 2007.

A. Hernández Chávez, Mexico. A brief history. Berkeley 2006.

P. L. Russell, The history of Mexico. From pre-conquest to present. New York, London 2010.

Nicaragua

C. L. Staten, The history of Nicaragua. Santa Barbara 2010.

F. Kinloch Tijerino, Historia de Nicaragua. Managua 2012.

Panama

A. Castillero Calvo, Historia general de Panamá. (3 Bde.). Panamá 2004.

R. C. Harding, The history of Panama. Westport 2006.

Paraguay

P. Lambert/A. Nickson, The Paraguay reader. History, culture, politics. Durham, London 2013.

I. Telesca, u. a. (Hrsg.), Historia del Paraguay. Asunción 2010.

Peru

C. Contreras/M. Zuloaga Rada, Historia mínima de Perú. México, Madrid 2014.

C. Hunefeldt, A brief history of Peru. New York 2004.

P. F. Klarén, Peru. Society and nationhood in the Andes. New York 2000.

Puerto Rico

J. Duany, The Puerto Rican Nation on the Move. Identities on the Island and in the United States. Chapel Hill 2002.

R. Fernandez, The Disenchanted Island. Puerto Rico and the United States in the Twentieth Century. New York, Westport 1992.

Uruguay

B. Nahum, Breve historia del Uruguay independiente. Montevideo 2013.

G. Caetano (Hrsg.), Uruguay. (3 Bde.). Montevideo, Madrid 2015.

Venezuela

E. Pino Iturrieta, Historia mínima de Venezuela. México 2018.

M. Zeuske, Kleine Geschichte Venezuelas. München 2007.

M. Zeuske, Von Bolívar zu Chavez. Zürich 2008.

Zentralamerika

R. H. Holden, Oxford Handbook of Central American History. Oxford 2020.
R. Pastor Fasquelle, Historia mínima de Centroamérica. Madrid 2013.
H. Pérez Brignoli, Breve historia de Centroamérica. Madrid 2000.

1.6 Fachzeitschriften

Cahiers des Amériques Latines
Canadian Journal of Latin American and Caribbean Studies
Comparativ, Leipziger Beiträge zur Universalgeschichte und vergleichenden Gesellschaftsforschung
Estudios Americanos (EEAA)
Hispanic American Historical Review (HAHR)
Iberoamericana
Ibero-Amerikanisches Archiv, Zeitschrift für Sozialwissenschaften und Geschichte
Jahrbuch für Geschichte Lateinamerikas (früher: Jahrbuch für Geschichte von Staat, Wirtschaft und Gesellschaft Lateinamerikas) (JbLA)
Journal of Caribbean History (JCH)
Journal of Inter-American Studies and World Affairs
Journal of Latin American Studies (JLAS)
Lateinamerika: Analysen und Berichte
Latin American Perspectives (LAP)
Latin American Research Review (LARR)
Revista de Indias (RI)
Slavery & Abolition
William & Mary Quarterly
The American Historical Review (AHR)
The Americas (TAM)

1.7 Links

América en la Historia Económica: Boletín de fuentes, letzter Zugriff: 10.04.2021, verfügbar unter: http://alhe.mora.edu.mx/index.php/ALHE.
Arbeitsgemeinschaft deutscher Lateinamerikaforschung (ADLAF), letzter Zugriff: 26.01.2021, verfügbar unter: https://adlaf.de/.
Bancroft Library, letzter Zugriff: 10.04.2021, verfügbar unter: https://www.lib.berkeley.edu/libraries/bancroft-library.
Berlin-Brandenburgische Akademie der Wissenschaften, Edition Humboldt Digital. letzter Zugriff 26.08.2020, online verfügbar unter: https://edition-humboldt.de/
Biblioteca Nacional de España, letzter Zugriff: 10.04.2021, verfügbar unter: https://www.aecid.es/ES/biblioteca/biblioteca-digital.

Bonn Center for Dependency and Slavery, letzter Zugriff: 10.04.2021, verfügbar unter: https://www.dependency.uni-bonn.de/en.

Center for InterAmerican Studies (CIAS), Universität Bielefeld, letzter Zugriff: 27.05.2021, verfügbar unter: www.uni-bielefeld.de/cias/.

Comisión Económica para América Latina (CEPAL), letzter Zugriff: 10.04.2021, verfügbar unter: https://www.cepal.org/en/library.

Historia Ambiental Latino Americana, letzter Zugriff: 11.12.2020, verfügbar unter: https://boha.historia.ufrj.br/.

H-LatAm, letzter Zugriff: 10.04.2021, verfügbar unter: https://networks.h-net.org/h-latam.

Ibero-Amerikanischen Instituts Preußischer Kulturbesitz (IAI-SPK), letzter Zugriff: 10.04.2021, verfügbar unter: https://www.iai.spk-berlin.de/.

Interamerican Studies Assocication, letzter Zugriff: 27.05.2021, verfügbar unter: http://www.interamericanstudies.net/.

Lateinamerika-Institut der FU Berlin, letzter Zugriff: 10.04.2021, verfügbar unter: https://www.lai.fu-berlin.de/.

Latin American Network Information Center (LANIC), letzter Zugriff: 10.04.2021, verfügbar unter: http://lanic.utexas.edu/.

Latin American Studies Association (LASA). Letzter Zugriff: 26.01.2020, verfügbar unter: https://lasaweb.org/en/.

Leibniz Institut für Länderkunde/Digitales Porträtarchiv, letzter Zugriff: 10.04.2021, verfügbar unter: http://www.digiporta.net/.

J. C. Miller, The Bibliography of Slavery and World Slaving. letzter Zugriff: 12.04.2020, online verfügbar unter: http://www2.vcdh.virginia.edu/bib/about.php.

National Center for Sex Education (CENESEX), letzter Zugriff: 29.05.2020, verfügbar unter: https://www.southampton.ac.uk/cuban-oral-history/index.page.

National Security Archive der George Washington University, letzter Zugriff: 28.05.2021, verfügbar unter: https://nsarchive.gwu.edu/.

Nürnberger Menschenrechtszentrums (NMRZ), letzter Zugriff: 10.04.2021, verfügbar unter: https://www.menschenrechte.org/kategorie/regionen/amerika/.

Seminar on the Acquisition of Latin American Library Materials (SALALM), letzter Zugriff: 10.04.2021, verfügbar unter: https://salalm.org/collection-development-resources/digital-primary-resources/.

Society for Latin American and Caribbean Environmental History (Solcha), letzter Zugriff: 27.05.2021, verfügbar unter: http://solcha.org/.

Transatlantic Slave Trade Database, letzter Zugriff: 10.04.2021, verfügbar unter: https://www.slavevoyages.org/.

Brazilian Studies der University of Indiana, letzter Zugriff: 10.04.2021, verfügbar unter: https://clacs.indiana.edu/research/brazilian-studies.html.

2 Wirtschaftsgeschichte und Entwicklungskonzepte

V. Bulmer-Thomas (Hrsg.), The Economic History of Latin America since Independence. Cambridge 1994.

V. Bulmer-Thomas, The Economic History of Latin America since Independence. Third edition. New York 2014.

J. H. Coatsworth/A. M. Taylor (Hrsg.), Latin America and the world economy since 1800. Cambridge 1998.

S. Haber (Hrsg.), How Latin America fell behind. Essays on the Economic Histories of Brazil and Mexico 1800–1914. Stanford 1997.

L. Prados de la Escosura, Lost Decades? Economic Performancce in Post-Independence Latin America, in: Journal of Latin American Studies 41/2. 2009, 279–307.

2.1 Dependenztheorie, Cepalismo und Modernisierung

F. H. Cardoso/E. Faletto, Abhängigkeit und Entwicklung in Lateinamerika. Frankfurt am Main 1976.

J. Fabian, Time and the Other. New York 1983.

V. R. Fernández/G. Brondino, Development in Latin America. Critical discussions from the periphery. Cham 2019.

A. G. Frank, Capitalism and Underdevelopment in Latin America. Historical Studies of Chile and Mexico. New York 1967.

C. Furtado, Economic Development of Latin America. A survey from colonial times to the Cuban Revolution. Cambridge 1970.

P. Gootenberg, Between a Rock and a Softer Place. Reflections on Some Recent Economic History of Latin America. in: Latin American Research Review 39/2. 2004, 239–257.

R. Grosfoguel, Developmentalism, Modernity, and Dependency Theory in Latin America, in: M. Moraña/E. D. Dussel/C. A. Jáuregui (Hrsg.), Coloniality at large. Latin America and the postcolonial debate. Durham 2008, 307–334.

C. Lancaster/N. van de Walle (Hrsg.), The Oxford handbook of the politics of development. New York 2018.

J. Mahoney/D. Rodríguez-Franco, Dependency Theory, in: C. Lancaster/N. van de Walle (Hrsg.), The Oxford handbook of the politics of development. New York 2018, 22–43.

M. E. Margulis, The Global Political Economy of Raúl Prebisch. Milton 2017.

R. Prebisch, The economic development of Latin America and its principal problems. Lake Success 1950.

H.-J. Puhle (Hrsg.), Lateinamerika. Historische Realität und Dependencia-Theorien. Hamburg 1977.

A. Quijano, Coloniality of Power, Eurocentrism and Latin America, in: Nepantla: Views from South 1/3. 2000, 533–580.

W. Reinhard, Parasit oder Partner? Europäische Wirtschaft und neue Welt 1500–1800. Münster 1997.

O. Sunkel, Transnational capitalism and national desintegration in Latin America, in: Social and Economic Studies 22/1. 1973, 132–176.

I. Wallerstein, The Modern World-System. New York 1974–2011.

2.2 Verschuldungskrise und neoliberale Reformen

V. Bulmer-Thomas, Debt, adjustment, and the shift of a new paradigm, in: V. Bulmer-Thomas (Hrsg.), The Economic History of Latin America since Independence. Cambridge 1994, 391–435.

V. Bulmer-Thomas (Hrsg.), The new economic model in Latin America and its impact on income distribution and poverty. Basingstoke, Hampshire 1996.

M. E. Carranza, Poster Child or Victim of Imperialist Globalization, in: Latin American Perspectives 32/6. 2005, 65–89.

R. Devlin, Debt and crisis in Latin America. The supply side of the story. Princeton 1989.

R. Ffrench-Davis, Reforming the reforms in Latin America. Macroeconomics, trade, finance. Houndmills, Basingstoke 2000.

R. Ffrench-Davis, Economic reforms in Chile. From dictatorship to democracy. Houndmills, Basingstoke 2010.

Latin American Research Review 39/3. 2004.

A. Margheritis/A. W. Pereira, The Neoliberal Turn in Latin America. The Cycle of Ideas and the Search for an Alternative. in: Latin American Perspectives 34/3. 2007, 25–48.

C. Marichal, A century of debt crises in Latin America. From independence to the Great Depression, 1820–1930. Princeton 1989.

R. Thorp/L. Whitehead, Latin American debt and the adjustment crisis. Basingstoke 1987.

J. Williamson/P.-P. Kuczynski, After the Washington Consensus: Restarting Growth and Reform in Latin America. Washington D. C. 2003.

R. Zoller, Verschuldung und Entwicklung. Der Fall Brasilien. München 1986.

2.3 Wirtschaftsgeschichte und -historiographie

2.3.1 Periodisierung

2.3.2 Überblickswerke

L. Bethell (Hrsg.), The Cambridge History of Latin America. Vol. VI, Part 1: Economy and Society. Cambridge 1994.

V. Bulmer-Thomas, The Economic History of Latin America since Independence. New York 2014.

V. Bulmer-Thomas/J. H. Coatsworth/R. Cortés Conde (Hrsg.), The Cambridge Economic History of Latin America. 2 Vols. Cambridge 2006, 2008.

E. Cárdenas/J. A. Ocampo/R. Thorp (Hrsg.), An Economic History of Twentieth-Century Latin America. Basingstoke, New York 2000.
R. Cortés Conde/S. Hunt/J. M. C. d. Mello (Hrsg.), The Latin American Economies. Growth and the Export Sector, 1880–1930. New York, London 1985.
J. Santiso/J. Dayton-Johnson, The Oxford Handbook of Latin American Political Economy. Oxford, New York 2012.

2.4 Die „neue" ökonomische Geschichte Lateinamerikas

J. H. Coatsworth/W. R. Summerhill, The New Economic History of Latin America. Evolution and Recent Contributions. in: J. C. Moya (Hrsg.), The Oxford Handbook of Latin American History. Oxford 2011, 407–423.
S. Engerman/R. Fogel, Time on the Cross. The Economics of American Negro Slavery. New York 1974.
S. Engerman/K. Sokoloff, Factor Endowments, Institutions, and Differential Paths of Growth Among New World Economics. A View from Economic Historians in the United States, in: S. Haber (Hrsg.), How Latin America fell behind. Essays on the Economic Histories of Brazil and Mexico 1800–1914. Stanford 1997, 260–306.
A. Gómez-Galvarriato, Industralización, empresas y trabajadores industriales, del porfiriato a la Revolución. La nueva historiografía, in: Historia Mexicana 52/3. 2003, 773–804.
A. Gómez-Galvarriato/J. G. Williamson, Was it Prices, Productivity or Policy? American Industrialisation after 1870, in: Journal of Latin American Studies 41/4. 2009, 663–694.
S. Haber (Hrsg.), Political Institutions and Economical Growth in Latin America. Essays in Policy, History and Political Economy. Stanford 2000.
W. Knöbl, Die Kontigenz der Moderne. Wege in Europa, Asien und Amerika. Frankfurt am Main 2007.
J. Mahoney, Colonialism and Postcolonial Development. Spanish America in Comparative Perspective. Cambridge 2010.
A. Portes/L. D. Smith, Institutions count. Their role and significance in Latin American development. Berkeley 2012.
R. D. Salvatore/J. H. Coatsworth/A. E. Challú, Living standards in Latin American history. Height, welfare, and development; 1750–2000. Cambridge 2010.
E. E. Williams, Capitalism and slavery. Chapel Hill 1944.

2.5 Sektorale Studien

2.5.1 Agrargeschichte und Agrarreformen

R. J. Alexander, Agrarian reform in Latin America. New York, London 1974.
J. Benton, Agrarian reform in theory and practice. A study of the Lake Titicaca region of Bolivia. Aldershot 1999.

H.-J. Burchardt, La última reforma agraria del siglo. La agricultura cubana entre el cambio y el estancamiento. Caracas 2000.

M. Carter, Challenging Social Inequality. The Landless Rural Worker's Movement and Agrarian Reform in Brazil. Durham 2015.

W. E. Carter, Aymara Communities and the Bolivian Agrarian Reform. Gainesville 1964.

D. Deere, Die Reform der kubanischen Landwirtschaft, in: K. Gabbert (Hrsg.), Lateinamerika Analysen und Berichte 21. Land und Freiheit. Bad Honnef 1997, 109–132.

A. O. Hirschman, Journeys Toward Progress. Studies of Economic Policy-Making in Latin America. Boulder 1993.

A. O. Hirschman, Land Use and Land Reform in Columbia, in: A. O. Hirschman, Journeys Toward Progress. Studies of Economic Policy-Making in Latin America. Boulder 1993, 93–158.

A. de Janvry, The agrarian question and reformism in Latin America. Baltimore 1983.

L. J. Enríquez, Harvesting change. Labor and agrarian reform in Nicaragua, 1979–1990. Chapel Hill 1991.

L. J. Enríquez, Economic Reform and Repeasantization in Post–1990 Cuba, in: Latin American Research Review 38/1. 2003, 202–218.

K. Gabbert (Hrsg.), Lateinamerika Analysen und Berichte 21. Land und Freiheit. Bad Honnef 1997.

A. Garcia, Agrarian reform and social development in Bolivia, in: R. Stavenhagen (Hrsg.), Agrarian problems and peasant movements in Latin America. Garden City 1970, 301–346.

P. Gleijeses, The Agrarian Reform of Jacobo Arbenz, in: Journal of Latin American Studies 21/3. 1989, 453–480.

M. S. Grindle (Hrsg.), Politics and policy implementation in the Third World. Princeton 1980.

B. Grote, Zwischen Heldenkult und Marginalisierung. Kleinbauern und Genossenschaften in Kuba 1940–1963. Norderstedt 2004.

M. Gutelman, The Socialization of the Menas of Production in Cuba, in: R. Stavenhagen (Hrsg.), Agrarian problems and peasant movements in Latin America. Garden City 1970, 347–368.

J. Handy, Revolution in the Countryside. Rural Conflict & Agrarian Reform in Guatemala, 1944–1954. Chapel Hill 1994.

K. Healy, Caciques y patrones. Una experiencia de desarrollo rural en el sud de Bolivia. Cochabamba 1983.

D. Heyduk, Huayrapampa. Bolivian Highland peasants and the new social order. Ithaca 1971.

D. Heyduk, The Hacienda System and Agrarian Reform in Highland Bolicia. A Re-Evaluation, in: Ethnology 13/1. 1974, 71–81.

F. Katz (Hrsg.), Riot, rebellion, and revolution. Rural social conflict in Mexico. Princeton 1988.

D. Markiewicz, The Mexican Revolution and the limits of agrarian reform, 1915–1946. Boulder 1993.

C. McClintock, Reform Governments and Policy of Implementation, Lessons from Peru, in: M. S. Grindle (Hrsg.), Politics and policy implementation in the Third World. Princeton 1980, 90–111.
W. J. McEwen, Changing Rural Society. A Study of Communities in Bolivia. New York 1975.
U. Schüren, Land ohne Freiheit. Mexikos langer Abschied von der Agrarreform, in: K. Gabbert (Hrsg.), Lateinamerika Analysen und Berichte 21. Land und Freiheit. Bad Honnef 1997, 33–65.
J. Silva Herzog, El agrarismo mexicano y la reforma agraria. Exposición y crítica. México 1959.
R. Stavenhagen (Hrsg.), Agrarian problems and peasant movements in Latin America. Garden City 1970.
S. M. Streeter, The Failure of 'Liberal Developmentalism'. The United States's Anti-Communist Showcase in Guatemala, 1954–1960, in: The International History Review 21/2. 1999, 386–413.
W. C. Thiesenhusen (Hrsg.), Searching for agrarian reform in Latin America. Boston 1989.
H. W. Tobler, Peasants and the Shaping of the Revolutionary State 1910–1940, in: F. Katz (Hrsg.), Riot, rebellion, and revolution. Rural social conflict in Mexico. Princeton 1988, 487–518.
D. W. Trefzger, Guatemala's 1952 Agrarian Reform Law. A Critical Reassessment. in: International Social Science Review 77/1/2. 2002, 32–46.
L. Vergara-Camus, Land and freedom. The MST, the Zapatistas and peasant alternatives to neoliberalism. London 2014.

2.5.2 Arbeit und Arbeiterbewegung

V. Alba, Historia del movimiento obrero en América Latina. México 1964.
V. Alba, Politics and labor movement in Latin America. Stanford 1968.
C. W. Bergquist, Labor in Latin America. Comparative essays on Chile, Argentina, Venezuela, and Colombia. Stanford 1986.
M. Blofield, Care work and class. Domestic workers' struggle for equal rights in Latin America. University Park 2012.
D. Boris, Arbeiterbewegung in Lateinamerika. Marburg 1990.
J. L. Bortz, El salario en México. México 1986.
J. P. Brennan, The labor wars in Córdoba, 1955–1976. Ideology, work, and labor politics in an Argentine industrial city. Cambridge 1994.
B. Carr, Marxism & communism in twentieth century Mexico. Lincoln 1992.
E. V. d. Costa, Experience versus Structures: New Tendencies in the History of Labor and the Working Class in Latin America – What Do We Gain? What Do We Lose? In: International Labor and Working-Class History 36. 1989, 3–24.
J. D. French/A. Fortes, Urban Labor History in Twentieth Century Brazil. An annotated introduction to the bibliography. Albuquerque 1998.
J. D. French, The Brazilian Workers' ABC. Class Conflict and Alliances in Modern São Paulo. Chapel Hill 1992.

J. D. French, The Latin American Labor Studies Boom. in: International Review of Social History 45/2. 2000, 279–308.

M. Gordillo, Córdoba en los '60. La experiencia del sindicalismo combativo. Córdoba 1996.

M. Gordillo/J. P. Brennan, Córdoba rebelde: El Cordobazo, el clasismo, y la movilisación social, 1969–1976. Buenos Aires 2008.

J. Horowitz, Argentine unions, the state & the rise of Peron, 1930–1945. Berkeley 1990.

D. James, Resistance and integration. Peronism and the Argentine working class, 1946–1976. Cambridge 1988.

F. Kaese/J. Wolff, Piqueteros after the Hype: Unemployed Movements in Argentina, 2008–2015, in: European Review of Latin American and Caribbean Studies | Revista Europea de Estudios Latinoamericanos y del Caribe/ 102. 2016, 47–68.

O. Kaltmeier (Hrsg.), Neoliberalismus, Autonomie, Widerstand. Soziale Bewegungen in Lateinamerika. Münster 2004.

C. Levey/D. Ozarow/C. Wylde (Hrsg.), Argentina Since the 2001 Crisis. Recovering the Past, Reclaiming the Future. New York 2014.

M. Z. Lobato, La vida en las fábricas. Trabajo, protesta y política en una comunidad obrera, Berisso 1904–1970. Buenos Aires 2001.

M. Z. Lobato, Historia de las trabajadoras en la Argentina (1869–1960). Buenos Aires 2007.

K. J. Middlebrook, The paradox of revolution. Labor, the state, and authoritarianism in Mexico. Baltimore 1995.

J. Mothes/K. Meschkat (Hrsg.), Lateinamerika und der „Generalstab der Weltrevolution". Zur Lateinamerika-Politik der Komintern. Berlin 2010.

P. W. Posner/V. Patroni/J. F. Mayer, Labor politics in Latin America. Democracy and worker organization in the neoliberal era. Gainesville 2018.

K. Schembs, Der Arbeiter als Zukunftsträger der Nation. Bildpropaganda im faschistischen Italien und im peronistischen Argentinien in transnationaler Perspektive (1922–1955). Göttingen 2018.

H. Spalding, Organized labor in Latin America. Historical case studies of workers in dependent societies. New York 1977.

M. Svampa, Revisiting Argentina 2001–13: From „¡Que se vayan todos!" to the Peronist decade, in: C. Levey/D. Ozarow/C. Wylde (Hrsg.), Argentina Since the 2001 Crisis. Recovering the Past, Reclaiming the Future. New York 2014, 155–175.

P. Winn, Weavers of revolution. The Yarur workers and the Chile's road to socialism. New York 1986.

J. Wolfe, Working women, working men. São Paulo and the rise of Brazil's industrial working class, 1900–1955. Durham 1993.

J. Wolfe, The Social Subject versus the Political: Latin American Labor Studies at a Crossroads. in: Latin American Research Review 37/2. 2002, 244–262.

2.5.3 Produktbiographien und *commodity chains*

C. Berth/D. Wierling/V. Wünderich, Kaffeewelten. Historische Perspektiven auf eine globale Ware im 20. Jahrhundert. Göttingen 2015.
W. G. Clarence-Smith/S. Topik (Hrsg.), The Global Coffee Economy in Africa, Asia, and Latin America, 1500–1989. Cambridge 2003.
P. Gootenberg, Between Coca and Cocaine. A Century or More of U. S.-Peruvian Drug Paradoxes, 1860–1980. Washington 2001.
S. Topik/C. Marichal/Z. Frank (Hrsg.), From Silver to Cocain. Latin America Commodity Chains and the Building of the World Economy, 1500–2000. Durham 2006.

2.5.4 Umweltgeschichte

C. Brannstrom, Territories, Commodities and Knowledges. Latin American Environmental History in the Nineteenth and Twentieth centuries. London 2004.
E. Burke/K. Pomeranz (Hrsg.), The Environment and World History. Berkeley 2009.
M. Carey, Latin American Environmental History. Current Trends, Interdisciplinary Insights, and Future Directions. in: Environmental History 14/2. 2009, 221–252.
M. Carey, In the Shadow of Melting Glaciers. Climate Change and Andean Society. Oxford, New York 2010.
J. Carney/R. N. Rosomoff, In the Shadow of Slavery. Africa's Botanical Legacy in the Atlantic World. Berkeley 2009.
A. W. Crosby, The Columbian Exchange. Biological and Cultural Consequences of 1492. Westport 1972.
M. Cueto, The Return of Epidemics. Health and Society in Peru During the Twentieth Century. Aldershot, Burlington 2001.
G. T. Cushman, Guano and the Opening of the Pacific World. A Global Ecological History. Cambridge 2013.
W. Dean, The Green Wave of Coffee. Beginnings of Tropical Agricultural Research in Brazil (1885–1900), in: The Hispanic American Historical Review 69/1. 1989, 91–115.
W. Dean, With Broadax and Firebrand. The Destruction of the Brazilian Atlantic Forest. Berkeley 1995.
S. Evans, The Green Republic. A Conservation History of Costa Rica. Austin 1999.
R. Funes Monzote, From Rainforest to Cane Field in Cuba. An Environmental History since 1492. Chapel Hill 2008.
S. Gallini (Hrsg.), Semillas de historia ambiental. Bogotá 2015.
S. Gallini/G. Palma Murga/J. C. Anduckia, Una Historia Ambiental del Café en Guatemala. La Costa Cuca entre 1830 y 1902. Guatemala 2009.
V. García, Historia y Desastres en América Latina. Volumen I–II. Lima 1996.

P. Hämäläinen (Hrsg.), When Disease Makes History. Epidemics and Great Historical Turning Points. Helsinki 2006.

C. F. Jones, Routes of Power. Energy and Modern America. Cambridge London 2014.

T. M. Klubock, La Frontera. Forests and Ecological Conflict in Chile's Frontier Territory. Durham 2014.

C. Leal/J. A. Pádua/J. Soluri (Hrsg.), New Environmental Histories of Latin America and the Caribbean. München 2013.

J. Martinez Alier, The environmentalism of the poor. A study of ecological conflicts and valuation. Northhampton 2002.

S. G. McCook, States of Nature. Science, Agriculture, and Environment in the Spanish Caribbean, 1760–1940. Austin 2002.

J. R. McNeill, Yellow Fever, Empire and Revolution. The Political Impacts of Infectious Disease in the Caribbean Region, 1640–1900, in: P. Hämäläinen (Hrsg.), When Disease Makes History. Epidemics and Great Historical Turning Points. Helsinki 2006, 81–101.

J. R. McNeill, Mosquito Empires. Ecology and War in the Greater Caribbean, 1620–1914. New York 2010.

J. R. McNeill/E. S. Mauldin, A Companion to Global Environmental History. Chichester, Hoboken 2012.

S. W. Miller, An Environmental History of Latin America. New York 2007.

L. A. Pérez, Winds of Change. Hurricanes and the Transformation of Nineteenth Century Cuba. Chapel Hill 2001.

L. Sedrez, Latin America Environmental History. A shifting Old/New Field, in: E. Burke/K. Pomeranz (Hrsg.), The Environment and World History. Berkeley 2009, 255–275.

L. Sedrez, Urban Nature in Latin America. Diverse Cities and Shared Narratives, in: C. Leal/J. A. Pádua/J. Soluri (Hrsg.), New Environmental Histories of Latin America and the Caribbean. München 2013, 59–65.

J. Soluri, Banana Cultures. Agriculture, Consumption, and Environmental Change in Honduras and the United States. Austin 2005.

J. Soluri/C. Leal/J. A. Pádua, A Living Past. Environmental Histories of Modern Latin America. New York 2018.

R. P. Tucker, Insatiable Appetite. The United States and the Ecological Degradation of the Tropical World. Berkeley 2000.

M. Vitz, A City on a Lake. Urban Political Ecology and the Growth of Mexico City. Durham 2018.

E. Wakild, Revolutionary Parks. Conservation, Social Justice, and Mexicos National Parks, 1910–1940. Tucson 2011.

B. Weinstein, The Amazon Rubber Boom, 1850–1920. Stanford 1983.

M. D. Wolfe, Watering the Revolution. An Environmental and Technological History of Agrarian Reform in Mexico. Durham 2017.

3 Indigene Bevölkerung und indigene Bewegungen

A. Acosta, Buen vivir. Vom Recht auf ein gutes Leben. München 2015.
W. Assies/G. van der Haar/A. J. Hoekema (Hrsg.), The Challenge of Diversity: Indigenous Peoples and Reform of the State in Latin America. Amsterdam 2000.
M.-C. Barre, Ideologias indigenistas y movimientos indios. México 1983.
J. Bengoa, La emergencia indígena en América Latina. Santiago de Chile 2000.
V. Bretón Solo de Zaldívar, Etnicidad, desarrollo y ‚Buen Vivir'. Reflexiones críticas en perspectiva histórica. in: European Review of Latin American and Caribbean Studies | Revista Europea de Estudios Latinoamericanos y del Caribe 95. 2013, 71–95.
A. Brysk, From Tribal Village to Global Village. Indian Rights and International Relations in Latin America. Stanford 2000.
H. Diaz Polanco/L. Rayas, Indigenous Peoples in Latin America. The Quest for Self-Determination. Boulder 1997.
C. Hale, Does Multiculturalism Menace? Governance, Cultural Rights and the Politics of Identity in Guatemala, in: Journal of Latin American Studies 34. 2002, 485–524.
B. Larson, Indigeneity Unpacked. Politics, Civil Society, and Social Movements in the Andes, in: Latin American Research Review 49/1. 2014, 223–241.
K. Spalding, De indio a campesino. Cambios en la estructura social del Perú colonial. Lima 1974.
D. L. van Cott, From Movements to Parties in Latin America. The Evolution of Ethnic Politics. Cambridge 2007.
C. Walsh, Development as Buen Vivir. Institutional Arrangements and (De)Colonial Entanglements, in: Development 53/1. 2010, 15–21.
D. J. Yashar, Contesting Citizenship. Indigenous Movements and Democracy in Latin America, in: Comparative Politics 31/1. 1998, 23–42.

4 Gender, Sexualität, Familien

S. E. Alvarez, The politics of gender in Latin America. Comparative perspectives on women in the Brazilian transition to democracy, Vols. 1+2. Ann Arbor 1987.
S. E. Alvarez/C. Caridad Bueno (Hrsg.), Translocalities/translocalidades. Feminist politics of translation in the Latin/a Americas. Durham 2014.
E. P. Archetti, Masculinidades. Fútbol, tango y polo en la Argentina. Buenos Aires 2003.
D. Balderston/D. J. Guy, Sex and sexuality in Latin America. New York 1997.
K. E. Bliss/A. Blum, Dangerous Driving. Adolescence, Sex, and the Gendered Experience of the Public Space in Early-Twentieth Century Mexico, in: W. E. French/K. E. Bliss (Hrsg.), Gender, Sexuality, and Power in Latin America Since Independence. Lanham 2007, 163–186.

D. Célleri/T. Schwarz/B. Wittger (Hrsg.), Interdependencies of Social Categorisations. Madrid, Frankfurt am Main 2013.

E. M. Chaney, Supermadre. Women in politics in Latin America. Austin 1979.

I. Cosse, La emergencia de un nuevo modelo de paternidad en Argentina (1950–1975), in: Estudios Demográficos y Urbanos 24/2. 2009, 429–462.

I. Cosse, Mafalda. A Social and Political History of Latin America's Global Comic. Durham 2019.

N. Craske, Women and politics in Latin America. New Brunswick 1999.

N. Craske/M. Molyneux, Gender and the politics of rights and democracy in Latin America. Houndmills, Basingstoke, Hampshire 2002.

R. De la Dehesa, Queering the Public Sphere in Mexico and Brazil. Sexual Rights Movements in Emerging Democracies. Durham 2010.

S. M. Deutsch, Gender and Sociopolitical Change in Twentieth-Century Latin America, in: The Hispanic American Historical Review 71/2. 1991, 259–306.

L. M. Donato/E. M. Escobar/A. Ulloa Cubillos, Mujeres indígenas y cambio climático. Perspectivas latinoamericanas. Bogotá 2008.

Y. Eraso, Mujeres y asistencia social en Latinoamérica, siglo XIX y XX. Argentina, Colombia, México, Perú y Uruguay. Córdoba 2009.

K. Felitti, El Placer de Elegir. Anticoncepción y liberación sexual en la década del sesenta, in: F. Gil Lozano/V. Pita/M. G. Ini (Hrsg.), Historia de las mujeres en Argentina. Siglo XX. Buenos Aires 2000, 154–171.

K. Felitti, La Revolución de la Píldora. Sexualidad y Política en los Sesenta. Buenos Aires 2012.

E. J. S. Findlay, Imposing Decency. The Politics of Sexuality and Race in Puerto Rico, 1870–1920. Durham 1999.

E. J. S. Findlay, We are left without a father here. Masculinity, domesticity, and migration in postwar Puerto Rico. Durham 2014.

W. E. French/K. E. Bliss (Hrsg.), Gender, Sexuality, and Power in Latin America Since Independence. Lanham 2007.

V. Giordano, Modernidad, modernización y sufragio universal: la experiencia de Argentina, Brasil, Chile y Uruguay, in: M. Z. Lobato/S. Venturoli (Hrsg.), Formas de ciudadanía en América Latina. Madrid 2013, 41–64.

V. González/K. Kampwirth (Hrsg.), Radical women in Latin America. Left and right. University Park 2001.

M. C. Gutmann, Changing men and masculinities in Latin America. Durham 2003.

D. J. Guy, Future Directions in Latin American Gender History. in: The Americas 51/1. 1994, 1–10.

D. J. Guy, Introduction, in: The Americas 58/1. 2001, 1–6.

E. Q. Hutchison, Add Gender and Stir? Cooking up Gendered Histories of Modern Latin America, in: Latin American Research Review 38/1. 2003, 267–287.

J. S. Jaquette, The Women's movement in Latin America. Feminism and the transition to democracy. Boston 1989.

J. S. Jaquette (Hrsg.), Feminist agendas and democracy in Latin America. Durham 2009.

E. Jelin, Igualdad y diferencia. Dilemas de la ciudadanía de las mujeres en América Latin, in: Agora: cuaderno de estudios políticos 3/7. 1997, 189–214.

K. Kampwirth, Gender and Populism in Latin America. Passionate Politics. University Park 2010.

T. M. Klubock, Contested communities. Class, gender, and politics in Chile's El Teniente copper mine, 1904–1951. Durham 1998.

A. Lavrin, Women, feminism, and social change in Argentina, Chile, and Uruguay, 1890–1940. Lincoln, London 1998.

M. Z. Lobato/S. Venturoli (Hrsg.), Formas de ciudadanía en América Latina. Madrid 2013.

N. Milanesio, Sex and Democracy. The Meanings of the Destape in Postdictatorial Argentina, in: Hispanic American Historical Review 99/1. 2019, 91–122.

N. B. Milanich, The Historiography of Latin American Families, in: J. C. Moya (Hrsg.), The Oxford Handbook of Latin American History. Oxford 2011, 382–406.

N. B. Milanich, Women, Gender, and Family in Latin America, 1820–2000, in: T. H. Holloway (Hrsg.), A companion to Latin American history. Malden 2008, 461–479.

N. B. Milanich, Children of Fate. Childhood, Class, and the State in Chile, 1850–1930. Durham 2009.

F. Miller, Latin American women and the search for social justice. Hanover 1991.

J. Mittag/G. Ismar (Hrsg.), ¿„El pueblo unido"? Soziale Bewegungen und politischer Protest in der Geschichte Lateinamerikas. Münster 2009.

M. Molyneux, Mobilization without Emancipation? Women's Interests, the State, and Revolution in Nicaragua, in: Feminist Studies 11/2. 1985, 227–254.

M. Molyneux, Women's Movements in International Perspective. Latin America and Beyond. Houndmills, Basingstoke, Hampshire 2001.

J. E. Pieper Mooney, The Politics of Motherhood. Maternity and Women's Rights in Twentieth-Century Chile. Pittsburgh 2009.

J. Olcott/M. K. Vaughan/G. Cano, Sex in revolution. Gender, politics, and power in modern Mexico. Durham 2006.

B. Potthast, Von Müttern und Machos. Eine Geschichte der Frauen Lateinamerikas. Wuppertal 2003.

B. Potthast, Familienstrukturen und Genderbeziehungen, in: F. Edelmayer/B. Hausberger/B. Potthast (Hrsg.), Lateinamerika 1492–1850/70. Wien 2005, 244–263.

B. Potthast/L. Helfrich-Bernal, Vom Oberschichtenphänomen zur Bewegung für mehr Recht und Gerechtigkeit: 'Citizenship' und Frauenbewegungen in Lateinamerika. From an upper class phenomenon to a movement for more law and justice: 'citizenship' and women's movements in Latin America, in: J. Mittag/G. Ismar (Hrsg.), ¿„El pueblo unido"? Soziale Bewegungen und politischer Protest in der Geschichte Lateinamerikas. Münster 2009, 389–416.

B. Potthast-Jutkeit/E. Scarzanella, Mujeres y naciones en América Latina. Problemas de inclusion y exclusion. Frankfurt am Main, Madrid 2001.
L. Putnam, To Study the Fragments/Whole. Microhistory and the Atlantic World, in: Journal of Social History 39/3. 2006, 615–630.
L. Putnam, The company they kept. Migrants and the politics of gender in Caribbean Costa Rica, 1870–1960. Chapel Hill 2002.
K. A. Rosemblatt, Gendered compromises. Political cultures & the state in Chile, 1920–1950. Chapel Hill, London 2000.
E. Scarzanella/M. R. Schpun (Hrsg.), Sin fronteras. Encuentros de mujeres y hombres entre América Latina y Europa, siglos XIX–XX. Frankfurt am Main, Madrid 2008.
M. K. Vaughan, Cultural Politics in Revolution. Teachers, Peasants, and Schools in Mexico, 1930–1940. Tucson 1997.
B. Weinstein, The Color of Modernity. São Paulo and the Making of Race and Nation in Brazil. Durham 2015.
M. I. Zapata Galindo, Intersektionalität und Gender Studies in Lateinamerika, in: QJB – Querelles. Jahrbuch für Frauen- und Geschlechterforschung 16/0. 2013.

5 Die neuen Mittelschichten

E. Adamovsky, Historia de la clase media argentina. Apogeo y decadencia de una ilusión, 1919–2003. Buenos Aires 2009.
E. Adamovsky, Historia de las clases populares en la Argentina. Desde 1880 hasta 2003. Buenos Aires 2012.
E. Adamovsky/P. B. Vargas/S. E. Visacovsky (Hrsg.), Clases medias. Nuevos enfoques desde la sociología, la historia y la antropología. Buenos Aires 2014.
P. Alonso, Between revolution and the ballot box. The origins of the Argentine Radical Party in the 1890s. Cambridge, New York 2000.
P. Alonso, Entre la revolución y las urnas. Los orígenes de la Unión Cívica Radical y la política argentina en los años noventa. Buenos Aires 2000.
E. Garguin, ‚Los Argentinos Descendemos de los Barcos'. The Racial Articulation of Middle Class Identity in Argentina (1920–1960), in: Latin American and Caribbean Ethnic Studies 2/2. 2007, 161–184.
S. A. Halper/J. R. Sterling/G. Germani (Hrsg.), Latin America. The Dynamics of Social Change. London 1972.
J. J. Johnson, Middle Groups in National Politics in Latin America, in: D. S. Parker/L. E. Walker (Hrsg.), Latin America's Middle Class. Unsettled Debates and New Histories. Lanham 2013, 25–34.
A. R. López/B. Weinstein, The Making of the Middle Class. Toward a Transnational History. Chapel Hill 2012.
B. P. Owensby, Intimate Ironies. Modernity and the Making of Middle-Class Lives in Brazil. Stanford 1999.

D. S. Parker, The Idea of the Middle Class. White-Collar Workers and Peruvian Society, 1900–1950. University Park 1998.

D. S. Parker/L. E. Walker (Hrsg.), Latin America's Middle Class. Unsettled Debates and New Histories. Lanham 2013.

M. B. Plotkin, Freud en las pampas. Orígenes y desarrollo de una cultura psicoanalítica en la Argentina (1910–1983). Buenos Aires 2003.

M. Power, Right-Wing Women in Chile. Feminine Power and the Struggle Against Allende, 1964–1973. University Park 2002.

E. Zolov, Refried Elvis. The Rise of the Mexican Counterculture. Berkeley, Los Angeles, London 1999.

6 Ungleichheit und Entwicklung

N. P. Appelbaum/A. S. Macpherson/K. A. Rosemblatt, Race and Nation in Modern Latin America. Chapel Hill 2003.

E. B. Burns, The poverty of progress. Latin America in the 19th century. Berkeley 1983.

M. A. Centeno/F. López-Alves, The Other Mirror. Grand Theory through the Lens of Latin America. Princeton 2001.

A. Ferrer, Insurgent Cuba. Race, nation, and revolution, 1868–1898. Chapel Hill 1999.

W. P. Glade, The Latin American Economies. A Study of their Instituional Evolution. New York 1969.

S. Haber/A. Razo/N. Maurer, The politics of property rights. Political instability, credible commitments, and economic growth in Mexico, 1876–1929. Cambridge 2003.

P. Heller/P. Evans, Taking Tilly South. Durable Inequalities, Democratic Contestation, and Citizenship in the Southern Metropolis, in: Theory and Society 39/3–4. 2010, 433–450.

G. M. Joseph/D. Nugent (Hrsg.), Everyday forms of state formation. Revolution and the negotiation of rule in modern Mexico. Durham 1994.

O. Kaltmeier, Refeudalización. Desigualdad social, economía y cultura política en América Latina en el temprano siglo XXI. Bielefeld, Zapopan 2019.

F. E. Mallon, Peasant and Nation. The Making of Postcolonial Mexico and Peru. Berkeley 1995.

L. Reygadas/P. Gootenberg (Hrsg.), Indelible inequalities in Latin America. Insights from history, politics, and culture. Durham 2010.

J. Tutino, From insurrection to revolution in Mexico. Social bases for agrarian violence, 1750–1940. Princeton 1989.

B. Weinstein, Developing Inequality, in: American Historical Review 113/1. 2008, 1–18.

7 Urbanisierung und Megacities

A. ALMANDOZ, Planning Latin America's Capital Cities. 1850–1950. London 2002.

S. ARANGO CARDINAL, Ciudad y arquitectura. Seis generaciones que construyeron la América Latina moderna. México, Bogotá 2012.

D. ARMUS/J. LEAR, The Trajectory of Latin American Urban History, in: Journal of Urban History 24/3. 1998, 291–301.

J. BÄHR/G. MERTINS, Die lateinamerikanische Großstadt. Verstädterungsprozesse und Stadtstrukturen. Darmstadt 1995.

M. CASTELLS, The city and the grassroots. A cross-cultural theory of urban social movements. London 1983.

G. M. GREENFIELD, Latin American urbanization. Historical profiles of major cities. Westport 1994.

C. M. D. JESUS, Quarto de despejo. Diário de uma favelada. São Paulo 1960.

C. M. D. JESUS, Casa de alvenaria. Diário de uma ex-favelada. São Paulo 1961.

C. M. D. JESUS, Tagebuch der Armut. Leben in einer brasilianischen Favela. Hamburg 1962.

C. M. D. JESUS, Das Haus aus Stein. Die Zeit nach dem Tagebuch der Armut. Bornheim-Merten 1984.

G. M. JOSEPH/M. D. SZUCHMAN, I saw a city invincible. Urban portraits of Latin America. Wilmington 1996.

S. LANZ, Der Kampf um das Recht auf die Stadt. Städtische soziale Bewegungen in Lateinamerika, in: J. MITTAG/G. ISMAR (Hrsg.), ¿„El pueblo unido"? Soziale Bewegungen und politischer Protest in der Geschichte Lateinamerikas. Münster 2009, 365–388.

R. M. LEVINE, The Cautionary Tale of Carolina María de Jesus, in: Latin American Research Review 29/1. 1994, 55–83.

J. PERLMAN, The myth of marginality. Urban poverty and politics. Berkeley 1992.

M. PETERS, Apartments for workers: social housing, segregation, and stigmatization in urban Brazil. Baden-Baden 2018.

J. C. PINO, Family and favela. The reproduction of poverty in Rio de Janeiro. Westport 1997.

B. POTTHAST, Urbanisierung und sozialer Wandel, in: W. L. BERNECKER, u. a. (Hrsg.), Lateinamerika 1870–2000. Geschichte und Gesellschaft. Wien 2007, 114–129.

J. L. ROMERO, Latinoamérica. Las ciudades y las ideas. México 2001.

8 Informalität

C. ALBA VEGA/M. BRAIG, Las voces del Centro Histórico. La lucha por el espacio en la Ciudad de México. México 2019.

I. BIZBERG (Hrsg.), Variedades del capitalismo en América Latina. Los casos de México, Brasil, Argentina y Chile. México 2015.

D. BRIESEMEISTER/K. ZIMMERMANN (Hrsg.), Mexiko heute. Politik, Wirtschaft, Kultur. Frankfurt am Main 1992.

H. de Soto, Marktwirtschaft von unten. Die unsichtbare Revolution in Entwicklungsländern. Zürich 1992.

L. Lomnitz, Die unsichtbare Stadt. Familiäre Infrastruktur und soziale Netzwerke im urbanen Mexiko, in: D. Briesemeister/K. Zimmermann (Hrsg.), Mexiko heute. Politik, Wirtschaft, Kultur. Frankfurt am Main 1992, 419–436.

G. Mathews/G. L. Ribeiro/C. Alba Vega, Globalization from below. The world's other economy. New York 2012.

J. A. Ocampo (Hrsg.), The Oxford Handbook of Latin American Economics. Oxford 2011.

A. Portes/M. Castells/L. Benton (Hrsg.), The Informal Economy. Studies in Advanced and Less Developed Countries. Baltimore, London 1989.

L. Pries, Kurze Geschichte eines angekündigten – und nie eingetretenen – Todes. Der informelle, urbane Sektor in Lateinamerika, in: Peripherie 62. 1996, 7–28.

V. E. Tokman, Employment. The Dominance of the Informal Economy, in: J. A. Ocampo (Hrsg.), The Oxford Handbook of Latin American Economics. Oxford 2011, 767–790.

9 Beziehungen zwischen Lateinamerika und den USA

A. Bandau (Hrsg.), Pasando Fronteras. Transnationale und transkulturelle Prozesse im Grenzraum Mexiko-USA. Berlin 2009.

L. Bethell/I. Roxborough (Hrsg.), Latin America between the Second World War and the Cold War, 1944–1948. Cambridge 1992.

C. Blasier, The Hovering Giant. U. S. Responses to Revolutionary Change in Latin America. Pittsburgh 1976.

B. Calandra/M. Franco, La guerra fría cultural en América Latina. Desafíos y límites para una nueva mirada de las relaciones interamericanas. Buenos Aires 2012.

P. C. Clark Jr., The United States and Somoza, 1933–1956. A Revisionist Look. Westport 1992.

M. L. Conniff, Panama and the United States. The Forced Alliance. Athens 2012.

G. Cramer/U. Prutsch (Hrsg.), ¡Américas unidas! Nelson A. Rockefeller's Office of Inter – American Affairs (1940–46). Madrid, Frankfurt am Main 2012.

M. P. Friedman, Nazis and good neighbors. The United States campaign against the Germans of Latin America in World War II. Cambridge 2003.

M. P. Friedman, Retiring the Puppets. Bringing Latin America, in: Recent Scholarship on United States-Latin American Relations. in: Diplomatic History 27/5. 2003, 621–636.

M. Gilderhus, U. S.-Latin American Relations, 1898–1941. A Historiographical Review, in: R. D. Schulzinger (Hrsg.), A companion to American foreign relations. Malden 2003, 134–148.

G. Grandin, Fordlandia. The rise and fall of Henry Ford's forgotten jungle city. London 2010.

J. Greene, The canal builders. Making America's empire at the Panama Canal. New York 2009.

K. Haynes, Capitalism and the Periodization of International Relations, in: Radical History Review 57. 1993, 21–32.

D. J. Healy, U. S. expansionism. The imperialist urge in the 1890s. Madison, London 1970.

M. H. Hunt, Ideology and U. S. foreign policy. New Haven 1987.

G. M. Joseph, Close Encounters. Toward a New Cultural History of U. S.-Latin American Relations, in: G. M. Joseph/C. LeGrand/R. D. Salvatore (Hrsg.), Close encounters of empire. Writing the cultural history of U. S.-Latin American relations. Durham 1998, 3–46.

G. M. Joseph/C. LeGrand/R. D. Salvatore (Hrsg.), Close encounters of empire. Writing the cultural history of U. S.-Latin American relations. Durham 1998.

O. Kaltmeier, u. a., The Routledge Handbook to the History and Society of the Americas. London, New York 2019.

M. L. Krenn (Hrsg.), The African American voice in U. S. foreign policy since World War II. New York 1998.

W. LaFeber, The New Empire: An Interpretation of American Expansion, 1860–1898. Ithaca 1963.

W. LaFeber, Inevitable Revolutions. The United States in Central America. New York 1993.

L. D. Langley, America and the Americas. The United States in the Western Hemisphere. Athens 2010 [1989].

K. Longley, The Sparrow and the Hawk. Costa Rica and the United States during the Rise of José Figueres. Tuscaloosa, London 1997.

B. Loveman, No higher law. American foreign policy and the Western Hemisphere since 1776. Chapel Hill 2010.

A. L. McPherson, Yankee no! Anti-Americanism in U. S.-Latin American relations. Cambridge, London 2003.

D. Merrill, Negotiating paradise. U. S. tourism and empire in twentieth-century Latin America. Chapel Hill 2009.

J. Moreno, Yankee don't go home! Mexican nationalism, American business culture, and the shaping of modern Mexico, 1920–1950. Chapel Hill 2003.

S. R. Niblo, War, Diplomacy and Development. The United States and Mexico, 1938–1954. Wilmington 1995.

T. F. O'Brien, Making the Americas. The United States and Latin America from the age of revolutions to the era of globalization. Albuquerque 2007.

R. A. Pastor, Whirlpool. U. S. foreign policy toward Latin America and the Caribbean. Princeton 1992.

B. G. Plummer, Haiti and the United States. The psychological moment. Athens, London 1992.

B. G. Plummer, Evolution of the Black Foreign Policy Constituency, in: M. L. Krenn (Hrsg.), The African American voice in U. S. foreign policy since World War II. New York 1998, 89–103.

U. Prutsch, Creating Good Neighbors? Die Kultur- und Wirtschaftspolitik der USA in Lateinamerika, 1940–1946. Stuttgart 2008.

D. W. Raat/M. M. Brescia, Mexico and the United States. Ambivalent Vistas. Athens 2010.
S. G. Rabe, Marching Ahead (Fortrightly). The Historiography of Inter-American Relations, in: Passport 45/2. 2014, 25–31.
M. A. Renda, Taking Haiti. Military Occupation and the Culture of U. S. Imperialism, 1915–1940. Chapel Hill 2001.
W. Reinhard/P. Waldmann (Hrsg.), Nord- und Süd in Amerika. Gegensätze, Gemeinsamkeiten, Europäischer Hintergrund. 2 Bde. Freiburg im Breisgau 1992.
S. Rinke, Begegnungen mit dem Yankee. Nordamerikanisierung und soziokultureller Wandel in Chile (1898–1990). Köln 2004.
S. Rinke, Lateinamerika und die USA. Von der Kolonialzeit bis heute. Darmstadt 2012.
E. P. Roorda, The Dictator Next Door. The Good Neighborhood Policy and the Trujilo Regime in the Dominican Republic, 1930–1945. Durham 1998.
R. D. Salvatore, Imágenes de un imperio. Estados Unidos y las formas de representación de América Latina. Buenos Aires 2006.
L. Schoultz, Beneath the United States. A history of U. S. policy toward Latin America. Cambridge 1998.
R. D. Schulzinger (Hrsg.), A companion to American foreign relations. Malden 2003.
R. Schwartz, Pleasure Island. Tourism and temptation in Cuba. Lincoln 1997.
C. Skwiot, The purposes of paradise. U. S. tourism and empire in Cuba and Hawai'i. Philadelphia 2010.
J. Smith, Brazil and the United States. Convergence and Divergence, Athens 2010.
P. H. Smith, Talons of the eagle. Dynamics of U. S.-Latin American relations. New York 1996.
A. P. Tota/D. J. Greenberg, The seduction of Brazil. The Americanization of Brazil during World War II. Austin 2009.
M. Iglesias Utset, A Cultural History of Cuba during the U. S. Occupation, 1898–1902. Chapel Hill 2011.
B. Weinstein, Repensando a história das relações Estados Unidos-América Latina. De dominação política a circulação cultural? In: Textura 3. 2003, 11–20.
A. G. Wood/D. Berger (Hrsg.), Holiday in Mexico. Critical reflections on tourism and tourist encounters. Durham 2010.

9.1 Lateinamerika und die USA im Zweiten Weltkrieg und im Kalten Krieg

C. D. Ameringer, The Democratic Left in Exile. The Anti-Dictorial Struggle in the Caribbean, 1945–1959. Coral Gables 1974.
C. D. Ameringer, The Caribbean Legion. Patriots, Politicians, Soldiers of Fortune, 1946–1950. University Park 1996.

G. P. Atkins/L. C. Wilson, The Dominican Republic and the United States. From imperialism to transnationalism. Athens 1998.
S. F. Bemis, The Latin American policy of the United States. An historical interpretation. New York 1967 [1943].
H. Brands, Latin America's Cold War. Cambridge 2010.
B. J. Calder, The Impact of Intervention. The Dominican Republic during the U. S. Occupation of 1916–1924. Austin 1984.
J. H. Coatsworth, The Cold War in Central America, 1975–1991, in: M. P. Leffler/O. A. Westad (Hrsg.), The Cambridge History of the Cold War. Vol. 3 Endings. Cambridge 2010. 201–221.
E. Cobbs Hoffman, The rich neighbor policy. Rockefeller and Kaiser in Brazil. New Haven 1992.
J. M. Colby, The business of empire. United Fruit, race, and U. S. expansion in Central America. Ithaca 2011.
F. Costigliola/M. J. Hogan (Hrsg.), America in the world. The historiography of American foreign relations since 1941. New York 2014.
R. Crandall, Gunboat Democracy. U. S. Interventions in the Dominican Republic, Grenada, and Panama. Lanham 2006.
R. Crandall, The Salvador Option. The United States in El Salvador, 1977–1992. New York 2016.
Culture & History Digital Journal. Beyond US Hegemony: The Shaping of the Cold War in Latin America. 4/1 2015.
M. Danner, The massacre at El Mozote. A parable of the Cold War. New York 1994.
P. J. Dosal, Doing Business with the Dictators. A Political History of the United Fruit Company in Guatemala, 1899–1944. Wilmington 1993.
D. M. Dozer, Are we good Neighbors? Three Decades of Inter-American Relations, 1930–1960. Gainesville 1959.
P. W. Drake, The Money Docter in the Andes. The Kemmerer Missions, 1923–1933. Durham 1989.
C. C. Erb, Prelude to Point Four. The Institute of Inter-American Affairs, in: Diplomatic History 9/3. 1985, 249–269.
J. M. Espinoza, Inter-American Beginnings of US Cultural Diplomacy, 1936–1948. Washington 1976.
S. Fein, Producing the Cold War in Mexico. The Public Limits of Covert Communications, in: G. M. Joseph/D. Spenser (Hrsg.), In from the cold. Latin America's new encounter with the Cold War. Durham 2008. 171–213.
M. J. Francis, The limits of hegemony. Notre Dame u. a. 1977.
G. Frank, Struggle for hegemony in South America. Argentina, Brazil, and the United States during the Second World War. Coral Gables 1979.
M. Gambone, Eisenhower, Somoza, and the Cold War in Nicaragua, 1953–1961. Westport 1997.
I. F. Gellman, Good Neighborhood Diplomacy. United States Policies in Latin America, 1933–1945. Baltimore 1979.
M. Gilderhus, An Emerging Synthesis? U. S.-Latin American Relations since the Second World War 16/3,1. 1992, 429–452.

M. GILDERHUS/M. E. NEAGLE, Culture and the Cold War. U. S.-Latin American Historiography since 1995, in: F. COSTIGLIOLA/M. J. HOGAN (Hrsg.), America in the world. The historiography of American foreign relations since 1941. New York 2014, 188–211.

J. L. GOULD, Solidarity under Siege. The Latin American Left, 1968, in: The American Historical Review 114/2. 2009, 348–375.

G. GRANDIN/G. M. JOSEPH, A century of revolution. Insurgent and counterinsurgent violence during Latin America's long cold war. Durham 2010.

D. GREEN, The Containment of Latin America. A History of the Myths and Realities of the Good Neighborhood Policy. Chicago 1971.

J. N. GREEN, We cannot remain silent. Opposition to the Brazilian military dictatorship in the United States. Durham 2010.

B. GREINER, Krisen im Kalten Krieg. Bilanz und Ausblick, in: B. GREINER/D. WALTER/C. T. MÜLLER (Hrsg.), Krisen im Kalten Krieg. Hamburg 2008.

B. GREINER, Kalter Krieg und Cold War Studies. Version 1.0, in: Docupedia-Zeitgeschichte. 2010.

B. GREINER/D. WALTER/C. T. MÜLLER (Hrsg.), Krisen im Kalten Krieg. Hamburg 2008.

M. GROW, The Good Neighbor Policy and Authoritarianism in Paraguay. United States Economic Expansion and Great Power Rivalry in Latin America during World War II. Lawrence 1981.

M. GROW, U. S. presidents and Latin American interventions. Pursuing regime change in the Cold War. Lawrence 2008.

G. K. HAINES, Under the Eagle's Wing. The Franklin Roosevelt Administration Forges an American Hemisphere, in: Diplomatic History 1/4. 1977, 373–388.

M. R. HALL, Sugar and Power in the Dominican Republic. Eisenhower, Kennedy, and the Trujilos. Westport 2000.

T. HARMER, Allende's Chile and the Inter-American Cold-War. Chapel Hill 2011.

T. HARMER, Fractious Allies. Chile, the United States, and the Cold War, 1973–1976, in: Diplomatic History 37/1. 2013, 109–143.

T. HARMER, The Cold War in Latin America, in: A. M. KALINOVSKY/C. DAIGLE (Hrsg.), The Routledge Handbook of the Cold War. London 2014, 133–148.

C. HATZKY, Cubans in Angola. South-South cooperation and transfer of knowledge, 1976–1991. Madison 2015.

S. E. HILTON, Brazil and the Great Powers, 1930–1939. The Politics of Trade Rivalry. Austin 1975.

S. E. HILTON, Hitler's Secret War in South America, 1939–1945. German Military Espionage and Allied Counterespionage in Brazil. Baton Rouge 1981.

R. A. HUMPHREYS, Latin America and the Second World War. London 1982.

R. IMMERMAN, The CIA in Guatemala. The Foreign Policy of Intervention. Austin 1982.

G. M. JOSEPH, What We Know Now and Should Know: Bringing Latin America More Meaningfully into Cold War Studies, in: G. M. JOSEPH/D. SPENSER (Hrsg.), In from the cold. Latin America's new encounter with the Cold War. Durham 2008.

G. M. JOSEPH/D. SPENSER (Hrsg.), In from the cold. Latin America's new encounter with the Cold War. Durham 2008.

A. M. Kalinovsky/C. Daigle (Hrsg.), The Routledge Handbook of the Cold War. London 2014.
V. Langland, Birth Control Pills and Molotov Cocktails. Reading Sex and Revolution in 1968 Brazil, in: G. M. Joseph/D. Spenser (Hrsg.), In from the cold. Latin America's new encounter with the Cold War. Durham 2008.
L. D. Langley, The Banana Wars. An inner History of American Empire, 1900–1934. Lexington 1983.
M. P. Leffler/O. A. Westad (Hrsg.), The Cambridge History of the Cold War. Vol. 3 Endings. Cambridge 2010.
T. M. Leonard, The United States and Central America, 1944–1949. Perceptions of Political Dynamics. Alabama 1984.
T. M. Leonard/J. F. Bratzel (Hrsg.), Latin America During World War II. Lanham 2006.
L. P. Liggio (Hrsg.), Watershed of empire. Essays on new deal foreign policy. Colorado Springs 1976.
J. K. Lipman, Guantánamo. A working-class history between empire and revolution. Berkeley 2009.
U. Lübken, Bedrohliche Nähe. Die USA und die nationalsozialistische Herausforderung in Lateinamerika, 1937–1945. Stuttgart 2004.
U. Lübken, Playing the Cultural Game. The United States and the Nazi Threat to Latin America, in: G. Cramer/U. Prutsch (Hrsg.), ¡Américas unidas! Nelson A. Rockefeller's Office of Inter – American Affairs (1940–46). Madrid, Frankfurt am Main 2012, 53–76.
B. S. McBeth, Juan Vicente Gómez and the Oil Companies in Venezuela, 1908–1935. New York 1983.
F. McCann, The Brazilian-American Alliance, 1937–1945. Princeton 1973.
A. L. McPherson, The invaded. How Latin Americans and their allies fought and ended U. S. occupations. Oxford 2014.
M. H. Morley, Imperial State and Revolution. The United States and Cuba, 1952–1986. Cambridge 1987.
G. S. Mount, Chile. An Effort at Neutrality, in: T. M. Leonard/J. F. Bratzel (Hrsg.), Latin America During World War II. Lanham 2006.
T. F. O'Brien, The Revolutionary Mission. American Enterprise in Latin America, 1900–1945. Cambridge 1996.
J. W. Park, Latin American Underdevelopment. A History of Perspectives in the United States, 1870–1965. Baton Rouge 1995.
M. E. Paz Salinas, Strategy, security, and spies. Mexico and the U. S. as allies in World War II. University Park 1997.
R. Peace, A Call to Conscience. The Anti-Contra War Campaign. Amherst 2012.
L. A. Pérez, Cuba under the Platt Amendment, 1902–1934. Pittsburgh 1986.
O. J. Pérez, Panama. Nationalism and the Challenge to Canal Security, in: T. M. Leonard/J. F. Bratzel (Hrsg.), Latin America During World War II. Lanham 2006.
D. Perkins, The United States and the Caribbean. Cambridge 1947.
D. Perkins, The United States and Latin America. Baton Rouge 1961.
V. Pettinà, Historia mínima de la Guerra Fría en América Latina. México 2018.

F. B. Pike, The United States and Latin America. Myths and stereotypes of civilization and nature. Austin 1992.
F. B. Pike, FDR's Good Neighbor Policy. Sixty Years of Generally Gentle Chaos. Austin 1995.
S. G. Rabe, The killing zone. The United States wages Cold War in Latin America. New York 2012.
D. Rivas, Missionary capitalist. Nelson Rockefeller in Venezuela. Chapel Hill 2002.
D. Rivas, United States-Latin American Relations, 1942–1960, in: R. D. Schulzinger (Hrsg.), A companion to American foreign relations. Malden 2003, 230–254.
E. P. Roorda, The Dominican Republic. The Axis, the Allies, and the Trujillo Dictatorship, in: T. M. Leonard/J. F. Bratzel (Hrsg.), Latin America During World War II. Lanham 2006.
E. S. Rosenberg, World War I and the growth of United States predominance in Latin America. New York 1987.
E. S. Rosenberg, Financial Missionaries to the World. The Politics and Culture of Dollar Diplomacy, 1900–1930. Cambridge 1999.
L. B. Rout/J. F. Bratzel, The shadow war. German espionage and United States counterespionage in Latin America during World War II. Frederick 1986.
D. J. Sadlier, Americans all. Good neighbor cultural diplomacy in World War II. Austin 2012.
W. M. Schmidli, The fate of freedom elsewhere. Human rights and U. S. Cold War policy toward Argentina. Ithaca 2013.
D. F. Schmitz, Thank God They're On Our Side. The United States and Right-Wing Dictatorships, 1921–1965. Chapel Hill 1999.
F. E. Schuler, Mexico between Hitler and Roosevelt. Mexican Foreign Relations in the Age of Lázaro Cárdenas, 1934–1940. Albuquerque 1998.
D. Sheinin, Argentina. The Closet Ally. in: T. M. Leonard/J. F. Bratzel (Hrsg.), Latin America During World War II. Lanham 2006.
J. Smith, Brazil. Benefits of Cooperation. in: T. M. Leonard/J. F. Bratzel (Hrsg.), Latin America During World War II. Lanham 2006.
R. F. Smith, The Good Neighborhood Policy. The Liberal Paradox in United States Relations with Latin America, in: L. P. Liggio (Hrsg.), Watershed of empire. Essays on new deal foreign policy. Colorado Springs 1976.
J. E. Taffet, Foreign Aid as Foreign Policy. The Alliance for Progress in Latin America. New York 2007.
M. Tinker Salas, The enduring legacy. Oil, culture, and society in Venezuela. Durham 2009.
J. van den Berk, Becoming a Good Neighbor among Dictators. The U. S. Foreign Service in Guatemala, El Salvador, and Honduras. Cham 2018.
O. A. Westad, The Global Cold War. Third world interventions and the making of our times. Cambridge 2005.
A. P. Whitaker, The Western Hemisphere idea. Its rise and decline. Ithaca 1954.
M. Wilkins, Maturing of Multinational Enterprise. American Business Abroad. From 1914 to 1970. Cambridge 1974.
P. Winn, A revolução chilena. São Paulo 2010.

B. Wood, The Dismantling of the Good Neighborhood Policy. Austin 1985.
R. B. Woods, The Roosevelt Foreign Policy Establishment and the „Good Neighbor". The United States and Argentina, 1941–1945. Lawrence 1979.
E. Zolov, Cuba si. Yanquis no! The Sacking of the Instituto Cultural Mexico-Norteamericano in Morelia, Michoacán, 1961, in: G. M. Joseph/D. Spenser (Hrsg.), In from the cold. Latin America's new encounter with the Cold War. Durham 2008. 214–252.

9.2 US-amerikanische Reaktionen auf Revolutionen in Lateinamerika

J. R. Benjamin, The United States and the origins of the Cuban revolution. An empire of liberty in an age of national liberation. Princeton 1990.
T. S. Blanton, Recovering the Memory of the Cold War. Forensic History and Latin America, in: G. M. Joseph/D. Spenser (Hrsg.), In from the cold. Latin America's new encounter with the Cold War. Durham 2008. 47–73.
J. G. Blight/P. Kornbluh, Politics of illusion. The Bay of Pigs invasion reexamined. Boulder 1998.
M. L. Cottam, Images and intervention. U. S. policies in Latin America. Pittsburgh 1994.
A. Fursenko/T. Naftali, „One hell of a gamble". Khrushshev, Castro and Kennedy, 1958–1964. New York 1998.
P. Gleijeses, Shattered Hope. The Guatemalan Revolution and the United States, 1944–1954. Princeton 1991.
G. Grandin, The last colonial massacre. Latin America in the Cold War. Chicago 2004.
B. Greiner, Die Kuba-Krise. Die Welt an der Schwelle zum Atomkrieg. München 2010.
H. Jones, The Bay of Pigs. New York 2008.
P. Kornbluh, Bay of Pigs Declassified. The Secret CIA Report on the Invasion of Cuba. New York 1998.
K. Lehmann, Bolivia and the United States. A Limited Partnership. Athens, London 1999.
L. A. Pérez, Cuba and the United States. Ties of Singular Intimacy. Athens 1997.
L. A. Pérez, The War of 1898. The United States and Cuba in History and Historiography. Chapel Hill 1998.
L. A. Pérez, Cuba in the American Imagination. Metaphor and the Imperial Ethos. Chapel Hill 2008.
S. G. Rabe, Eisenhower and Latin America. The foreign policy of anticommunism. Chapel Hill 1988.
S. Schlesinger/S. Kinzer (Hrsg.), Bitter Fruit. The Untold Story of the American Coup in Guatemala. Garden City 2005 [1982].
L. Schoultz, That Infernal Little Cuban Republic. The United States and the Cuban Revolution. Chapel Hill 2009.

J. F. Siekmeier, Aid, Nationalism, and Inter-American Relations. Guatemala, Bolivia, and the United States, 1945–1961. Lewiston 1999.
S. M. Streeter, Managing the Counter-Revolution. The United States and Guatemala, 1954–1961. Athens 2000.
R. E. Welch, Response to Revolution. The United States and the Cuban Revolution, 1959–1961. Chapel Hill 1985.
L. Whitehead, The United States and Bolivia. A Case of Neo-Colonialism. Oxford 1969.
J. W. Wilkie, The Bolivian Revolution and U. S. Aid Since 1952. Financial Background and Context of Political Decisions. Los Angeles 1969.

10 Supranationale Zusammenschlüsse

C. D. Absell, The ALBA-TCP. Looking with Keen Eyes, in: Problemas del Desarollo 43/169. 2012. 73–95.
A. Acharya/A. I. Johnston, Crafting cooperation. Regional international institutions in comparative perspective. Cambridge, New York 2007.
V. K. Aggarwal/R. H. Espach/J. S. Tulchin, The strategic dynamics of Latin American trade. Washington, Stanford 2004.
M. Aponte García, El nuevo regionalismo estratégico. los primeiros diez años del ALBA-TCP. Buenos Aires 2014.
V. G. Arnaud, Mercosur, Unión Europea, NAFTA y los processos de integración regional. Buenos Aires 1996.
B. Ayllón Pino/T. Ojeda Medina/J. Surasky (Hrsg.), Cooperación Sur-Sur. Regionalismos y Integración en América Latina. Madrid 2014.
R. Bernal-Meza, Modelos o esquemas de integración y cooperación en curso en América Latina. Berlin 2016.
P. Birle (Hrsg.), Lateinamerika im Wandel. Baden-Baden 2010.
K. Bodemer/S. Gratius, Lateinamerika im internationalen System. Zwischen Regionalismus und Globalisierung. Opladen 2003.
T. A. Börzel, Roads to regionalism. Genesis, design, and effects of regional organizations. Farnham 2012.
M. W. Bray, Trade as an Instrument of Dominance. The Latin American Experience. in: Latin American Perspectives 26/5. 1999, 55–74.
J. Briceño Ruíz, La integración regional en América Latina y el Caribe. Procesos históricos y realidades comparadas. Mérida, Venezuela 2007.
V. Bulmer-Thomas, Regional integration in Latin America and the Caribbean. The political economy of open regionalism. London 2001.
V. Bulmer-Thomas/A. M. El-Agraa, Economic integration worldwide. Basingstoke, London 1997.
A. F. Cooper/T. F. Legler, Intervention without intervening? The OAS defense and promotion of democracy in the Americas. New York 2006.
O. Dabéne, The Politics of Regional Integration in Latin America: Theoretical and Comparative Exploration. New York 2009.

E. de la Garza Toledo/C. Salas (Hrsg.), NAFTA y Mercosur: processos de apertura económica y trabajo. Buenos Aires 2003.

J. Dinkel, Die Proliferation regionaler Integrationsabkommen in Südamerika. Die Entstehung des institutionellen Komplexes und seine Konsequenzen. Bamberg 2016.

J. I. Domínguez/A. Covarrubias (Hrsg.), Routledge Handbook of Latin America in the World. New York 2014.

K. Dykmann, Philantropic Endeavours or the Exploitation of an Ideal? THe Human Rights Policy of the Organization of American States in Latin America (1970-1991). Frankfurt am Main, Madrid 2004.

J. Estay, La Comunidad de Estados Latinoamericanos y Caribeños: una revisión inicial de sus potencialidades y limites, in: C. E. Martins (Hrsg.), Los retos de la integración y América del Sur. Buenos Aires 2013, 195–214.

L. Fawcett/A. Hurrell, Regionalism in world politics. Regional organization and international order. Oxford 1997.

L. Fawcett/M. Serrano, Regionalism and Governance in the Americas. Basingstoke 2005.

T. Fischer, Die Souveränität der Schwachen. Lateinamerika und der Völkerbund, 1920–1936. Stuttgart 2012.

D. Flemes/L. Westermann, Konkurrierender Regionalismus. Fünf Jahre UNASUR und ALBA. Hamburg 2009.

G. L. Gardini, The origins of Mercosur. Democracy and regionalization in South America. Basingstoke 2010.

G. L. Gardini, Latin America in the 21st Century. London 2012.

A. Grimmel/C. Jakobeit (Hrsg.), Regionale Integration. Erklärungsansätze und Analysen zu den wichtigsten Integrationszusammenschlüssen in der Welt. Baden-Baden 2015.

A. Grimson, El otro lado del río. Periodistas, nación y Mercosur en la frontera. Buenos Aires 2002.

A. Grimson/G. Kessler, On Argentina and the Southern Cone. Neoliberalism and national imaginations. New York 2005.

O. V. Heredia, ALBA-TCP. Integración contra-hegemónica y desarrollo autónomo. Caracas 2014.

B. Hettne/A. Inotai/O. Sunkel, The new regionalism. Basingstoke, New York 2000.

A. Hurrelmann/S. Schneider (Hrsg.), The Legitimacy of Regional Integration in Europe and the Americas. Basingstoke 2015.

M. Kirton, CARICOM's Engagement with Latin America. The Community of Latin American and Caribbean States (CELAC), its Promise and Challenges, in: A. W. Knight/J. Castro-Rea/H. Ghany (Hrsg.), Re-mapping the Americas. Trends in Region-making. Farnham 2014, 103–118.

A. W. Knight/J. Castro-Rea/H. Ghany (Hrsg.), Re-mapping the Americas. Trends in Region-making. Farnham 2014.

S. Kurtenbach/K. Bodemer/D. Nolte (Hrsg.), Sicherheitspolitik in Lateinamerika – vom Konflikt zur Kooperation? Opladen 2000.

F. Laursen, Comparative regional integration. Europe and beyond. Farnham 2010.

D. Lederman, Lessons from NAFTA for Latin America and the Caribbean. Palo Alto, Washington 2005.

N. F. Lockhart, La Identidad de Unasur. Regionalismo post-neoliberal o post-hegemónico? in: Revista de Ciencias Sociales (Costa Rica) 2/140. 2013, 97–109.

T. Long, Latin America Confronts the United States. Asymmetry and Influence. New York 2015.

G. Mace/L. Bélanger, The Americas in transition. The contours of regionalism. Boulder 1999.

G. Mace/A. F. Cooper/T. Shaw (Hrsg.), Inter-American Cooperation at a Crossroads. New York 2011.

G. Mace/J.-P. Thérien/P. A. Haslam, Governing the Americas. Assessing multilateral institutions. Boulder 2007.

G. Maihold, Lateinamerika auf dem Weg zu neuer Einheit? Die Gründung der Gemeinschaft lateinamerikanischer und karibischer Staaten (CELAC). Berlin 2011.

G. Maihold, Die Zukunft der OAS. Wege aus der Krise der Regionalorganisation Amerikanischer Staaten. in: SWP Aktuell 22. 2015, 1–4.

E. D. Mansfield/H. V. Milner, The New Wave of Regionalism, in: International Organization 53/3. 1999, 589–627.

E. E. Martínez, Economía política de la integración regional internacional. las nuevas formas de cooperación e integración. Apuntes para una síntesis. in: Cuadernos de Nuestra América 26/49. 2017, 147–156.

C. E. Martins (Hrsg.), Los retos de la integración y América del Sur. Buenos Aires 2013.

W. Mattli, The logic of regional integration. Europe and beyond. Cambridge 1999.

Ó. Maúrtua de Romaña, Apuntes sobre la agenda interamericana. México 2010.

A. L. McPherson/Y. Wehrli, Beyond geopolitics. New histories of Latin America at the League of Nations. Albuquerque 2015.

M. Mols/M. Wilhelmy von Wolff/H. Gutiérrez, Regionalismus und Kooperation in Lateinamerika und Südostasien. Ein politikwissenschaftlicher Vergleich. Münster 1993.

S. D. Morris/J. D. Passé–Smith, What a Difference a Crisis Makes. NAFTA, Mexico, and the United States, in: Latin American Perspectives 28/3. 2001, 124–149.

T. Muhr, Counter-Globalization and Socialism in the 21st Century. The Bolivarian Alliance for the Peoples of Our America. Hoboken 2013.

D. Munevar Sastre, Integración regional en tiempos de crisis internacional. Buenos Aires 2013.

W. Muno, ALBA, UNASUR und CELAC. in: A. Grimmel/C. Jakobeit (Hrsg.), Regionale Integration. Erklärungsansätze und Analysen zu den wichtigsten Integrationszusammenschlüssen in der Welt. Baden-Baden 2015, 412–431.

E. Narvaja de Arnoux, Unasur y sus discursos. Integración regional, amenaza externa, Malvinas. Buenos Aires 2012.

D. Nolte, The Pacific Alliance. Nation-branding through regional organisations, in: GIGA Focus Lateinamerika 4. 2016.

D. Nolte/L. Wehner, The Pacific Alliance Casts Its Cloud Over Latin America, in: GIGA Focus Lateinamerika 8. 2013.

T. Ojeda Medina, El ALBA-TCP. Una Plataforma Política para la Integración Latinoamericana y la Cooperación Sur-Sur, in: B. Ayllón Pino/T. Ojeda Medina/J. Surasky (Hrsg.), Cooperación Sur-Sur. Regionalismos y Integración en América Latina. Madrid 2014, 71–89.

J. F. Palacio, El sentido de la Alianza del Pacífico. Claves de su transcendência y sus desafios. Medellín 2014.

J. P. Prado Lallande, La Alianza del Pacífico. Integración via Comercio y Cooperación Sur-Sur, in: B. Ayllón Pino/T. Ojeda Medina/J. Surasky (Hrsg.), Cooperación Sur-Sur. Regionalismos y Integración en América Latina. Madrid 2014, 146–162.

P. Riggirozzi/P. Tussie (Hrsg.), The Rise of Post-Hegemonic Regionalism. The Case of Latin America. New York, London 2012.

A. Rivarola Puntigliano/J. Briceño Ruiz, Resilience of Regionalism in Latin America and the Caribbean. Development and Autonomy. Basingstoke 2013.

S. Rivera, Latin American unification. A history of political and economic integration efforts. Jefferson 2014.

I. Rodríguez Aranda/E. Vieira Posada, Perspectivas y oportunidades de la Alianza del Pacífico. Bogotá, Santiago de Chile 2015.

R. Roett/G. Paz, América Latina en un entorno global en proceso de cambio. Buenos Aires 2003.

F. Rojas Aravena (Hrsg.), Relaciones internacionales en el siglo XXI. Diplomacia de cumbres y espacios de concertación regional y global. Buenos Aires 2012.

A. Roldán Pérez (Hrsg.), La Alianza del Pacífico. Plataforma de integración regional con proyección al Asia Pacífico. Medellín 2015.

A. Roldán Pérez/A. S. Castro Lara/M. Eusse Giraldo, Comercio intraindustrial entre las economias de Asia y el Pacífico y la Alianza del Pacífico, 2007–2011. Santiago de Chile 2013.

J. M. Salazar X./M. Robert, Toward free trade in the Americas. Washington 2001.

J. A. Sanahuja, The EU and CELAC. Reinvigorating a strategic partnership. Hamburg 2015.

A. T. Sánchez, La utopia nuestramericana y bolivariana. una aproximación a las proyecciones externas de la revolución cubana y de la revolución bolivariana de Venezuela. Buenos Aires 2011.

M. A. Sardegna, Las relaciones laborales en el Mercosur. Mercosur y Cono Sur. Integración. Dimensión sociocultural. Buenos Aires 1995.

S. A. Schirm, Transnationale Globalisierung und regionale Kooperation. Ein politik-ökonomischer Ansatz zur Erklärung internationaler Zusammenarbeit in Europa und den Amerikas, in: Zeitschrift für Internationale Beziehungen 4/1. 1997, 69–106.

C. M. Shaw, Cooperation, conflict, and consensus in the Organization of American States. New York, Basingstoke 2004.

D. Sheinin, The Organization of American States. New Brunswick 1996.

M. Sicker, The geopolitics of security in the Americas. Hemispheric denial from Monroe to Clinton. Westport 2002.

A. L. R. d. Silva/I. L. d. Silveira, Da ALCA à CELAC. O Brasil e os desafios da integração continental. in: Brazilian Journal of International Relations 1/3. 2012, 425–447.
C. Silva Flores/C. E. Martins (Hrsg.), Nuevos escenarios para la integración de América Latina. Santiago de Chile 2013.
J. E. Spillan/N. Virzi, Business Opportunities in the Pacific Alliance. The Economic Rise of Chile, Peru, Colombia, and Mexico. Cham 2017.
J. Tulchin/R. H. Espach/H. A. Golding, Paths to regional integration. The case of MERCOSUR. Washington 2002.
E. Vivares (Hrsg.), Exploring the New South American Regionalism (NSAR). Farnham 2014.
N. S. Ziccardi, Regional Multilateralism in Latin America. Unasur, ALBA, and CELAC, in: J. I. Domínguez/A. Covarrubias (Hrsg.), Routledge Handbook of Latin America in the World. New York 2014, 298–310.

11 Populismus

T. S. Di Tella, Ideas políticas y sociales en la América Latina del siglo XX. Buenos Aires 1995.
G. Eickhoff, Das Charisma der Caudillos. Cárdenas, Franco, Perón. Frankfurt am Main 1999.
M. M. Gené, Un mundo feliz. Imágenes de los trabajadores en el primer peronismo, 1946 – 1955. Buenos Aires 2008.
G. Germani, Política y sociedad en una época de transición. De la sociedad tradicional a la sociedad de masas. Buenos Aires 1962.
J. R. Hentschke, Populismus – Bedeutungsebenen eines umstrittenen theoretischen Konzepts. Münster 1998.
A. Knight, Populism and neo-populism in Latin America, especially Mexico. In: *Journal of Latin American Studies* 30/2, 1998, 223–248.
C. Rovira Kaltwasser, Kampf der Eliten. Das Ringen um gesellschaftliche Führung in Lateinamerika, 1810 – 1982. Frankfurt am Main 2009.
N. Werz (Hrsg.), Populismus. Populisten in Übersee und Europa. Wiesbaden 2003.
N. Werz (Hrsg.), Populisten, Revolutionäre, Staatsmänner. Politiker in Lateinamerika. Frankfurt am Main 2010.

11.1 Getúlio Vargas

J. Andermann, The optic of the state. Visuality and power in Argentina and Brazil. Pittsburgh 2007.
G. R. Andrews, Afro-Latinoamérica, 1800–2000. Madrid, Frankfurt am Main 2007.
M. H. Capelato, Multidões em cena. Propaganda política no varguismo e no peronismo. São Paulo 2009.

S. Garfield, Indigenous Struggle at the Heart of Brazil. State Policy, Frontier Expansion, and the Xavante Indians, 1937–1988. Durham, London 2001.
Â. M. d. C. Gomes, A invenção do trabalhismo. Rio de Janeiro 2005.
J. R. Hentschke, Estado Novo. Genesis und Konsolidierung der brasilianischen Diktatur von 1937. Saarbrücken 1996.
S. Miceli, Intelectuais e classe dirigente no Brasil (1920–1945). São Paulo 1979.
U. Prutsch, Machtlegitimierung durch kulturelle Inszenierung am Beispiel Brasiliens. Getúlio Vargas, Estado Novo (1937–1945) und die Rolle der USA in Lateinamerika unter Franklin D. Roosevelt, in: Wiener Zeitschrift zur Geschichte der Neuzeit 2. 2002, 41–61.
B. Weinstein, Postcolonial Brazil. in: J. C. Moya (Hrsg.), The Oxford Handbook of Latin American History. Oxford 2011. 212–256.
D. Williams, Culture wars in Brazil. The first Vargas Regime, 1930–1945. Durham 2001.

11.2 Juan Domingo und Eva Perón

S. Bianchi/N. Sanchís, El Partido Peronista Femenino, (1949/1955). Buenos Aires 1988.
C. Buchrucker, Nationalismus, Faschismus und Peronismus 1927–1955. Ein Beitrag zur Geschichte der politischen Ideen in Argentinien. Berlin 1982.
L. M. Caimari, Perón y la Iglesia Católica. Religión, Estado y sociedad en la Argentina (1943–1955). Buenos Aires 1995.
M. L. Conniff, Latin American Populism in Comparative Perspective. Albuquerque 1982.
I. Cosse, Estigmas de nacimiento. Peronismo y orden familiar 1946–1955. Buenos Aires 2006.
L. M. Doyon, Perón y los trabajadores. Los orígenes del sindicalismo peronista; 1943–1955. Buenos Aires 2006.
F. Finchelstein, Transatlantic Fascism. Ideology, Violence, and the Sacred in Argentina and Italy, 1919–1945. Durham 2010.
F. Fiorucci, Intelectuales y peronismo. 1945–1955. Buenos Aires 2011.
G. Friedmann, Alemanes antinazis en la Argentina. Buenos Aires 2010.
M. García Sebastiani (Hrsg.), Fascismo y antifascismo, peronismo y antiperonismo. Conflictos políticos y ideológicos en la Argentina (1930–1955). Madrid 2006.
G. Germani, Autoritarismo, fascismo y populismo nacional. Buenos Aires 2003.
M. B. Karush/O. Chamosa, The new cultural history of Peronism. Power and identity in mid-twentieth-century Argentina. Durham 2010.
E. Laclau, On populist reason. London, New York 2007.
S. U. Larsen (Hrsg.), Fascism outside Europe. The European impulse against domestic conditions in the diffusion of global fascism. Boulder 2001.
M. Z. Lobato, Historia de las trabajadoras en la Argentina (1869–1960). Buenos Aires 2007.

H. M. Meding, Flucht vor Nürnberg? Deutsche und österreichische Einwanderung in Argentinien; 1945–1955. Köln 1992.
H. M. Meding/G. Ismar (Hrsg.), Argentinien und das Dritte Reich. Mediale und reale Präsenz, Ideologietransfer, Folgewirkungen. Berlin 2008.
M. Nari, Políticas de maternidad y maternalismo político. Buenos Aires, 1890–1940. Buenos Aires 2004.
M. Navarro, Evita. Buenos Aires 2007.
R. O. Paxton, Anatomie des Faschismus. München 2006.
M. B. Plotkin, Mañana es San Perón. Propaganda, rituales políticos y educación en el régimen peronista (1946–1955). Buenos Aires 1994.
R. A. Potash, The army and politics in Argentina, 1962–1973. From Frondizi's fall to the peronist restoration. Stanford 1996.
U. Prutsch, Eva Perón. Leben und Sterben einer Legende. München 2015.
R. Rein, Peronismo, populismo y política. Argentina, 1943–1955. Buenos Aires 1998.
D. Rock, Authoritarian Argentina. The nationalist movement, its history and its impact. Berkeley, Los Angeles, Oxford 1993.
D. Rock, La Argentina autoritaria. Los nacionalistas, su historia y su influencia en la vida pública. Buenos Aires 1993.
J. C. Torre, Los Años peronistas. (1943–1955). Buenos Aires 2002.
P. Waldmann, Der Peronismus 1943–1955. Hamburg 1974.

11.3 Lázaro Cárdenas

F. Benítez, Lázaro Cárdenas y la revolución mexicana. El Cardenismo. México 1977.
A. Gilly, El cardenismo, una utopía mexicana. México 1994.
A. M. Kiddle/M. L. O. Muñoz/C. Cárdenas Solorzano, Populism in twentieth century Mexico. The presidencies of Lázaro Cárdenas and Luis Echeverría. Tucson 2010.
G. Maihold, Lázaro Cárdenas, in: N. Werz (Hrsg.), Populisten, Revolutionäre, Staatsmänner. Politiker in Lateinamerika. Frankfurt am Main 2010, 238–261.
T. Medin, Ideología y praxis. Política de Lázaro Cárdenas. México 1975.
M. Mols, Mexiko im 20. Jahrhundert. Politisches System, Regierungsprozess und politische Partizipation. Paderborn 1983.
S. R. Niblo, Lázaro Cárdenas. Dos pasos adelante, un paso atrás. México 2000.
R. Rein/S. Rinke/D. Sheinin, Migrants, Refugees, and Asylum Seekers in Latin America. Leiden 2020.
J. Silva Herzog, Lázaro Cárdenas. Sus pensamiento económico, social y político. México 1975.
H. W. Tobler, Die Mexikanische Revolution. Gesellschaftlicher Wandel und politischer Umbruch, 1876–1940. Frankfurt am Main 1984.

12 Befreiungsbewegungen, revolutionäre Experimente und Revolutionen

J. A. Booth/C. J. Wade/T. W. Walker, Understanding Central America. Global forces, rebellion, and change. Boulder 2015.
T. C. Brown, When the AK–47s fall silent. Revolutionaries, guerillas, and the dangers of peace. Stanford 2000.
D. Castro, Revolution and revolutionaries. Guerrilla movements in Latin America. Wilmington 1999.
G. A. Collier/E. L. Quaratiello, Basta! Land and the Zapatista rebellion in Chiapas. Oakland 2005.
J. DeFronzo, Revolutions and revolutionary movements. Boulder 2007.
S. Eckstein, Power and popular protest. Latin American social movements. Berkeley 1989.
A. Huffschmid, Diskursguerilla. Wortergreifung und Widersinn. Die Zapatistas im Spiegel der mexikanischen und internationalen Öffentlichkeit. Heidelberg 2004.
K. Kampwirth, Women & Guerrilla Movements. Nicaragua, El Salvador, Chiapas, Cuba. University Park 2002.
A. Knight, Patterns of Protest and Revolution in Latin America: 1810–1910–2010, in: C. Auroi/A. Helg (Hrsg.), Latin America 1810–2010. Dreams and legacies. London 2012.
D. Kruijt, Guerrillas: war and peace in Central America. New York 2008.
B. Loveman/T. M. Davies, JR, Che Guevara, Guerrilla warfare. Wilmington 1997.
I. A. Luciak, After the Revolution. Gender and democracy in El Salvador, Nicaragua, and Guatemala. Baltimore 2001.
S. L. Mattiace, To see with two eyes. Peasant activism and Indian autonomy in Chiapas, Mexico. Albuquerque 2003.
M. Mora, Kuxlejal politics. Indigenous autonomy, race, and decolonizing research in Zapatista communities. Austin 2017.
J. Rus (Hrsg.), Mayan lives, Mayan utopias. The indigenous peoples of Chiapas and the Zapatista rebellion. Lanham 2003.
T. P. Wickham-Crowley, Guerrillas and revolution in Latin America. A comparative study of insurgents and regimes since 1956. Princeton 1992.
J. Womack, Rebellion in Chiapas. An Historical Reader. New York 1999.
T. C. Wright, Latin America in the era of the Cuban Revolution. Westport 2001.

12.1 Die Revolution in Bolivien

X. Albó, Achacachi. Medio siglo de lucha campesina. La Paz 1979.
R. J. Alexander, The Bolivian National Revolution. New Brunswick 1958.
J. L. Anderson, Che. Die Biographie. München 1997.
C. Arnade, Bolivia's Social Revolution, 1952–1959. A Discussion of Sources. in: Journal of Inter-American Studies 1/3. 1959, 341–352.
C. Baudissin, Gesucht: Monika Ertl. Dokumentarfilm. Deutschland 1988/98.

L. Bethell/I. Roxborough (Hrsg.), Latin America between the Second World War and the Cold War, 1944–1948. Cambridge 1992.
R. H. Butterfield, The fall of Che Guevara. A story of soldiers, spies, and diplomats. New York 1998.
J. G. Castañeda, Che Guevara. Biographie. Frankfurt am Main 2004.
J. Dunkerley, Rebellion in the veins: political struggle in Bolivia, 1952–82. London 1984.
J. Dunkerley, Bolivia. Revolution and the power of history in the present. Essays. London 2007.
M. Frontaura Argandoña, La Revolución Nacional. La Paz 1974.
M. S. Grindle/P. Domingo, Proclaiming revolution. Bolivia in comparative perspective. Cambridge, London 2003.
D. B. Heath/C. J. Erasmus/H. C. Buechler, Land reform and social revolution in Bolivia. New York 1969.
W. Hofmeister, Bolivien. Die Reform der Revolution. in: W. Hofmeister/J. Thesing (Hrsg.), Der Wandel politischer Systeme in Lateinamerika. Frankfurt am Main 1996, 81–140.
W. Hofmeister/J. Thesing (Hrsg.), Der Wandel politischer Systeme in Lateinamerika. Frankfurt am Main 1996.
F. Hylton/S. Thomson, Revolutionary horizons. past and present in Bolivian politics. London 2007.
J. Lazarte Rojas, Movimiento obrero y procesos políticos en Bolivia. Historia de la C. O. B., 1952–1987. La Paz 1989.
M. B. Léons/H. Sanabria (Hrsg.), Coca, Cocaine, and the Bolivian Reality. Albany 1997.
J. M. Malloy, Bolivia. The uncompleted revolution. Ann Arbor 2003.
J. M. Malloy/E. Gamarra, Revolution and reaction. Bolivia, 1964–1985. New Brunswick 1988.
J. M. Malloy/R. S. Thorn (Hrsg.), Beyond the revolution. Bolivia since 1952. Pittsburgh 1971.
C. Mitchell, The Legacy of Populism in Bolivia. From the MNR to Military Rule. New York, London 1977.
F. Ríos, Bolero Trios, Mestizo Panpipe Ensembles, and Bolivia's 1952 revolution. Urban La Paz Musicians and the Nationalist Revolutionary Movement. in: Ethnomusicology 54/2. 2010, 281–317.
S. Rivera Cusicanqui, „Oprimidos pero no vencidos". Luchas del campesinado aymara y qhechwa de Bolivia, 1900–1980. La Paz 1984.
J. A. Rocha, Con el ojo de adelante y con el ojo de atras. Ideologia etnica, el poder y lo politico entre los quechua de los valles y serranias de Cochabamba (1935–1952). La Paz 1999.
G. Rodríguez Ostria, Tamara, Laura, Tania. Un mistero en la guerrilla del Che. Barcelona 2011.
H. Sanabria, The coca boom and rural social change in Bolivia. Ann Arbor 1996.
J. Schreiber, Sie starb wie Che Guevara. Die Geschichte der Monika Ertl. Düsseldorf 2009.
J. F. Siekmeier, The Bolivian Revolution and the United States, 1952 to the Present. University Park 2011.

A. L. Spedding, The Coca Field as a Total Social Fact. in: M. B. Léons/H. Sanabria (Hrsg.), Coca, Cocaine, and the Bolivian Reality. Albany 1997, 47–70.
L. Whitehead, Bolivia. in: L. Bethell/I. Roxborough (Hrsg.), Latin America between the Second World War and the Cold War, 1944–1948. Cambridge 1992.

12.2 Guatemala: demokratischer Aufbruch und CIA-Putsch

L. Bethell (Hrsg.), The Cambridge History of Latin America. Vol. XI. Bibliographical Essays. Cambridge 1995.
R. M. Carmack, Harvest of violence. The maya indians and the Guatemalan crisis. London 1988.
N. Cullather, Secret history. The Cia's classified account of its operations in Guatemala, 1952–1954. Stanford 1999.
J. Dunkerley, Guatemala, in: L. Bethell (Hrsg.), The Cambridge History of Latin America. Vol. XI. Bibliographical Essays. Cambridge 1995, 687–690.
R. Falla, Quiché rebelde. Estudio de un movimiento de conversión religiosa, rebelde a las creencias tradicionales, en San Antonio Ilotenango, Quiché (1948–1970). Guatemala 1980.
R. Falla, Masacres de la selva. Ixcán, Guatemala (1975–1982). Guatemala 1992.
R. Falla, Massacres in the jungle. Ixcán, Guatemala, 1975–1982. Boulder 1994.
R. Falla, Quiché Rebelde. Religious Conversion, Politics, and Ethnic Identity in Guatemala. Austin 2001.
C. Forster, The Time of Freedom. Campesino Workers in Guatemala's October Revolution. Pittsburgh 2001.
L. Green, Fear as a way of life. Mayan widows in rural Guatemala. New York, Chichester 1999.
C. Guzmán Böckler/J.-L. Herbert, Guatemala. Una Interpretación historico-social. México 1970.
J. Handy, Gift of the devil. A history of Guatemala. Boston 1984.
S. Jonas, The battle for Guatemala. Rebels, death squads, and U. S. power. Boulder, San Francisco, Oxford 1991.
S. Jonas, Dangerous Liaisons. The U. S. in Guatemala, in: Foreign Policy/103. 1996, 144–160.
E. Kalny, Soziale Bewegungen in Guatemala. Eine kritische Theoriediskussion. Frankfurt am Main, New York 2017.
W. G. Lovell, Conquest and Survival in Colonial Guatemala. A Historical Geography of the Cuchumatán Highlands, 1500–1821. Montreal, Kingston, London, Ithaca 1992.
B. Manz, Refugees of a hidden war. The aftermath of counterinsurgency in Guatemala. Albany 1988.
S. Martínez Peláez, La patria del criollo. Ensayo de interpretación de la realidad colonial guatemalteca. Guatemala 1970.
S. Martínez Peláez, La patria del criollo. An Interpretation of Colonial Guatemala. Durham 2009.

R. A. May, Terror in the countryside. Campesino responses to political violence in Guatemala, 1954–1985. Athens 2001.
R. M. McCleary, Dictating democracy. Guatemala and the end of violent revolution. Gainesville 1999.
J. G. Schirmer, The Guatemalan military project. A violence called democracy. Philadelphia 2000.
R. Sieder, Guatemala after the peace accords. London 1998.
C. A. Smith, Guatemalan Indians and the state. 1540–1988. Austin 1990.
D. Wilkinson, Silence on the mountain. Stories of terror, betrayal, and forgetting in Guatemala. Durham 2004.
J. N. Zur, Violent memories. Mayan war-widows in rural Guatemala. Boulder 1998.

12.3 Die Kubanische Revolution. Bedeutung und Auswirkungen

J. R. Benjamin, The United States & Cuba. Hegemony and dependent development: 1880–1934. Pittsburgh 1977.
H.-J. Burchardt, Kuba. Im Herbst des Patriarchen. Stuttgart 1999.
F. Castro, Die Geschichte wird mich freisprechen. Berlin 2009.
M. Chase, Revolution within the revolution: women and gender politics in Cuba, 1952–1962. Chapel Hill 2015.
C. D. Deere, Household Incomes in Cuban Agriculture. A Comparison of the State, Cooperative, and Peasant Sectors. Den Haag 1993.
C. D. Deere, Reforming Cuban Agriculture. in: Development and Change 28/4. 1997, 649–669.
J. I. Domínguez, Cuba. Order and revolution. Cambridge 1978.
J. I. Domínguez, Cuba: Internal and International Affairs. Beverly Hills 1982.
J. I. Domínguez, To make a world safe for revolution. Cuba's foreign policy. Cambridge 1989.
E. Dore, Hearing Voices. Cuban Oral History, in: Hispanic American Historical Review 96/2. 2016, 239–247.
S. Eckstein, The immigrant divide: how Cuban Americans changed the US and their homeland. New York 2009.
D. P. Erikson, The Cuba Wars. Fidel Castro, the United States, and the Next Revolution. New York 2008.
R. R. Fagen, The transformation of political culture in Cuba. Stanford 1969.
S. Farber, The origins of the Cuban revolution: reconsidered. Chapel Hill 2006.
N. Fuentes, Die Autobiographie des Fidel Castro. München 2006.
C. Furiati, Fidel Castro. Uma biografia consentida. Rio de Janeiro 2002.
E. George, The Cuban intervention in Angola, 1965–1991. From Che Guevara to Cuito Cuanavale. London, New York 2005.
T. Gjelten, Bacardí and the long fight for Cuba. The biography of a cause. New York 2008.
P. Gleijeses, Conflicting Missions. Havana, Washington, and Africa, 1959–1976. Chapel Hill 2002.

P. Gleijeses, Visions of freedom. Havana, Washington, Pretoria, and the struggle for southern Africa, 1976–1991. Chapel Hill 2013.
H.-E. Gross (Hrsg.), Guevara, Che. Ausgewählte Werke in Einzelausgaben. 6 Bde. Bonn 1986–1992.
L. Guerra, Visions of Power in Cuba. Revolution, Redemption, and Resistance; 1959–1971. Chapel Hill 2012.
E. C. Guevara, Der afrikanische Traum. Das wieder aufgefundene Tagebuch vom revolutionären Kampf im Kongo. Köln 2000.
E. C. Guevara, Guerilla – Theorie und Methode: sämtliche Schriften zur Guerillamethode, zur revolutionären Strategie und zur Figur des Guerilleros. Berlin 1971.
M. Gutelman, L'agriculture socialisée à Cuba. Paris 1967.
A. Helg, Our Rightful Share. The Afro-Cuban Struggle for Equality, 1886–1912. Chapel Hill 1995.
B. Hoffmann/L. Whitehead, Debating Cuban exceptionalism. New York 2007.
L. Huberman/P. M. Sweezy, Kuba. Anatomie einer Revolution. Frankfurt am Main 1968.
A. Kapcia, Cuba: Island of Dreams. Oxford 2000.
A. Kapcia, Leadership in the Cuban Revolution. The Unseen Story. London 2014.
D. Kruijt, Cuba and Revolutionary Latin America. An Oral History. London 2017.
B. Latell, After Fidel. The inside story of Castro's regime and Cuba's next leader. New York, Basingstoke 2007.
R. M. Lewis/O. Lewis/S. M. Rigdon, Living the revolution. An oral history of contemporary Cuba. Urbana 1977.
S. B. Liss, Roots of Revolution. Radical Thought in Cuba. Lincoln, London 1987.
A. Manke, El pueblo cubano en armas. Die Revolutionären Nationalmilizen und die Verteidigung der kubanischen Revolution von 1959. Stuttgart 2014.
H. L. Matthews, Castro. A Political Biography. London 1969.
C. Mesa Lago, Revolutionary change in Cuba. Pittsburgh 1974.
C. Moore, Castro, the Blacks, and Africa. Los Angeles 1988.
T. Neuner, Paris, Havanna und die intellektuelle Linke. Kooperationen und Konflikte in den 1960er Jahren. Konstanz 2012.
L. A. Pérez, On becoming Cuban. Identity, nationality, and culture. Chapel Hill 1999.
L. A. Pérez, Cuba. Between reform and revolution. New York 2015.
M. Pérez-Stable, The Cuban Revolution. Origins, course, and legacy. New York 1993.
R. E. Quirk, Fidel Castro. Die Biographie. Berlin 2001.
I. Ramonet, Mein Leben. Fidel Castro. Berlin 2008.
M. Randall, Mujeres en la revolucion. México 1977.
J.-P. Sartre, Sartre on Cuba. New York 1961.
R. Schultz, The Liberal Moment of the Revolution. Cuba's Early Educational Reforms, 1959–1961, in: Cuban Studies 49/1. 2020, 215–235.
Q. Slobodian, Foreign front: Third World politics in sixties West Germany. Durham 2012.
L. M. Smith/A. Padula, Sex and revolution: women in socialist Cuba. New York, Oxford 1996.

J. Sweig, Inside the Cuban revolution. Fidel Castro and the urban underground. Cambridge 2002.
T. Szulc, Fidel. A critical portrait. New York 1986.
H. Thomas, Cuba. The pursuit of freedom. New York 1971.
M. d. l. A. Torres, In the Land of Mirrors. Cuban Exile Politics in the United States. Ann Arbor 1999.
R. Whitney, State and revolution in Cuba: mass mobilization and political change, 1920–1940. Chapel Hill 2001.
M. Zeuske, Kuba im 21. Jahrhundert. Revolution und Reform auf der Insel der Extreme. Berlin 2012.
M. Zeuske, Insel der Extreme. Kuba im 20. und 21. Jahrhundert. Zürich 2017.
M. M. Ziegler, U. S.-Cuban cooperation past, present, and future. Gainesville 2007.
A. Zimbalist/C. Brundenius, The Cuban economy. Measurement and analysis of socialist performance. Baltimore 1989.

12.4 Chile: Allende und die *Unidad Popular*

A. Angell, Political mobilization and class alliances in Chile. 1970–1973. Rotterdam 1978.
A. Angell, Chile de Alessandri a Pinochet. En busca de la utopía. Santiago de Chile 1993.
H. H. Benítez, Las muertes de Salvador Allende. Insospechados detalles, incógnitas y enigmas de las últimas horas del presidente. Una investigación crítica de las principales versiones de sus últimos momentos. Santiago de Chile 2006.
S. Bitar, Transición, socialismo y democracia. La experiencia chilena. México 1979.
S. Bitar, Chile. Experiment in democracy. Philadelphia 1986.
A. A. Borón, La movilización política en Chile. in: Foro Internacional 16/1. 1975, 64–121.
F. Bourricaud, Chile. Why Allende fell, in: Dissent 21/3. 1974, 402–414.
J. Brunner/D. Stahl (Hrsg.), Recht auf Wahrheit. Zur Genese eines neuen Menschenrechts. Göttingen 2016.
N. Davis, The last two years of Salvador Allende. London 1985.
S. De Vylder, Allende's Chile. The political economy of the rise and fall of the Unidad Popular. Cambridge 1976.
F. Diego García/O. Sola, Salvador Allende. Das Ende einer Ära. Berlin 1998.
G. Dufner, Partner im Kalten Krieg. Die politischen Beziehungen zwischen der Bundesrepublik Deutschland und Chile. Frankfurt am Main 2014.
G. Dufner, Die Beziehungen zwischen der DDR und Chile, 1949–1989, in: G. Dufner/J. Fermandois/S. Rinke (Hrsg.), Deutschland und Chile, 1850 bis zur Gegenwart. Ein Handbuch = Chile y Alemania, 1850 hasta hoy. Un manual. Stuttgart 2016, 213–258.

G. Dufner/J. Fermandois/S. Rinke (Hrsg.), Deutschland und Chile, 1850 bis zur Gegenwart. Ein Handbuch = Chile y Alemania, 1850 hasta hoy. Un manual. Stuttgart 2016.

J. Eckel, „Unter der Lupe". Die internationale Menschenrechtskampagne gegen Chile in den siebziger Jahren, in: S.-L. Hoffmann (Hrsg.), Moralpolitik. Geschichte der Menschenrechte im 20. Jahrhundert. Göttingen 2010, 368–396.

J. Eckel, Allende's Shadow, Leftist Furor, and Human Rights. The Pinochet Dictatorship in International Politics, in: K. Christiaens/I. Goddeeris/M. Rodriguez Garcia (Hrsg.), European solidarity with Chile, 1970s–1980s. Frankfurt am Main 2014, 67–92.

J. Eckel, Fortdauerndes Verbrechen. Verschwundene und Menschenrechte in Chile, in: J. Brunner/D. Stahl (Hrsg.), Recht auf Wahrheit. Zur Genese eines neuen Menschenrechts. Göttingen 2016, 80–97.

J. Eckel, Salvador Allende und die weltpolitischen Konflikte der siebziger Jahre, in: J. Später/T. Zimmer (Hrsg.), Lebensläufe im 20. Jahrhundert 2019, 287–305.

B. Elsey, „As the world is my witness". Transnational Chilean Solidarity and Popular Culture, in: J. Stites Mor (Hrsg.), Human Rights and Transnational Solidarity in Cold War Latin America. Madison 2013, 177–209.

I. Emmerling, Die DDR und Chile (1960–1989). Außenpolitik, Außenhandel und Solidarität. Berlin 2013.

J. G. Espinosa/A. S. Zimbalist, Economic Democracy. Workers' Participation in Chilean Industry, 1970–1973. New York 1978.

R. R. Fagen, The United States and Chile. Roots and Branches, in: Foreign Affairs 53/2. 1975, 297–313.

J. P. Farrell, The National Unified School in Allende's Chile. The role of education in the destruction of a revolution. Vancouver 1986.

J. Fermandois, Chile y el Mundo 1970–1973. La Política Exterior del Gobierno de la Unidad Popular y el Sistema Internacional. Santiago de Chile 1985.

J. Fermandois, Pawn or Player? Chile in the Cold War (1962–1973), in: Estudios públicos 72. 1998, 1–23.

J. Fermandois, Mundo y Fin de Mundo. Chile en la Política Mundial 1900–2004. Santiago de Chile 2005.

J. Fermandois, Del Malestar al Entusiasmo. La Reacción de Bonn ante el Gobierno de la Unidad Popular 1970–1973, in: Boletín de la Academia Chilena de la Historia 74/117. 2008, 33–67.

J. Fermandois, La revolución inconclusa. La izquierda chilena y el gobierno de la Unidad Popular. Santiago de Chile 2013.

C. Fortin, Principled Pragmatism in the Face of External Pressure. The Foreign Policy of the Allende Government, in: R. G. Hellman/H. J. Rosenbaum (Hrsg.), Latin America. The search for a new international role. New York Beverly Hills 1975, 217–245.

I. González Camus, El día en que murió Allende. Santiago de Chile 1988.

K. Gustafson, Hostile Intent. U. S. Covert Operations in Chile, 1964–1976. Washington 2007.

T. Harmer, Beatriz Allende. A revolutionary life in Cold War Latin America. Chapel Hill 2020.
J. Haslam, The Nixon administration and the death of Allende's Chile. A case of assisted suicide. London 2005.
R. G. Hellman/H. J. Rosenbaum (Hrsg.), Latin America. The search for a new international role. New York, Beverly Hills 1975.
K. Hite, When the Romance Ended. Leaders of the Chilean Left, 1968–1998. New York 2000.
S.-L. Hoffmann (Hrsg.), Moralpolitik. Geschichte der Menschenrechte im 20. Jahrhundert. Göttingen 2010.
E. Kaufman, Crisis in Allende's Chile. New perspectives. New York 1988.
R. R. Kaufman, Transitions to stable authoritarian-corporate regimes. The Chilean case? Beverly Hills, London 1976.
P. Kornbluh, The Pinochet file. A declassified dossier on atrocity and accountability. New York 2004.
E. Labarca Goddard, Salvador Allende. Biografía sentimental. Santiago de Chile 2007.
B. Loveman, Allende's Chile. Political Economy of the Peaceful Road to Disaster, in: New Scholar 5/2. 1978, 309–323.
B. Loveman, Chile. The Legacy of Hispanic Capitalism. New York 1988.
G. Martner García, El Gobierno de Salvador Allende 1970–1973. Una evaluación. Concepción 1988.
K. Maxwell/W. D. Rogers, Fleeing the Chilean Coup. The Debate over U. S. Complicity, in: Foreign Affairs 83/1. 2004, 160–165.
R. Moss, Chile's Marxist experiment. New York, Toronto 1974.
NACLA. Report on the Americas 7/8. 1973.
D. Nohlen, Salvador Allende. in: N. Werz (Hrsg.), Populisten, Revolutionäre, Staatsmänner. Politiker in Lateinamerika. Frankfurt am Main 2010, 342–367.
M. Nolff, Salvador Allende. El Político, el Estadista. Santiago de Chile 1993.
D. Nolte, Zwischen Kooperation und Konfrontation. Die chilenischen Gewerkschaften unter Allende, in: Ibero-Amerikanisches Archiv 8/1/2. 1982, 161–208.
C. Pérez, Che Guevara's Army and its Chilean Followers. in: Estudios públicos 89. 2003, 1–32.
J. F. Petras/M. H. Morley, The United States and Chile. Imperialism and the Overthrow of the Allende Government. New York 1975.
I. Roxborough/P. O'Brien/J. Roddick, Chile. The State and Revolution. London 1977.
S. Sideri, Chile 1970–73: Economic Development and its International Setting. Self-Criticism of the Unidad Popular Government's Policies. The Hague 1979.
P. E. Sigmund, The Overthrow of Allende and the Politics of Chile, 1964–1976. Pittsburgh 1977.
P. E. Sigmund, Multinationals in Latin America. The politics of nationalization. Madison, London 1980.
J. Später/T. Zimmer (Hrsg.), Lebensläufe im 20. Jahrhundert, Göttingen 2019.

J. Spence, Search for justice. Neighborhood Courts in Allende's Chile. Boulder 1979.
J. Stites Mor (Hrsg.), Human Rights and Transnational Solidarity in Cold War Latin America. Madison 2013.
A. Touraine, Vida y muerte del Chile popular. México 1974.
O. Uliánova, La Unidad Popular y el Golpe Militar en Chile. Percepciones y análisis soviéticos, in: Estudios públicos 79. 2000, 83–171.
A. Valenzuela, Chile. The Breakdown of Democratic Regimes. Baltimore 1991.
A. Valenzuela/J. S. Valenzuela, Visions of Chile. in: Latin American Research Review 10/3. 1975, 155–175.
A. Valenzuela/J. S. Valenzuela, Chile. Politics and Society. New Brunswick 1976.
G. Wessel, Die Allendes. Mit brennender Geduld für eine bessere Welt. Frankfurt am Main 2002.

12.5 Die sandinistische Revolution in Nicaragua

C. Alegría/D. J. Flakoll, Nicaragua, la revolución sandinista. Una crónica política, 1855–1979. México 1982.
L. E. Anderson/L. C. Dodd, Learning democracy. Citizen engagement and electoral choice in Nicaragua, 1990–2001. Chicago 2005.
F. E. Babb, After Revolution. Mapping Gender and Cultural Politics in Neoliberal Nicaragua. Austin 2001.
F. E. Babb, Después de la Revolución. Género y cultura política en la Nicaragua neoliberal. Managua 2012.
L. Bayard de Volo, Mothers of Heroes and Martyrs. Gender Identity Politics in Nicaragua, 1979–1999. Baltimore 2001.
G. Belli, Bewohnte Frau. Wuppertal 1988.
G. Belli, La mujer habitada. Managua 1988.
G. Belli, Die Verteidigung des Glücks. Erinnerungen an Liebe und Krieg. München, Wien 2001.
A. Bendaña, Sandino. Patria y libertad. Managua 2016.
C. Berth, Food and Revolution: Fighting Hunger in Nicaragua, 1960–1993. Pittsburgh 2021.
G. Black, Triumph of the People. The Sandinista Revolution in Nicaragua. London 1981.
M. T. Blandón (Hrsg.), Historia de género. Una nueva mujer, un nuevo poder. Managua 1993.
M. Bolt González, Sencillamente diferentes: La autoestima de las mujeres lesbianas en los sectores urbanos de Nicaragua. Managua 1996.
J. A. Booth, The End and the Beginning. The Nicaraguan Revolution. Boulder 1982.
A. J. Brenes, u. a., La mujer nicaragüense en los años 80. Managua 1991.
S. Christian, Nicaragua. Revolution in the Family. New York 1985.
P. M. Chuchryk, Women in the Revolution, in: T. W. Walker (Hrsg.), Revolution and Counterrevolution in Nicaragua. Boulder 1991, 143–166.

D. Close, Nicaragua. The Chamorro years. Boulder 1999.

D. Close/S. Martí i Puig/S. A. McConnell (Hrsg.), The Sandinistas and Nicaragua since 1979. Boulder 2012.

J. Collins, Nicaragua. What Difference Could a Revolution Make? Food and Farming in the New Nicaragua. San Francisco 1985.

A. Criquillón, The Nicaraguan women's movement: Feminist reflections from within, in: M. Sinclair/J. C. Nash (Hrsg.), The new politics of survival. Grassroots movements in Central America. New York 1995.

C. D. Deere, A Comparative Analysis of Agrarian Reform in El Salvador and Nicaragua 1979–81, in: Development and Change 13/1. 1982, 1–41.

C. D. Deere, Cooperative Development and Women's Participation in the Nicaraguan Agrarian Reform, in: American Journal of Agricultural Economics 65/5. 1983, 1043–1048.

C. D. Deere/P. Marchetti, The Worker-Peasant Alliance in the First Year of the Nicaraguan Agrarian Reform. in: Latin American Perspectives 8/2. 1981, 40–73.

J. L. Disney, Feminism, Revolution, and Democratic Transition in Nicaragua, in: J. S. Jaquette (Hrsg.), The women's movement in Latin American. Participation and democracy. Boulder 1994, 177–198.

J. L. Disney, Democratization, civil society, and women's organizing in post-revolutionary Mozambique and Nicaragua, in: New Political Science 25/4. 2003, 533–560.

J. E. Findling, Close neighbors, distant friends. United States – Central American relations. New York 1987.

J. L. Gould, To lead as equals. Rural protest and political consciousness in Chinandega, Nicaragua, 1912–1979. Chapel Hill 1990.

M. Harnecker/J. Wheelock, Nicaragua. The great challenge. Managua 1984.

J. S. Jaquette (Hrsg.), The women's movement in Latin American. Participation and democracy. Boulder 1994.

K. Kampwirth, Feminism and the legacy of revolution. Nicaragua, El Salvador, Chiapas. Athens 2004.

L. Lozano, De Sandino al triunfo de la revolución. México 1985.

A. E. Martínez Cuenca, Nicaragua. Una década de retos. Managua 1990.

A. E. Martínez Cuenca, Sandinista Economics in Practice. An Insider's Critical Reflections. Cambridge 1999.

C. Murguialday, Nicaragua, revolucion y feminismo (1977–1989). Madrid 1990.

J. M. Paige, Coffee and Power. Revolution and the Rise of Democracy in Central America. Cambridge 1997.

M. Randall, Sandino's daughters: testimonies of Nicaraguan women in struggle. New Brunswick 1994.

M. Sinclair/J. C. Nash (Hrsg.), The new politics of survival. Grassroots movements in Central America. New York 1995.

R. J. Spalding (Hrsg.), The Political Economy of Revolutionary Nicaragua. London 1987.

R. J. Spalding, La economía política de la Nicaragua revolucionaria. México 1989.

R. J. SPALDING, Capitalists and revolution. Opposition and accommodation in Nicaragua, 1979–1993. Chapel Hill 1994.
M. SPOOR, The state and domestic agricultural markets in Nicaragua. From interventionism to neo-liberalism. Basingstoke 1995.
T. W. WALKER (Hrsg.), Nicaragua in revolution. New York 1982.
T. W. WALKER, Nicaragua: the first five years. New York 1985.
T. W. WALKER, Reagan versus the Sandinistas. The Undeclared War on Nicaragua. Boulder, London 1987.
T. W. WALKER (Hrsg.), Revolution and Counterrevolution in Nicaragua. Boulder 1991.
T. W. WALKER, Nicaragua without illusions. Regime transition and structural adjustment in the 1990s. Wilmington 1997.
T. W. WALKER/A. C. ARMONY, Repression, resistance, and democratic transition in Central America. Wilmington 2000.
T. W. WALKER/C. J. WADE, Nicaragua: Living in the Shadow of the Eagle, Boulder 2011.
U. WIRPER/O. BUJARD, Die Revolution ist ein Buch und ein freier Mensch. Die politischen Plakate des befreiten Nicaragua 1979–1990 und der internationalen Solidaritätsbewegung. Köln 2007.
U. WIRPER/O. BUJARD, La revolución es un libro y un hombre libre: los afiches políticos de Nicaragua libre 1979–1990 y del movimiento de solidaridad internacional. Managua, Nicaragua 2009.
V. WÜNDERICH, Sandino. Eine politische Biographie. Wuppertal 1995.
V. WÜNDERICH, Sandino. Una biografía política. Managua 2009.
M. ZIMMERMANN, Sandinista. Carlos Fonseca and the Nicaraguan revolution. Durham 2004.

13 Lateinamerika in seinen globalen Verflechtungen

13.1 Lateinamerika in der Globalgeschichte

J. ADELMAN, Latin American and World Histories. Old and New Approaches to the Pluribus and the Unum. in: Hispanic American Historical Review 84/3. 2004, 399–410.
C. A. BAYLY, The birth of the modern world. 1780–1914. Global connections and comparisons. Malden 2005.
L. BENTON, No Longer Odd Region Out. Repositioning Latin America in World History, in: Hispanic American Historical Review 84/3. 2004. 423–430.
M. BROWN, The global history of Latin America. in: Journal of Global History 10/3. 2015, 365–386.
M. CARMAGNANI, The other West. Latin America from Invasion to Globalization. Berkeley 2011.

M. Chust Calero (Hrsg.), Las independencias iberoamericanas en su laberinto. Valencia 2010.
M. Grandner/D. Rothermund/W. Schwentker, Globalisierung und Globalgeschichte. Wien 2005.
B. Hausberger, Lateinamerika in globaler Vernetzung, in: B. Schäbler (Hrsg.), Area Studies und die Welt. Weltregionen und neue Globalgeschichte. Wien 2007, 150–177.
S. Hensel, Außereuropäische Geschichte – Globalgeschichte – Geschichte der Weltregionen aus der Perspektive einer Lateinamerikahistorikerin. 02.12.2017. Zuletzt geprüft: 12.06.2021, Verfügabr unter: https://www.hsozkult.de/debate/id/diskussionen-4357.
J. Osterhammel, Die Verwandlung der Welt. München 2009.
K. Pomeranz, The great divergence. China, Europe and the making of the modern world economy. Princeton 2009.
S. Rinke, Revolutionen in Lateinamerika. Wege in die Unabhängigkeit 1760–1830. München 2010.
D. Sachsenmaier, Global perspectives on global history. Theories and approaches in a connected world. Cambridge 2011.
B. Schäbler (Hrsg.), Area Studies und die Welt. Weltregionen und neue Globalgeschichte. Wien 2007.

13.2 Transnationale Solidaritätsbewegungen

F. Apelt, Between Solidarity and Emancipation? Female Solidarity and Nicaraguan Revolutionary Feminism, in: J. Hansen/C. Helm/F. Reichherzer (Hrsg.), Making Sense of the Americas. How Protest Related to America in the 1980s and Beyond. Frankfurt am Main 2015, 175–196.
R. Baksh/W. Harcourt (Hrsg.), The Oxford Handbook of Transnational Feminist Movements. New York 2015.
W. Balsen/K. Rössel, Hoch die internationale Solidarität. Zur Geschichte der Dritte Welt-Bewegung in der Bundesrepublik. Köln 1986.
H. Berger, Solidarität mit Chile. Die österreichische Chile-Solidaritätsfront 1973–1990. Wien 2005.
P. Birle (Hrsg.), Demokratie und Entwicklung in Lateinamerika. Für Klaus Bodemer zum 65. Geburtstag. Frankfurt am Main 2006.
C. Bob, The marketing of rebellion. Insurgents, media, and international activism. New York 2009.
F. Camacho Padilla/L. Ramírez Palacio, Las imágenes de las guerrillas centroamericanas en las redes de la solidaridad internacional de Suecia, in: Naveg@merica/17. 2016.
F. Camacho Padilla, Los asilados de las Embajadas de Europa Occidental en Chile tras el golpe militar y sus consecuencias diplomáticas. El caso de Suecia. in: Revista Europea de Estudios Latinoamericanos y del Caribe / European Review of Latin American and Caribbean Studies/81. 2006, 21–41.

F. Camacho Padilla, Las relaciones entre Chile y Suecia durante el primer gobierno de Olof Palme, 1969–1976, in: Iberoamericana 7/25. 2007, 65–85.

B. Carr, Pioneering Transnational Solidarity in the Americas. The Movement in Support of Augusto C. Sandino 1927–1934, in: Journal of Iberian and Latin American Research 20/2. 2014, 141–152.

J. Charlip/M. Power, On Solidarity. in: Latin American Perspectives 36/6. 2009, 3–9.

K. Christiaens, States Going Transnational. Transnational State Civilian Networks and Socialist Cuba and Sandinista Nicaragua Solidarity Movements in Belgium (1960–1908s). in: Revue Belge de Philologie et Histoire 89/3. 2011, 1277–1305.

K. Christiaens, Orchestrating Solidarity. Third World Agency, Transnational Networks and the Belgian Mobilization for Vietnam and Latin America, 1960s–1980s. Leuven 2013.

K. Christiaens, Europe at the Crossroads of Three Worlds. European Solidarity with the Third World, 1960s–1970s, in: European review of history 24/6. 2017, 1–21.

K. Christiaens/I. Goddeeris/M. Rodriguez Garcia (Hrsg.), European solidarity with Chile, 1970s–1980s. Frankfurt am Main 2014.

L. Churchill, Transnational Alliances. Radical U. S. Feminist Solidarity and Contention with Latin America, 1970–1989, in: Latin American Perspectives 36/6. 2009, 10–26.

E. Davey, Idealism beyond borders. The French revolutionary Left and the rise of humanitarianism 1954–1988. Cambridge 2015.

J. L. Disney, Women's Activism and Feminist Agency in Mozambique and Nicaragua. Philadelphia 2008.

H. Dorsch, Red or Black Atlantic? Mozambican Students in Cuba and their reintegration at home. in: Zeitschrift für Ethnologie 136/2. 2011, 65–86.

M. Förch, Zwischen utopischen Idealen und politischer Herausforderung. Die Nicaragua-Solidaritätsbewegung in der Bundesrepublik. Eine empirische Studie. Frankfurt am Main, Berlin, Bern 1995.

V. Gosse, Where the boys are. Cuba, Cold War America and the making of a New Left. London 1993.

R. Grossmann, Solidarity with Sandino. The Anti-Intervention and Solidarity Movements in the United States, 1927–1933, in: Latin American Perspectives 36/6. 2009, 67–79.

J. A. Guidry/M. D. Kennedy/M. N. Zald (Hrsg.), Globalizations and social movements. Culture, power, and the transnational public sphere. Ann Arbor 2000.

J. Hansen/C. Helm/F. Reichherzer (Hrsg.), Making Sense of the Americas. How Protest Related to America in the 1980s and Beyond. Frankfurt am Main 2015.

K. Hansing, South-South Migration and Transnational Ties between Cuba and Mozambique, in: M. P. Smith/J. Eade (Hrsg.), Transnational ties. Cities, migrations, and identities. New Brunswick 2008, 77–90.

C. Hatzky/J. Stites Mor, Latin American Transnational Solidarities. Contexts and Critical Research Paradigms, in: Journal of Iberian and Latin American Research 20/2. 2014, 127–140.

C. Helm, Booming Solidarity. Sandinista Nicaragua and the West German Solidarity Movement in the 1980s, in: European review of history 21/4. 2014, 597–615.

C. Helm, The Sons of Marx Greet the Sons of Sandino. West German Solidarity Visitors to Nicaragua Sandinista, in: Journal of Iberian and Latin American Research 20/2. 2014, 153–170.

C. Helm, Guns, Doves, and Utopia. Representations of the Americas on Cartoons and Posters in Sandinista Nicaragua and its West German Solidarity Movement, in: J. Hansen/C. Helm/F. Reichherzer (Hrsg.), Making Sense of the Americas. How Protest Related to America in the 1980s and Beyond. Frankfurt am Main 2015, 197–221.

C. Helm, SandinistInnen – AktivistInnen – PazifistInnen. Das friedenspolitische Engagement der bundesdeutschen Nicaragua-Solidarität (1981–1984), in: C. Kemper (Hrsg.), Gespannte Verhältnisse. Frieden und Protest in Europa während der 1970er und 1980er Jahre. Essen 2017, 177–196.

C. Helm, Botschafter der Revolution. Das transnationale Kommunikationsnetzwerk zwischen der Frente Sandinista de Liberación Nacional und der bundesdeutschen Nicaragua-Solidarität 1977–1990. Berlin, Boston 2018.

C. Helm/J. M. Ágreda Portero, Solidaridad con la Revolución Sandinista. Comparativa de redes transnacionales. Los casos de la República Federal de Alemania y España, in: Naveg@merica 17. 2016.

S. Hensel/B. Rommé/B. Rupflin, Chile Solidarität in Münster. Für die Opfer der Militärdiktatur (1973–1990). Münster 2011.

J. Hierlmeier, Internationalismus. Eine Einführung in seine Ideengeschichte. Von den Anfängen bis zur Gegenwart. Stuttgart 2006.

S. Hirsch, Chilean Exiles, Reconciliation and Return. An Alternative View from Below, in: Journal of Refugee Studies 29/1. 2015, 82–97.

S. Hirsch, A Quarrel of Limited Concern to the People of this Country? The British Labour Movement and Chile Solidarity, in: Labour History Review 81/3. 2016, 237–257.

E. J. Hobsbawm, Age of extremes. The short twentieth century, 1914–1991. New York 1995.

T. Kadelbach, Les brigadistes suisses au Nicaragua (1982–1990). Fribourg 2006.

R. Karges, Solidarität oder Entwicklungshilfe. Nachholende Entwicklung eines Lernprozesses am Beispiel der bundesdeutschen Solidaritätsbewegung mit Nicaragua. Münster 1995.

M. E. Keck/K. Sikkink, Activists beyond borders. Advocacy networks in international politics. Ithaca, London 1998.

C. Kemper (Hrsg.), Gespannte Verhältnisse. Frieden und Protest in Europa während der 1970er und 1980er Jahre. Essen 2017.

S. E. Nepstad, Convictions of the soul. Religion, culture, and agency in the Central America solidarity movement. Oxford 2004.

C. Olejniczak, Die Dritte-Welt-Bewegung in Deutschland. Konzeptionelle und organisatorische Strukturmerkmale einer neuen sozialen Bewegung. Wiesbaden 1999.

E. v. Ommen, The Sandinista Revolution in the Netherlands. The Dutch Solidarity Comittees and Nicaragua (1977–1990), in: Naveg@mérica 17. 2016.

H. Perla, Si Nicaragua Venció, El Salvador Vencerá. Central American Agency in the Creation of the U. S.-Central American Peace and Solidarity Movement, in: Latin American Perspectives 36/6. 2008, 136–158.

H. Perla, Heirs of Sandino. The Nicaraguan Revolution and the U. S.-Nicaragua Solidarity Movement, in: Latin American Perspectives 36/6. 2009, 80–101.

H. Perla, The FSLN and International Solidarity, in: D. Close/S. Martí i Puig/S. A. McConnell (Hrsg.), The Sandinistas and Nicaragua since 1979. Boulder 2012, 269–286.

J. E. Pieper Mooney, East Germany. Chilean Exile and the Politics of Solidarity in the Cold War, in: K. Christiaens/I. Goddeeris/M. Rodriguez Garcia (Hrsg.), European solidarity with Chile, 1970s–1980s. Frankfurt am Main 2014, 275–300.

B. Potthast, Internationalismus und Feminismus in Lateinamerika in der ersten Hälfte des 20. Jahrhunderts, in: P. Birle (Hrsg.), Demokratie und Entwicklung in Lateinamerika. Für Klaus Bodemer zum 65. Geburtstag. Frankfurt am Main 2006, 31–53.

M. Power, Who but a Woman? The Transnational Diffusion of Anti-Communism among Conservative Women in Brazil, Chile and the United States during the Cold War, in: Journal of Latin American Studies 47/1. 2015, 93–119.

R. Rein, A Trans-National Struggle with National and Ethnic Goals. Jewish-Argentines and Solidarity with the Republicans during the Spanish Civil War, in: Journal of Iberian and Latin American Research 20/2. 2014, 171–182.

D. Rucht, Distant Issue Movements in Germany. Empirical Description and Theoretical Reflections, in: J. A. Guidry/M. D. Kennedy/M. N. Zald (Hrsg.), Globalizations and social movements. Culture, power, and the transnational public sphere. Ann Arbor 2000, 67–105.

J. Rybak, Eine sehr besondere Revolution, die ich kennenlernen wollte. Die österreichische Nicaragua-Solidaritätsbewegung 1979–1990. Wien 2015.

S. J. Scholz, Political solidarity. University Park 2008.

S. J. Scholz, Feminist Political Solidarity, in: L. Tessman (Hrsg.), Feminist Ethics and Social and Political Philosophy. Theorizing the Non-Ideal. Dordrecht 2009, 205–220.

M. P. Smith/J. Eade (Hrsg.), Transnational ties. Cities, migrations, and identities. New Brunswick 2008.

L. Tessman (Hrsg.), Feminist Ethics and Social and Political Philosophy. Theorizing the Non-Ideal. Dordrecht 2009.

A. M. Tripp/M. Marx Ferree, Global feminism. Transnational womens activism, organizing, and human rights. New York 2006.

V. Vargas, Feminism and Democratic Struggles in Latin America, in: R. Baksh/W. Harcourt (Hrsg.), The Oxford Handbook of Transnational Feminist Movements. New York 2015, 534–552.

C. M. Weber, Visions of Solidarity. U. S. Peace Activists in Nicaragua from War to Women's Activism and Globalization. Lanham 2006.

14 Militärdiktaturen und Transition

14.1 Militärdiktaturen

G. Águila/S. Garaño/P. Scatizza (Hrsg.), Represión estatal y violencia paraestatal en la historia reciente argentina. Nuevos abordajes a 40 años del golpe de estado. Buenos Aires 2016.

B. Arditi (Hrsg.), Adiós a Stroessner. La reconstrucción de la política en el Paraguay. Asunción 1992.

B. Arditi, El Estado ominívoro. Poder y orden político bajo el stronismo, in: B. Arditi (Hrsg.), Adiós a Stroessner. La reconstrucción de la política en el Paraguay. Asunción 1992, 15–70.

J. P. Bohoslavsky/V. Opgenhaffen, The Past and Present of Corporate Complicity: Financing the Argentinean Dictatorship, in: Harvard Human Rights Journal 23. 2010, 157–204.

J. P. Bohoslavsky/M. D. Torelly, Financial Complicity: The Brazilian Dictatorship Under the „Macroscope". in: D. N. Sharp (Hrsg.), Justice and economic violence in transition. New York 2014, 233–262.

S. Chávez Wurm, Der Leuchtende Pfad in Peru (1970–1993). Erfolgsbedingungen eines revolutionären Projekts. Köln, Wien 2011.

J. E. Corradi/P. W. Fagen/M. A. Garretón Merino, Fear at the edge. State terror and resistance in Latin America. Berkeley 1992.

M. C. D'Araujo, Taking Stock (with discomfort) of the Military Dictatorship Fifty Years after the 1964 Coup. A Bibliographical Essay. in: Brazilian Political Science Review 9/3. 2015, 143–163.

J. Dinges, The Condor years. How Pinochet and his allies brought terrorism to three continents. New York 2004.

B. Enzmann (Hrsg.), Handbuch Politische Gewalt. Formen – Ursachen – Legitimation – Begrenzung. Wiesbaden 2013.

C. Fico, Brazilian Military Dictatorship. Theoretical and Historiographical Approximations, in: Revista Tempo e Argumento 9/20. 2017, 400–467.

T. Fischer/S. Klengel/E. Pastrana Buelvas (Hrsg.), Kolumbien heute. Politik, Wirtschaft, Kultur. Frankfurt am Main 2017.

N. Henríquez Ayín/C. Reynoso Rendón, Cuestiones de género y poder en el conflicto armado en el Perú. Lima 2006.

S. Hensel/S. Ruderer, Zwischen Macht und Moral? Die katholische Kirche während der Militärdiktaturen in Argentinien und Chile. Ein Forschungsüberblick, in: Jahrbuch für Geschichte Lateinamerikas 48/1. 2011, 361–388.

W. Hörtner, Kolumbien verstehen. Geschichte und Gegenwart eines zerissenen Landes. Zürich 2007.

T. Jäger, u. a., Die Tragödie Kolumbiens. Staatszerfall, Gewaltmärkte und Drogenökonomie. Wiesbaden 2007.

S. Kurtenbach (Hrsg.), Kolumbien zwischen Gewalteskalation und Friedenssuche. Frankfurt am Main 2001.

P. Lambert/A. Nickson (Hrsg.), The Transition to Democracy in Paraguay. London 1997.

P. H. Lewis, Paraguay under Stroessner. Chapel Hill 1980.

J. J. Linz, Totalitäre und autoritäre Regime. Potsdam 2009.

N. Manrique, El tiempo del miedo. La violencia política en el Perú, 1980–1996. Lima 2002.

J. P. McSherry, Predatory states. Operation Condor and covert war in Latin America. Lanham 2005.

C. R. Miranda, The Stroessner era. Authoritarian rule in Paraguay. Boulder 1990.

M. Napolitano, História do regime militar brasileiro. São Paulo 2014.

R. A. Nickson, Paraguay's Archivo del Terror. in: Latin American Research Review 30/1. 1995. 125–129.

M. Novaro/V. Palermo, La dictadura militar (1976–1983). Del golpe de Estado a la restauración democrática. Buenos Aires 2003.

G. A. O'Donnell, Modernization and bureaucratic-authoritarianism. Studies in South Amerian politics. Berkeley 1979.

G. A. O'Donnell, Bureaucratic authoritarianism. Argentina, 1966–1973, in comparative perspective. Berkeley 1988.

R. Paredes, Stroessner y el stronismo. Asunción 2004.

D. Poole/G. Rénique, Peru. Time of fear. New York, London 1992.

B. Potthast/A. Sosna, Das politische System Paraguays. in: K. Stüwe/S. Rinke (Hrsg.), Die politischen Systeme in Nord- und Lateinamerika. Eine Einführung. Wiesbaden 2008, 466–486.

M. Riekenberg, Staatsterror in Lateinamerika. in: B. Enzmann (Hrsg.), Handbuch Politische Gewalt. Formen – Ursachen – Legitimation – Begrenzung. Wiesbaden 2013, 349–362.

J. Ríos Sierra/H. Cairo Carou, Breve historia del conflicto armado en Colombia. Madrid 2017.

D. N. Sharp (Hrsg.), Justice and economic violence in transition. New York 2014.

S. J. Stern (Hrsg.), Shining and other paths. War and society in Peru, 1980–1995. Durham 1998.

K. Stüwe/S. Rinke (Hrsg.), Die politischen Systeme in Nord- und Lateinamerika. Eine Einführung. Wiesbaden 2008.

H. Verbitsky/J. P. Bohoslavsky (Hrsg.), The economic accomplices to the Argentine dictatorship. Outstanding debts. Cambridge 2016.

S. Wiehl, Genozidale Gewalt? Der peruanische Staatsterror 1980–1994. Bielefeld 2020.

A. Wilde (Hrsg.), Las iglesias ante la violencia en América Latina. Los derechos humanos en el pasado y el presente. México, Washington 2015.

K. ZOGLIN, Paraguay's Archive of Terror: International Cooperation and Operation Condor, in: University of Miami Inter-American Law Review 32/1. 2001, 57–82.

14.2 Menschenrechte

K. AMBOS, Straflosigkeit von Menschenrechtsverletzungen. Zur „impunidad“ in südamerikanischen Ländern aus völkerstrafrechtlicher Sicht = Impunity and human rights violations. Freiburg im Breisgau 1997.

J. AYALA LASSO, u. a. (Hrsg.), Estudios básicos de derechos humanos. San José 1996.

L. DUBOIS, A Colony of Citizens. Revolution & Slave Emancipation in the French Caribbean, 1787–1804. Kingston 2004.

L. DUBOIS, Avengers of the new world. The story of the Haitian revolution. Cambridge 2009.

J. ECKEL, Die Ambivalenz des Guten. Menschenrechte in der internationalen Politik seit den 1940ern. Göttingen 2014.

S. ECKSTEIN/M. A. GARRETÓN MERINO (Hrsg.), Power and popular protest. Latin American social movements. Berkeley 2004.

C. GERMAN, Politik und Kirche in Lateinamerika. Zur Rolle der Bischofskonferenzen im Demokratisierungsprozeß Brasiliens und Chiles. Frankfurt am Main 1999.

O. GLIECH, Saint-Domingue und die Französische Revolution. Das Ende der weißen Herrschaft in einer karibischen Plantagenwirtschaft. Köln, Weimar, Wien 2011.

U. GORINI, Historia de las madres de Plaza de Mayo. Buenos Aires 2015.

M. GUZMÁN BOUVARD, Revolutionizing motherhood. The mothers of the Plaza de Mayo. Wilmington 1994.

J. HASSE/E. MÜLLER/P. SCHNEIDER (Hrsg.), Menschenrechte. Bilanz und Perspektiven. Baden-Baden 2002.

K. HAUCK/R. HUHLE, 20 Jahre Madres de la Plaza de Mayo, in: D. NOLTE (Hrsg.), Vergangenheitsbewältigung in Lateinamerika. Frankfurt am Main 1996.

S. E. HOWE, The Madres de la Plaza de Mayo. Asserting Motherhood. Rejecting Feminism? In: Journal of International Women's Studies 7/3. 2006, 43–50.

R. HUHLE, Menschenrechte in Lateinamerika, in: J. HASSE/E. MÜLLER/P. SCHNEIDER (Hrsg.), Menschenrechte. Bilanz und Perspektiven. Baden-Baden 2002, 197–219.

D. IRAMAIN, Una historia de las Madres de Plaza de Mayo. Buenos Aires 2009–2010.

W. KALECK, Kampf gegen die Straflosigkeit. Argentiniens Militärs vor Gericht. Berlin 2010.

A. MARTIN, Les mères „folles“ de la Place de Mai. Maternité, contre-institution, et raison d'état. Paris 1989.

A. L. Molina Theissen, La desaparición forzada de personas en América Latina, in: J. Ayala Lasso, u. a. (Hrsg.), Estudios básicos de derechos humanos. San José 1996, 63–129.
M. Navarro, The Personal is the Political. Las Madres de Plaza de Mayo, in: S. Eckstein/M. A. Garretón Merino (Hrsg.), Power and popular protest. Latin American social movements. Berkeley 2004, 241–258.
D. Nolte (Hrsg.), Vergangenheitsbewältigung in Lateinamerika. Frankfurt am Main 1996.
P. Orellana/E. Quay Hutchison, El movimiento de derechos humanos en Chile, 1973–1990. Santiago de Chile 1991.
P. P. Oria, De la casa a la plaza. Transformaciones de la cotidianidad en madres y abuelas de la plaza de mayo. Buenos Aires 1987.
F. Rojas Aravena/C. Stefoni Espinoza (Hrsg.), El caso Pinochet. Visiones hemisféricas de su detención en Londres. Santiago de Chile 2001.
B. Rupflin, Umkämpfte Menschenrechte. Katholische Kirche und Militardiktatur in Argentinien 1976–1983. Köln 2019.
B. Schmolze/K. Rauchfuss (Hrsg.), Kein Vergeben. Kein Vergessen. Der internationale Kampf gegen Straflosigkeit. Berlin 2009.

14.3 Wahrheitskommissionen, *transitional justice* und Erinnerung

E. Allier-Montaño/E. Crenzel (Hrsg.), The Struggle for Memory in Latin America. Recent History and Political Violence. New York 2015.
K. Annan/United Nations, The rule of law and transitional justice in conflict and post-conflict societies. Report of the Secretary-General 23.08.2004.
F. Arellano Cruz, Politische Gewalt ausstellen. Nationale Erinnerungsmuseen in Chile und Peru. Bielefeld 2018.
T. G. Ash, The Truth About Dictatorship, in: The New York Review of Books. 19 Feb. 1998, 35–40.
N. Biggar (Hrsg.), Burying the past. Making peace and doing justice after civil conflict. Washington 2003.
M. Brodsky (Hrsg.), Memoria en construcción. El debate sobre la ESMA. Buenos Aires 2005.
S. Buckley-Zistel et al. (Hrsg.), Transitional Justice Theories. New York 2014.
U. Capdepón, Vom Fall Pinochet zu den Verschwundenen des Spanischen Bürgerkrieges. Die Auseinandersetzung mit Diktatur und Menschenrechtsverletzungen in Spanien und Chile. Bielefeld 2015.
Comisión de la Verdad y Reconciliación, Perú, Hatun willakuy. Versión abreviada del informe final de la Comisión de la Verdad y Reconciliación, Perú. Lima 2008.
E. A. Crenzel, Memory of the Argentina disappearances. The political history of Nunca más. London, New York 2017.

K. Dykmann, El Salvador – die Menschenrechte im Visier. Die Auseinandersetzung vom Beginn des Bürgerkrieges bis zum Amnestiegesetz (1980–93). Hamburg 1999.
N. Elsemann, Umkämpfte Erinnerungen. Die Bedeutung lateinamerikanischer Erfahrungen für die spanische Geschichtspolitik nach Franco. Frankfurt am Main 2010.
R. Figari Layús, Transitional Justice in Argentinien. Dreißig Jahre Suche nach Wahrheit und Gerechtigkeit. in: A. Mihr/G. Pickel/S. Pickel (Hrsg.), Handbuch Transitional Justice. Wiesbaden 2015, 1–21.
R. Fuchs, Staatliche Aufarbeitung von Diktatur und Menschenrechtsverbrechen in Argentinien. Die Vergangenheitspolitik der Regierungen Alfonsín (1983–1989) und Menem (1989–1999) im Vergleich. Hamburg 2003.
G. Grandin, Chronicles of a Guatemalan Genocide Foretold. Violence, Trauma, and the Limits of Historical Inquiry. in: Nepantla: Views from South 1/2. 2000, 391–412.
E. Halbmayer/S. Karl, Die erinnerte Gewalt. Postkonfliktdynamiken in Lateinamerika. Bielefeld 2012.
Hamburger Institut für Sozialforschung, Nie wieder! Ein Bericht über Entführung, Folter und Mord durch die Militärdiktatur in Argentinien. Weinheim 1987.
R. Hatcher, The Power of Memory and Violence in Central America. Cham 2018.
P. B. Hayner, Unspeakable truths. Confronting state terror and atrocity. New York 2001.
A. Huffschmid, Risse im Raum. Erinnerung, Gewalt und städtisches Leben in Lateinamerika. Wiesbaden 2015.
E. Jelin (Hrsg.), Colleción Memorias de la Represión. Buenos Aires 2002.
E. Jelin, Los trabajos de la memoria. Madrid 2002.
E. Jelin, State repression and the Labors of Memory. Minneapolis, Minnesota 2003.
E. Jelin/D. Sempol, El pasado en el futuro. Los movimientos juveniles. Buenos Aires 2006.
S. Jonas, Of Centaurs and Doves. Guatemala's Peace Process. Boulder 2000.
A. Kaufman, Museo del Nunca Más, in: M. Brodsky (Hrsg.), Memoria en construcción. El debate sobre la ESMA. Buenos Aires 2005, 79–82.
P. Krischke, Problems in the Study of Democratization in Latin America. Regime Analysis vs. Cultural Studies. in: International Sociology 15/1. 2000, 107–125.
M. Leiner/S. Flämig (Hrsg.), Latin America between conflict and reconciliation. Göttingen 2012.
F. Lessa/C. Levey, From Blanket Impunity to Judicial Opening(s). H. I. J. O. S. and Memory Making in Postdictatorship Argentina (2005–2012), in: Latin American Perspectives 42/3. 2015, 207–225.
C. Levey, Of HIJOS and Niños. Revisiting Postmemory in Post-Dictatorship Uruguay, in: History and Memory 26/2. 2014, 5–39.
J. J. Linz/A. Stepan, Problems of democratic transition and consolidation. Southern Europe, South America, and Post-Communist Europe. Baltimore 1996.

W. E. Little/T. J. Smith, Mayas in Postwar Guatemala. Harvest of Violence Revisited. Tuscaloosa 2009.

T. Louis, „Somos desplazados sin saberlo“: der Ort des Desplazamiento im kolumbianischen Gedächtnis. Köln 2013.

S. M. Lozada, Los derechos humanos y la impunidad en la Argentina (1974–1999). De López Rega a Alfonsín y Menem. Buenos Aires 1999.

A. Mihr/G. Pickel/S. Pickel (Hrsg.), Handbuch Transitional Justice. Wiesbaden 2015.

G. A. O'Donnell/P. C. Schmitter/L. Whitehead, Transitions from authoritarian rule. Baltimore 1991.

A. Oettler, Der Stachel der Wahrheit. Zur Geschichte und Zukunft der Wahrheitskommission in Lateinamerika, in: Lateinamerika Analysen 9/2004, 93–127.

A. Oettler, Erinnerungsarbeit und Vergangenheitspolitik in Guatemala. Frankfurt am Main 2004.

A. Oettler, Transitional Justice, Recognition, and Authoritative Power. in: GIGA Working Paper/305. 2017, 3–18.

Oficina de Derechos Humanos del Arzobispado de Guatemala, Guatemala, Nunca Más. Informe del Proyecto Interdiocesano Recuperación de la Memoria Histórica. Guatemala 1998.

A. Pérotin-Dumon, Historizar el pasado vivo en América Latina. Zuletzt geprüft: 07.12.2020. Verfügbar unter: http://etica.uahurtado.cl/historizarelpasadovivo/es_contenido.php. 2007.

S. Peters/H.-J. Burchardt/R. Öhlschläger (Hrsg.), Geschichte wird gemacht. Vergangenheitspolitik und Erinnerungskulturen in Lateinamerika. Baden-Baden 2015.

L. Rehm, Politische Gewalt in Kolumbien. Die Violencia in Tolima, 1946–1964. Stuttgart 2014.

N. Roht-Arriaza/J. Mariezcurrena (Hrsg.), Transitional Justice in the Twenty First Century. Beyond Truth Versus Justice. Cambridge 2006.

A. Ros, The post-dictatorship generation in Argentina, Chile, and Uruguay. Collective memory and cultural production. New York 2012.

S. Ruderer, Das Erbe Pinochets. Vergangenheitspolitik und Demokratisierung in Chile 1990–2006. Göttingen 2010.

B. Sarlo, Tiempo pasado. Cultura de la memoria y giro subjetivo. Una discusión. Buenos Aires 2005.

E. Schindel/P. Colombo (Hrsg.), Space and the memories of violence. Landscapes of erasure, disappearance and exception. Basingstoke 2014.

N. Schneider, The Brazilian Truth Commission. Local, National and Global Perspectives, New York 2019.

N. Schneider/M. Esparza (Hrsg.), Legacies of State Violence and Transitional Justice in Latin America. A Janus-Faced Paradigm? London 2015.

S. Schuster, Die Violencia in Kolumbien. Verbotene Erinnerung? Der Bürgerkrieg in Politik und Gesellschaft 1948–2008. Stuttgart 2009.

Secretaría de Derechos Humanos/CONADEP, Nunca más. Informe de la Comisión Nacional sobre la Desaparición de Personas. Buenos Aires 1984.

R. Sieder, War, Peace and the Politics of Memory in Guatemala, in: N. Biggar (Hrsg.), Burying the past. Making peace and doing justice after civil conflict. Washington 2003.

K. Sikkink/C. B. Walling, Argentina's Contribution to Global Trends in Transitional Justice, in: N. Roht-Arriaza/J. Mariezcurrena (Hrsg.), Transitional Justice in the Twenty First Century. Beyond Truth Versus Justice. Cambridge 2006, 301–325.

V. Straßner, Die offenen Wunden Lateinamerikas. Vergangenheitspolitik im postautoritären Argentinien, Uruguay und Chile. Wiesbaden 2007.

H. Zinecker, El Salvador nach dem Bürgerkrieg. Ambivalenzen eines schwierigen Friedens. Frankfurt am Main 2004.

15 Bildung, Studentenproteste und Jugendkultur

P. Barr-Melej, Siloísmo and the Self in Allende's Chile. Youth, „Total Revolution", and the Roots of the Humanist Movement, in: Hispanic American Historical Review 86/4. 2006, 747–784.

A. Boal, Theater der Unterdrückten. Frankfurt am Main 1990.

E. Carey, Plaza of Sacrifices. Gender, Power, and Terror in 1968 Mexico. Albuquerque 2005.

C. Dunn, Brutality Garden. Tropicália and the Emergence of a Brazilian Counterculture. Chapel Hill 2001.

S. Gvirtz/J. Beech, Going to School in Latin America. Westport 2008.

A. J. Kirkendall, Paulo Freire and the Cold War Politics of Literacy. Chapel Hill 2010.

V. Langland, Speaking of Flowers. Student Movements and the Making and Remembering of 1968 in Military Brazil. Durham 2013.

V. Manzano, The Age of Youth in Argentina. Culture, Politics, and Sexuality from Perón to Videla. Chapel Hill 2014.

V. Markarian, El 68 Uruguayo. El Movimiento Estudiantil entre Cócteles Molotov y Música Beat. Bernal 2012.

V. Oelsner/C. Richter (Hrsg.), Bildung in Lateinamerika. Strukturen, Entwicklungen, Herausforderungen. Münster 2015.

J. M. Pensado, Rebel Mexico. Student Unrest and Authoritarian Political Culture During the Long Sixties. Stanford 2013.

B. Potthast/K. Schembs (Hrsg.), Student Protests in the Global South. Annotated Sources (1918–2018). Cologne 2019.

D. Sorensen, A Turbulent Decade Remembered. Scenes from the Latin American Sixties. Stanford 2007.

A. Staffler, Augusto Boal. Einführung. Essen 2009.

S. Stokes, Paris and Mexico City. 1968 Student Activism. Oxford 2012.

T. Zumhof, Pädagogik und Poetik der Befreiung. Der Zusammenhang von Paulo Freires Befreiungspädagogik und Augusto Boals „Theater der Unterdrückten". Münster, New York, München, Berlin 2012.

16 Kulturgeschichte und Sport

J. L. Arbena/D. G. LaFrance, Sport in Latin America and the Caribbean. Wilmington 2002.

D. Armus/S. Rinke (Hrsg.), Del football al fútbol/futebol. Historias argentinas, brasileras y uruguayas en el siglo XX. Frankfurt am Main, Madrid 2014.

X. Ayén, Aquellos años del boom. García Márquez, Vargas Llosa y el grupo de amigos que lo cambiaron todo. Barcelona 2014.

A. Birkenstock/E. Blumenstock, Salsa, Samba, Santería. Lateinamerikanische Musik. München 2003.

B. Bremme, Movie-mientos. Der Lateinamerikanische Film: Streiflichter von Unterwegs. Stuttgart 2000.

B. Bremme, Movie-mientos II. Der Lateinamerikanische Film in Zeiten Globaler Umbrüche. Stuttgart 2009.

A. Burgos, Playing America's game. Baseball, Latinos, and the color line. Berkeley 2007.

A. Burgos, Cuban star. How one Negro-League owner changed the face of baseball. New York 2011.

T. Fischer/R. Köhler/S. Reith, Fútbol y Sociedad en América Latina. Madrid 2021.

J. Hart, Empire and Revolution. The @Americans in Mexico Since the Civil War. Berkeley, Los Angeles 2002.

D. Ingruber/U. Prutsch, Imágenes – Bilder und Filme aus Lateinamerika. Berlin, Münster 2007.

F. A. Lomelí/D. A. Segura/E. Benjamin-Labarthe (Hrsg.), Routledge handbook of Chicana/o studies. London, New York 2019.

J. Michael, Telenovelas und kulturelle Zäsur. Intermediale Gattungspassagen in Lateinamerika. Bielefeld 2010.

R. M. D. Miller, Football in the Americas. Fútbol, Futebol, Soccer. London 2007.

E. Morales, The Latin beat. The Rhythms and Roots of Latin Music from Bossa Nova to Salsa and Beyond. Cambridge 2003.

G. Müller, Die Boom-Autoren heute. García Márquez, Fuentes, Vargas Llosa, Donoso und ihr Abschied von den großen identitätsstiftenden Entwürfen. Frankfurt am Main 2004.

P. Palomino, The Invention of Latin American Music. A Transnational History. New York 2020.

C. Peters, Das globalisierte Spiel. Fußball und Identitäten in Brasilien aus transnationaler Perspektive, 1894–1930. Stuttgart 2014.

J. Raab/S. Thies/D. Noll-Opitz (Hrsg.), Screening the Americas: Narration of Nation in Documentary Film. Proyectando las Americas: Narración de la nación en el cine documental. Trier 2011.

M. A. Rankin, ¡México, la patria! Propaganda and production during World War II. Lincoln 2009.

S. Rinke, ¿La última pasión verdadera? Historia del fútbol en América Latina en el contexto global, in: Iberoamericana 7/27. 2007, 85–100.

M. Röhrig Assunção, Capoeira. A history of an Afro-Brazilian martial art. London, New York 2005.

M. Rössner/W. B. Berg (Hrsg.), Lateinamerikanische Literaturgeschichte. Stuttgart 2007.
L. Shaw/S. Dennison (Hrsg.), Latin American cinema. Essays on modernity, gender and national identity. Jefferson 2005.
M. Tenorio-Trillo, Latin America. The Allure and Power of an Idea. Chicago 2017.
C. v. Tschilschke/M. Cedeño Rojas/I. Maurer Queipo, Lateinamerikanisches Kino der Gegenwart. Themen, Genres/Stile, RegisseurInnen. Tübingen 2015.
T. Tufte, The telenovela. In: G. Creeber (Hrsg.), The television genre book. London 2015.
H. Vianna, The Mystery of Samba. Popular Music and National Identity in Brazil. Chapel Hill 1999.

17 Religionen

17.1 Theologie der Befreiung

L. Boff, Kirche: Charisma und Macht. Studien zu einer streitbaren Ekklesiologie. Düsseldorf 1985.
J. Burdick/W. E. Hewitt, The church at the grassroots in Latin America. Perspectives on thirty years of activism. Westport 2000.
E. D. Dussel, Historia general de la Iglesia en América Latina. Salamanca, Petrópolis 1977–1995.
E. D. Dussel, Herrschaft und Befreiung. Ansatz, Stationen und Themen einer lateinamerikanischen Theologie der Befreiung. Fribourg 1985.
E. D. Dussel, Die Geschichte der Kirche in Lateinamerika. Mainz 1988.
R. Fornet-Betancourt, Befreiungstheologie. Kritischer Rückblick und Perspektiven für die Zukunft. Mainz 1997.
V. Garrard-Burnett/P. Freston/S. C. Dove, The Cambridge history of religions in Latin America. New York 2016.
G. Gutiérrez, Theologie der Befreiung. München 1992.
S. Hensel/H. Wolf, Die katholische Kirche und Gewalt. Europa und Lateinamerika im 20. Jahrhundert. Köln 2013.
B. Kern, Theologie der Befreiung. Tübingen, Basel 2013.
D. H. Levine, Politics, Religion, and Society in Latin America. Boulder 2012.
J. Meier/V. Straßner, Kirche und Katholizismus seit 1945. Lateinamerika und Karibik. Paderborn 2009.
H.-J. Prien, Lateinamerika. Gesellschaft – Kirche – Theologie. Göttingen 1981.

17.2 Afroamerikanische Religionen

A. Appiah/H. L. Gates (Hrsg.), Africana. The encyclopedia of the African and African American experience. New York 1999.

D. H. Brown, Santería enthroned. Art, ritual, and innovation in an Afro-Cuban religion. Chicago 2003.

L. Cabrera, El Monte. Igbo, Finda, Ewe, Orisha, Vititi, Nfinda. Miami 1983 [1954].

E. B. Edmonds/M. A. Gonzalez, Caribbean Religious History. An Introduction. New York 2010.

M. Fernández Olmos/L. Paravisini-Gebert, Creole Religions of the Caribbean. An Introduction from Vodou and Santería to Obeah and Espiritismo. New York 2003.

J. Fuentes Guerra/G. Gómez Gómez, Cultos afrocubanos. Un estudio etnolingüístico. La Habana 1986.

M. J. Herskovits, They myth of the Negro past. New York, London 1941.

J. L. Matory, Afro-Atlantic Culture. On the Live Dialogue between Africa and the Africas, in: A. Appiah/H. L. Gates (Hrsg.), Africana. The encyclopedia of the African and African American experience. New York 1999, 36–44.

S. W. Mintz/R. Price, An Anthropological Approach to the Afro-American Past. A Caribbean Perspective. Philadelphia 1976.

F. Ortiz, Los negros brujos. Apuntes para un estudio de etnología criminal. La Habana 2001.

F. Ortiz, Los negros esclavos. La Habana 1975.

F. Ortiz, Los negros curros. La Habana 1986.

S. Palmié, Das Exil der Götter. Geschichte und Vorstellungswelt einer afrokubanischen Religion. Frankfurt am Main 1991.

S. Palmié, Wizards and Scientists. Explorations in Afro-Cuban Modernity and Tradition. Durham 2002.

J. D. Y. Peel, The Cultural Work of Yoruba Ethnogenesis, in: E. Tonkin (Hrsg.), History and ethnicity. London 1989. 198–215.

J. R. Prandi, Os candomblés de São Paulo. A velha magia na metrópole nova. São Paulo 1991.

C. Rauhut, Santería und ihre Globalisierung in Kuba. Tradition und Innovation in einer afrokubanischen Religion. Würzburg 2012.

A. Reuter, Voodoo und andere afroamerikanische Religionen. München 2003.

E. Tonkin (Hrsg.), History and ethnicity. London 1989.

17.3 Protestantismus und Pfingstkirchen

Bertelsmann-Stiftung (Hrsg.), Woran glaubt die Welt? Analysen und Kommentare zum Religionsmonitor 2008. Gütersloh 2009.

R. A. Chesnut, Competitive spirits. Latin America's new religious economy. New York 2003.

P. Freston, Evangelicals and politics in Africa, Asia and Latin America. Cambridge, New York 2003.

H. Schäfer, Pfingstbewegung – sozialer Wandel und religiöser Habitus, in: Bertelsmann-Stiftung (Hrsg.), Woran glaubt die Welt? Analysen und Kommentare zum Religionsmonitor 2008. Gütersloh 2009, 553–608.

H. Schäfer, Die Taufe des Leviathan. Protestantische Eliten und Politik in den USA und Lateinamerika. Bielefeld 2021 (Open Access).

18 Gewaltursachen und Gewaltphänomene

C. W. Bergquist/R. Peñaranda/G. Sánchez G. (Hrsg.), Violence in Colombia 1990–2000. Waging war and negotiating peace. Wilmington 2001.
K. Bidaseca, Escritos en los cuerpos racializados. Lenguas, memoria y genealogías (pos)coloniales del feminicidio. Palma 2015.
K. Bodemer/S. Kurtenbach/K. Meschkat, Violencia y regulación de conflictos en América Latina. Caracas 2001.
O. Fals Borda/G. Guzman/E. Umaña Luna, La violencia en Colombia. Bogotá 2016.
R. L. Fregoso/C. L. Bejarano, Terrorizing women. Feminicide in the Américas. Durham 2010.
W. Gabbert, The longue durée of colonial violence in Latin America, in: Historical Social Research 37/3. 2012, 254–275.
A. S. Godoy, Popular injustice. Violence, community, and law in Latin America. Stanford 2006.
L. Helfrich-Bernal/S. Kurtenbach (Hrsg.), Colombia, caminos para salir de la violencia. Trabajos presentados en la Conferencia Internacional „Colombia, Caminos para Salir de la Violencia", realizada en Frankfurt entre el 27 y el 28 de junio de 2003. Madrid, Frankfurt am Main 2006.
K. Koonings/D. Kruijt, Societies of fear. The legacy of civil war, violence and terror in Latin America. London 2000.
K. Koonings/D. Kruijt, Fractured cities. Social exclusion, urban violence and contested spaces in Latin America. London, New York 2007.
K. Koonings/D. Kruijt, Violence and resilience in Latin American cities. London 2015.
S. Kurtenbach, Staat, Gewalt und Klientelismus. Das Beispiel Kolumbien. Frankfurt am Main 1990.
E. Moncada, Cities, business, and the politics of urban violence in Latin America. Stanford 2016.
B. Moore, Social Origins of Dictatorship and Democracy. Lord and Peasant in the Making of the Modern World. Harmondsworth 1984.
M. Palacios Rozo, Violencia pública en Colombia. 1958–2010. Bogotá 2012.
W. G. Pansters, Violence, coercion, and state-making in twentieth-century Mexico. The other half of the centaur. Stanford 2012.
C. M. Perea Restrepo, El frío del miedo. Violencia y cultura en México, in: Revista CIDOB d'Afers Internacionals 81. 2008, 17–43.
G. Santamaría/D. Carey, Violence and crime in Latin America. Representations and politics. Norman 2017.
C. Tilly, Coercion, capital, and European states. AD 990–1992. Cambridge 1997.
P. Watt/R. Zepeda Martínez, Drug war Mexico. Politics, neoliberalism and violence in the new narcoeconomy. London, New York 2012.

19 Migration und Exil

H. Avni, The Role of Latin America in Immigration and Rescue During the Nazi Era 1933–1945. Washington 1986.

P. Domínguez Prats, Voces del exilio. Mujeres españolas en México (1939–1950). Madrid 1994.

P. C. Emmer/M. Mörner (Hrsg.), European expansion and migration. Essays on the intercontinental migration from Africa, Asia, and Europe. New York 1992.

P. W. Fagen, Exiles and Citizens. Spanish Republicans in Mexiko. Austin 1973.

L. A. Flores, Grounds for Dreaming. Mexican Americans, Mexican Immigrants, and the California Farmworker Movement. New Haven 2016.

L. García Bedolla, Latino politics. Cambridge, Malden 2014.

K. Geron, Latino political power. Boulder 2005.

D. Gleizer Salzman/S. Thomae, Unwelcome exiles. Mexico and the Jewish refugees from Nazism, 1933–1945. Leiden 2013.

T. J. Henderson, Beyond borders. A concise history of Mexican migration to the United States. Chichester, West Sussex, Malden 2011.

S. Hensel, Leben auf der Grenze. Diskursive Aus- und Abgrenzungen von Mexican Americans und Puertoricanern in den USA. Frankfurt am Main 2004.

F. Katz, Mexico, Gilberto Bosques and the Refugees, in: The Americas 57/1. 2000. 1–12.

M. Kenny, Immigrantes y refugiados españoles en México (siglo XX). México 1979.

W. Kießling, Exil in Lateinamerika. Leipzig 1984.

W. Kießling, Brücken nach Mexiko. Traditionen einer Freundschaft. Berlin 1989.

C. E. Lida, Inmigración y exilio. Reflexiones sobre el caso español. México 1997.

C. E. Lida, u. a., El Colegio de México. Una hazaña cultural 1940–1962. México 1990.

A. Margheritis (Hrsg.), Shaping migration between Europe and Latin America. New approaches and perspectives. London 2018.

A. Mateos, De la Guerra Civil al exilio. Los republicanos españoles y México. Indalecio Prieto y Lázaro Cárdenas. Madrid 2005.

R. L. Mize, The invisible workers of the U. S.-Mexico Bracero Program. Obreros olvidados. Lanham 2016.

M. Mörner, Immigration into Latin America. Especially Argentina and Chile, in: P. C. Emmer/M. Mörner (Hrsg.), European expansion and migration. Essays on the intercontinental migration from Africa, Asia, and Europe. New York 1992, 211–244.

D. Pla Brugat/N. Sánchez Albornoz, Pan, Trabajo y Hogar. El exilio republicano español en América Latina. México 2007.

F. Pohle, Das mexikanische Exil. Ein Beitrag zur Geschichte der politisch-kulturellen Emigration aus Deutschland (1937–1946). Stuttgart 1986.

N. SÁNCHEZ ALBORNOZ, El exilio español en perspectiva comparada, in: P. YANKELEVICH (Hrsg.), México, país refugio. La experiencia de los exilios en el siglo XX. México 2002, 197–204.

D. SCHWARZSTEIN, Entre Franco y Perón. Memoria e identidad del exilio republicano español en Argentina. Barcelona 2001.

J. VALENDER/R. CORRAL/J. M. DÍAZ DE GUEREÑU (Hrsg.), Los refugiados españoles y la cultura mexicana. Actas de las segundas jornadas celebradas en El Colegio de México en noviembre de 1996. México 1999.

P. VON ZUR MÜHLEN, Fluchtziel Lateinamerika. Die deutsche Emigration 1933–1945. Politische Aktivitäten und soziokulturelle Integration. Bonn 1988.

I. WEHR (Hrsg.), Un continente en movimiento. Migraciones en América Latina. Madrid 2006.

P. YANKELEVICH (Hrsg.), México, país refugio. La experiencia de los exilios en el siglo XX. México 2002.

E. YOUKHANA (Hrsg.), Border Transgression. Mobility and Mobilization in Crisis. Göttingen 2017.

Abkürzungsverzeichnis

ADLAF	Arbeitsgemeinschaft Deutsche Lateinamerikaforschung
ALBA	Alianza Bolivariana para los Pueblos de Nuestra América (Bolivarianische Allianz für die Völker unseres Amerika)
ALCA	Área de Libre Comercio de las Américas (Amerikanische Freihandelszone)
ALCALC	Asociación Latinoamericana de Libre Comercio (Lateinamerikanische Freihandelsvereinigung)
AP	Alianza del Pacífico (Pazifische Allianz)
APRA	Alianza Popular Revolucionaria Americana (Amerikanische Revolutionäre Volksallianz)
CCR	Corporate Criminal Responsibility
CEDAW	Convention on the Elimination of All Forms of Discrimination Against Women
CEH	Comisión para el Esclarecimiento Historico (Kommission zur historischen Aufklärung, Guatemala)
CEHILA	Comisión de Estudios de la Historia de la Iglesia de América Latina (Kommission für die Erforschung der Kirchengeschichte Lateinamerikas)
CEHLA	Cambridge Economic History of Latin America
CELAC	Comunidad de Estados Latinoamericanos y Caribeños (Gemeinschaft der lateinamerikanischen und karibischen Staaten)
CELAM	Consejo Episcopal Latinoamericano (Lateinamerikanische Bischofskonferenz)
CEPAL	Comisión Económica para América Latina (Wirtschaftskommission für Lateinamerika)
CNC	Confederación Nacional Campesina (Nationale Bauernkonföderation, Mexiko)
CNRR	Comisión Nacional de Reconciliación y Reparación (Nationale Kommission für Versöhnung und Wiedergutmachung)
COB	Central Obrera Boliviana (Dachverband der bolivianischen Gewerkschaften)
COMIBOL	Cooperación Minera de Bolivia (Bolivianische Bergbaugesellschaft)
CONADEP	Comisión Nacional sobre la Desaparición de Personas (Nationalkommission über das Verschwinden von Personen, Argentinien)
CSUTCB	Confederación Sindical Unica de Trabajadores Campesinos de Bolivia (Einheitsgewerkschaft der bolivianischen Landarbeiter)
CTM	Confederación de Trabajadores Mexicanos (Konföderation mexikanischer Arbeiter)
DEA	Drug Enforcement Administration
ELN	Ejército de Liberación Nacional (Nationale Befreieungsarmee, Kolumbien)

https://doi.org/10.1515/9783110730241-004

EPS	Ejército Popular Sandinista (Sandinistische Volksarmee, Nicaragua)
ERP	Ejército Revolucionario del Pueblo (Revolutionäre Volksarmee, Argentinien)
ESMA	Escuela Superior de Mecánica de la Armada (Technikschule der Marine, Argentinien)
EZLN	Ejército Zapatista de Liberación Nacional (Zapatistische Armee der Nationalen Befreiung, Mexiko)
FARC	Fuerzas Armadas Revolucionarias de Colombia (Revolutionäre Streitkräfte Kolumbiens)
FMLN	Frente Farabundo Martí de Liberación Nacional (Nationale Befreiungsfront Farabundo Martí, El Salvador)
FSLN	Frente Sandinista de Liberación Nacional (Sandinistische Nationale Befreiungsfront, Nicaragua)
GOU	Grupo de Oficiales Unidos (Gruppe der vereinten Offiziere, Argentinien)
IAI-SPK	Ibero-Amerikanisches Institut Preußischer Kulturbesitz
IfA	Institut für Auslandskunde
ILO/IAO	International Labour Organization (Internationale Arbeitsorganisation)
INAH	Instituto Nacional de Antropología e Historia (Nationales Institut für Anthropologie und Geschichte, Mexiko)
ISI	Importsubstituierende Industrialisierung
LAFTA	Latin American Free Trade Association (Lateinamerikanische Freihandelszone)
LANIC	Latin American Network Information Center (University of Texas at Austin)
LASA	Latin American Studies Association
MAS	Movimiento al Socialismo (Bewegung zum Sozialismus, Bolivien)
MERCOSUR	Mercado Común del Sur (Gemeinsamer Südamerikanischer Markt)
MCC	Mercado Común Centroamericano (Gemeinsamer Zentralamerikanischer Markt)
MNR	Movimiento Nacionalista Revolucionario (Revolutionäre Nationalistische Bewegung, Bolivien)
MPLA	Movimento Popular de Libertação de Angola (Volksbewegung zur Befreiung Angolas)
MST	Movimento dos Trabalhadores Sem Terra (Bewegung der Landlosen, Brasilien)
NACLA	North American Congress on Latin America
NAFTA	North American Free Trade Association
NEH	New Economic History
NSA	National Security Archive
OAS	Organisation Amerikanischer Staaten
OCIAA	Office of the Coordinator of Inter-American Affairs/Office of Inter-American Affairs
OPEC	Organization of the Petrolium Exporting Countries

PGA	Peoples Global Action
PNR	Partido Nacional Revolucionario (Partei der Nationalen Revolution, Mexiko)
POR	Partido Obrero Revolucionario (Revolutionäre Arbeiterpartei, Bolivien)
PPF	Partido Peronista Femenino (Peronistische Frauenpartei, Argentinien)
PRI	Partido Revolucionario Institucional (Partei der Institutionalisierten Revolution, Mexiko)
PT	Partido dos Trabalhadores (Partei der Arbeiter, Brasilien)
REMHI	Recuperación de la Memoria Histórica (Projekt zur Wiederaneignung des Historischen Gedächtnisses, Guatemala)
RGW	Rat für gegenseitige Wirtschaftshilfe
SALALM	Seminar on the Acquisition of Latin American Library Materials
Solcha	Society for Latin American and Caribbean Environmental History
UFCo	United Fruit Company
UNASUR	Unión de Naciones Suramericanas (Union Südamerikanischer Nationen)
UNESCO	Organisation der Vereinten Nationen für Bildung, Wissenschaft und Kultur
UNIA	Universal Negro Improvement Association
UNO	Unión Nacional Opositora (Vereinigte Opposition, Nicaragua)
UP	Unidad Popular (Einheitsfront des Volkes, Chile)
URNG	Unidad Revolucionaria Nacional Guatemalteca (Revolutionäre Nationale Einheit Guatemalas)

Chronologischer Überblick

1929	Weltwirtschaftskrise, in der Folge Industrialisierung durch Importsubsitution (ISI)
1927–34	Augusto C. Sandinos Guerilla-Heer kämpft gegen die US-Intervention in Nicaragua
1930	Wahl von Getúlio Vargas in Brasilien
1930er	„Infame Dekade" in Argentinien
1930–50er	*Good Neighbor Policy* der US-Regierungen
1932–35	Chaco-Krieg zwischen Bolivien und Paraguay
1933	Revolution und Sturz des autokratischen Präsidenten Gerardo Machado in Kuba
1934–40	Agrarreform in Mexiko unter der Regierung Cárdenas
1937	Massaker an haitianischen Migranten in der Dominikanischen Republik
1937–45	Getulio Vargas errichtet den *Estado Novo* in Brasilien
1937–79	Somoza-Regierung in Nicaragua
1940	Erster Interamerikanischer Indigenistischer Kongress
1941	Japans Angriff auf Pearl Harbour. Kriegseintritt vieler zentralamerikanischer und karibischer Staaten
1942	*Bracero*-Abkommen zwischen Mexiko und den USA
1945	Gründungskonferenz der Vereinten Nationen (UN)
1945	Gabriela Mistral erhält als erste Lateinamerikanerin den Literaturnobelpreis
1946–55	Präsidentschaft Juan Domingo Peróns in Argentinien
1948	Gründung der Organisation Amerikanischer Staaten (OAS) und der *Comisión Económica Para América Latina* (CEPAL) der UN
1952	Putsch Fulgencio Batistas in Kuba
1952	Revolution in Bolivien. Machtübernahme des *Movimiento Nacionalista Revolucionaria* (MNR)
1954	Sturz des demokratisch gewählten Präsidenten Jacobo Árbenz in Guatemala mit Unterstützung der CIA
1954–89	Diktatur Alfredo Stroessners in Paraguay
1959	Triumph der Revolution in Kuba
1960–96	Bürgerkrieg in Guatemala
1960	Gründung der Lateinamerikanischen Freihandelsvereinigung *Asociación Latinoamericana de Libre Comercio* (ALCALC)
1961	Söldnerinvasion in der kubanischen Schweinebucht
1961	Gründung der „Allianz für den Fortschritt"
1962	Kuba-Krise
1962–65	Zweites Vatikanisches Konzil
1964	Gründung der *Fuerzas Armadas Revolucionarias de Colombia – Ejército del Pueblo* (FARC-EP) in Kolumbien
1964	Gründung der *Federación de Centros Shuar*, politische Organisation Indigener (Ecuador)

https://doi.org/10.1515/9783110730241-005

1964–1984	Militärregierung in Brasilien
1967	Ermordung Ernesto „Che“ Guevaras in Bolivien
1968	Zweite lateinamerikanische Bischofskonferenz (CELAM). Grundstein für die „Theologie der Befreiung“
1968/9	Studentenproteste in Mexiko, Uruguay, Argentinien und Brasilien
1968–1980	Militärregierung in Peru
1969	„Fußballkrieg“ zwischen Honduras und El Salvador
1969	Andenpakt zwischen Chile, Bolivien, Ecuador, Kolumbien und Peru
1970–1973	Präsidentschaft Salvador Allendes in Chile
1973–1984	Militärdiktatur in Chile/Diktatur Augusto Pinochets bis 1990
1973–1984	Militärdiktatur in Uruguay
1972–1976	Militärdiktatur in Ecuador
1973	Kollaps des internationalen Währungssystems
1975	Erste Weltfrauenkonferenz der UNO in Mexiko-Stadt
1976	Gründung des Medellín-Kartells
1976–1983	Militärdiktatur in Argentinien
1977	Beginn des Protests der *Madres de Plaza de Mayo*
1979	Sandinistische Revolution in Nicaragua
1980–1992	Bürgerkrieg in El Salvador
1980	Ermordung Erzbischof Romeros in El Salvador
1980–2000	Bewaffneter Konflikt in Peru
1981	Gründung der Zollunion MERCOSUR
1981–1990	Contra-Krieg und *low-intensity warfare* gegen das sandinistische Nicaragua
1982	Falkland- / Malvinenkrieg zwischen Argentinien und Großbritannien
Dez. 1983	Gründung der argentinischen Wahrheitskommission *Comisión Nacional sobre la Desaparición de Personas* (CONADEP)
1984	Gründung des *Movimento dos Trabalhadores Sem Terra* (MST) in Brasilien
1988	Plebiszit über eine weitere Amtszeit Pinochets
1990	Abwahl der Sandinisten in Nicaragua
1990	Kommission für „Wahrheit und Versöhnung“ (Rettig-Kommission) in Chile
1990	*Washington Consensus*, neoliberale Entwicklungsstrategie von Weltbank und IWF
1992	500-jähriges Jubiläum der „Entdeckung“ Amerikas, Friedensnobelpreis an die indigene Menschenrechtsaktivistin Rigoberta Menchú Tum
1993	Ermordung Pablo Escobars
1994	Nordamerikanisches Freihandelsabkommen (NAFTA) zwischen Kanada, USA und Mexiko
1994	Aufstand des *Ejercito Zapatista de Liberación Nacional* (ELZN) in Chiapas, Mexiko
1996	Friedensvertrag in Guatemala
1999–2013	Präsidentschaft Hugo Chávez in Venezuela

2000	Abwahl der PRI in Mexiko
2001	Konstituierung des Weltsozialforums in Brasilien
2001–2002	Kollaps der argentinischen Wirtschaft
2003–2011	Präsidentschaft von Ignacio „Lula" da Silva (PT, Arbeiterpartei) in Brasilien
2006	Evo Morales wird erster indigener Präsident Boliviens
2006	Beginn des mexikanischen Drogenkriegs
2008	Raúl Castro wird Staatschef in Kuba
2013	Wahl von Jorge María Bergoglio, ehem. Erzbischof von Buenos Aires, als Papst Franziskus
2015	Beginn der (*#NiUnaMenos*)-Bewegung gegen Gewalt gegen Frauen
2016	Friedensvertrag zwischen der kolumbianischen Regierung und der FARC
2019	Wahl von Jair Messias Bolsonaro zum Präsidenten Brasiliens
Nov. 2019	Erzwungener Rücktritt von Evo Morales in Bolivien
Okt. 2020	Volksabstimmung über eine neue Verfassung in Chile

Personenregister

https://doi.org/10.1515/9783110730241-006

Ortsregister

https://doi.org/10.1515/9783110730241-007

Autorenregister

https://doi.org/10.1515/9783110730241-008

Sachregister

https://doi.org/10.1515/9783110730241-009

Oldenbourg Grundriss der Geschichte

Herausgegeben von Hans Beck, Karl-Joachim Hölkeskamp, Achim Landwehr, Benedikt Stuchtey und Steffen Patzold

Band 1a
Wolfgang Schuller
Griechische Geschichte
6., akt. Aufl. 2008. 275 S., 4 Karten
ISBN 978-3-486-58715-9

Band 1b
Hans-Joachim Gehrke
Geschichte des Hellenismus
4. durchges. Aufl. 2008. 328 S.
ISBN 978-3-486-58785-2

Band 2
Jochen Bleicken
Geschichte der Römischen Republik
6. Aufl. 2004. 342 S.
ISBN 978-3-486-49666-6

Band 3
Werner Dahlheim
Geschichte der Römischen Kaiserzeit
3., überarb. und erw. Aufl. 2003.
452 S., 3 Karten
ISBN 978-3-486-49673-4

Band 4
Jochen Martin
Spätantike und Völkerwanderung
4. Aufl. 2001. 336 S.
ISBN 978-3-486-49684-0

Band 5
Reinhard Schneider
Das Frankenreich
4., überarb. und erw. Aufl. 2001.
224 S., 2 Karten
ISBN 978-3-486-49694-9

Band 6
Johannes Fried
Die Formierung Europas 840–1046
3., überarb. Aufl. 2008. 359 S.
ISBN 978-3-486-49703-8

Band 7
Hermann Jakobs
Kirchenreform und Hochmittelalter 1046–1215
4. Aufl. 1999. 380 S.
ISBN 978-3-486-49714-4

Band 8
Ulf Dirlmeier/Gerhard Fouquet/
Bernd Fuhrmann
Europa im Spätmittelalter 1215–1378
2. Aufl. 2009. 390 S.
ISBN 978-3-486-58796-8

Band 9
Erich Meuthen
Das 15. Jahrhundert
4. Aufl., überarb. v. Claudia Märtl
2006. 343 S.
ISBN 978-3-486-49734-2

Band 10
Heinrich Lutz
Reformation und Gegenreformation
5. Aufl., durchges. und erg. v. Alfred Kohler 2002. 283 S.
ISBN 978-3-486-48585-2

https://doi.org/10.1515/9783110730241-010

Band 11
Heinz Duchhardt / Matthias Schnettger
Barock und Aufklärung
5., überarb. u. akt. Aufl. des Bandes „Das Zeitalter des Absolutismus“
2015. 302 S.
ISBN 978-3-486-76730-8

Band 12
Elisabeth Fehrenbach
Vom Ancien Régime zum Wiener Kongreß
5. Aufl. 2008. 323 S., 1 Karte
ISBN 978-3-486-58587-2

Band 13
Dieter Langewiesche
Europa zwischen Restauration und Revolution 1815–1849
5. Aufl. 2007. 261 S., 4 Karten.
ISBN 978-3-486-49734-2

Band 14
Lothar Gall
Europa auf dem Weg in die Moderne 1850–1890
5. Aufl. 2009. 332 S., 4 Karten
ISBN 978-3-486-58718-0

Band 15
Gregor Schöllgen/Friedrich Kießling
Das Zeitalter des Imperialismus
5., überarb. u. erw. Aufl. 2009. 326 S.
ISBN 978-3-486-58868-2

Band 16
Eberhard Kolb/Dirk Schumann
Die Weimarer Republik
8., aktualis. u. erw. Aufl. 2012. 349 S., 1 Karte
ISBN 978-3-486-71267-4

Band 17
Klaus Hildebrand
Das Dritte Reich
7., durchges. Aufl. 2009. 474 S., 1 Karte
ISBN 978-3-486-59200-9

Band 18
Jost Dülffer
Europa im Ost-West-Konflikt 1945–1991
2004. 304 S., 2 Karten
ISBN 978-3-486-49105-0

Band 19
Rudolf Morsey
Die Bundesrepublik Deutschland
Entstehung und Entwicklung bis 1969
5., durchges. Aufl. 2007. 343 S.
ISBN 978-3-486-58319-9

Band 19a
Andreas Rödder
Die Bundesrepublik Deutschland 1969–1990
2003. 330 S., 2 Karten
ISBN 978-3-486-56697-0

Band 20
Hermann Weber
Die DDR 1945–1990
5., aktual. Aufl. 2011. 384 S.
ISBN 978-3-486-70440-2

Band 21
Horst Möller
Europa zwischen den Weltkriegen
1998. 278 S.
ISBN 978-3-486-52321-8

Band 22
Peter Schreiner
Byzanz
4., aktual. Aufl. 2011. 340 S., 2 Karten
ISBN 978-3-486-70271-2

Band 23
Hanns J. Prem
Geschichte Altamerikas
2., völlig überarb. Aufl. 2008. 386 S., 5 Karten
ISBN 978-3-486-53032-2

Band 24
Tilman Nagel
Die islamische Welt bis 1500
1998. 312 S.
ISBN 978-3-486-53011-7

Band 25
Hans J. Nissen
Geschichte Alt-Vorderasiens
2., überarb. u. erw. Aufl. 2012. 309 S., 4 Karten
ISBN 978-3-486-59223-8

Band 26
Helwig Schmidt-Glintzer
Geschichte Chinas bis zur mongolischen Eroberung 250 v. Chr.–1279 n. Chr.
1999. 235 S., 7 Karten
ISBN 978-3-486-56402-0

Band 27
Leonhard Harding
Geschichte Afrikas im 19. und 20. Jahrhundert
2., durchges. Aufl. 2006. 272 S., 4 Karten
ISBN 978-3-486-57746-4

Band 28
Willi Paul Adams
Die USA vor 1900
2. Aufl. 2009. 294 S.
ISBN 978-3-486-58940-5

Band 29
Willi Paul Adams
Die USA im 20. Jahrhundert
2. Aufl., aktual. u. erg. v. Manfred Berg 2008. 302 S.
ISBN 978-3-486-56466-0

Band 30
Klaus Kreiser
Der Osmanische Staat 1300–1922
2., aktual. Aufl. 2008. 262 S., 4 Karten
ISBN 978-3-486-58588-9

Band 31
Manfred Hildermeier
Die Sowjetunion 1917–1991
3. überarb. und akt. Aufl. 2016. XXX S.
ISBN 978-3-486-71848-5

Band 32
Peter Wende
Großbritannien 1500–2000
2001. 234 S., 1 Karte
ISBN 978-3-486-56180-7

Band 33
Christoph Schmidt
Russische Geschichte 1547–1917
2. Aufl. 2009. 261 S., 1 Karte
ISBN 978-3-486-58721-0

Band 34
Hermann Kulke
Indische Geschichte bis 1750
2005. 275 S., 12 Karten
ISBN 978-3-486-55741-1

Band 35
Sabine Dabringhaus
Geschichte Chinas 1279–1949
3. akt. und überarb. Aufl. 2015.
324 S.
ISBN 978-3-486-78112-0

Band 36
Gerhard Krebs
Das moderne Japan 1868–1952
2009. 249 S.
ISBN 978-3-486-55894-4

Band 37
Manfred Clauss
Geschichte des alten Israel
2009. 259 S., 6 Karten
ISBN 978-3-486-55927-9

Band 38
Joachim von Puttkamer
Ostmitteleuropa im 19. und 20. Jahrhundert
2010. 353 S., 4 Karten
ISBN 978-3-486-58169-0

Band 39
Alfred Kohler
Von der Reformation zum Westfälischen Frieden
2011. 253 S.
ISBN 978-3-486-59803-2

Band 40
Jürgen Lütt
Das moderne Indien 1498 bis 2004
2012. 272 S., 3 Karten
ISBN 978-3-486-58161-4

Band 41
Andreas Fahrmeir
Europa zwischen Restauration, Reform und Revolution 1815–1850
2012. 228 S.
ISBN 978-3-486-70939-1

Band 42
Manfred Berg
Geschichte der USA
2013. 233 S.
ISBN 978-3-486-70482-2

Band 43
Ian Wood
Europe in Late Antiquity
2020. 288 S.
ISBN 978-3-11-035264-1

Band 44
Klaus Mühlhahn
Die Volksrepublik China
2017. 324 S.
ISBN 978-3-11-035530-7

Band 45
Jörg Echternkamp
Das Dritte Reich. Diktatur, Volksgemeinschaft,
Krieg
2018. 344 S., 2 Karten
ISBN 978-3-486-75569-5

Band 46
Christoph Ulf/Erich Kistler
Die Entstehung Griechenlands
2019. 328 S., 26 Abb.
ISBN 978-3-486-52991-3

Band 47
Steven Vanderputten
Medieval Monasticisms
2020. 304 S.
ISBN 978-3-11-054377-3

Band 48
Christine Hatzky/Barbara Potthast
Lateinamerika 1800–1930
2021, 370 S., 2 Karten
ISBN 978-3-11-034999-3

Band 49
Christine Hatzky/Barbara Potthast
Lateinamerika seit 1930
2021, 416 S., 1 Karte
ISBN 978-3-11-073522-2